AUTONOMIA LITERÁRIA

espectros da ditadura

da Comissão da Verdade ao bolsonarismo

Renan Quinalha e Edson Teles (Orgs.)

AUTONOMIA
LITERÁRIA

Coordenação editorial
Cauê Seigner Ameni, Hugo Albuquerque, Manuela Beloni

Conselho Editorial:
Carlos Sávio Gomes Teixeira (UFF), Edemilson Paraná (UFC/UnB), Esther Dweck (UFRJ), Jean Tible (USP), Leda Paulani (USP), Luiz Gonzaga Belluzzo (Unicamp/Facamp),Michel Löwy (CNRS, França), Pedro Rossi (Unicamp)

Capa e diagramação:
sobinfluencia/Rodrigo Corrêa

Preparação de texto:
Lígia M. Marinho

Dados Internacionais de Catalogação na Publicação (CIP)
(eDOC BRASIL, Belo Horizonte/MG)

E77 Espectros da ditadura: da Comissão da Verdade ao bolsonarismo / Organizadores Edson Teles, Renan Quinalha. – São Paulo, SP: Autonomia Literária, 2020.
200 p. : 14 x 21 cm

Edição bilíngue
ISBN 978-65-87233-29-1

1. Comissão Nacional da Verdade (Brasil). 2. Ditadura – Brasil – História. 3. Brasil – Política e governo. I. Teles, Edson. II. Quinalha, Renan.

CDD 364.1310981

Elaborado por Maurício Amormino Júnior – CRB6/2422

Autonomia Literária
Rua Conselheiro Ramalho, 945,
CEP: 01325-001 - São Paulo - SP
autonomialiteraria.com.br

PARTE III

APRESENTAÇÃO

O Brasil vive em permanente atraso com o acerto de contas com relação às graves práticas violentas que marcam sua história. Etnocídio de populações indígenas, escravização e genocídio de pessoas negras, naturalização da violência contra mulheres e LGBTs e autoritarismo de Estado persistentes são algumas das estruturas que dão forma e conteúdo ao nosso país.

A relação com esse passado de barbáries é de negação e silenciamento. Com esses expedientes, busca-se dissipar qualquer rastro de culpa ou de responsabilidade por tais estruturas de violência. Uma sociedade incapaz de reconhecer as fraturas que a constituíram só poderia assumir a forma política de um Estado que não repara, não lembra e não julga as violações de direitos.

Em maio de 2012, algo parecia modificar-se nessa trajetória de cinismo institucionalizado enquanto política pública. Finalmente, fora atendida uma antiga reivindicação do movimento de familiares de mortos e desaparecidos políticos com a instauração da Comissão Nacional da Verdade (CNV), cujo principal objetivo seria apurar as graves violações de direitos humanos praticadas, sobretudo, no período da ditadura civil-militar (1964-1985).

Tal processo, contudo, não foi operado sem conciliações com os setores mais conservadores da sociedade brasileira. As concessões e negociações em nome da "governabilidade" e de uma "lógica do possível" imprimiram características peculiares ao processo de construção da verdade. De um lado, foi preciso conter, em uma reedição da teoria dos dois demônios, os "extremos", assim qualificados tanto os militares defensores da ditadura quanto os defensores da responsabilização criminal dos torturadores. Entre esses dois "demônios" equiparados, torturador e torturado, a sociedade se esquivava de qualquer responsabilidade pelos acontecimentos desse passado recente. De outro, nutriu-se uma democracia de baixa intensidade, convivendo com a violência de Estado e a gestão militarizada da política, bem como com algumas medidas paliativas de direitos humanos para amenizar o sofrimento social.

Esgotado o período de seu funcionamento, a CNV entregou um relatório final com 29 recomendações para a então presidenta Dilma Rousseff. Em vez de prevenir um retrocesso autoritário, teve início, no mesmo período de encerramento da CNV, um golpe contra a democracia que foi materializado no *impeachment* da primeira mulher eleita presidente do país. Além disso, foi tomando cada vez mais força, no debate público, a versão negacionista da ditadura, de justificação das violações de direitos humanos e, inclusive, de defesa de uma intervenção militar.

A vitória eleitoral de Jair Bolsonaro, nas eleições presidenciais de outubro de 2018, consolidou esse processo de degradação do ambiente democrático, coroando um discurso autoritário e violento, de apologia à tortura e de agressão a grupos vulneráveis. Chegamos a 2020 com atos de rua, incentivados pelo governo, pedindo um novo AI-5 (Ato Institucional n. 5) com o fechamento do Congresso e do Supremo Tribunal Federal.

Pode-se dizer que os limites da CNV prenunciavam os limites do próprio processo de democratização que se iniciara na Nova República fundada em 1988. O objetivo deste livro, diante desse cenário, é analisar como tais eventos se conectam, compreendendo as articulações e tensões entre o processo de democratização de 1988 e a falência democrática de 2018, mediados pela CNV e os recentes retrocessos autoritários.

Para tal tarefa ambiciosa dos nossos tempos, convidamos autoras e autores com diferentes perspectivas e formações, intelectuais e ativistas, a um diálogo. Temos uma certeza: só coletivamente será possível elaborarmos este momento crítico da vida social brasileira e, mais do que isso, organizarmos a resistência e as nossas novas bandeiras.

O livro é dividido em três partes. Na primeira delas, dedicada a compreender como se construiu um campo mais amplo de políticas de memória, verdade e justiça para lidar com o legado da ditadura, Edson Teles e Renan Quinalha analisam o alcance e os limites do discurso global da justiça de transição diante das particularidades brasileiras. Na mesma linha, Desirée de Lemos Azevedo, com um olhar etnográfico, analisa como a política humanitária precariamente construída nas últimas décadas não chegou a tocar os fundamentos dos meios de diferenciação que definem quais vidas serão reconhecidas. Por sua vez, Silvia Brandão elabora, filosoficamente, as tensões entre as máquinas maiores de memória, produzidas pelo Estado, e as máquinas menores, oriundas da ação dos familiares de mortos e desaparecidos, atentando para como esses maquinismos implicam diferentes modos de subjetivação no tempo presente. Eliana Vendramini aporta um olhar jurídico para o tema da anistia, interpretada pelo Supremo Tribunal Federal como benefício também aos torturadores, o que torna o desaparecimento forçado da ditadura um problema central e numericamente ainda mais expressivo na democracia pós-1988.

Já a segunda parte começa com um texto de Rosa Maria Cardoso da Cunha, que esteve por dentro dos trabalhos da CNV, testemunhando as pressões autoritárias que marcaram o processo de construção da verdade e os atuais retrocessos. Em seu artigo, o antropólogo Piero Leirner volta o olhar para as linhagens militares que estruturaram a ditadura de 1964, opuseram-se abertamente aos trabalhos da CNV e que parecem, cada vez mais, ocupar os espaços e posições de comando no atual governo. Janaína de Almeida Teles dedica-se, no seu texto, a compor um quadro complexo das disputas e tensionamentos que marcaram a concepção e a implementação da CNV. Encerrando essa seção, Caio Cateb, Carla Osmo, Paula Franco e Pedro Benetti examinam os mais recentes ataques do governo Bolsonaro à Comissão Especial sobre Mortos e Desaparecidos Políticos e à Comissão de Anistia, registrando a flagrante reorientação ideológica imposta a esses órgãos públicos.

Na parte final, autores e autoras dedicam-se a temas tradicionalmente alijados dos estudos acadêmicos e do trabalho de memória e reparação. O historiador Lucas Pedretti analisa como se deram os debates para a inclusão da perspectiva de raça em dois momentos-chave da memória sobre a ditadura, quais sejam, durante a luta pela anistia e nos trabalhos da CNV. Na mesma linha, Amauri Mendes Pereira faz um balanço da atuação do movimento negro, do qual ele é um dos ativistas históricos. Já Amelinha Teles, militante feminista e pelos direitos humanos, lança luz à maneira como as mulheres que participaram da resistência à ditadura sofreram as mais diferentes violências e estigmatizações. Por sua vez, o brasilianista James N. Green se debruça sobre o processo de inscrição de um recorte LGBT+ no relatório final da CNV, também discutindo, a partir desse episódio concreto, a complexa relação entre as esquerdas com a agenda da diversidade sexual e de gênero. O artigo escrito por Celeste Ciccarone e Danilo Paiva Ramos trata das ambiguidades da inclusão dos crimes contra pessoas e povos indígenas nos trabalhos da CNV, sem deixar de examinar a atualização dessa violência no etnocídio bolsonarista em curso. Encerrando essa terceira seção, a geógrafa Yamila Goldfarb traz à tona o tema da violação dos direitos humanos no campo, evidenciando o protagonismo histórico dos trabalhadores e trabalhadoras rurais, tanto como vítimas da ditadura como na resistência contra esta.

Como o leitor e a leitora poderão notar, o livro questiona e desorganiza temporalidades bem demarcadas de passado, presente e futuro. Os artigos aqui presentes buscam apontar como somos atravessados por uma história em movimento e interpelados por problemas nunca resolvidos. Mas não se trata de uma obra feita para passar atestado de nossos fracassos. Antes, desejamos que essa leitura possa, de algum modo, nos ajudar a conectar não apenas as violências que nos marcam, mas também fortalecer as lutas que nos despertam à vida.

Edson Teles e Renan Quinalha
Organizadores

PARTE I

O ALCANCE E OS LIMITES DO DISCURSO DA "JUSTIÇA DE TRANSIÇÃO" NO BRASIL

Edson Teles e Renan Quinalha[1]

No presente artigo[2] pretendemos analisar alguns aspectos sobre como o discurso da justiça de transição se constituiu no Brasil. Nosso objetivo é apontar as disputas em torno do sentido historicamente construído e os limites da aplicação dessa política à realidade brasileira. Com efeito, o discurso da justiça de transição, concebido para dar

---

[1] Edson Teles é professor de Filosofia na Universidade Federal de São Paulo (Unifesp). Publicou *O abismo na história* (Alameda, 2018) e *Democracia e estado de exceção* (Fap-Unifesp, 2015). Organizou *O que resta da ditadura. A exceção brasileira* (Boitempo, 2010), com Vladimir Safatle, e *Desarquivando a ditadura. Memória e justiça no Brasil* (Hucitec, 2009), com Cecília McDowell e Janaína Teles. É coordenador do Centro de Antropologia e Arqueologia Forense (Caaf/Unifesp) e militante da Comissão de Familiares de Mortos e Desaparecidos Políticos da Ditadura. Renan Quinalha é professor de Direito da Universidade Federal de São Paulo (Unifesp), advogado e ativista no campo dos direitos humanos. Professor visitante na Unicamp (2018). Foi assessor jurídico da Comissão da Verdade do Estado de São Paulo e consultor da Comissão Nacional da Verdade para assuntos de gênero e sexualidade. Foi Visiting Research Fellow no Watson Institute da Universidade de Brown. Publicou o livro *Justiça de transição*: contornos do conceito (Expressão Popular, 2013) e co-organizou as obras *Ditadura e homossexualidades*: repressão, resistência e a busca da verdade (EdUFSCar, 2014) e *História do movimento LGBT no Brasil* (Alameda, 2018).

[2] Uma primeira versão deste artigo foi publicada em TELES, Edson; QUINALHA, Renan. "The Scope and Limits of the Discourse on "Transitional Justice". In: SCHNEIDER, Nina; ESPARZA, Marcia (org.). *Legacies of State Violence and Transitional Justice in Latin America: A Janus-Faced Paradigm?* Lanham: Lexington Books, 2015.

conta de demandas de justiça em situações críticas e de mudanças políticas, surgiu tardiamente no processo de redemocratização do Brasil. Enquanto política pública, seu advento ocorreu em um momento no qual não mais se verificava uma situação excepcional. Ao contrário, consolidava-se a ausência de políticas de memória e de justiça, o que implicava na impossibilidade da sociedade em acessar aspectos fundamentais da história da ditadura, colocando em risco a própria democracia.

Uma importante característica dessa política é apresentar-se mediante um discurso que se propõe verdadeiro e universal sobre como lidar com as questões de justiça e memória nas democracias em processo de transição ou com heranças autoritárias. Sua estratégia fundamental seria compreender tais processos como excepcionais e, justamente devido a isso, operar por medidas e ações de exceção[3] visando evitar o prosseguimento ou a amplia-

[3] A prática de um estado de exceção ou de emergência constante tornou-se paradigma para a governança e para a ação política nas democracias contemporâneas. A medida de exceção não é apenas um direito especial do Estado, mas um poder do soberano de suspender o próprio ordenamento. Os estados de exceção não estão fora da jurisdição da estrutura legal, pois, em princípio, são medidas soberanas de governos forçados a atitudes extremas diante de situações emergenciais. A medida de emergência se assemelha ao direito à legítima defesa, que deveria ser considerado dentro de situação de legalidade, e em favor desta ser acionado. É uma medida pertencente aos estados de direito. De fato, mais importante do que a "verdadeira" necessidade é quem a diz. Não há necessidade em si, objetiva; há um dizer sobre ela, subjetivo, cujo detentor é o poder soberano, sendo exercido no Estado de Direito pelo Legislativo, o Executivo e o Judiciário (AGAMBEN, 2004). Em sociedades com alto índice de violência, o poder de acionar o momento de exceção chega mesmo às corporações policiais que decidem quem deve ou não viver, no momento de uma abordagem nas ruas. Neste artigo falamos do estado de exceção para

ção do conflito do passado. Através de políticas híbridas, transitando entre ações excepcionais, como a criação da Comissão de Anistia ou da Comissão Nacional da Verdade, e ações de silenciamento e esquecimento do passado recente, como a ausência de atos de justiça, o descaso com a situação dos desaparecidos políticos e a manutenção de um pensamento antidemocrático nas Forças Armadas, o Brasil se vê nos dias atuais refém das estruturas e estratégias autoritárias herdadas da ditadura.

Introdução

Vale esclarecer que usamos o termo "justiça de transição" para referir tanto as ações concretas de reparação e o trabalho de memória por parte do Estado brasileiro quanto as práticas discursivas cuja retórica muitas vezes justifica os limites da transição democrática à realização da justiça histórica.

Enquanto discurso, a justiça de transição foi institucionalizada já com o Estado de Direito consolidado, o que conferiu determinada ambiguidade a esse processo. Ao mesmo tempo que tal conceito foi apropriado pelos movimentos de direitos humanos para exigir do Estado um trabalho mais eficaz nos campos da memória e da justiça, especialmente em seus diálogos com as instituições públicas, também foi operado a partir do Estado como um bloqueio para a concretização desses mesmos direitos.

Com efeito, a formulação dessa política, ao permitir avanços significativos, também tornou palatável ao Estado e a setores conservadores da sociedade (por exemplo, a grande mídia) uma abordagem controlada dos signifi-

nos referirmos à prática do uso abusivo destas medidas, não confundindo com o termo "regime de exceção", o qual se refere ao estado autoritário existente durante a ditadura.

cados da ditadura e suas consequências para a democracia. Assim, simultaneamente, tal discurso tem contribuído para normalizar uma lógica da governabilidade que reproduz pactos e limites fundacionais da transição brasileira, impedindo a afirmação de uma política mais contundente de respeito aos direitos humanos e de aprofundamento de práticas democráticas.

Apresentaremos o nosso argumento em dois passos. Na primeira seção, analisaremos a emergência do conceito de justiça de transição na ordem internacional, assim como mostraremos a dificuldade para aplicá-lo na experiência histórica do pós-ditadura brasileiro. Apontaremos algumas limitações dessa acepção esquemática, conformada como um verdadeiro *standard*, que padece de uma série de deficiências analíticas e de inconveniências políticas. Mostraremos que prevaleceu uma compreensão abstrata e universalista desse conceito, com dificuldades para incorporar determinações históricas mais concretas que pudessem dialogar com o processo de transição democrático brasileiro. Além disso, notou-se uma visão ainda muito legalista e centrada na figura do Estado, com uma abordagem de "cima para baixo", incapaz de considerar mais seriamente o papel dos movimentos sociais na construção da justiça de transição.

Na segunda parte do texto, examinaremos as formas ambíguas de operar esse discurso no contexto da democracia brasileira e no trabalho de memória e de justiça que se seguiu à ditadura. Prestaremos atenção especial às tensões entre as demandas dos movimentos sociais e as respostas políticas do Estado a fim de argumentar que esse mesmo discurso veio sendo compreendido e usado, nessas diferentes esferas, de maneiras distintas e, muitas vezes, com expectativas que são opostas entre si.

Apontamentos sobre a justiça de transição

Durante as décadas de 1980 e 1990, vários cientistas políticos colocaram no centro do debate os processos de mudanças entre regimes[4]. A despeito de suas singularidades, essas análises compartilhavam entre si um traço fundamental: compreendiam as transições como momentos de contingência política, em que a imprevisibilidade dos jogos de poder e a incerteza quanto aos resultados dos conflitos sociais eram potencializados.

Em se tratando das ditaduras civis-militares da América do Sul, uma questão fundamental das transições foram as violações massivas de direitos materializadas pela repressão e perseguição de opositores aos regimes de exceção. A superação dessa situação de violação sistemática aos direitos humanos normalmente se realizou a partir de uma tensão entre as demandas de justiça, por um lado, e os imperativos de estabilidade e da chamada reconciliação nacional, por outro. No caso brasileiro, se acrescenta uma sofisticação do aparato repressivo e violento do Estado em democracia, com a intensificação do genocídio do povo negro e periférico[5].

---

[4] Diversas são as obras que compõem essa tradição da ciência política, destacando-se: (MOISÉS; ALBUQUERQUE (orgs.), 1989); (LINZ; STEPAN, 1999; O'DONNELL; SCHMITTER (orgs.), 1988 [1986]); (O'DONNELL, 1986); (O'DONNELL; SCHMITTER; WHITEHEAD (orgs.), 1988); (MAINWARING; O'DONNELL; VALENZUELA (orgs.), 1992); (PRZEWORSKI; 1991).

[5] A violência de Estado não diminuiu com o processo de redemocratização. Novas tecnologias políticas e modos de controle social sofisticaram-se e acabaram institucionalizados no regime democrático. A alta letalidade da ação das polícias, tendo por alvo, sobretudo, a juventude negra nas periferias, é o mais contundente exemplo das

A depender do tipo de transição e, sobretudo, do poder político residual dos integrantes do regime anterior, tomaram-se medidas de justiça ou mantiveram-se as garantias de impunidade dos autores dessas violações. Referenciado nessa tensão, emergiu um conceito localizado nas fronteiras entre as ciências política e jurídica, designado como justiça de transição[6].

O termo "justiça de transição" é a referência discursiva às práticas políticas de uma experiência histórica na qual a justiça e as ações de transformação social adéquam ao período de exceção. Nesse momento, não se está mais sob a égide de regimes autoritários, mas ainda não estão consolidadas as instituições democráticas. Depois de momentos de violência estatal ou de guerra civil, verifica-se a necessidade de adotar uma série de medidas voltadas às relações democráticas, negociando em caráter emergencial a plena efetivação dessas medidas. São as chamadas "transições políticas", que consistem em períodos históricos e contingentes aos quais se procura adaptar os ideais

---

formas encarnadas por essa violência, com *modus operandi* e técnicas semelhantes à atuação das forças repressivas da ditadura. Segundo o Atlas da Violência 2019, cerca de 75% das vítimas de assassinato em 2017 eram pessoas negras. O documento também mostra que a taxa de letalidade de negros cresceu 33% entre 2007 e 2017. Mesmo em estados onde as taxas de homicídio diminuíram, os índices de morte violenta de pessoas negras seguiram crescendo. Documentos como o Atlas indicam a existência de um genocídio de parte da população, cujo recorte aponta claramente para o caráter racista do Estado de Direito, em particular, e da sociedade, de modo geral. Cf. Atlas da Violência 2019, disponível em: http://www.ipea.gov.br/atlasviolencia/download/19/atlas-da-violencia-2019. Acesso em: jan. 2020.

[6] Uma análise conceitual mais detida desse tema pode ser encontrada em Quinalha (2013).

de justiça e apuração das violações de direitos bem como promover a reforma das instituições.

Com o intuito de lidar com o reclamo das vítimas por justiça e verdade e de evitar, por outro lado, a ação desestabilizadora de representantes dos antigos governos, configurou-se a elaboração de um discurso capaz de autorizar práticas de governo para gerir o momento de exceção. O objetivo dessa política para períodos de transição seria o de garantir a legitimidade do novo regime, incluindo o reconhecimento dos compromissos assumidos durante as negociações de construção da nova democracia.

A pesquisadora Ruti Teitel definiu o conceito de justiça de transição com base em três momentos históricos: o primeiro refere-se ao período posterior à Segunda Guerra Mundial e à instalação do Tribunal de Nuremberg, quando os julgamentos se estruturaram de modo excepcional e com características internacionais; no segundo momento, o das transições após regimes autoritários na América Latina, África, Ásia e Leste Europeu, as negociações e tentativas de atos de justiça foram marcados pelas soluções locais e nacionais, sempre com negociações entre os antigos e os novos atores políticos; e, no terceiro período, a maior característica é a consideração de que a exceção contida em seus atos é normatizada e institucionalizada[7]. A exceção torna-se regra aceita pelo direito internacional e pelos novos gover-

---

[7] A observação sobre o caráter excepcional destes momentos históricos, bem como a possibilidade de reunir em uma mesma formação discursiva as demandas das vítimas e os bloqueios à justiça nos novos regimes, levou a pesquisadora argentina Ruti Teitel a se utilizar da definição "*justice in times of transition*", em um evento ocorrido em 1992. As primeiras formulações do termo foram publicadas em Neil Kritz, *Transitional Justice*: How Emerging Democracies Reckon with Former Regimes, em 1995.

nos democráticos, justamente por levar em conta os limites impostos pelas negociações das transições[8].

Com poucas variações, o discurso da justiça de transição inclui quatro ideias centrais. A primeira refere-se ao direito à reparação, seja pecuniária ou simbólica, podendo ser individual ou coletiva. A segunda, nomeada como direito à memória, configura-se nas políticas de esclarecimentos dos fatos e de homenagem aos perseguidos, por exemplo, ou medidas como construção ou definição de lugares de memória. A terceira medida da justiça de transição, o direito à verdade, é efetuado por meio do acesso às informações dos arquivos da repressão ou das comissões da verdade. Uma quarta medida inclui o direito à justiça e consiste na investigação dos fatos e na responsabilização jurídica dos responsáveis pelas violações aos direitos humanos. Esses são os contornos mais gerais do conceito segundo seu entendimento tradicional que, a despeito das disputas, compõe um núcleo de sentido mínimo que tem sido mais comumente aceito entre pesquisadores e nas políticas públicas. Tendo isso em vista, vale examinar agora algumas das críticas que lhe têm sido dirigidas na literatura.

Críticas à definição mais tradicional da "justiça de transição"

A partir da experimentação das políticas de justiça de transição, diversas críticas têm sido elaboradas no sentido de problematizar as imprecisões que os termos "justiça" e "transição" – isoladamente e também quando conjugados

[8] Cf. Kathia Martin-Chenut, "O sistema penal de exceção em face do direito internacional dos direitos humanos" (2009), artigo no qual a autora desenvolve análise sobre a legitimação das medidas de exceção no direito internacional.

– apresentam para tratar de contextos de excepcionalidade e de transformações políticas.

Geralmente, as transições sofreram a intervenção dos antigos ditadores em pactos com os novos líderes democráticos para iniciarem os processos de transferência de governos e de reforma nas instituições. Na contingência política desses períodos, as antigas forças dos regimes autoritários mantinham certo controle da economia, um poder político residual, o monopólio da violência por parte das Forças Armadas, a ameaça no imaginário social de uma permanente possibilidade de golpe de Estado e a consequente desestabilização do novo regime. A escolha pela consolidação institucional se impõe em detrimento das exigências das vítimas pelo seu direito à verdade e à justiça.

Dentre as limitações mais marcantes do discurso podem-se mencionar: a maneira como a relação entre direito e política é vista, a centralidade do Estado e o legalismo, a linearidade dos conceitos de transição e democratização, a seletividade a partir da exclusão de determinadas violações a direitos humanos, bem como a normatividade e a universalidade do conceito para aplicação em realidades tão distintas. Soma-se ainda o baixo investimento na presença dos movimentos de direitos humanos e das demandas específicas das lutas sociais nas decisões e efetivação das políticas públicas.

A definição mais tradicional da justiça de transição assume, acriticamente e sem comprovação, o pressuposto de que o direito é mais influenciado pela política em momentos transicionais do que nos momentos de estabilidade. Os autores dessa crítica sustentam que, na realidade, essa influência seria uma regra da convivência entre direito e política em quaisquer contextos. Além disso, o privilégio do legalismo e da centralidade do Estado na agenda global da justiça de transição também é colocado em xeque. Critica-se, ainda, o fato de que tal concepção tradicional suporia certa progressividade e coerência na atuação do Estado nessa questão. Soma-se a isso a dificuldade em se precisar os marcos inicial e final de um processo transicional, que delimitariam o momento peculiar da justiça analisada. Outro problema apontado são os conceitos de democratização e transição adotados. Geralmente, lineares e, por isso, incapazes de compreender os laços de continuidade histórica. McEvoy chama atenção para a marcante predominância do legalismo existente nas análises tradicionais[9].

Essa crítica considera que os mecanismos de justiça transicional são seletivos e excludentes demais, por limitar-se apenas às violações sob a ótica das garantias civis e políticas[10]. Há, assim, um minimalismo conservador que silencia e até oculta outros tipos de sofrimentos sociais e econômicos impostos por regimes autoritários ou em situações de guerra. Acrescentamos, aqui, que as violências pautadas por uma concepção estrita das sexualidades ou por diferenças de gênero, incluindo aquelas dirigidas contra a população de lésbicas, *gays*, bissexuais e pessoas trans (LGBT+) são normalmente ignoradas ou minimizadas nas abordagens correntes de justiça transicional[11].

---

9 MCEVOY, Kieran. "Letting go of legalism: developing a 'thicker' version of transional justice", p. 16.

10 MERWE, Hugo Van Der. "Delivering justice during transition", p. 117. Crítica nessa mesma linha encontra-se no texto: CAVALLARO, James; ALBUJA, Sebastián. "The lost agenda: economic crimes and truth comissions in Latin America and beyond". In: MCEVOY, Kieran; MCGREGOR, Lorna (Ed.). Transitional Justice from Below: Grassroots Activism and the Struggle for Change, p. 121-141.

11 Cf. "Ditadura e homossexualidades: repressão, resistência e a busca da verdade" (QUINALHA e GREEN 2014). Para uma análise das

Dentre as principais críticas, destacam-se, ainda, aquelas que se referem à normatividade e à universalidade do conceito[12]. Isso porque, muitas vezes, as medidas transicionais apresentam-se como receitas de democratização formuladas a partir de modelos que poderiam ser utilizados em realidades muito distintas entre si. Nas reflexões mais recentes têm-se problematizado o modelo da combinação de mecanismos preexistentes, mas de acordo com a conjuntura específica. Essa visão tradicional, de algum modo, termina reduzindo as possibilidades de uma experiência complexa e rica a uma espécie de "*toolkit*"[13].

O problema é que as regras de mediação entre o universal e o particular não são bem trabalhadas, o que leva a um enorme casuísmo, julgando cada caso arbitrariamente. O uso indiscriminado de um modelo em condições singulares e envolvendo atores de interesses contraditórios entre si esvazia seu conteúdo específico e seu caráter histórico.

Impõe-se, dessa forma, uma ideia de democracia como resultado de um processo de fabricação ao final do qual se teria consolidado o objeto-produto. Com isso, desinveste-se nas dinâmicas e nas experiências políticas locais e específicas, as que têm as leituras históricas e sociais sobre

---

dificuldades em pautar a questão LGBT+ nos trabalhos da Comissão Nacional da Verdade, ver artigo de James N. Green nesta coletânea.

12 Também o idealismo aparece nas críticas: "Os mecanismos da justiça transicional são geralmente apresentados em termos muito idealistas, sem metas claramente definidas". MERWE, Hugo Van Der. "Delivering justice during transition", p. 121.

13 "Contrary to the vision of transitional justice as a toolkit containing the predefined components conceived of as 'pilars', should we not as practitioners be advocating instead for reflection on the subject of justice understood more broadly and ensure that diverse voices are able to join in the debate?'" OKELLO, Moses Chrispus. "Elevating transitional local justice or crystalizing global governance", p. 284.

as questões urgentes de cada país. O malefício maior da tentativa de controle absoluto dos processos democráticos é a perda da potência política criadora das subjetividades envolvidas.

O problema central é apostar em um único repertório para supostamente dar conta de mudanças de regimes políticos ocorridos em contextos históricos tão diversos. Passa pelos julgamentos internacionais pioneiros do pós-guerra, encontrando expressão privilegiada nas ditaduras sul-americanas, na África do Sul pós-*apartheid* e na queda dos regimes da Europa do Leste, chegando às guerras na Iugoslávia, aos conflitos armados na Colômbia e às recentes mobilizações deflagradas no Oriente Médio e em outros países da região. O caráter de política universal vinculado aos modelos não possui a mesma efetividade em contextos tão díspares e podem acabar servindo a plataformas globais do capitalismo neoliberal[14].

---

[14] A estrutura capitalista neoliberal de governança prevê a institucionalização de modelos de gestão dos problemas produzidos pelas desigualdades que o próprio sistema alimenta. Assim ocorre com políticas globais de padronização das democracias herdeiras de regimes autoritários. A "justiça de transição" já se incorporou ao sistema geral de formas de governo, em situações críticas, sugeridas pelas Nações Unidas (ONU, cf. "United Nations Approach to Transitional Justice", 2010). A estratégia fundamental destes modelos de governança se encontra na anulação de processos locais e na imposição de formatações institucionais que estabilizem as relações internas do país, e também as externas, dentro da lógica dos mercados. Trata-se de um mundo globalizado no qual a ideia de política democrática se encontra limitada por uma certa "economia da violência", com a substituição, notadamente no hemisfério sul do planeta, dos regimes ditatoriais que cometiam crimes contra a humanidade em nome da "guerra contra o terror e o comunismo", por democracias pacificadoras e reconciliadoras e cujos "regimes democráticos liberais agora se consideram em estado de guerra quase permanente contra novos inimigos fugidios, móveis e reticulares. O tetro dessa nova forma de

Assim, modular o mesmo conceito de justiça de transição para o Brasil, que já passou por uma redemocratização pactuada e negociada há décadas, para a Alemanha egressa do nazismo há mais de meio século e as recentíssimas experiências de mudanças políticas nos países árabes acarreta um inevitável esgarçamento do conceito. Sobretudo, uma confusão na compreensão dessas situações tão díspares entre si sob qualquer prisma de análise. Corre-se o risco bastante palpável e frequentemente concretizado de transpor pressupostos normativos de um contexto ao outro, apreciando valorativamente de modo equivocado os distintos processos e subestimando suas particularidades.

Práticas em disputa

Alguns autores reconhecem que a política de justiça de transição por meio de modelos apresentou limitações para a afirmação do conceito. Consequentes com essa ponderação que dirigem à visão tradicional de justiça transicional e às suas variações, tais analistas afastam-se da concepção do fenômeno baseada nos mecanismos e nas expectativas normativas e apostam em hipóteses efetivamente experimentadas. Trata-se de propor a elaboração de uma "teoria empiricamente fundada da justiça de transição"[15].

---

guerra [...] é ao mesmo tempo externo e interno" (MBEMBE, 2018). Poderíamos dizer que é uma política globalizada e que tem, no caso das transições, um dispositivo que faz uso, quando interessa, do discurso da "justiça de transição". Assim é que a passagem da ditadura para a democracia no Brasil, mesmo com todo o atraso na adoção do discurso da justiça de transição, pode manter a estrutura de violência institucional e do Estado ao transferir a ideia de inimigo interno para os indivíduos "reticulares" integrantes da população negra e periférica.

[15] OLSEN, Tricia; PAYNE, Leigh; REITER, Andrew. *Transitional Justice in balance*, p. 16.

É o que sugere o historiador Elster, para quem uma teoria normativa da justiça transicional esbarraria, necessariamente, nas peculiaridades das experiências, as quais variam conforme o contexto temporal e espacial[16].

Contudo, para esse autor, a dificuldade em se estabelecer uma lei e uma teoria geral sobre a matéria não impede a apreensão de algumas generalidades recorrentes em cada experiência. Ressalva ele que tal perspectiva não implica, necessariamente, a universalização dos padrões particulares geralmente observados de forma indiscriminada[17]. Desse modo, para compreender por que processos de justiça transicional assumiram formas distintas em diferentes transições, Elster considera que "a análise da justiça de transição é parte dos estudos empíricos da justiça"[18].

Uma crítica relevante se dirige à concepção da "justiça de transição desde acima" ("*transitional justice from above*")[19], em contraste com os modelos que pretendem destacar a participação da sociedade civil. McGregor e McEvoy propõem observar o que está "por baixo do olhar das instituições formais da justiça de transição"[20]. São críticas que pretendem recuperar a relevância da sociedade civil e de suas mobilizações nos processos transicionais, atenuando a dimensão normativa do conceito e a ênfase nas instituições estatais.

---

16 ELSTER, Jon. *Closing the books*, p. 77.

17 ELSTER, Jon. *Closing the books*, p. 77.

18 ELSTER, Jon. *Closing the books*, p. 79 e 80.

19 MCEVOY, Kieran; MCGREGOR, Lorna. *Transitional Justice from Below*: An agenda for research, policy and praxis. In: ______; ______. (Ed.). *Transitional Justice from Below*: Grassroots Actvism and the Struggle for Change, p. 5.

20 MCEVOY, Kieran; MCGREGOR, Lorna. Transitional Justice from Below, p. 5. Antes, trata-se de oferecer uma perspectiva que, em muitos casos, mostra-se privilegiada para a observação e compreensão de aspectos pouco valorizados pela abordagem tradicional (p. 3).

Com relação ao caso brasileiro, dentre as limitações do conceito de justiça de transição, vale destacar a narrativa hegemônica que privilegia o Estado em detrimento dos movimentos sociais de familiares de mortos e desaparecidos e dos ex-presos políticos, invisibilizando ou diminuindo a luta das vítimas. Além disso, nota-se uma dificuldade em incorporar nas políticas de reparação um olhar mais abrangente sobre as diversas formas de violação aos direitos humanos e na ampliação da categoria de vítima[21].

À luz dessa teorização sobre a justiça de transição e os limites de suas formulações mais tradicionais, vale questionar como esse discurso foi importado e passou a operar nos trabalhos de memória e justiça do Estado brasileiro e dos atores políticos locais, assumindo um sentido bastante peculiar na democracia pós-ditadura.

Uma justiça à moda brasileira

Com o discurso e as políticas relacionadas à justiça de transição, duas características ganharam relevância e conferiram uma ambiguidade central a essa temática: os direitos das vítimas tomam um lugar de destaque e aparecem como imperativo a ser considerado no processo de transições, e, nesse mesmo processo, permanecem presentes e atuantes as forças que, no regime anterior, promoviam a violência.

---

[21] As políticas oficiais no Brasil demoraram para assimilar a diversidade que caracteriza a formação da sociedade brasileira. Camponeses, indígenas, negros, mulheres, pessoas LGBT+ e outros grupos vulneráveis nunca receberam um olhar específico do ponto de vista da reparação e da memória. Só muito recentemente e, sobretudo, com a Comissão Nacional da Verdade, é que alguma brecha foi aberta para a reflexão sobre a violência de Estado a partir de distintos marcadores sociais da diferença. Contudo, mesmo no tomo de textos temáticos do relatório da CNV, é notório o pouco espaço que receberam alguns grupos, sendo que a população negra sequer teve um capítulo específico.

As duas considerações visam diminuir o grau de tensão e hostilidades, a fim de facilitar as saídas negociadas para as novas democracias. O que se encontra sob a superfície desta espécie de discurso pacifista é a estrutura de um estado de exceção constante que conjuga demandas de justiça com bloqueios políticos. Essa situação paradoxal pode ser traduzida na formulação de que, para se realizar a justiça, seria preciso antes limitá-la.

O Brasil é um caso evidente da presença de estados de exceção no processo de transição, o que viria a marcar de modo fundamental a democracia (TELES e SAFATLE 2010). O partido do regime militar criou um novo agrupamento, com um verniz democrático, para entrar na composição da transição e, até hoje, esse grupo mantém-se presente nos vários governos constituídos em Brasília. Soma-se a isso o fato de que nenhum perpetrador foi preso e nenhuma reforma institucional consistente foi feita nas Forças Armadas e nas instituições de segurança pública. Com a interpretação da anistia aos perpetradores, conforme decisão de 2010, pelo Supremo Tribunal Federal (Arguição de Descumprimento de Preceito Fundamental, a ADPF 153)[22], rompe-se com a ordem democrática ao se desaplicar o direito penal. Aprofunda-se a exceção no Estado de Direito com a manutenção das mesmas forças que atuaram na repressão no antigo regime. E se transfere o foco discursivo da violência de Estado, do inimigo interno ideológico para o inimigo da segurança pública, mantendo-se o aparato repressivo e a política militarizada.

---

[22] No caso brasileiro, a principal ação judicial foi proposta pelo Conselho Federal da Ordem dos Advogados do Brasil, em 2008, questionando a interpretação adequada da Lei de Anistia de 1979 no Supremo Tribunal Federal (Arguição de Descumprimento de Preceito Fundamental n.153), a qual foi julgada improcedente em 29 de abril de 2010.

Por outro lado, as vítimas tiveram acesso aos processos reparatórios, porém com poucas medidas de reconhecimento da sua condição (lugares de memória, publicações, discursos, tratamentos de saúde, acolhimento efetivo etc.). Constantemente, o governo brasileiro, em período democrático, fez uso do discurso de justiça de transição ao mesmo tempo que negou ou dificultou o acesso à justiça. Assim, tivemos alguns entes estatais patrocinando iniciativas de concretização de direitos humanos, enquanto outros órgãos oficiais agiam em sentido oposto, acordando com a impunidade dos torturadores da ditadura.

A ambiguidade das políticas públicas teve no caso dos familiares de oposicionistas desaparecidos na região do Araguaia um ponto alto de efetivação. Como o Estado democrático não cumpriu a sentença proferida pela justiça nacional na ação movida pelos familiares, eles tiveram que recorrer ao Sistema Interamericano de Direitos Humanos[23]. Novamente, para efeito nacional, o governo defendeu o acesso à memória e à verdade, mas, na Organização dos Estados Americanos, adotou medidas contra as famílias na tentativa de evitar a condenação do Estado.

Da mesma forma, alguns monumentos ou espaços de memória foram criados e editaram-se leis de indenização

---

[23] Em dezembro de 2010, em julgamento do Caso Gomes Lund *versus* Estado brasileiro, junto à Corte Interamericana de Direitos Humanos, da Organização dos Estados Americanos (OEA), o país foi condenado a apurar as circunstâncias dos assassinatos e tortura de militantes da Guerrilha do Araguaia (1972-1975), localizar os corpos desaparecidos e apurar as responsabilidades por tais crimes. Até o momento, a sentença não foi cumprida. Para mais informações sobre o caso e as disputas em torno de seus efeitos, ver BERNARDI, Bruno Boti. O Sistema Interamericano de Direitos Humanos e o caso da guerrilha do Araguaia: impactos no Brasil. *Rev. Bras. Ciênc. Polít.*, Brasília, n. 22, p. 49-92, Apr. 2017.

sem, contudo, apurar as circunstâncias das mortes e desaparecimentos. Os familiares de mortos e desaparecidos e os perseguidos políticos não puderam acionar o direito nacional e os tratados internacionais, e foram impedidos de abrir processos penais ou de ter o acesso à informação nos arquivos militares. As Forças Armadas alegam que não possuem documentos sobre as ações de repressão durante a ditadura, pois os mesmos teriam sido destruídos ao final do regime autoritário. Essa versão foi facilmente desmentida pelos trabalhos da Comissão Nacional da Verdade, que teve seu acesso a documentos frustrado, revelando um flagrante boicote das Forças Armadas com relação a essa instituição extraordinária do próprio Estado, criada para investigar as violações de direitos humanos[24]. Houve, nesse momento, uma clara ação de obstrução e silenciamento, indicando a existência dos arquivos.

Por sua vez, o Poder Judiciário chancelou a impunidade dos agentes públicos que praticaram crimes contra a humanidade ao julgar improcedente, em 2010, a ADPF 153. Em sentido contrário, ressaltando mais um aspecto das ambiguidades apontadas, o Ministério Público Federal criou um grupo de trabalho denominado "Justiça de Transição", que já ofereceu mais de quarenta denúncias para responsabilizar criminalmente agentes públicos por crimes da ditadura[25].

---

[24] Cf. Jornal O Globo, de 22 de agosto de 2014, "Anos de chumbo: comandante impõe silêncio ao Exército", disponível em: http://oglobo.globo.com/brasil/anos-de-chumbo-comandante-impoe-silencio-ao-exercito-13690198.

[25] O link para as denúncias e para maiores informações sobre esse grupo de trabalho do MPF está disponível aqui: http://www.justicadetransicao.mpf.mp.br/justica-criminal

Democracia "lenta, gradual e segura"

A democracia brasileira constituiu-se durante uma transição fundamentada em consenso obtido via acordos das velhas oligarquias políticas e econômicas com os novos atores surgidos durante o processo (SKIDMORE 1988). Iniciada ainda em 1974, com a chamada "abertura lenta, gradual e segura", a transição seguiu até a promulgação da Constituição de 1988, perfazendo o longo período de catorze anos, um tempo recorde comparativamente a outros processos transicionais da região. O prolongamento da democratização indicou o controle dos antigos atores para garantir que o novo regime não surgisse por meio de ruptura contundente. A lógica do processo foi a de produção da governabilidade estável, mantendo os conflitos sob o manto discursivo da pacificação e da reconciliação.

Há três momentos históricos da transição que nos permitem visualizar o início dessa lógica: a Lei de Anistia de 1979, a eleição do primeiro presidente civil via Colégio Eleitoral e a Constituição de 1988. Tais momentos simbólicos possuem, entre eles, ao menos duas características em comum: por um lado, configuraram-se a partir de negociações em lugares privados, silenciando ações dos movimentos sociais e das lutas populares; a segunda característica é o fato de anunciarem saídas para dilemas políticos por meio da instituição de estados de exceção. O rito ordinário de um Estado de Direito foi suspenso em favor da "superação" de circunstâncias que poderiam gerar alguma instabilidade ao processo político.

Em 1979, a campanha pela anistia que já vinha se organizando gerou pressão popular e se configurou como um dos primeiros movimentos sociais a fazer uso do discurso dos direitos humanos. Contudo, o governo militar do general Figueiredo impôs uma lei ambígua, a qual viria a se tornar, no marco inaugural da democracia, um mecanismo de garantia da impunidade aos agentes públicos. O Estado de Direito nasceria já sob a insígnia de um estado de exceção. Em vez de seguir as leis do país e os tratados internacionais aceitos e assinados pelo Estado brasileiro, se preferiu suspender tais direitos e apostar na não punição dos criminosos como parte do acordo consensual.

Próximo ao fim da ditadura, a sociedade brasileira se mobilizou naquele que foi considerado o maior movimento de rua da história do país, conhecido por "Diretas Já". Milhões de pessoas, em comícios e passeatas, exigiram a passagem democrática de um regime de violência para o Estado de Direito através da escolha em urnas. Novamente prevaleceu a negociata, e a eleição ocorreu via colégio eleitoral. Ao final, tomou posse como presidente, devido à precoce morte de Tancredo Neves, o ex-líder do partido do governo militar no período da aprovação da Lei de Anistia, José Sarney. O governo civil foi inaugurado pela exceção à regra democrática. Com verniz de legitimidade, tais passos foram dados por um Congresso ainda limitado pelas leis eleitorais e políticas da ditadura.

No Congresso Constituinte, eleito em 1986, houve uma significativa mobilização dos mais variados movimentos sociais. Frutos dessas, ações surgiram direitos considerados avançados (trabalhistas, dos povos quilombolas e indígenas, das mulheres, de crianças e adolescentes etc.). Entretanto, alguns aspectos da nova Constituição pouco foram alterados em relação àquela outorgada em 1969, especialmente as questões referentes à propriedade da terra, aos meios de comunicação e às relações entre civis e militares. No quesito segurança pública, a nova Constituição não só manteve a estrutura repressiva, cuja concepção é a de um combate interno, como sofisticou a militarização do cotidiano com a legitimação das Forças Armadas como "garantidoras da ordem"[26].

A construção discursiva

As questões da memória e da justiça - mais tarde discutidas com o vocabulário da justiça de transição - surgem no Brasil de modo mais claro já no começo dos anos 1980, ainda sob o regime militar e logo após a Lei de Anistia. Um documento importante da luta pela justiça e pela democracia foi o Dossiê dos Mortos e Desaparecidos (1984), organizado pelas comissões de familiares e pelos comitês brasileiros pela anistia. Nele podemos ler as reivindicações durante o período inicial da transição:

> Reiteramos nossa disposição de continuarmos na luta por uma anistia ampla, geral e irrestrita, que pressupõe o desmantelamento do aparato repressivo, o fim do conjunto de leis que oprimem a sociedade brasileira e a responsabilização de todos os envolvidos nos crimes cometidos pela repressão política (ANISTIA 1984, p. 15).

[26] Entre outros artigos da nova Constituição, n. 142 pode-se ler: "As Forças Armadas, constituídas pela Marinha, pelo Exército e pela Aeronáutica, são instituições nacionais permanentes e regulares, organizadas com base na hierarquia e na disciplina, sob a autoridade suprema do Presidente da República, e destinam-se à defesa da Pátria, à garantia dos poderes constitucionais e, por iniciativa de qualquer destes, da lei e da ordem". Por sua vez, o parágrafo 6o do art. 144 prescreve que as polícias militares são forças auxiliares e reservas do Exército. Essa formulação, que atrela as polícias às Forças Armadas, é uma reprodução literal do disposto no Ato Complementar n. 40, de 30/12/1968, uma norma administrativa que modificou a Constituição de 1967 nesse particular e que foi complementar ao famigerado AI-5, de 13 de dezembro de 1968, o qual promoveu um endurecimento da repressão.

Embora essas demandas tenham sido aprovadas no II Congresso Nacional de Anistia, no final de 1979 (quando o regime estava em pleno vigor), elas já levantaram proposições para a volta à democracia: a reforma do aparato repressivo e autoritário e a punição dos responsáveis pelos crimes da ditadura estavam no centro da luta política. Ainda estavam quase duas décadas distantes da formulação do discurso que produziria, no final dos anos 1990, a definição da política sobre a justiça em tempos de transição. Porém, os movimentos sociais já articulavam as propostas que consideravam necessárias à construção do que eles entendiam por democracia. A condição de exceção é percebida pelo fato de estarem vivendo sob a ditadura e não uma exceção democrática, como no discurso adotado nos anos 2000 sobre a justiça transição.

A denúncia da exceção no governo militar também se encontra nos objetivos do projeto Brasil: Nunca Mais (BNM), publicado em 1985 e produzido por movimentos de direitos humanos e pelas igrejas, sobretudo a católica:

> Desde seus primeiros passos, em agosto de 1979, até sua conclusão, em março de 1985, o Projeto de pesquisa "Brasil: Nunca Mais" não tem outro objetivo que não seja o de materializar o imperativo escolhido como título da investigação: que nunca mais se repitam as violências, as ignomínias, as perseguições praticadas no Brasil de um passado recente (ARQUIDIOCESE 1985, p. 26).

Há algumas diferenças e novidades nesse trabalho quando comparado ao publicado pelos familiares de mortos e desaparecidos políticos citado anteriormente. Começa-se a pensar a volta à democracia tendo em vista as dificuldades do acesso pleno à Justiça e, inclusive, problematizando experiências anteriores de saída de regimes autoritários ou totalitários. Diz o BNM: "não é intenção do Projeto organizar um sistema de provas para apresentação em qualquer Nuremberg brasileiro" (ARQUIDIOCESE 1985, p. 26). Dentre as proposições do documento podemos observar questões centrais de uma episteme que tratava do período excepcional da transição, apresentando ideias em torno da reconciliação, da verdade e da reforma das instituições:

> Não o anima [o Projeto] qualquer sentido de revanche. Na busca da Justiça, o povo brasileiro nunca foi movido por sentimentos de vingança. [...] É a observância do preceito evangélico que nos aconselha o conhecimento da verdade como pressuposto para a libertação. Feliz coincidência, esta, do lançamento dos resultados da pesquisa num momento de esperança nacional, de superação do autoritarismo, de reelaboração das leis do país. Num momento em que se anuncia a possibilidade de convocação de uma Assembleia Constituinte que venha a construir instituições democráticas (ARQUIDIOCESE, 1985, p. 26).

Não é possível, em um primeiro olhar, dizer que há diferenças profundas no texto dos movimentos de familiares e do BNM. Porém, algumas ênfases recaem sobre pontos levemente diferenciados, com profundas consequências. No texto dos familiares há uma enfática demanda por atos de justiça penal ("responsabilização de todos os envolvidos"), enquanto, no Projeto BNM, o enfoque está na "superação do autoritarismo", visando construir "instituições democráticas" sem os "sentimentos de vingança". A questão de fundo que emerge do choque das duas visões apresentadas se explicita na tensão entre uma visão de que a democracia somente se constituirá se os atos de justiça e memória se efetivarem, e, outro ponto de vista, o de que a construção das instituições democráticas deve se realizar evitando os "sentimentos de vingança". Inicia-se a produção de um conhecimento sobre os períodos de transição fundamentado no contexto brasileiro.

No ano de 1990 foi localizada a Vala Clandestina de Perus (Cemitério Dom Bosco, no município de São Paulo), local onde os órgãos de repressão política escondiam os corpos que haviam sido torturados e assassinados nas dependências da polícia ou das Forças Armadas. Uma Comissão Parlamentar de Inquérito (CPI) foi instalada na Câmara Municipal de São Paulo para apurar e desvendar esse terrível lugar de ocultamento da violência na ditadura. Apesar de ser uma instituição do Estado (o legislativo municipal), foi forte a presença dos movimentos de vítimas e de seus familiares, notável na proposição política do texto de apresentação do relatório da CPI: "sabíamos que haveria resistência daqueles que, após a ditadura, continuaram a esconder-se atrás da Lei da Anistia, sem que seus crimes fossem julgados, ou sequer apontados" (CALIGIURI 1992, p. 7).

O tema da transição, como uma espécie de momento provisório, mas também enquanto limite para a ação transformadora do passado recente, se inscreve de modo explícito na CPI de Perus. Percebe-se que, além de se manter a impunidade sobre os crimes da ditadura, a própria democracia promove a continuidade da violência de Estado:

> O fenômeno da violência institucional e a impunidade ainda não foram extirpados da sociedade. Por isso, infelizmente, ainda são frágeis os instrumentos sociais para impedir que fatos inaceitáveis do passado se repitam em plena transição para a democracia (CALIGIURI 1992, p. 7).

Alude-se à "fragilidade dos instrumentos" em construção na transição democrática, evidenciando a ideia de que se vivia um momento de exceção no início dos anos 1990, mesmo após a promulgação da nova Constituição (1988) e da primeira eleição direta para presidente (1989). Mais do que isso, o relatório aponta para a permanência e continuidade dos aparatos repressivos, os quais ainda não teriam sido, segundo o documento, "extirpados da sociedade".

O trabalho da CPI da Vala de Perus foi um primeiro momento de confluência entre os movimentos de direitos humanos e o Estado. Seus trabalhos se restringiram à esfera do maior município do país (São Paulo), fato possível pela entrada no governo de uma prefeita comprometida com as lutas sociais, Luiza Erundina, do Partido dos Trabalhadores (1989-1992).

Após essa CPI e a transferência dos arquivos do Dops para o Arquivo do Estado de São Paulo, os familiares começaram a montar o Dossiê dos Mortos e Desaparecidos Políticos a partir de 1964, atualizando o número e a biografia dos desaparecidos e das vítimas fatais da ditadura. Com clareza de seu lugar no contexto brasileiro, o Dossiê assume a "teimosia" própria dos "movimentos sociais populares (...) que recusam as normas pré-estabelecidas e instituídas e que procuram de certa forma construir outros modos de subjetividades" (COMISSÃO 1996, p. 25). A aproximação entre Estado e movimentos é percebida pelas entidades de familiares, as quais anunciam o trabalho conjunto mas com marcantes diferenças com relação à lógica de governo.

Ao passo que se começa a criar políticas para a questão dos crimes da ditadura, também se consolidam bloqueios para o esclarecimento da verdade e a apuração da responsabilidade penal. Esses momentos marcam o fortalecimento de um discurso oficial sobre justiça e memória como se o país ainda vivesse um processo de transição, apesar de o novo regime democrático já ter construído, naquele momento, as principais institucionalidades de consolidação formal de suas instituições. Ao menos era o que se dizia nas instituições do Estado e o que o senso comum compreendia.

O Estado se assumindo protagonista

A pressão da sociedade e dos familiares sobre o governo levou o presidente Fernando Henrique Cardoso (1995-1998 e 1999-2002) a sancionar a Lei 9.140, em dezembro de 1995, a qual reconheceu como mortas as pessoas desaparecidas por motivos políticos. A lei também concedeu indenização às famílias das vítimas fatais da ditadura, porém omitiu a autoria dos crimes, como se deram os fatos e o paradeiro dos corpos desaparecidos[27]. O Estado assumiu, em abstrato, a responsabilidade por atos de seus agentes, sem, no entanto, desencadear a responsabilização individual e concreta pelas violações. Responsabilizar-se, para o Estado, não significou nem mesmo a efetivação da obrigação de abrir os arquivos militares, localizar os corpos desaparecidos e esclarecer como se deram os fatos. Além disso, por parte do Estado se fortaleceu o discurso da paz e da reconciliação como atos de esquecimento e silenciamento sobre os fatos, contribuindo para a construção de uma interpretação do momento como um conflito não acabado e de embate entre dois lados radicalizados. Diz a Lei, em seu artigo 2º: "a aplicação das disposições desta Lei e todos os seus efeitos orientar-se-ão pelo princípio de reconciliação e de pacificação nacional"[28].

[27] Lei 9.140/95, disponível em: http://www.planalto.gov.br/ccivil_03/leis/L9140compilada.htm, acesso em: jan. 2020.

[28] O quadro institucional de um Estado ao meio de um conflito do pas-

Em 2002, ainda ao final do segundo mandato do governo do presidente Fernando Henrique Cardoso, foi criada a Comissão de Anistia. Primeiro por medida provisória e depois com aprovação do Congresso Nacional, ampliando-se a indenização aos perseguidos políticos que não perderam a vida[29]. Apesar de ter sido um passo importante no reconhecimento das graves violações, a Lei trata somente da indenização pecuniária, sem aludir à dignidade das vítimas ou a uma reparação social e simbólica. Sequer utiliza os termos vítimas ou perseguidos em seu texto[30].

A Comissão da Anistia seria a primeira instituição do Estado brasileiro a assumir e compilar o discurso da justiça de transição. Em 2007, com a entrada de Tarso Genro no Ministério da Justiça, inicia-se o processo de construção da versão estatal do processo transicional caseiro. No relatório anual a Comissão lançou o novo discurso e reforçou a ideia de que seu aparecimento supria à necessidade de uma melhor divulgação dos trabalhos realizados com o intuito de construir uma educação em direitos humanos:

---

sado ainda existente no presente, atuando como artífice da paz e da reconciliação, e com os movimentos atuando no sentido de pressionar por avanços mas sem escuta concreta, se configurou como o que viria a ser chamada de "justiça de transição no Brasil", durante o segundo mandato do governo do presidente Lula até os últimos dias do governo da presidente Dilma Rousseff. A partir do seu *impeachment* e da posse do vice-presidente Michel Temer se inicia um processo de desmonte das frágeis políticas de memória do Estado de Direito inaugurado no processo transicional dos anos 80. Fato que tem como pá de cal a eleição do presidente Jair Bolsonaro, governando desde janeiro de 2019.

[29] Lei 10.559/02, disponível em: http://www.planalto.gov.br/ccivil_03/leis/2002/l10559.htm, acesso em: jan. 2020.

[30] Cf. Artigo de Glenda Mezarobba, "O processo de acerto de contas e a lógica do arbítrio".

> [...] a Comissão de Anistia adotou um recorte mais abrangente na sua atuação, resgatando o conceito e os princípios da Justiça de Transição (o direito à verdade, à memória, à justiça e à reparação), que desencadearam em ações como: tratamento dos arquivos e preservação do acervo, em especial o icnográfico e audiovisual, passando a serem consideradas prioridades devido a sua relevância para a consolidação dos direitos humanos e da cidadania do país (COMISSÃO, 2007, p. 9).

Amplia-se assim o escopo das ações da Comissão de Anistia, indo além do trabalho de julgamento dos pedidos, o qual tratava apenas da reparação econômica. A mudança torna a instituição um lugar privilegiado de atuação política do governo no tema dos crimes e da herança da ditadura. Diz o relatório anual de 2010: "para além da função julgadora, exerce relevante papel na gestão de políticas de memória e de educação para a democracia" (COMISSÃO 2010a, p. 4).

A Comissão Especial sobre Mortos e Desaparecidos Políticos (CEMDP) e a Comissão de Anistia recebiam críticas por parte dos movimentos, tanto pelo seu caráter institucional limitado quanto pela pouca publicização dos processos indenizatórios:

> [...] a CEMDP e a Comissão de Anistia, ambas de caráter administrativo, têm poderes muito limitados de investigação a respeito da atividade repressiva do Estado durante a ditadura, e não obtiveram o apoio dos diversos governos civis para implementar essa tarefa. [...] Além disso, suas diligências e julgamentos, embora sejam considerados públicos, não são acompanhados pela sociedade de forma aberta, ampla e sistemática (DOSSIÊ 2009, p. 50).

O Dossiê dos familiares, de 2009, dava vazão à luta por uma comissão da verdade e da justiça, apontando as limitações das políticas de memória da democracia. E chamava atenção para certa despolitização dos trabalhos nas comissões existentes. O mesmo documento acentua a demanda por reconhecimento e visibilidade quando conclui que uma comissão da verdade teria como "sua contribuição [...] o acolhimento dessas narrativas por parte da sociedade brasileira" (DOSSIÊ 2009, p. 51). Em nenhum momento, o documento dos familiares, publicado quase no fim do segundo mandato do governo Lula, articula o discurso da paz e da reconciliação. Aquele momento, nos anos 1980, em que ao menos dois discursos sobre as políticas de memória vão se constituindo e indicam parte das disputas de narrativas sobre o processo político.

Nos ofícios emitidos pela Comissão, com os votos de deferimento ou não de pedidos de indenização, lê-se: "anistia, a comissão da paz!". A instituição passa a estabelecer, em seus procedimentos e instrumentos, o discurso do conhecimento verdadeiro sobre "o modelo transicional brasileiro" (COMISSÃO 2010a, p. 4). Coloca-se também no papel de atuar para a resolução do suposto conflito entre os sujeitos da democracia e os defensores do regime ditatorial. Consolida-se o discurso da paz e da reconciliação como se vivêssemos a necessidade de acordos transicionais atenuantes de possíveis rupturas com os militares ou com forças políticas alinhadas com uma memória positiva da ditadura.

A retórica de que se vivia no país um processo de transição permitiu à instituição afirmar-se como esfera de concretização da consolidação da democracia e de seus mecanismos de justiça. Instituiu-se um Estado de Direito sem que o país tenha condenado penalmente um único torturador, ou aberto integralmente os arquivos militares, ou ainda sem que houvesse esclarecido a localização e as circunstâncias dos desaparecidos políticos. Na revista da Comissão de Anistia, em comentário sobre a importância do próprio trabalho, afirma-se que "tal processo não apenas *devolve a normalidade* ao sistema jurídico, que tem seu ramo civil fortemente ancorado no princípio de que quem causa dano repara, como, e sobremaneira, permite a *reconciliação moral* do Estado com seus cidadãos" (COMISSÃO 2009, p. 17, *grifo nosso*). Se, para a Comissão da Anistia, o país voltou à "normalidade" jurídica, para os movimentos de direitos humanos a ausência de justiça e as parcas ações de memória tornavam impossível entrar em acordo com as políticas do Estado.

A situação se agravava na medida em que a população negra e pobre vivia sob uma espécie de ditadura. Era a militarização do cotidiano nas periferias, com a criação ou a efetivação de mecanismos de violência autorizada do Estado, como as Unidades de Polícia Pacificadora (UPP, novamente trazendo o discurso da paz)[31], as intervenções militares por meio do aparato legal de Garantia da Lei e da Ordem (GLO), a sofisticação do aparato de violência das polícias militares.

O discurso da existência de uma transição, ou de um conflito com as antigas forças também pode ser visto na postura do Estado brasileiro frente à Corte da Comissão Interamericana de Direitos Humanos (OEA), quando enviou o Ministério da Defesa e não o de Direitos Humanos

[31] Sobre a articulação do discurso da paz com o processo político fundado com a transição confrontar o capítulo "Depois de junho a paz será total", do livro *O novo tempo do mundo*, de Paulo Arantes (2014).

para coordenar a delegação do país durante o julgamento do caso Araguaia. Seria como se ainda vivêssemos o perigo eminente de algum conflito armado. Mesmo o ordenamento jurídico, ao confirmar em 2010 a impunidade gerada pela Lei de Anistia de 1979 (ao negar os termos da ADPF 153), decide por tal medida com base na manutenção do "pacto político" que mantém a reconciliação nacional. A inclusão do termo "reconciliação" indicou uma retórica que aludia às violências vividas na ditadura. Nas políticas de memória dos anos 2000 tal vocabulário funcionou mais como um bloqueio limitante à possibilidade de o Estado atuar em conjunto com os atos de justiça e de esclarecimento da responsabilidade penal e política das graves violações da dignidade humana.

Assim, avanços importantes notados nesse período sob a égide do discurso da justiça de transição conviveram com a impunidade e o boicote de vários órgãos de Estado em relação à apuração da verdade. Sob as mesmas condições, ambos, movimentos de direitos humanos e algumas instituições de Estado, elaboraram demandas por justiça com proposições próximas das que seriam integradas ao discurso da justiça de transição.

Por outro lado, setores do Estado, alegando a condição de exceção e de transição, acabaram por aprovar e manter a interpretação simbólica dos "dois lados" em conflito. O pano de fundo para essa linha de ação seria uma constante ameaça de desestabilização política por parte de setores militares, o que justificaria uma política do possível fundamentada na lógica da governabilidade e na retórica da paz e da reconciliação.

A institucionalização da "verdade"

Após décadas do fim da ditadura, no início de 2012, finalmente o Estado de Direito instituiu a Comissão Nacional da Verdade (CNV). De acordo com a Lei que a instituiu, a CNV teria por tarefa "efetivar o direito à memória e à verdade histórica e promover a reconciliação nacional", examinando e esclarecendo "as graves violações de direitos humanos praticadas" no período entre 1946 e 1988.

É muito provável que a urgentíssima necessidade de aprovação do projeto se devesse às negociações sobre qual verdade ou quanto dela a Comissão apuraria em seus trabalhos[32]. O projeto do governo, amplamente anunciado como aceito pelas Forças Armadas, anunciava em seu primeiro artigo boa parte do problema que enfrentaria depois de instalado: "Fica criada, no âmbito da Casa Civil da Presidência da República, a Comissão Nacional da Verdade [...]". No Artigo 10º se esclarecia: a Comissão da Verdade não teria estrutura, orçamento e funcionamento autônomo em relação ao poder Executivo. Ela dependeria de "suporte técnico, administrativo e financeiro" da Casa Civil. A Comissão prevista não teria, assim, independência e autonomia para a realização de seus trabalhos.

Seguia o Artigo 1º: a Comissão foi criada "[...] com a finalidade de examinar e esclarecer as graves viola-

[32] Entre os meses de setembro e outubro de 2011, o Congresso Nacional apreciou, em regime de urgência urgentíssima, o Projeto de Lei do Executivo que tratava da criação da Comissão Nacional da Verdade (CNV). Os acordos de governo impuseram uma comissão da verdade sem ouvir a sociedade, em especial sem dar voz às vítimas e seus familiares e, ressalte-se, por meio de um ato de exceção: a votação em regime de urgência urgentíssima, pelo qual são dispensadas as formalidades regimentais ordinárias devido ao caráter inadiável ou emergencial do tema em questão.

ções de direitos humanos praticadas [...]". Praticadas por quem? Será que já não era evidente para a história do país que houve uma grave e violenta ditadura no país? Por que não constava do Projeto as palavras "responsável" ou "responsabilidade"?

Retornemos à leitura do Artigo 1º: "[...] praticadas no período fixado no Artigo 8º do Ato das Disposições Constitucionais Transitórias [...]". O que será esse Ato? Seu teor: "É concedida anistia aos que, no período de 18 de setembro de 1946 até a data da promulgação da Constituição, foram atingidos, em decorrência de motivação exclusivamente política, por atos de exceção, institucionais ou complementares [...]". As indefinições quanto à temporalidade das violações a serem apuradas ampliavam as ambiguidades já identificadas nas políticas de memória do Estado democrático. A ditadura não foi de 1964 a 1985 (ou 1988, se a referência for a nova Constituição; ou, ainda, 1989, se for a primeira eleição direta para presidente)? Então, quais violações de direitos humanos serão examinadas e esclarecidas a partir de 1946?

Segundo documento do Ministério Público Federal ("Nota Técnica sobre o Projeto de Lei que cria a Comissão Nacional da Verdade", de abril de 2011), "tal enfoque amplia demasiadamente o objeto" com "um risco de que a Comissão perca o foco". O documento do Ministério Público informa que o Artigo 8º do Ato é um dispositivo que "estipulou normas diversas [...] pois o resultado final era o mesmo: anistia para perseguidos políticos, independente da natureza da perseguição". Novamente, parece que o conhecimento da história estava sendo escamoteado.

O Artigo 1º do Projeto continuava: a Comissão iria "examinar e esclarecer as graves violações de direitos humanos [...] a fim de efetivar o direito à memória e à verdade histórica e promover a reconciliação nacional". Qual reconciliação? Ainda vivíamos o conflito da época da ditadura? O governo, o mesmo que anunciava o Brasil como uma democracia consolidada e de economia forte, estava dizendo, por meio do Projeto, que as relações entre civis e militares seguiam sob conflito? Que havia algo de autoritário no Estado de Direito? Parece-nos que esse seria mais um motivo, caso fosse a realidade do momento, de se apostar em outra abordagem da história, direta e a partir da condenação inegociável dos crimes contra a humanidade.

A CNV incluiu em seu segundo artigo a ideia de produção de uma verdade histórica imparcial. Supostamente, a instituição, símbolo das democracias herdeiras de regimes ditatoriais, assumiria a "imparcialidade" de narrar a história do ponto de vista dos "democratas", produzindo um passado a partir das lógicas do consenso e da reconciliação.

Contudo, apesar das graves limitações da lei de sua criação, a CNV disparou processos políticos que repercutiam as demandas de movimentos de familiares e, de modo geral, de parte da sociedade. Ela aprendeu, gradativamente e graças à pressão dos movimentos sociais, a trabalhar com maior transparência, realizando audiências públicas e prestando contas de suas atividades em praticamente todo o território nacional. Ela foi conseguindo cumprir com o tempo, ainda que de modo incipiente e pressionada, o papel de abrir um espaço oficial de escuta capaz de acolher e conferir legitimidade à versão das vítimas e seus familiares, recuperando de forma mais sistemática essas memórias.

Também usou, ainda que poucas vezes, a prerrogativa exclusiva atribuída por lei de indicar a autoria das violações de direitos humanos, confrontando publicamente os perpetradores com as acusações e elementos de prova.

A divulgação de relatórios parciais e temáticos, prática adotada, sobretudo, no último ano de funcionamento, foi um passo importante na compreensão do caráter reparatório do processo de busca da verdade em si, e não apenas pelos resultados eventualmente alcançados.

Entretanto, à medida que seus trabalhos avançavam, os bloqueios de interdição ao passado que foram instaurados durante a transição para uma democracia tutelada se impunham. A CNV teve de amargar as consequências de seus próprios êxitos, ainda que limitados. Quando começou a desafiar a tutela das corporações militares e dos setores civis saudosos da ditadura, o bloqueio se impôs. Sem condições políticas para realizar os embates necessários para avançar, a CNV se viu isolada institucionalmente e deslegitimada publicamente por um Poder Executivo omisso e um Poder Judiciário que respalda a impunidade.

No momento em que aprendia a fazer o trabalho, com maior coesão interna e linha política definida, tensionando publicamente com as corporações militares, o exíguo prazo de funcionamento da CNV se exauriu sem que o impasse com as Forças Armadas tivesse sido sequer reconhecido pelo governo.

Desse modo, não é de se estranhar que um ano após a publicização do Relatório Final da CNV, manifestações em favor de uma intervenção militar no país puderam ser vistas em todo o território nacional, nos protestos contra o governo da presidenta Dilma Rousseff. Iniciou-se a elaboração discursiva do elogio à ditadura, culminando com a deposição do governo eleito sem fundamento jurídico e pavimentando a eleição do candidato Jair Bolsonaro, notório defensor do regime militar e de seus torturadores.

Parece-nos que a verdade do discurso histórico começa onde o conflito pode já ser astutamente articulado para o fortalecimento de algumas das forças em combate. Assim, retomar a memória, colocá-la na narrativa e nos cálculos de determinadas forças políticas e transformá-la em saber é fortalecer alguns e enfraquecer outros. A história, e sua verdade, não somente nos fornece acesso ao passado e contribui com sua análise, mas principalmente opera a modificação das relações no presente. Dizer que tal narrativa é a verdade sobre os processos políticos opera um controle e uma estratégia fundamental nos conflitos sociais. Torna-se interessante a formulação de questões, no caso da CNV, sobre quem ou o que operou em seu funcionamento? Quem se fortaleceu, quem se enfraqueceu? Qual o sentido do termo "imparcial" no discurso de sua Lei? E o que se produziu em seu entorno, fora de seus limites institucionais, tanto na disputa discursiva quanto especialmente, nas mecânicas e táticas de lutas.

Uso ou abuso da "justiça de transição"?

Há, assim, uma prática oficial consagrada sobre a justiça de transição que, quando transportada para a realidade brasileira, expressou-se por meio de um discurso singular. A estrutura central desse discurso foi a ambiguidade nas políticas estatais de memória, com uma prática que operou com a tentativa de silenciar a voz dos movimentos das vítimas e de familiares, cujas demandas continuam sendo constantemente bloqueadas.

Não se está, aqui, afirmando que o Estado seja um ente monolítico e com ações políticas homogêneas. No entanto, é preciso notar que a heterogeneidade e o tratamento às vezes contraditórios de diferentes órgãos de Estado dispensados a esse tema teve por efeito, a despeito das variadas pressões em diferentes sentidos, a manutenção da impunidade. Assim, ao mesmo tempo em que determinados órgãos estatais mais periféricos na estrutura decisória adotaram um discurso a favor das medidas de justiça de transição, promovendo avanços pontuais, a política oficial adotada acabou consagrando a impunidade e mantendo os supostos "acordos" legados pela transição dos anos 1980.

Por que fazer uso do discurso da justiça de transição se não estávamos mais em um regime de exceção ou de incerteza entre a opção democrática e uma ditadura? Por que a retórica ligada à justiça de transição, como a dos termos "reconciliação" e "perdão", continuaram a ser utilizadas?

Apesar de passados quatro ou cinco décadas dos crimes, além dos movimentos de vítimas, surgiam novos atores, como nos atos de "escrachos" de torturadores. Enquanto houver um grupo de vítimas ou de familiares, certamente haverá pressão para que se iniciem procedimentos de responsabilização penal e ações previstas na justiça de transição. Porém, quanto mais o tempo passa, menor a chance de os testemunhos permanecerem vivos para transmitirem essa história.

Por outro lado, este mesmo aspecto de exceção participou da criação das comissões da verdade (a nacional e as tantas outras que foram criadas em todo o território nacional e em variadas instituições)[33].

[33] Durante o processo de criação e no decorrer dos trabalhos da Comissão Nacional da Verdade (CNV), vários segmentos sociais criaram suas próprias comissões de apuração das violações ocorridas durante a ditadura. É o caso das universidades, de grupos de trabalhadores, de organizações de defesa dos povos indígenas, além das comissões

Se visitarmos outros aspectos da herança ditatorial, veremos como parte desse legado vem se renovando nas estruturas da atual democracia. A tortura é praticada largamente no atual sistema penitenciário, nas casas de reclusão de adolescentes infratores e nas delegacias. A violência policial vem crescendo sistematicamente, ampliando seu alvo, o qual não é fundamentalmente o militante, mas o jovem de periferia, o negro, o pobre. As práticas de exceção são, agora, avalizadas pelo atual presidente da República, Jair Bolsonaro, quem reproduz discursos discriminatórios, reforça a militarização da política e faz apologia da tortura na ditadura.

Inaugurou-se uma democracia cuja herança das injustiças e carências do passado justificou a adoção de medidas consideradas necessárias e terapêuticas. Sob a promessa de desfazer os erros cometidos (sempre em outro governo, outro Estado, outra história) e diminuir o sofrimento social se autorizou o acionamento de medidas emergenciais que dispensam os procedimentos democráticos. Constata-se, por outro lado, uma dinâmica dissonante e que nos permite compreender os movimentos sociais, cujas mobilizações apresentam pautas substancialmente diferentes. Os restos ausentes do cálculo de governo são as demandas desses movimentos, especialmente os de familiares e de vítimas diretas do período ditatorial. Para as instituições de Estado democrático pós-ditadura, o que sobrou participava da ambiguidade e dos conflitos internos aos governos, ora sendo valorizados e legitimando políticas públicas, ora sendo anulados, redundando em seu bloqueio.

---

criadas em esferas municipais e em algumas unidades da federação. A estruturação dessa rede de comissões gerou uma mobilização importante de apoio e também de pressão sobre a própria CNV.

Não se trata aqui de estabelecer uma indistinção entre democracia e ditadura. Ao contrário, sob a superfície do discurso democrático encontramos formas de agir cuja astúcia é combinarem meios autoritários com aspectos democráticos. Não são mais resquícios da ditadura, mas escolhas do tempo presente que autorizam violências de Estado sob o manto da legitimidade democrática. Com essa análise de que há algo de excepcional na política brasileira, autoriza-se o acionamento de medidas emergenciais de suspensão da lei (caso da Lei de Anistia e a impunidade gerada e da ausência dos arquivos militares).

O discurso da justiça de transição, no contexto brasileiro, pôde ser utilizado como uma estratégia retórica para ocultar e legitimar processos parciais de impunidade e para não satisfazer as demandas de justiça, verdade e reparação às vítimas das violações. Existe na montagem do discurso e da teoria sobre a transição, e sobre certa justiça de transição, a mobilização de um saber que certamente produz efeitos de poder que tentamos apontar no presente artigo e que precisam ser observados para que construamos alternativas em um contexto de enorme fragilidade das democracias em todo o mundo.

REFERÊNCIAS

AGAMBEN, Giorgio. *Estado de exceção*. Tradução Iraci D. Poleti. São Paulo: Boitempo, 2004.

ANISTIA, Comitê Brasileiro pela. *Dossiê dos mortos e desaparecidos*. Porto Alegre: Assembleia Legislativa, 1984.

ARANTES, Paulo. *O novo tempo do mundo*: e outros estudos sobre a era da emergência. São Paulo: Boitempo, 2014.

ARQUIDIOCESE de São Paulo. *Brasil: Nunca Mais*. Petrópolis, Vozes, 1985.

BERNARDI, Bruno Boti. O Sistema Interamericano de Direitos Humanos e o caso da guerrilha do Araguaia: impactos no Brasil. In: *Revista Brasileira de Ciência Política*. Brasília, n. 22, p. 49-92, abril de 2017.

CALIGIURI FILHO, Júlio César e outros. *Onde estão?* Relatório da Comissão Parlamentar de Inquérito que investigou a vala clandestina no Cemitério Dom Bosco, em Perus, e os desaparecidos políticos. São Paulo, Câmara Municipal de São Paulo, 1992.

CAVALLARO, J.; ALBUJA, S. The lost agenda: economic crimes and truth comissions in Latin America and beyond. In: McEvoy, K.; McGregor, L. (Ed.). *Transitional justice from below*: grassroots activism and the struggle for change. Oxford; Portland: Hart, 2008. p. 121-141.

COMISSÃO de Anistia do Ministério da Justiça. *Relatório Anual da Comissão de Anistia 2010*. Brasília: Ministério da Justiça, 2010a.

______. *Relatório Anual da Comissão de Anistia 2009*. Brasília: Ministério da Justiça, 2010b.

______. *Revista Anistia Política e Justiça de Transição*. Número 1, jan-jun 2009. Brasília: Ministério da Justiça, 2009.

_____. *Relatório da Comissão de Anistia 2007*. Brasília: Ministério da Justiça, 2007.

Comissão de Familiares de Mortos e Desaparecidos Políticos e INSTITUTO de Estudos da Violência do Estado. *Dossiê dos mortos e desaparecidos políticos a partir de 1964*. Prefácio D. Paulo Evaristo Arns. São Paulo: Imesp, 1996.

_____. *Dossiê ditadura*: mortos e desaparecidos no Brasil. São Paulo: Imesp, 2009.

ELSTER, J. *Closing the books*: transitional justice in historical perspective. Nova York: Cambridge University Press, 2004.

FOUCAULT, Michel. *A ordem do discurso*. Tradução de Laura F. de A. Sampaio. São Paulo: Loyola, 2008.

HAYNER, Priscilla B. *Unspeakable Truths*. Facing the Challenge of Truths Commissions. New York: Routledge, 2002.

KRITZ, Neil. *Transitional Justice*: How Emerging Democracies Reckon with Former Regimes. v. I, II e III. Washington DC: United States Institute of Peace, 1995.

LEFRANC, Sandrine. *Politiques du pardon*. Paris: Presses Universitaires de France, 2002.

LINZ, J.; STEPAN, A. *A transição e consolidação da democracia*: a experiência do sul da Europa e da América do Sul. São Paulo: Paz e Terra, 1999.

MAINWARING, S.; O'DONNELL, G.; VALENZUELA, J. S. *Issues in democratic consolidation*: the new South American democracies in comparative perspective. Notre Dame: University of Notre Dame Press, 1992.

MARTIN-CHENUT, Kathia. O sistema penal de exceção em face do direito internacional dos direitos humanos. In: *Desarquivando a ditadura*: memória e justiça no

Brasil. TELES, Edson, SANTOS, Cecília Macdowell, TELES, Janaína de Almeida (orgs.). São Paulo: Hucitec, 2009, p. 225-249.

MCEVOY, K. Letting go of legalism: developing a 'thicker' version of transitional justice. In: McEvoy, K.; McGregor, L. (Ed.). *Transitional justice from below*: grassroots activism and the struggle for change. Oxford; Portland: Hart, 2008. p. 15-45.

MCEVOY, K.; MCGREGOR, L. Transitional justice from below: an agenda for research, policy and praxis. In: ______. (Ed.). *Transitional justice from below*: grassroots activism and the struggle for change. Oxford; Portland: Hart, 2008.

MBEMBE, Achille. *Crítica da razão negra*. Tradução Sebastião Nascimento. São Paulo: n-1, 2018.

MÉNDEZ, J. Defense of transitional justice. In: McAdams, A. J. *Transitional justice and the rule of law in new democracies*. Notre Dame: University Notre Dame Press, 1997.

MÉNDEZ, J.; COVELLI, G. T. R. *Parecer técnico sobre a natureza dos crimes de lesa-humanidade, a imprescritibilidade de alguns delitos e a proibição de anistias*. Solicitado pelo Ministério Público Federal, Procuradoria da República em São Paulo. Nova York: International Center for Transitional Justice, set. 2008.

MERWE, H. Delivering justice during transition: research challenges. In: Merwe, H.; Baxter, V.; Chapman, A. R. (Ed.). *Assessing the impact of transitional justice*. Washington, D.C.: United States Institute of Peace, 2009. p. 115-142.

MEZAROBBA, Glenda. O processo de acerto de contas e alógica do arbítrio. In: *O que resta da ditadura*: a exceção brasileira. TELES, Edson e SAFATLE, Vladimir (orgs.). São Paulo: Boitempo, 2010, p. 109-122.

MOISÉS, J. A.; ALBUQUERQUE, J. A. G. (Org.). *Dilemas da consolidação da democracia*. Rio de Janeiro: Paz e Terra, 1989.

O'DONNELL, G. *Contrapontos*: autoritarismo e democratização. São Paulo: Vértice, Editora Revista dos Tribunais, 1986.

O'DONNELL, G.; SCHMITTER, P. C. [1986]. *Transições do regime autoritário*: primeiras conclusões. São Paulo: Vértice, Editora Revista dos Tribunais, 1988.

O'DONNELL, G.; SCHMITTER, P. C.; WHITEHEAD, L. *Transições do regime autoritário*: América Latina. São Paulo: Vértice, Editora Revista dos Tribunais, 1988.

OKELLO, M. C. Elevating transitional local justice or crystalizing global governance. In: Shaw, R.; Waldorf, L.; Hazan, P. (Ed.). *Localizing transitional justice*: interventions and priorities after mass violence. Stanford: Stanford University Press, 2010. p. 275-284.

OLSEN, T.; PAYNE, L.; REITER, A. *Transitional justice in balance*: comparing processes, weighing efficacy. Washington, D.C.: United States Institute of Peace, 2010.

ONU. United Nations Approach to Transitional Justice. In: *Guidance Note of the Secretary-General*. United Nations, 2010. Disponível em: https://www.un.org/ruleoflaw/files/TJ_Guidance_Note_March_2010FINAL.pdf. Acesso em: jan. 2020.

PRZEWORSKI, A. *Democracy and market*: political and economic reforms in Eastern Europe and Latin American. Cambridge: Cambridge University Press, 1991.

QUINALHA, Renan Honório. *Justiça de transição*: contornos do conceito. São Paulo: Expressão Popular, 2013.

_____ e GREEN, James N (orgs.). *Ditadura e homossexualidades.* Repressão, resistência e a busca da verdade. São Carlos/SP: EdUFSCar, 2014.

SKIDMORE, Thomas. *Brasil*: de Castelo a Tancredo (1964-1985). Rio de Janeiro: Paz e Terra, 1988.

TEITEL, Ruti. *Transitional Justice*. Nova York: Oxford University, 2000.

TELES, Edson, MACDOWELL, Cecília e TELES, Janaína. *Desarquivando a ditadura.* Memória e Justiça no Brasil. São Paulo: Hucitec, 2009.

_____ e SAFATLE, Vladimir (orgs.). *O que resta da ditadura.* A exceção brasileira. São Paulo: Boitempo, 2010.

_____. *Democracia e estado de exceção.* A elaboração da memória política no Brasil e na África do Sul. São Paulo: Fap-Unifesp, 2015.

_____. *O abismo na história.* Ensaios sobre o Brasil em tempos de Comissão da Verdade. São Paulo: Alameda, 2018.

MEMÓRIAS DO ESQUECIMENTO: A CONSTRUÇÃO DE UM OLHAR HUMANITÁRIO SOBRE A DITADURA NO BRASIL[34]

Desirée de Lemos Azevedo[35]

No dia 30 de março de 2012, a Praça da Matriz, no centro de Porto Alegre, teve sua rotina surpreendida por uma atividade vinculada à programação do 5º Encontro Latino-Americano Memória, Verdade e Justiça. A convite dos organizadores, a Tribo de Atuadores Ói Nóis Aqui Traveiz ocupou a praça, em horário de grande movimento, para apresentar a performance *Onde? Ação Nº 2.2* à sombra de uma árvore, os participantes do evento acompanhavam atentamente.

Cinco rapazes de ternos pretos, óculos escuros e cenhos fechados marchavam em silêncio pela praça, arrastando pelo chão um corpo inerte. De tempos em tempos, para-

---

[34] Este texto é uma versão atualizada do primeiro capítulo da tese intitulada "*A única luta que se perde é aquela que se abandona.* Etnografia entre familiares de mortos e desaparecidos políticos no Brasil", defendida no Programa de Pós-Graduação em Antropologia Social Universidade Estadual de Campinas (Unicamp), em 2016, orientada por Bela Feldman-Bianco e financiada pela Fapesp (2012/15601-7). Foi publicada pela Editora Unifesp (AZEVEDO, 2018). O título faz referência ao livro *Memórias do esquecimento.* Os segredos dos porões da ditadura, de Flávio Tavares.

[35] Doutora em Antropologia Social pela Universidade Estadual de Campinas (Unicamp). Entre 2017 e 2019, realizou pós-doutorado junto ao Programa de Pós-Graduação em Ciências Sociais da Escola de Filosofia, Letras e Ciências Humanas da Universidade Federal de São Paulo (Unifesp). É pesquisadora associada do Centro de Estudos de Migrações Internacionais (Cemi) do IFCH/Unicamp e pesquisadora do Centro de Antropologia e Arqueologia Forense (Caaf) da Unifesp.

vam ameaçando o público com metralhadoras, enquanto um deles acionava uma espécie de lança-chamas sobre o corpo. À medida que se retiravam, dez moças de vestidos coloridos se aproximavam, trazendo, cada uma delas, uma cadeira. Posicionadas no centro da praça, cantaram e dançaram uma música sobre ausência, sofrimento e memória. Ao fim da dança, muito lentamente, uma delas se levantou da cadeira e, com a voz firme, começou a chamar por alguns nomes. Imediatamente, pude ouvir Victória Grabois[36] retrucar: presente! Como se a moça continuasse a chamá-los, outros participantes reforçaram a iniciativa. As vozes unidas respondiam clara e fortemente: presente!

Foi então que outras moças começaram também a se levantar. Uma a uma, elas chamavam sua própria lista de nomes, em contratempo. Tornava-se cada vez mais difícil responder. As vozes sobrepostas, mas descompassadas, causavam não apenas confusão mental, e boa dose de angústia, como sufocavam as respostas. Os que interagiam com Victória logo perceberam a dificuldade. Os nomes eram muitos, a tarefa cansativa. Mas Victória não desistiu. Escolheu a moça que lhe estava mais próxima e, já sozinha, a respondeu até que se calasse. As moças começaram então a retirar pequenos papéis dos bolsos. Com os rostos marcados de tristeza e cansaço, faziam gestos suaves, ora lançando-os ao vento, ora entregando-os às pessoas ao redor. Outra vez cantando, deixaram a praça lentamente. Parados ali, ouvimos suas vozes se perderem aos poucos. Quase uma hora depois, quando eu voltava do almoço, pude ainda vê-las vagando com olhares perdidos pelas

[36] Victória Grabois foi presidente do Grupo Tortura Nunca Mais/RJ (GTNM/RJ) durante o período da pesquisa. Seu pai, único irmão e primeiro marido foram desaparecidos pelo Exército no episódio conhecido como Guerrilha do Araguaia.

ruas do centro. De volta à praça, em meio às cadeiras, peguei um dos papéis. De um lado, uma silhueta. No verso, dados sobre a vida de uma militante e seu desaparecimento pela ditadura (1964-1985).

Naquele dia, eu iniciava uma pesquisa sobre o *movimento de familiares de mortos e desaparecidos políticos.* Coincidindo com o período de funcionamento das comissões da verdade, a investigação acompanhou o auge de uma conjuntura ineditamente favorável aos debates sobre Memória, Verdade e Justiça (MVJ) para as violações cometidas por aquele regime autoritário[37]. Desde os finais da primeira década do século XXI, um aumento progressivo do número de atores dedicados ao tema, bem como o adensamento das conexões entre eles, vinha implicando na proliferação das arenas voltadas à produção de políticas públicas de reconhecimento e reparação. Visando estruturar um circuito de atuação específico no campo humanitário, suas movimentações projetavam sensibilidades

[37] Meu objetivo inicial era realizar uma etnografia da principal delas, a Comissão Nacional da Verdade (CNV), focada nas construções estabelecidas nesse espaço institucional, suas tecnologias e tramas políticas. Tal perspectiva frustrou-se quando a CNV não autorizou inserção em seus espaços internos, declarando-os protegidos por sigilo legal. A negativa veio meses depois do 5° Encontro Latino-Americano, evento pelo qual eu iniciei uma circulação densa pelos espaços públicos de debates sobre Memória, Verdade e Justiça. No circuito formado pelo entrelaçamento deles, me aproximei dos familiares, passando me movimentar nesse circuito em sua companhia. Além disso, acompanhei a atuação da Comissão de Familiares de Mortos e Desaparecidos Políticos na assessoria da Comissão da Verdade do Estado de São Paulo Rubens Paiva. No Rio, frequentei as reuniões semanais do GTNM/RJ. Por movimento de familiares, me refiro ao coletivo formado por organizações e atores que apresentam demandas às instituições estatais a partir da afirmação de laços de parentesco com militantes mortos e desaparecidos pela ditadura.

empáticas com os sofrimentos das vítimas, argumentando quanto à necessidade de tomar aquelas violências como problemas de toda a sociedade. Daí a pertinência da *performance* entre as atividades de abertura do evento.

De fato bastante impactante, a atuação também me chamou atenção pela maneira como reforçava certas representações comuns sobre a luta travada pelo movimento de familiares e outras coletividades de vítimas da ditadura no Brasil. A saída de cena das atrizes me deixou uma forte sensação de solidão e melancolia. Já a atitude de Victória testemunharia sua persistência, me fazendo pensar na impertinência que pode ser atribuída a quem persiste quando todos desistem. O reencontro com as atrizes, muito depois do que eu pensei ter sido o fim da *performance*, me chamou atenção para o sofrimento invisível dos que viveram uma tragédia pessoal, enquanto a vida segue para o restante da sociedade. Restava a ideia de que, imbuído de uma tarefa intransferível, o familiar arrefece, mas não desiste, já que sua dor está atrelada aos laços de amor e cuidado encerrados pelo parentesco. A naturalidade atribuída, assim, a seus engajamentos contrasta com o silêncio e a falta de solidariedade comumente percebidos no Estado e na sociedade brasileira.

Contudo, se o sofrimento assume papel na delimitação de comunidades políticas, sua expressão pública não garante empatia, porque confronta os sujeitos sociais com sentimentos e escolhas morais que não estão dados *a priori* (SONTAG, 2003). Por isso, a renegociação das fronteiras entre os que sofrem e os que se sensibilizam com as vidas perdidas para a ditadura, empreendimento que então movia as atuações por MVJ, remete à história das disputas políticas pelo passado e suas memórias. Elas precisam ser consideradas em nossas tentativas de compreender os processos que estiveram em curso durante o funcionamento das comissões da verdade.

No intuito de analisá-los, a presente reflexão descreve o circuito de agentes, debates, eventos e políticas conformado, naquele período, em torno da pauta MVJ. Em seguida, os situa em relação a dois outros momentos considerados cruciais no processo de construção de narrativas sobre o passado ditatorial: a transição e a criação da Lei de Mortos e Desaparecidos Políticos. Para, então, mapear as categorias e pressupostos que, ao serem compartilhados, conformaram um novo um regime discursivo para o debate. Argumento que ele se caracterizava pela reinserção de certas vítimas (e suas narrativas) no processo de formulação de uma memória coletiva. Por fim, faço algumas considerações sobre os reveses vivenciados após o golpe de 2016 e a ascensão ultraconservadora.

Não se trata de conhecer, mas de reconhecer

Mas, afinal, o que são os tais eventos MVJ? Como sua articulação torna visível um campo social? Quais atores estão neles envolvidos? Que problemas os afligem e mobilizam?

Comecei a encontrar as primeiras respostas para tais perguntas em Porto Alegre. Com organização da Comissão de Anistia (CA) do Ministério da Justiça (MJ)[38], da Assembleia Legislativa do Rio Grande do Sul e do Movimento de Justiça e Direitos Humanos (MJDH/RS)[39], o encontro reuniu brasileiros, argentinos, paraguaios, uru-

---

[38] Criada pela Lei 10.559/02 para reparar vítimas de atos de exceção entre 1946 e 1988.

[39] Organização civil de direitos humanos fundada em 1979 em Porto Alegre.

guaios, chilenos e bolivianos envolvidos, em seus respectivos países, em ações como: o esclarecimento circunstanciado das violências cometidas pelas ditaduras (Verdade), a demanda pela punição dos culpados (Justiça) e a construção de formas pedagógicas de lembrar para que "nunca mais" aconteça (Memória). Seu intuito era avaliar comparativamente demandas e conquistas, iluminando os chamados legados das Ditaduras de Segurança Nacional vividas no Cone Sul em face das normativas internacionais que funcionam como guias comuns. Nesse sentido, o encontro me permitiu perceber, em primeiro lugar, o quanto tais debates e iniciativas são devedores de diálogos, formulações e tecnologias estabelecidas no plano transnacional. Se eles vêm sendo construídos e geridos institucionalmente de maneiras específicas em cada país, a ideia do encontro era que o exercício de identificar semelhanças e diferenças permitiria a troca de experiências e a colaboração em uma tarefa percebida como comum: enquadrar o passado a partir das premissas jurídicas, políticas e morais que integram uma economia humanitária global. Tarefa iniciada nos anos 1980 na maioria dos países.

Por essa razão, boa parte das pessoas envolvidas com as tentativas de estabelecer tal enquadramento no Brasil estava em Porto Alegre. Não apenas representantes das organizações formadas por sobreviventes e familiares de mortos e desaparecidos, mas especialmente profissionais de organizações não governamentais, parlamentares ligados a comissões de direitos humanos (de Assembleias Legislativas e da Câmara dos Deputados), atores institucionais ligados a órgãos executivos promotores de direitos (como a Secretaria de Direitos Humanos e o Ministério da Justiça) e instituições dedicadas à proteção de interesses difusos, direitos constitucionais e cidadania (Ministério Público Federal e estaduais). Circulando por entre esses atores pela primeira vez, sem conhecer pessoalmente nenhum deles, tive grande liberdade para me aproximar e estabelecer contatos iniciais, mas também para observar as movimentações e os debates colaborativos travados tanto nas mesas quanto nos intervalos, entre cafés e corredores.

Nessa movimentação, o trânsito entre os que se identificavam como representantes de movimentos sociais e como agentes institucionais se mostrava fluido, assim como o diálogo entre aqueles que há muitos anos fazem das denúncias contra a ditadura a sua causa política e atores que se aproximaram da questão mais recentemente, desde sua formação acadêmica e/ou sua atuação profissional em direitos humanos[40]. Tal variedade, assim como a fluidez dos atravessamentos entre as esferas institucional e a da chamada sociedade civil, me levam a pensar em tal circuito como um *campo* de atuação por Memória, Verdade e Justiça, nos sentidos dado ao termo por Bourdieu (2011). Falo de um sistema relacional de agentes e instituições (não circunscritos ao território nacional) que se voltam direta ou indiretamente para um debate, dotando-o de práticas sociais, saberes, lógicas, disposições e percepções comuns em torno das quais são concebidas posições relativas e também distinções, na medida em que os atores se defrontam segundo seus interesses específicos. Termos como Estado, autoridades, especialistas, familiares, sociedade civil e movimento social, entre outros, fazem parte da nomeação dessas posições relativas[41].

[40] Categorias não necessariamente excludentes, embora muitas vezes possam ser assim pensadas pelos atores.

[41] Doravante *campo* MVJ. Cabe ressaltar que a existência dessas disposições, interesses e práticas comuns não é também um entendimento

Suas trocas variavam em torno dos seguintes questionamentos principais: como garantir a descoberta da verdade sobre os crimes? Como transformar atos caracterizados como legalmente prescritos ou anistiados em "crimes de lesa-humanidade"? Como transformar em leis nacionais as prescrições das convenções internacionais? Como operacionalizar o cumprimento das sentenças dos tribunais internacionais? Como fazer com que a sociedade conheça e se identifique com a memória das vítimas? Frente às experiências relatadas pelos representantes de outros países, os brasileiros faziam coro para lamentar "nosso atraso". As formas de viabilizar as demandas dos familiares e gerir o problema dos mortos e desaparecidos não fugiam a essa percepção, surgindo como temas transversais e indissociáveis desses questionamentos mais gerais. Em razão disso, apesar de não serem tema de nenhuma das mesas, os mortos e desaparecidos foram evocados em declarações que procuravam assegurar comprometimento individual, coletivo ou institucional a partir da sensibilidade às memórias e demandas dos familiares.

De conjunto, portanto, os atores convergiam ao interesse em identificar um conjunto de questões relativas ao passado como "problemas sociais" da atualidade, isto é, questões que demandam respostas racionais e especializadas estabelecidas na forma de políticas públicas. Tal como apontam Souza Lima e Castro (2008), essas políticas surgem aos olhos dos atores sociais como resultado dos deveres e capacidades do Estado Nacional de atender as demandas sociais e servir ao interesse (que seus espe-

---

dos atores. Tal percepção de unidade convive com constantes formas de demarcar as diferenças e protagonismos, assim como a autenticidade do envolvimento dos sujeitos. Esse tema não será aprofundado no texto, mas pode ser consultado em Azevedo, 2018.

cialistas identificam como) geral. É a partir dos saberes, práticas, tecnologias e regimes discursivos transicionais, forjados nos circuitos humanitários globais9, que os especialistas ligados ao campo burocrático afirmariam a necessidade de um olhar pretérito que identificasse direitos e responsabilidades, assim como a formulação de planos de ação para efetivá-los. Fazendo-o em um *campo* de atores não restritos aos juridicamente definidos como partícipes da administração pública, nem ao território nacional, envolviam movimentos sociais, ONGs e organismos internacionais que, ao disputarem a construção de direitos e de significados a ele atribuídos, promoviam o entrecruzamento de diferentes formulações, expectativas e temporalidades. Elementos que, por sua vez, passam a participar do permanente processo de formação do Estado.

Tal processo indica a importância de encarar os direitos humanos menos como instrumento de proteção do indivíduo contra o Estado, aceitando a ambos como dados fixos do que como um regime de categorias imerso na vida social, uma linguagem disputada no cotidiano (WILSON, 2003) que toma parte no processo de *fazer-se Estado* (SOUZA LIMA e CASTRO, *op. cit.*). Daí que as expectativas quanto à valorização social das memórias das vítimas da ditadura se relacionem à construção de um Estado mais democrático. O que permitia interpretar a conformação do *campo* MVJ como a abertura de um "novo momento", conforme argumentou, no evento, o então secretário nacional de Justiça e presidente da Comissão de Anistia, Paulo Abrão:

> Estamos diante de um desafio muito forte aqui no Brasil. Quem diria?! Quem diria, quatro anos atrás, que nós, o povo brasileiro... Os editoriais dos jornais... Estaríamos

discutindo a comissão da verdade?! [Quem diria que] saberíamos o que é comissão da verdade?! [Quem diria que] teria no seu ordenamento jurídico o direito à verdade positivado?! Quem diria que nós estivéssemos diante de um movimento de discussão pública da nossa lei de anistia?! Que foi criada no ambiente da transição controlada, da transição pactuada, cujas bases fundamentais eram exatamente o esquecimento, a não identificação dos respectivos autores das violações e a consequente impunidade de cada um deles. Então, pouco a pouco, vai se rompendo com essa tradição do esquecimento. E, para nós, ainda se alia uma perspectiva cultural muito importante, porque, ao longo do tempo, acostumou-se na sociedade brasileira a não se caracterizar as nossas identidades, a identidade brasileira, como um povo de resistência, mas sim como um povo apaziguador, um povo cordial, um povo que nunca enfrenta a sua própria violência. Então, nós estamos diante de uma mudança cultural. É a primeira vez na história do nosso país que é criado um órgão oficial com dedicação exclusiva, com tempo integral, para sistematizar as graves violações produzidas pelo Estado brasileiro em um momento da sua história. [...] Nós estamos criando um ambiente inédito no tratamento das violações do nosso passado. Porque aquela luta incessante, constante, permanente dos familiares dos mortos e desaparecidos ao longo do tempo, hoje se torna uma luta de toda a sociedade. A dor é desindividualizada e passa a ser de toda a sociedade. O direito à verdade deixa de ser um direito só das vítimas e passa a ser de toda a sociedade[42].

A caracterização desse novo ambiente encontrou terreno fértil na audiência. Tal novidade se referia ao envolvimen-

---

[42] Caderno de Campo 1, 31 mar. 2012, Porto Alegre, 5° Encontro Latino-Americano Memória, Verdade e Justiça.

to das instituições estatais e da sociedade brasileira de uma forma mais geral, com lutas e dores vistas, até então, como particulares. Agora desindividualizadas, porque tornadas parte dos interesses gerais de um Estado democrático. Estaríamos vivendo um processo de transformação das visões e atitudes sociais com relação ao passado ditatorial. Em outro evento meses depois – A 61º Caravana da Anistia no Rio de Janeiro –, Paulo Abrão sugeriu que o rompimento com tal "tradição de esquecimento" se explicava pela diferença existente entre conhecer e reconhecer. Interpretando sua fala, conhecer o passado seria produzir e consolidar socialmente informações, categorias, reflexões e narrativas sobre fatos e processos ocorridos. Uma atividade realizada pelos historiadores e pelos movimentos sociais, por exemplo. Reconhecer seria considerar esses fatos como problemas sociais a serem resolvidos, inseri-los na dinâmica de disputas políticas que envolvem as práticas e as linguagens institucionais, consolidar categorias jurídicas, definir novos padrões de sensibilidade com relação a essas violências e suas memórias dolorosas e, por fim, instituir direitos. O reconhecimento, portanto, passa pela necessidade de que as instituições assumam um papel na produção de memórias.

No Brasil, um conjunto de leis, políticas públicas e instituições governamentais reconhecem que "violências políticas" foram praticadas durante a ditadura, e o Estado tem responsabilidade na reparação daqueles que as sofreram[43]. Esses artefatos legais e administrativos garantem

[43] Em âmbito nacional, temos: a Comissão Especial sobre Mortos e Desaparecidos Políticos (CEMDP) e a Comissão de Anistia (CA). São quatro as leis: o Art. 8º do Ato das Disposições Constitucionais Transitórias (ADCT), a Lei 9.140 de 1995, a Lei 10.559 de 2002 e a Lei 12.528 de 2011. Há leis de reparação estaduais instituídas no co-

àqueles que provarem terem sido demitidos, cassados, exilados, banidos, torturados, presos ou perseguidos "por razões políticas", assim como àqueles que demonstrarem que seus familiares foram mortos ou desaparecidos por igual motivo, certos direitos, como reparações pecuniárias e morais. Embora, historicamente, esse processo não remeta aos últimos quatro anos, como Abrão afirmou, é preciso concordar que, durante a última década, cresceu a percepção de que as narrativas sobre a ditadura centradas na censura à violência do Estado e na afirmação de direitos das vítimas vinham se multiplicado. Acompanhou essa percepção de aumento discursivo o reforço das críticas aos silêncios do momento anterior, em face dos quais o Brasil é retratado como um caso paradigmático de amnésia social, sobretudo nas muitas vezes em que nossa experiência é comparada às respostas dadas no contexto regional, notadamente na Argentina.

Tal percepção de transformação é um ponto-chave da articulação do *campo* MVJ, contrastando com outros momentos desse mesmo processo de reconhecimento das violências, como, por exemplo, a transição democrática e a instituição da Lei de Mortos e Desaparecidos Políticos. Tomando como referência a produção acadêmica[44], a pró-

---

meço dos anos 2000. As políticas públicas são variadas, destaco as comissões da verdade, o Projeto Memórias Reveladas, as Clínicas do Testemunho e o Grupo de Trabalho Perus. Finalmente, há o Terceiro Programa Nacional de Direitos Humanos.

[44] À semelhança do que Sanjurjo (2013) argumentou sobre a Argentina, no Brasil, os campos acadêmico, militante e burocrático também se encontram e se tocam em muitos pontos. É possível observar a escolha comum de categorias de análise e temas a partir dos quais olhar o passado, assim como perspectivas acerca de como ele é encarado socialmente. Mas, enquanto a bibliografia sobre a Argentina tenta explicar as razões pelas quais as memórias da ditadura se tornaram

xima seção recorre às suas análises sobre a abertura política para iluminar a formação dessa espécie de memória do esquecimento que é parte fundamental dos padrões de inteligibilidade compartilhados no *campo* MVJ.

Memórias do esquecimento

É importante deixar claro que, ao longo de todo o período ditatorial, as violências cometidas contra opositores políticos do regime foram coligidas e denunciadas dentro e fora do país por esses mesmos setores das mais diferentes maneiras. Fortemente centradas na ideia de "perseguição por razões políticas", elas ganhariam maior visibilidade em meados dos anos 1970, quando ainda tímidas formas de manifestação pública voltam a aparecer em um cenário sufocado por um forte controle sobre a ordem pública. Em 1975, surge o primeiro movimento coletivo em prol da anistia, o Movimento Feminino pela Anistia (MFPA). Os debates sobre esse tema circulavam entre presos, seus familiares e setores vários da sociedade, como os movimentos sociais e religiosos. A partir de 1977, quando são retomadas as greves e mobilizações estudantis e operárias, movimentos e associações começam a se reorganizar, encontrando condições para que culminassem em um Movimento pela Anistia Ampla, Geral e Irrestrita. A partir dos dois últimos generais, Geisel (1974-1979) e Figueiredo (1979-1985), a ditadura fala em abertura "lenta, gradual e segura". Desejando conduzir o processo, engaja-se na elaboração de uma lei de anistia, ao mesmo tempo, restritiva para os opositores e ampla para os agentes do Estado.

---

uma questão política central, nossas reflexões procuram desvendar por que convergimos para o esquecimento.

Tal processo de transformações não implica no (nem é epifenômeno do) fim da repressão, que continuou atuando fortemente sobre o conjunto da sociedade. Ademais, voltavam à ativa grupos paramilitares descontentes com a abertura, enquanto a chamada Operação Condor atuava livremente no Brasil. Trata-se, dessa maneira, de um processo complexo, repleto de disputas e contradições. Talvez por essa razão, é a esse momento que a maioria dos autores atribui a produção das memórias e esquecimentos que se consolidariam no período democrático.

O projeto de anistia enviado ao Congresso Nacional previa perdão para "crimes políticos e conexos", com exceção dos condenados por crimes contra a vida. Para Carlos Fico, em que pese a desigualdade de recursos entre as partes, a existência de debates no Legislativo, e o voto favorável da maioria do MDB à lei, forjaram seu entendimento como "pacto básico da transição ao garantir que, superada a ditadura, os que a implantaram e a conduziram não seriam punidos por seus atos arbitrários" (s.d.: 15). O resultado foi uma anistia "recíproca" para perseguidos e agentes da repressão, embora "parcial" por não se estender aos "condenados por crimes de sangue". Para Greco (2003), contudo, tal negociação não pode elidir o fato de que a disputa não foi travada apenas no Congresso. Desde 1978, um amplo debate sobre a anistia se desenvolvia na sociedade, articulando-se em âmbito nacional. Congressos e outros encontros, realizados no Brasil e no exterior, conectaram, nesse debate, o conjunto da heterogênea oposição em um movimento numeroso e socialmente significativo, envolvendo sobreviventes, atores sociais de visibilidade e novos atores coletivos em surgimento. Ainda que não tenha sido suficientemente forte para dar fim à ditadura, ou garantir a "anistia ampla, geral e irrestrita", como explicar que seja atribuído a esse momento as origens dos silêncios e esquecimentos sobre a ditadura?

A resposta mais simples seria a de que o movimento foi derrotado. O que revelava uma ditadura ainda forte o suficiente (ou assim percebida) para emplacar seu projeto. A noção de "transição negociada" vem, portanto, da ausência de uma ruptura política que excluísse os personagens da ditadura da nascente democracia. Esse é um argumento fundamental usado pela maior parte dos analistas para explicar os esquecimentos. As passagens a seguir exemplificam:

> Quando aparece gente – tão rara quanto os micos-leões – lembrando as atrocidades cometidas pela ditadura, surge um mal-estar que toca até democratas tarimbados. Quase sempre, os rememoracionistas são informados de que a transição não incorporou esse tipo de cobrança, que os responsáveis pelo regime militar são, hoje, autênticos liberais. Como só acontece entre nós, estes eventos dramáticos teriam perdido seu nexo histórico. Não aviltam nem preocupam mais a nação (ALENCASTRO, 2001, p. 39).

> As vicissitudes da luta política do presente, por vezes, levam até mesmo os que não compactuaram com o regime civil-militar a silenciar sobre os aspectos embaraçosos da história recente, em parte porque alguns deles se alinharam posteriormente a setores significativos dos antigos donos do poder, enquanto muitos daqueles que se mantêm na oposição não querem ou não se sentem fortes o suficiente para enfrentar politicamente os antigos algozes, talvez temerosos de "cutucar onça com vara curta", desencadeando uma reação supostamente ameaçadora à democracia (RIDENTI, 2001, p. 23).

> Como sabemos, no Brasil, a transição foi negociada e – de certa forma – até hoje se "negociam" as fronteiras entre a memória e o esquecimento. [...] De fato, não é difícil imaginar a vigência de um acordo tácito para não dividir as Forças Armadas, evitando criminalizar a instituição onde se abriga o repressor. Enfim, procedimentos compatíveis com as tantas vezes celebradas da tradição brasileira de promover mudança sem grandes rupturas (NOVAES, 2001, p.16).

> Como se sabe, do latifúndio ao poder incontrastável dos bancos, da mídia monopolizada de Roberto Marinho aos serviços públicos deteriorados da saúde e da educação, da dívida interna à externa, de José Sarney a Antônio Carlos Magalhães, passando por Delfim Netto, são inúmeras continuidades entre as *trevas* da ditadura e as *luzes* da democracia. E o que dizer da cultura política autoritária, cuja vitalidade ninguém pode contestar tantos anos depois de fechado o período da ditadura militar? (REIS FILHO, 2005, p. 10).

Algumas dessas passagens lembram a frequente associação íntima entre a anistia e esquecimento, conciliação e continuidade e representações sobre nacionalidade com noções de historicidade a ela relacionadas. O que nos remete à mencionada fala de Abrão. Ideias como a "cordialidade brasileira", o "país do futuro" ou o "país sem memória" – estereótipos mencionados ora elogiosa, ora criticamente, com a intenção de questionar ou reforçar – estão presentes quando o assunto é a transição para a democracia. Se a tal cordialidade nacional é elencada como uma das responsáveis pela ausência de ruptura política, outro vilão, o nosso senso de historicidade, privilegiando o futuro em detrimento do passado, seria o responsável por uma ruptura do nexo histórico (e mnemônico) entre ditadura e democracia, como se referiu Alencastro. Ainda que passíveis de relativização, essas representações sobre a identidade nacional são mobilizadas e produzem efeitos concretos na vida social. Daí que modificações nessas características, pensadas como disposições de longa duração, pareçam a subversão de uma "tradição cultural".

Ao tentar complexificar a questão, os autores apontam outros elementos que também observei serem mobilizados no *campo* MVJ. Voltando-se para o movimento pela anistia, Greco (op. cit.) argumenta que eram duas as ordens de questão que conformavam seu discurso público: a oposição à proposta do governo e a reorganização dos movimentos sociais. Vinculando-se à primeira questão, a principal bandeira era a "anistia ampla, geral e irrestrita". As demandas pelas "liberdades democráticas", o "fim do aparelho repressivo e da Lei de Segurança Nacional" referiam-se à segunda. A autora chama atenção para as duas faces da luta pela anistia, que deveria defender, por um lado, os que foram "atingidos pela repressão", por outro, produzir garantias para as lutas do momento. Se uma face olhava para o passado, a outra precisava mirar o presente, dialogando com os novos movimentos sociais, cujas reivindicações estavam marcadas por questões como melhores condições de vida e trabalho e a liberdade que os permitissem atuar politicamente.

Nesse sentido, a própria luta teria caminhado na tensão entre passado e futuro, memória e esquecimento, guardando um afastamento em relação às lutas anteriores. Em meio a ela, as demandas pelo esclarecimento das violências, a localização dos corpos e a punição dos torturadores não alcançaram repercussão, seja no movimento mais geral pela anistia, seja no interior dos movimentos sociais, dos novos partidos políticos da esquerda, e até mesmo das agremiações que sobreviveram à perseguição[45]. Teria prevalecido uma diluição da memória coletiva da repressão, cuja responsabilidade a autora credita aos governos democráticos, que o teriam imposto oficialmente, reverberando acusações de "revanchismo" formuladas pelos militares; e à sociedade, cúmplice por ter abandonado a questão[46], deixando a cobrança para os familiares, *herdeiros* solitários dessa *contramemória* que começou a ser formulada na luta pela anistia (TELES, 2005).

Foi naquele momento que, pela primeira vez, as denúncias e demandas puderam ser reunidas e sistematizadas de forma a abarcar o conjunto heterogêneo da oposição. As investigações levadas adiante no interior dos Comitês Bra-

---

[45] Os documentos de fundação do principal partido de esquerda surgido nesse momento, o Partido dos Trabalhadores, para onde afluíram sobreviventes e familiares, negligenciou o tema. Seu estatuto e manifesto de lançamento o ignoram, enquanto o Programa faz uma referência única e pontual à "apuração das torturas e punição dos responsáveis". Nada consta sobre mortos e desaparecidos, reparação ou direitos. Disponível em: http://novo.fpabramo.org.br/content/documentos-de-fundacao-do-pt-0. Acesso em: 15 ago. 2014. Já o PDT, surgido no exílio, em 1979, aponta em seu manifesto duas ações principais para o momento: conquistar a anistia ampla, geral e irrestrita e retornar o país à normalidade democrática. O documento fala da ocorrência de violações, mas nada propõem com relação a elas. Disponível em: http://www.pdt.org.br/index.php/memoria-pdt. Acesso em: 15 ago. 2014. Já o PCB e o PCdoB, cujas existências atravessam o período, se encontravam imersos em debates internos por "balanços" que pouca relação tinham com a caracterização dos militantes como vítimas ou a reivindicação de seus direitos.

[46] O termo "revanchismo" está de tal modo presente como condenação das iniciativas de memória que foi mencionado como algo se a evitar pela presidenta Dilma Rousseff nos discursos de sanção da lei que cria a CNV e de sua instalação.

sileiros pela Anistia (CBA), mobilizadores da campanha, forneceria "a matéria-prima para articulação de matriz discursiva própria centrada em novo léxico e nova gramática de direitos humanos" (GRECO, op. cit., p. 114). Tarefa levada adiante, já na democracia, pelas organizações formadas por sobreviventes e familiares, como a Comissão de Familiares e os grupos Tortura Nunca Mais, e iniciativas como o Brasil: Nunca Mais, que se inseriram em mobilizações e empreendimentos coletivos articulados na região em busca de Memória, Verdade e Justiça, fazendo do Nunca Mais um imperativo político (JELIN, 2003).

Seus esforços de investigação e pelo direito à memória seguiriam por caminhos de coletivização de buscas individuais em luta coletiva que, a partir dos anos 1990, notadamente após a denúncia de uma vala clandestina no cemitério público do bairro de Perus, em São Paulo, forçariam o envolvimento das instituições do Estado brasileiro. A exumação da Vala de Perus deu lugar à abertura de arquivos; comissões parlamentares sobre desaparecimentos (uma no Congresso Nacional e outra na Câmara de Vereadores de São Paulo); a sanção da Lei de Mortos e Desaparecidos; investigações do MPF; além de iniciar o processo de identificação dos remanescentes que, trinta anos depois, segue não finalizado. Consideradas insuficientes, tais medidas não alterariam a percepção de ausência de interesse na esfera pública, tampouco amenizariam a visão crítica da institucionalidade. Há um amplo consenso em torno da ideia de que a omissão a torna agente ativa de um esquecimento oficial fundado na impunidade e em uma série de negações: à verdade, aos corpos, à informação e à justiça, que condenaria a memória das vítimas aos espaços privados (TELES, 2007). É por se opor ao esquecimento que o *movimento de familiares* leva adiante uma *luta familiar e cívica* (SELIGMANN-SILVA, 2009).

O problema dos mortos e desaparecidos políticos

O fim da ditadura traria a inscrição do país em um dos mais importantes compromissos da comunidade internacional que emergia com o fim da Guerra Fria, os direitos humanos (TORPEY, 2003). A partir da formulação da Constituição e a adesão progressiva a pactos internacionais, implicando no compromisso de internalizar seus pressupostos e dispositivos de governança global.

A despeito da contradição, a mesma Constituição que declarou a tortura "crime inafiançável, insuscetível de graça ou anistia"15 passou a conviver com a Lei de Anistia, acomodando seu dispositivo a partir de uma reformulação de sentidos na qual ela se tornava também um direito a benefícios trabalhistas perdidos por motivação "exclusivamente política"16. Após ratificar tratados internacionais a partir de 1989, o país atende a eventos internacionais, como a Conferência Mundial sobre os Direitos Humanos, em 1993, em Viena, onde contraiu o compromisso de criar o primeiro Programa Nacional de Direitos Humanos (PNDH-1), o que se efetiva em 1996, ignorando o tema das violências passadas. No ano anterior, contudo, fora sancionada a Lei de Mortos e Desaparecidos (Lei 9.140/95), fazendo com que o campo burocrático passasse a participar da constituição de sentidos para o desaparecimento político.

Como qualquer outra categoria, essa não carrega em si uma definição, mas abrange um leque de disposições, entre as provenientes dos dramas e relações humanas e outras advindas das esferas do fazer institucional, que se sobrepõem e se tensionam. Nas palavras de Catela, os significados que o termo pode abarcar são "derivados de um campo de agentes (com seus pontos de vistas) e de instituições (com suas normas), entrelaçados em projetos que lutam pela legitimação de um problema social e nacional" (CATELA, 2001, p. 199). Nesse processo, está em jogo a nomeação de um fenômeno desorganizador. Exercício de inscrição do que é tomado como extraordinário na trama do cotidiano (DAS, 1995). Os primeiros esforços em torno dessa construção de sentidos remetem ao Movimento pela Anistia, como vimos, que o definiu como parte de um conjunto de crimes perpetrados pela repressão política. O desaparecimento teria um papel fundamental na caracterização da ditadura como um regime autoritário excepcional. No livro *Desaparecidos Políticos: prisões, sequestros, assassinatos*, organizado pelo CBA do Rio de Janeiro, em 1979, possivelmente o primeiro editado sobre o tema, o historiador Hélio Silva argumenta:

> Sempre houve violências na história do Brasil. Mas o desaparecimento do preso político é fato relativamente novo. Aparece nos governos militares pós-1964 [...] Durante a ferrenha ditadura imposta pelo governo Floriano [Peixoto] [...] houve revoltas, motins, protestos, violências, prisões e mortes. Mas não consta o desaparecimento de presos políticos. No governo Hermes da Fonseca houve a revolta da Chibata [...] os revoltosos são severamente punidos, vindo a morrer muitos deles no presídio da Ilha das Cobras. Um navio é preparado pra transportar prisioneiros, muitos dos quais são jogados ao mar e outros abandonados na selva. Mas, o diário de bordo registra o nome das vítimas. Em outros períodos conturbados de nossa história houve violências. No governo Arthur Bernardes que recorreu ao estado de sítio [...]

> depois do movimento de outubro de 1930 tivemos um período de governo provisório discricionário [...], o Estado Novo [...] a intentona integralista [...]. As repressões assinalaram prisões, violências, fuzilamentos, mas nenhum caso de desaparecimento de preso político. Os corpos apareceram, os mortos tiveram nomes (CABRAL e LAPA, 1979, p. 25).

Por um lado, o desaparecimento é inserido em uma história de "violência política" associada à trajetória de períodos discricionários na época republicana. Entendendo a política numa acepção restrita como disputa direta pelo poder e, consequentemente, repressão como um movimento contra grupos organizados em torno desse propósito. Por outro lado, o desaparecimento se converte em marca da excepcionalidade identificada não propriamente no exercício da violência para assegurar o poder, mas na criação de uma "figura misteriosa" cercada de ausências e incertezas.

Apesar disso, algumas certezas começariam a se estabelecer como resultado das tentativas de circunscrever um fenômeno tão perturbador. Em primeiro lugar, como um crime contra opositores, o desaparecimento passa a ser circunscrito e mensurável em número de vítimas. Depois, passa a não haver dúvidas de que se trata de um homicídio seguido de ocultação de cadáver praticado pelo Estado, implicando em uma sequência definida de fatos, embora os detalhes que os encadeiam em cada caso sejam desconhecidos: sequestro, provável tortura, morte e ocultação/destruição do corpo. A adoção desse entendimento teria um ponto identificado de origem: "por desaparecido adotamos o conceito tirado no Congresso Nacional pela Anistia (1978): militantes políticos cuja prisão, sequestro ou morte não foram reconhecidos pelo governo" (CA-

BRAL e LAPA, op. cit., p. 15). Dezessete anos depois, esses entendimentos seriam vinculados à Lei de Mortos e Desaparecidos, que referenda a superposição entre as categorias morto e desaparecido, tornando-as indissociáveis:

> São reconhecidos como mortas, para todos os efeitos legais, as pessoas que tenham participado, ou tenham sido acusadas de participação, em atividades políticas, no período de 2 de setembro de 1961 a 5 de outubro de 1988, e que, por este motivo, tenham sido detidas por agentes públicos, achando-se, desde então, desaparecidas, sem que delas haja notícias[47].

Se desaparecidos eram aqueles cuja prisão não havia sido reconhecida pelo governo, a lei opera esse reconhecimento, indo além, pois afirma coletivamente a morte de todos que se enquadrem em seus termos. Ocorre que a necessidade de assentar certezas foi relacionada aos dilemas e dificuldades que o fenômeno coloca não propriamente como questão que importa e diz respeito à história do país, mas principalmente como drama pessoal e familiar com consequências morais e legais que se deslocam para o cotidiano. Para além do sofrimento pessoal vinculado à dúvida posta pela ausência do corpo, as inúmeras situações cotidianas em que, confrontados com a burocracia, os familiares percebem-se desprovidos de papéis que certifiquem a situação de fato vivida não são dramas de menor importância.

Os desaparecidos não tinham nem corpo, nem documento, nem situação legalmente constituída. Na falta de figura jurídica que contemplasse a situação "inteiramente

[47] Brasil, Lei Nº 9.140/95, Artigo 1º. A redação original definia o período entre 1961 e 1979. A Lei Nº 10.536/02, que reformulou algumas passagens da lei, alterou o período para de 1961 a 1988.

nova", restaria recorrer à "ausência". Indicada como solução possível na Lei de Anistia, essa figura jurídica já estava prevista no Código Civil para efeitos de curadoria e sucessão de bens, precisando ser determinada judicialmente. Seguindo esse percurso, o familiar obteria uma "declaração de ausência" que geraria futuramente "a presunção de morte do desaparecido"[48]. Essa poderia até ser uma opção individual, entretanto, não se fez opção para aqueles referenciados no *movimento de familiares*, já que o recurso não diferencia seus casos da grande variedade de ocorrências cotidianamente classificadas como desaparecimentos.

Recentes estudos que tomam como objeto tais fenômenos atentam para a diversidade dos acontecimentos organizados sob esse termo e para as imprecisões que carrega como categoria[49]. A recusa em lançar mão das declarações de ausência está relacionada, assim, a um desgarramento entre o mundo dos documentos e o mundo social (FERREIRA, 2011). Requerer tais declarações resulta necessário em parte pelas exigências e constrangimentos postos pela burocracia, observada assim como face opressora de um Estado que governa regulamentando as relações sociais. Mas a ausência sanava apenas tais complicações sem contrapartida em termos de reconhecimento do que se passava efetivamente nas vidas das pessoas[50]. A crença

[48] Brasil, Lei Nº 6.683/79, Art. 6º

[49] Por exemplo, Ferreira, 2011 e Araújo, 2012.

[50] Conforme observam Das e Poole (2004), a prática de documentar é uma das principais tecnologias a partir das quais os Estados modernos consolidam seu poder como controle sobre populações, territórios e vidas. Através delas, eles tornam as populações *legíveis* para si mesmos, construindo linguagens, conhecimentos e modelos de governança. Mas, se os documentos são símbolos da distância e do poder estatal, adquirem, ao mesmo tempo, penetração na vida social. Incorporados às práticas cotidianas dos sujeitos, passam a carregar

compartilhada na legitimidade das estruturas de Estado está tanto na aceitação de seu controle sobre a vida social quanto na crença em seu poder/dever de fazer dos sujeitos cidadãos, constituindo "atos destinados a produzir um efeito de direito" (BOURDIEU, 2011, p. 113).

É essa eficácia simbólica que os familiares exigem ser lançada sobre os desaparecidos, transformando conhecimento em reconhecimento. A Lei 9.140/95, além de reconhecer em anexo a morte de 136 desaparecidos, autorizar a indenização dos familiares e o assentamento civil das mortes, criou a Comissão Especial sobre Mortos e Desaparecidos Políticos (CEMDP) para reconhecer outros casos e proceder outras reparações pecuniárias. Como setor da esfera administrativa responsável por gerir a questão, recebe requerimentos produzidos por familiares, a partir de suas próprias investigações, com o objetivo de montar os *casos* como manifestações particulares do fenômeno[51].

Como categoria legal produtora de direitos o desaparecimento político é, muitas vezes, cotejado com a categoria internacional desaparecimento forçado. Definida como privação de liberdade praticada ou com conivência de

também ideias sobre sujeição e cidadania.

[51] Os *casos* são artefatos políticos e morais. Narrativas que condensam as iniciativas relativas a busca de um desaparecido, articulando os testemunhos e os documentos obtidos em um enredo verossímil que prove sua militância e a participação do Estado. Ao cotejar as ausências dos opositores, considerando suas similaridades e idiossincrasias, os *casos* estruturam um padrão que associa as naturezas da vítima e da violência na estruturação do fenômeno. O *caso* também serva à organização do universo desestruturado pela ausência, firmando os familiares como principais conhecedores do fenômeno iluminado por sua ação militante, forjada no trânsito entre as repartições burocráticas, onde buscaram informações, e as arenas políticas, onde sustentaram conjuntamente suas denúncias (AZEVEDO, 2018).

agentes do Estado, seguida da recusa em admitir tal prisão e dar informações. Violação múltipla de direitos fundamentais, que precisa ser penalmente tipificada nos países signatários, pois não se confunde com o homicídio, sendo um crime em andamento enquanto não se determine o paradeiro. Outro ponto de distanciamento decorre do fato de que as representações sociais sobre o fenômeno no Brasil são tributárias tanto das formas de acusar e perseguir certas identidades políticas protagonizadas pela ditadura quanto das formas de denunciar tal perseguição e de reivindicar tais identidades protagonizadas pelos militantes. Elas produziram diferenciações categóricas duráveis, sedimentando fronteiras entre uma comunidade de perseguidos políticos e aqueles que nela não se enquadram, a despeito de violências que tenham sofrido por parte de um regime fortemente pautado pelo controle social.

Sem configurar tipo penal ou ofensa contra direitos fundamentais (à informação, à integridade psíquica e moral e à justiça) que competem à sociedade, o desaparecimento político foi institucionalizado na esfera dos direitos civis individuais, não à toa mantido à parte do PNDH-1, de maneira condizente com sua categorização como "crime político" atribuída (e perdoada) pela Lei de Anistia. Tornou-se, assim, um "problema das famílias", que passaram a compartilhar com o Estado a responsabilidade por sua administração através de buscas, fundamentalmente documentais, que lhes permitiriam provar o enquadramento de seus casos específicos para obter reconhecimento e direitos civis (indenização, assentamento da morte e *status* político de desaparecido), garantindo assim que o Estado assumisse parte das responsabilidades que lhe são imputadas. Todavia, sem efetivas investigações oficiais, o fenômeno permaneceria sem materialidade, seja a do corpo, seja a do conjunto de circunstâncias, fatos e outros elementos que o explicam e evidenciam, mantendo dúvidas e sofrimentos em suspenso.

A lei, e cada um dos atestados a partir dela emitidos, foi eficaz em inscrever os corpos ausentes nos registros públicos que se destinam à contabilidade dos mortos da população brasileira, onde emblemas, carimbos, assinaturas e fés públicas substituem o corpo ausente. Mas o que parece satisfatório para a burocracia, não soa suficiente para a família. Apesar do reconhecimento de um problema social específico, a gestão que se seguiu não diminuiu o abismo entre os dois universos, além de tornar bastante relativa sua inscrição na esfera humanitária.

Usando como exemplo de análise as políticas para as populações negras e indígenas, Silva (2013) argumenta que o PNDH-1 tinha o objetivo de promover *políticas de reconhecimento* definidas pela afirmação de dignidade a identidades coletivas consideradas minoritárias inseridas em comunidade englobantes. Assumir a defesa de direitos diferenciados significava afirmar as diferenças e a condição de injustiça em que esses setores viviam na sociedade, com o objetivo de promover o fim, não da diferença, mas das desigualdades, através da valorização desses grupos como partes integrantes da nação. Se o reconhecimento de direitos específicos relaciona-se ao processo de formação do Estado e da comunidade nacional, o ato de reivindicá-los torna-se a exigência de inscrição nessa comunidade que se pensa negada. Assim, o autorreconhecimento dos familiares como comunidade política organizada em torno das demandas por direitos diferenciados lhes gerava percepções de exclusão, não apenas como não inclusão de suas demandas entre aquelas que a rubrica dos direitos humanos legitimava como de "interesse geral", mas como uma exclusão deles mesmo (e dos mortos e desaparecidos) da comunidade nacional. Daí que mobilizem termos como silenciamento e esquecimento para manifestar o que acreditam ser o apagamento de seus direitos, mas também de sua condição de oprimidos no interior da sociedade.

A Lei de Mortos e Desaparecidos, antes do que arrefecer essas percepções, tornou-se o foco principal das críticas. Sua afirmação coletiva da morte foi sendo compreendida como insuficiente e desrespeitosa. Um insulto moral, e sofrimento adicional, à identidade cultivada por esses atores e uma forma de tratamento desumano, não apenas pelo *movimento de familiares*, mas igualmente no campo transnacional dos direitos humanos. Nesse sentido, também deixa mal coberta a dimensão da individualização, em que compreender a verdade é recuperar a história e a identidade de cada um dos mortos e desaparecidos e reconhecê-las pelo simbolismo dos artefatos burocráticos que, outrora, compuseram as falsas versões sobre suas mortes. Não por acaso que, com o tempo, os atestados de óbito vieram a ser também questionados, somando às demandas da luta. Em resumo, a lei é criticada por tratar "*a questão dos mortos e desaparecidos unicamente como uma 'questão familiar' e não como uma exigência e um direito de toda a sociedade*" (COMISSÃO DE FAMILIARES, 2001, p. 182).

Memória, Verdade e Justiça

Creio que a digressão feita até aqui, embora longa, ajude a dar historicidade a uma economia geral dos discursos sobre a ditadura no Brasil. Do silêncio institucional ao tratamento da violência como questão privada, ficam mais nítidos os contrastes que levam muitos dos atores historicamente envolvidos nesse debate a celebrar as transformações no decorrer da última década.

O Terceiro Programa Nacional de Direitos Humanos (PNDH-3), aprovado em 2010, reflete tais mudanças que se expressam na ordem do Estado. Essa terceira reformulação do documento contou com os mesmos procedimentos das anteriores: texto base construído por um grupo de trabalho, posterior debate em conferências de direitos humanos e negociação com setores refratários da sociedade. Sua aprovação foi apresentada como um aperfeiçoamento pela incorporação de tratados internacionais mais recentes dos sistemas ONU e OEA, trazendo para a agenda nacional humanitária os direitos à memória e à verdade. Isto é, algumas das políticas afirmadas como necessárias, no campo transnacional, para realizar plenamente uma transição política. A brasileira voltava-se, agora, inacabada. Ao afirmar que "a vivência do sofrimento e das perdas não pode ser reduzida a conflito privado e subjetivo, uma vez que se inscreveu num contexto social, e não individual" (P. 170), o PNDH-3 recuperava os discursos críticos que, por anos a fio, acusaram o Estado de manter as consequências da violência como questões familiares. Assim fazendo, tanto produz novas representações e práticas em relação ao passado quanto expressa e consolida mudanças que lhe são anteriores.

Difíceis de precisar e periodizar, tais mudanças se fundam em uma série de processos históricos complexos e sobrepostos que não possuem a mesma cronologia, alcance ou capacidade de produzir efeitos. Falo de questões como: a progressiva consolidação dos direitos políticos e do sistema democrático no Brasil, a atuação permanente do movimento de familiares, a crescente organização de sobreviventes em torno de demandas por reparação, a assimilação dos movimentos sociais e de especialistas acadêmicos a espaços institucionais, o surgimento de novas normativas e o aperfeiçoamento dos debates sobre justiça de transição no campo transnacional, a crescente participação nesse campo de profissionais brasileiros, as parcerias institucionais com organismos e ONGs internacionais, a mobilização desses atores pelo movimento sociais, o gradual crescimento das ambições do país como *global player* e, consequentemente, de sua participação nos sistemas ONU e OEA com pretensões de novo *status*, portanto, mais suscetível a pressões por adesão aos seus modelos de desenvolvimento. Destaca-se entre tais pressões a condenação brasileira na Corte Interamericana pelo desaparecimento forçado no Caso Gomes Lund (Guerrilha do Araguaia).

A percepção das violências da ditadura como um problema de direitos humanos amplia aquilo que se entende como responsabilização do Estado, tanto aquela que lhe é atribuída como ente político unificado quanto distribuída entre os aparatos instalados nos mais variados pontos de sua complexa trama institucional. Mas não só. Tal percepção também serve à reconfiguração das bases sobres as quais se assentam a comunidade nacional, quando as narrativas históricas podem ser reorganizadas, elegendo outros mortos a serem manipulados e reverenciados como símbolos políticos, aos quais novos valores podem ser atribuídos. Como aponta Verdery (1999), tais processos envolvem a afirmação não apenas de novas leis e aparatos políticos, mas todo um reordenamento moral e simbólico, com a construção de valores, categorias e sensibilidades que passam a ser considerados moralmente superiores aos que compunham o ordenamento anterior. Sem dúvida, o que tinham em mente os articuladores do *campo* MVJ ao se lançar no empreendimento das comissões da verdade.

Ao habitar um rol mais amplo das políticas humanitárias, o desaparecimento político deixa seu vínculo exclusivo com uma instituição para se tornar um problema também dos outros novos órgãos que foram sendo criados nas esferas federal, estadual e municipal. Muitos deles devem sua existência ao PNDH-3, outros lhe são anteriores, sendo parte das forças que o criaram. De todo modo, a multiplicação conectada de tais órgãos foi atraindo para a esfera estatal o conjunto, cada vez mais amplo, de organizações civis e militantes voltadas ao tema, seduzidas pela abertura de novas oportunidades profissionais e acadêmicas. Entrelaçamento que perfaz o que estou chamando de *campo* MVJ, cujo ápice é a proliferação de mais de cem comissões da verdade.

Articulados entre atividades internas e eventos públicos, esse conjunto se lançou em investigações, diligências, coleta de testemunhos, consulta a especialistas, realização de homenagens, articulando a busca pela Verdade com a produção de Memória e a identificação dos "legados" autoritários e medidas para seu enfrentamento. Tudo se passava em séries de eventos análogos (seminários, audiências, reuniões e grupos de trabalho) e encadeados com o intuito de manter uma discussão continuada entre os mesmos atores, compartilhando saberes, metodologias e terminologias específicas, fundindo aquelas introduzidas por atores considerados especialistas com as historicamente lançadas por sobreviventes e familiares.

Articulando os três vértices ordenadores do *campo* MVJ, o legado é a categoria que relaciona peremptoriamente como causa e efeito a violência atual à impunidade dos crimes da ditadura, à ausência de investigações e de memória sobre os casos e a não reformulação das instituições herdadas daquele período. Tal ideia é indissociável da outra premissa fundamental: a de que a ditadura e seu conjunto de violências são fenômenos pouco conhecidos dos brasileiros, sem espaço de visibilidade compatível com a relevância que têm enquanto problemas da atualidade. Daí, a própria importância dos eventos MVJ e o valor dos atores sociais engajados na sua construção. Essas duas premissas centrais convergiam na conformação de uma linguagem da denúncia, por meio da qual as atuações públicas dos atores envolvidos se unificavam.

Para seguir explorando essa questão, tomarei como exemplo o seminário "Direito à verdade: informação, memória e cidadania", realizado em São Paulo por uma parceria entre o Núcleo Memória, o Memorial da Resistência, a Alesp e o Arquivo Público do Estado de São Paulo. Apresentado como curso de formação, o seminário debateria as "fontes" das comissões da verdade, buscando familiarizar conceitos como direito à verdade, à memória e à informação. Proposta que atraiu pesquisadores, estudantes e profissionais arquivistas.

Ao longo do evento, ouvi a respeito do nosso desconhecimento como sociedade sobre o passado e sobre as dívidas da academia com o tema, sempre contrapostas ao "momento ótimo" para a produção de "memórias dos crimes de Estado" que estaríamos vivendo. Celebrava-se os espaços como aquele, amplos e conscientizadores, em contraste com as pesquisas acadêmicas que mantinham documentos "escondidos", acreditando que o produto final da pesquisa seria mais importante que a obtenção de informações pela sociedade.

Com estranhamento, reagi em espelho, atribuindo tal visão também a um desconhecimento, seja com relação à extensa e crescente produção, sobretudo historiográfica, feita no Brasil e fora dele acerca da ditadura, seja com relação ao teor dessa produção, cujo objetivo não seria propriamente descobrir e apresentar documentos reveladores de verdades em si, mas de oferecer interpretações a partir deles. Ponderações necessárias, mesmo considerando a pertinência de reflexões críticas sobre o alcance social da produção acadêmica. Porém, a recorrência dessas colocações no espaço MVJ me alertou para a importância de afastar da análise qualquer oposição global e apriorística entre conhecimento acadêmico e militante, tomando tal diferenciação como dado etnográfico a ser pensado para entender o que tal crítica revela acerca da verdade buscada naquele processo.

No momento em que a palavra foi aberta aos participantes, algumas colocações me ajudaram a compreender o problema que ali se desenhava. Nas várias falas que se seguiram, os ouvintes puderam elencar uma quantidade impressionante de episódios históricos considerados desconhecidos, assim como inúmeras e variadas fontes e arquivos inexplorados. Tal consenso com relação à ausência de conhecimento me fez perceber que a crítica não revelava desconhecimento, mas descontentamento com uma produção acadêmica que, tomada genericamente, não responde ao que aqueles atores desejavam saber (e lembrar) sobre o período. Mais do que isso, revelava um consenso em torno da ideia de que as variadas violências operadas pela ditadura não recebem atenção pública que faça jus a sua importância. Ainda assim, a gravidade e a urgência presentes nas falas, assim como o anseio por uma verdade única e global, permaneceram me causando desconforto. No caderno de campo, registrei da seguinte maneira esse sentimento:

> É como se pudessem dar conta de sistematizar tudo isso agora, no contexto de um empreendimento nacional em torno da CNV. Como se fosse possível analisar tudo. Como se apenas uma análise (a verdade) fosse possível. Como se nunca antes ninguém houvesse refletido sobre essas questões. Como se a história da Ditadura no Brasil não fosse uma seara de hipóteses, disputas e desentendimentos indissolúveis. Como se o consenso, o apaziguamento do espírito com um "foi assim que aconteceu" fosse desejável. As pessoas dizem "a CNV deve responder porque aconteceu o Golpe", mas é tentando responder a isso que se dá o debate entre Dreyfuss, Figueredo, Fico, Gaspari, Ferreira, Aarão, D'Araújo e Toledo, só para citar os mais conhecidos. É desejável uma fixação feita pela CNV ou por qualquer um? O fim do debate é o que se deseja?

O interesse acadêmico, tomado genericamente, ao mesmo tempo em que era considerado bem-vindo por seu potencial de afastar silêncios, podia ser visto também com desconfiança, pairando sempre dúvidas sobre a possibilidade do produto final desse interesse revelar alguma eficácia simbólica como conhecimento comprometido com as causas políticas e a memória que os atores desejam construir e em relação às quais demandam fidelidade. Por outro lado, embora haja críticas à academia ou aos especialistas, a presença de pesquisadores, acadêmicos e profissionais no *campo* não é (nem poderia ser) evitada, o que acaba por motivar debates acerca da pertinência do conhecimento trazido por esses atores. Nesses debates, muitas vezes, tal distinção restaria marcada pela valorização de alguns aspectos do conhecimento especializado.

Menos as metodologias de pesquisa ou a busca pela desconstrução de paradigmas (característica tão marcante das ciências humanas e que nos gera tantas acusações de relativismo politicamente irresponsável), e mais a possibilidade de trazer para o repertório discursivo militante certos conceitos (sociológicos, políticos, psicológicos ou jurídicos) que possam ser aplicados à realidade, lhes permitindo olhar para o passado segundo valores e sensibilidades atuais.

Em campos distintos do debate acadêmico, a possibilidade de uma memória total está confrontada pelo entendimento crítico de que o ato de lembrar é seletivo, social e reordenado pelo presente. Em outras palavras, prenhe de esquecimentos. Por certo, a totalidade a que os esforços coletivos diziam aspirar no *campo* também é seletiva, embora muitas vezes não seja pensada como tal. Trazendo para o centro do debate categorias provenientes do léxico humanitário, pretende-se lembrar todas as violações ocorridas na ditadura, identificar todas as vítimas e todos os responsáveis. Ainda que possamos argumentar que mesmo essa totalidade restrita (inteiramente atravessada pela noção de violência política) não seja realmente atingível, parece mais relevante percebê-la como uma lógica classificatória marcada, de um lado, por uma definição de quem são as vítimas, de outro, pela noção de direitos. É a partir de uma noção prévia de direitos, e de quem é a vítima, que se reconhecia o ato violento e lhe era dada atenção. Exercício que não deixa de ocultar em contrapartida (SARTI, 2011; ROSS, 2003). No caso em presença, a mobilização do termo vítima, introduzido na legislação pelo PNDH-3, permitiria, em tese, ampliar a contabilidade inicial dos afetados, na medida em que fosse progressivamente usado para fazer referência a sujeitos universais dos direitos humanos, dando visibilidade a violências antes apagadas pela lógica que fazia do militante o único atingido pela repressão. Mas, na prática, não existem tais sujeitos universais. Por si só a categoria não afastou a associação entre as naturezas da vítima e da violência.

Assim, as narrativas da violência construídas nos espaços MVJ foram me parecendo muito mais próximas daquilo que Caldeira (2000) chamou de *falas do crime:* narrativas que engendram um tipo específico de conhecimento e, ao mesmo tempo, de (des)reconhecimento. Ao recontar a violência, elas têm intuito de ordenar, dar sentido e significado a uma experiência desorganizadora, sem se ocupar de uma descrição que capture necessariamente os eventos em suas contradições, mas antes em classificá-los e organizá-los a partir de categorias estáveis, legitimadas como provenientes de um padrão de moralidade considerado mais adequado. A centralidade de categorias como violação de direitos humanos ou os binômios opositivos vítimas x torturadores, ditadura x democracia, colaboração x resistência criam formas de diferenciação e regras de exclusão como marcos de ordem política e moral para a reflexão. Em outras palavras, tomadas como uma coisa só, a verdade e a memória apenas fazem sentido como narrativas que possam trazer justiça. Por essa razão, a denúncia é a principal forma de conhecer/(des)reconhecer o passado no *campo*, na medida em que é um conhecimento que determina e atribui responsabilidades e direitos.

As falas de vítimas, autoridades e especialistas alcançavam legitimidade justamente por sua confluência na denúncia como forma de conhecer. Contudo, e sem contradições, essas falas também podiam ser percebidas como distintas por emanarem de uma ou outra dessas categorias de atores ou pessoas coletivas. Por certo, a separação entre os domínios da ciência/técnica e da emoção é um dos fatores que alimentam essas distinções. Se essa separação implica quase sempre em processos de valorização de um desses domínios em detrimento do outro, é preciso considerar que tais processos não estão pré-determinados e que são dinâmicos. Conforme bem apontou Lutz (1998), naquilo que podemos chamar genericamente de pensamento ocidental, a emoção costuma ser tomada como negativa quando oposta ao pensamento, elemento que atribuímos ao domínio da ciência e da técnica. Por outro lado, quando oposta ao distanciamento, outro elemento associado àquele domínio, ela encontra condições para ser valorada positivamente. De maneira semelhante, os debates no *campo* despontavam diferentes maneiras de valorizar aspectos emocionais e científicos/técnicos dos discursos, que eram mobilizados indistintamente pelos atores envolvidos.

Enquanto forma discursiva, a denúncia perpassava tanto os espaços públicos quanto os restritos ao *campo* MVJ, que dificilmente apresentavam o objetivo de debater violações apenas de uma perspectiva geral, derivando para um destrinchar dos detalhes de episódios históricos e de *casos* como movimentos complementares. A exemplo de outros temas, os mortos e desaparecidos eram tratados tanto como *casos* quanto como fenômeno geral em trânsitos constantes que constituem, assim o referencial de (re) conhecimentos comuns aos atores presentes. As testemunhas, da mesma maneira, transitavam entre as informações sobre acontecimentos e reflexões acerca do caráter da ditadura e as continuidades autoritárias que afetam a democracia. As falas consecutivas, muitas vezes consensuais e redundantes, oscilavam entre fornecer dados, referendar demandas e distribuir responsabilidades.

Denúncias e exigências de justiça faziam, dessa forma, passagens entre o particular e o coletivo, os *casos* e as *causas* (BOLTANSKI, 2000) em torno das quais se estrutura o *campo* MVJ visando alçá-las, indissociáveis, a categorias do *gestar e gerir* da administração pública (SOUZA LIMA, 2002). Em outras palavras, fazer surgir a verdade da combinação entre a fixação de um panorama de ideias sobre a ditadura e a multiplicação dos *casos* rumo a uma ideal extenuação. Aprofundar a verdade era multiplicar os *casos* mais do que as indagações. Conforme registrei em caderno de campo:

> A CNV se dispõe a escutar falas que são uma mistura de depoimentos com sugestões e orientações. Depois responde perguntas feitas e dá justificativas. [...] A reunião, mantendo o mesmo caráter da audiência, foi marcada pela obsessão de cada fala em demarcar pontos ignorados (ou assim considerados) que devem se tornar objeto de investigação, sob pena de comprometer a "revelação" de "toda a verdade". No entanto, essa ideia de toda a verdade me parece estar sustentada em três pontos específicos: o reconhecimento (de uma vítima, grupo de vítimas, dor, perda, etc.) a reparação e a responsabilização. Nesse sentido, é um interesse que, embora obsessivo com a reconstrução da história "sem omissões", não se interessa por qualquer questão. [...] Então, é um interesse centrado nesse pilar, considerando que não se pode deixar escapar nenhum tipo de vítima ou sofrimento, de perda ou forma de ter sido afetado, que não se pode deixar de reparar nenhum caso e que se deve encontrar os responsáveis por todos. Nesse eixo, os casos se multiplicam mais do que as indagações. A forma de aprofundar a verdade, sob essa lógica, seria a extenuação dos casos. É desse ponto de

> vista que os atingidos e os movimentos sociais procuram fornecer depoimentos e documentos à CNV, esperando o reconhecimento do Estado para seus casos[52].

Semelhante ao que Fassin e Rechtman postulam sobre os usos contemporâneos da noção de trauma, a mobilização comum da linguagem da denúncia estruturada em categorias dos direitos humanos erige uma verdade sobre o passado que é "produto de um novo relacionamento com o tempo e a memória, o sofrimento e as obrigações, o infortúnio e os desafortunados" (20019: 7). Ao mobilizar tais categorias para descrever a realidade passada, os atores transformaram sua relação com ela, dando-lhe nova configuração. Nesse sentido, foi muito comum ouvir nesses espaços testemunhos em que os atores sociais revelavam o fato de, até então, não terem percebido que eram vítimas. O compartilhamento de enunciados sobre as memórias dolorosas denotam (constroem e partem de) uma nova economia moral que reestrutura as relações com o passado. A empatia atua alargando a comunidade dos que sofrem e construindo ações políticas em face do sofrimento, produzindo sentidos de unidade em torno de uma causa política que exigiria esforços de visibilidade, seja pelos opositores que encontra (setores militares, setores do judiciário, atores sociais simpáticos e/ou ex-beneficiários do regime), seja por enfrentar grande indiferença.

Em face desse alargamento da comunidade que se considera afetada por aquela violência, a atuação do *movimento de familiares* nesses espaços foi marcada pela reafirmação de seu papel precursor, encarando o processo como legitimação de uma luta histórica, no decorrer da

[52] Caderno de campo 2, 23 de outubro de 2012, Belo Horizonte, Reunião da CNV com a sociedade civil.

qual precisaram construir acusações e estruturar *casos* com intuito de *dessingularizar* experiências, mostrando que não diziam respeito a trajetórias individuais, mas a um padrão de injustiças referente à história e ao futuro do país. Processo difícil e sofrido, porque implicou envidar esforços solitários para desvendar não somente os mistérios de crimes de Estado como também a intrincada e indiferente trama institucional junto à qual se vem buscando direitos por quatro décadas, sem nunca atingir o conjunto de suas demandas.

Daí que o Estado tenha permanecido na esfera simbólica adversária. Uma relação que encerra uma história de antagonismo. As críticas permanentes dos familiares ao processo revelavam um profundo ceticismo em relação às iniciativas institucionais, produzindo fissuras no *campo* MVJ pelo ácido confronto com seus discursos triunfalistas. Foi bastante comum ouvi-los dizer que, passado tudo aquilo, provavelmente sem que obtivessem as respostas para suas angústias pessoais, seguiriam na luta. E eles estavam certos.

Revés

Para concluir, parecem necessárias considerações, ainda que brevíssimas, sobre a distância que hoje nos separa da conjuntura retratada até aqui. Uma transformação tão rápida e radical que talvez nos permita falar no encerramento de um ciclo, a partir do golpe contra Dilma Rousseff, presidenta que instalou e recebeu o relatório final da CNV. Especialmente após a ascensão de Bolsonaro, assistimos a um galopante enfraquecimento do *campo* MVJ, em um momento em que o conjunto de seus articuladores – movimentos sociais, agências humanitárias, instituições

MVJ, saberes acadêmicos e pesquisa científica – foram incluídos na mira de falaciosas frentes de combate, como o "globalismo", o "marxismo cultural" e a "ideologia esquerdista". Temos um governo que se legitima ao antagonizar tais setores em nome da desconstrução de uma "estrutura de corrupção e privilégios" que teria sido erguida nos últimos trinta anos democráticos, especialmente pelos governos do Partido dos Trabalhadores. Esta última é uma das principais razões apresentadas para que os órgãos federais voltados ao reconhecimento e reparação de vítimas da ditadura – a CA e CEMDP – estejam sofrendo contenção de recursos, interrupção de trabalhos, troca de integrantes, promessas de auditorias e redirecionamento. Nos Estados e municípios, os órgãos MVJ, criados nas secretarias de direitos humanos, sofrem profundos enxugamentos.

O fato é que vivemos hoje a generalização dos ataques aos direitos constitucionais, em seu amplo espectro, permitindo o aprofundamento do controle social, além da amplificação dos "tipos sociais" em sua mira, ainda que os impactos mais graves sigam reservados para os setores mais vulneráveis. Com desdobramentos imprevisíveis, o processo em curso indica uma disposição institucional para combater, ao mesmo tempo, a memória e os projetos de futuro de amplos setores da sociedade. De maneira que as investidas na institucionalização da violência (em especial a letal), tanto a de Estado quanto uma certa violência privada (inclusive com apostas na indissociabilidade entre elas como coalizão e como projeto), vêm acompanhadas pelo negacionismo histórico.

Frente a isso, e recordando as expectativas de outrora, me parece relevante pontuar, em primeiro lugar, o quanto as transformações produzidas pelo *campo* MVJ nunca foram suficientes para que nosso processo não fosse considerado incompleto quando interpelado pelo pacote transicional global. Contudo, talvez fosse também fundamental avaliar suas insuficiências a partir de outros critérios. Como argumenta Castillejo (2018), a inadequação pode estar na própria imaginação de um contexto ideal e controlado de ruptura no qual, sob a promessa de novo futuro, seria possível confinar a violência no passado. Tanto mais se considerarmos os limites à compreensão do que se constitui como violência em sociedades rasgadas por desigualdades sociais profundas que, historicamente, estruturam o cotidiano e enraízam tecnologias de governo, conformando a normalidade do funcionamento da sociedade e das instituições.

Se aceitarmos que a ditadura fez da violência uma prática social extensiva, operada largamente no espaço entre a legalidade e a disciplinação dos corpos (DAS; POOLE, 2004), precisamos refletir também sobre as clivagens sociais carregadas pela categoria violência política. Ela contém desigualdades ao excluir a possibilidade de reconhecimento de pessoas vitimadas em função de processos normalizadores desencadeados em nome de coisas como: a ordem pública, o desenvolvimento ou a moralidade; ou por defenderem: direitos sociais, diversidade cultural, modos de vida ou territórios. Enquanto as violências contra a vida das populações historicamente marcadas pela precariedade no Brasil são continuamente relegadas à ordem cotidiana, voltaram-se extraordinárias apenas aquelas significadas pelas narrativas sobre a resistência ventiladas pelos admitidos nas arenas políticas, cujo banimento causa horror e indignação. Até que ponto nossa desigualdade abismal e o recorte de classe e raça das violências socialmente reconhecidas não são a razão da amnésia social atribuída à população brasileira? Caberia perguntar qual população?

A questão diante da qual estamos não é simplesmente de heranças, mas de quais mortes são efetivamente dignas de luto (BUTLER, 2017). Se a história da normatização dos direitos humanos no país é plena de clivagens, é porque ela não pode ser dissociada dos processos de produção de critérios para inclusão/exclusão na cidadania que, como a violência e a precariedade não estão igualmente distribuídas. Na medida em que as políticas humanitárias vão permitindo reenquadrar suas fronteiras no caminhar das conjunturas, incluindo e excluindo vidas de reconhecimento, são preservados os mecanismos de diferenciação que sempre mantêm vidas que nunca chegarão a ser reconhecidas.

REFERÊNCIAS

ALENCASTRO, Luís Felipe. "1964: por quem os sinos dobram?" In: TELES, Janaína (Org.). *Mortos e desaparecidos políticos.* reparação ou impunidade? São Paulo: Edusp, 2001.

ARAÚJO, Fábio. *Das consequências da "arte" macabra de fazer desaparecer corpos: violência, sofrimento e política entre familiares de vítimas de desaparecimento forçado.* Tese de doutorado. Rio de Janeiro: Instituto de Filosofia e Ciências Sociais, UFRJ, 2012.

AZEVEDO, Desirée. *Ausências incorporadas.* Etnografia entre familiares de mortos e desaparecidos políticos no Brasil. São Paulo: Editora da Unifesp, 2018.

BOLTANSKI, Luc. *El Amor E La Justicia Como Competências.* Buenos Aires: Amorrortu editores, 2000.

BOURDIEU, P. Espíritos de Estado: gênese e estrutura do campo burocrático. In: *Razões práticas*: sobre a teoria da ação. Campinas: Papirus, 2011.

BUTLER, Judith. *Marcos de guerra.* Quando a vida é passível de luto? Rio de Janeiro: Civilização Brasileira, 2017

CABRAL, Reinaldo; LAPA, Ronaldo. *Desaparecidos políticos*: prisões, sequestros, assassinatos. Rio de Janeiro: CBA RJ/Edições Opção, 1979.

CALDEIRA, Teresa. *Cidade de muros*: crime, segregação e cidadania em São Paulo. São Paulo: Edusp/Editora 34, 2000.

CASTILLEJO CUÉLLAR, Alejandro (2018). Del ahogado el sombrero, a manera de manifiesto: esbozos para una crítica al discurso transicional. *Vibrant*, v.15, n. 3, 1-16.

CATELA, Ludmila. *Situação-limite e memória*: a reconstrução do mundo dos familiares de desaparecidos da

Argentina. São Paulo: Hucitec/Anpocs, 2001.

COMISSÃO DE FAMILIARES. "Mortos e desaparecidos: um resgate da memória brasileira". In: TELES, Janaína (Org.). *Mortos e desaparecidos políticos*: reparação ou impunidade. São Paulo: Humanitas, 2001.

DAS, Veena. *Critical Events*. An Antropology Perspective on Contemporany India. New Delhi: Oxford University Press, 1995.

DAS, Veena; POOLE, Deborah (eds.) *Anthropology in the Margins of the State*. Santa Fe: School of American Research Press, 2004.

FASSIN, Didier; RECHTMAN, Richard. *The Empire of Trauma*: an inquiry into the condition of victimhood. Princeton, Nova Jersey: Princeton University Press, 2009.

FERREIRA, Letícia Carvalho de Mesquita. *Uma etnografia para muitas ausências*: o desaparecimento de pessoas como ocorrência policial e problema social. Tese de doutorado. Rio de Janeiro: UFRJ/Museu Nacional/PPGAS, 2011.

FICO, Carlos. *A negociação parlamentar da Anistia de 1979 e o chamado "perdão aos torturadores"*. Disponível em: http://www.ppghis.ifcs.ufrj.br/media/Torturdores.pdf.

GRECO, Heloísa. *As dimensões fundacionais da luta pela Anistia*. Tese de doutorado. Belo Horizonte: Fafich, UFMG, 2003.

JELIN, Elizabeth. Los Derechos Humanos Y La Memoria De La Violencia Política Y La Represión: La Construcción De Un Campo Nuevo En Las Ciencias Sociales. *Cuadernos del IDES*. Buenos Aires: Instituto de Desarrollo Económico y Social, 2003.

LUTZ, Catherine. *Unnatural Emotions*. Everyday sentiments on a micronesian atoll and their challenge to western theory. Chicago: The University of Chicago Press, 1998.

MEZAROBBA, Glenda. O que é justiça de transição? Uma análise do conceito a partir do caso brasileiro In: SOARES, Inês Virgínia Prado; KISHI, Sandra Akemi Shimada (coord.). *Memória e verdade*. A justiça de transição no Estado democrático brasileiro. Belo Horizonte: Editora Fórum, 2009.

NOVAES, Regine Reyes. Prefácio. In: CATELA, Ludmila. *Situação-limite e memória*: a reconstrução do mundo dos familiares de desaparecidos da Argentina. São Paulo: Hucitec/Anpocs, 2001.

RIDENTI, Marcelo. "Prefácio". TELES, Janaína (org.). *Mortos e desaparecidos políticos*: reparação ou impunidade. São Paulo: Humanitas, 2001.

REIS FILHO, Daniel Aarão. *Ditadura militar, esquerdas e sociedade*. Rio de Janeiro: Jorge Zahar Editor, 2005.

ROSS, Fiona. Using Rights To Mesure Wrongs. A Case Study Of Method And Moral In The Work Of South African Truth And Reconciliation Commission. In: *Human Rights in Global Perspective*. Antropological Studies of Rigths, Claims and Entitlements. Nova York: Routledge, 2003.

SANJURJO, Liliana Lopes. *Sangue, identidade e verdade. Memórias sobre o passado ditatorial na Argentina*. Tese de doutorado. Campinas: Instituto de Filosofia e Ciências Humanas: Unicamp, 2013.

SARTI, Cynthia. A vítima como figura contemporânea. *Caderno CRH*. Salvador, v. 24, n. 61, p. 51-61, jan./abr. 2011.

SELIGMANN-SILVA, Márcio. "Anistia e (in)justiça no Brasil: o dever de justiça e a impunidade". In: TELES, Janaína; TELES, Edson, MACDOWELL, Cecília. *Desarqui-*

vando a ditadura. São Paulo: Hucitec, 2009.

SILVA, Kelly. Da resistência à violência de Estado a um novo projeto de formação nacional: genealogias das políticas de direitos humanos. *Anuário Antropológico*, Brasília, UnB, 2014, v. 39, n. 1: 39-71, 2013.

SONTAG, Susan. *Diante da dor dos outros*. São Paulo: Companhia das Letras, 2003.

SOUZA LIMA, Antônio Carlos; CASTRO, João Paulo Macedo e. Política(s) pública(s). In: PINHO, Osmundo; SANSONE, Livio (org.). *Raça: perspectivas* antropológicas. Salvador: ABA/Edufba, 2008.

SOUZA LIMA, Antônio Carlos. *Gestar e gerir*: estudos para uma antropologia da administração pública no Brasil. Rio de Janeiro: Relume Dumará, 2002

TELES, Janaína. *Os herdeiros da memória. A luta dos familiares de mortos e desaparecidos políticos por verdade e justiça no Brasil*. Dissertação de mestrado. São Paulo: USP, 2005.

TELES, Edson. *Brasil e África do Sul: os paradoxos da democracia*. Tese de doutorado. São Paulo: FFLCH, USP, 2007.

TORPEY, John. *Making Whole What Has Been Smashed: on Reparation Politics*. Cambridge, Massachusetts e Londres, Inglaterra, 2006.

VERDERY, Kathcrinc. *The Political Lives of Dead Bodies*. Nova York: Columbia University Press, 1999.

WILSON, Richard. The Social Life Of Rights In: WILSON, Richard; MITCHELL, Jon (orgs.). *Human Rights in Global Perspective*. Nova York, Londres: Routledge, 2003.

DA DITADURA AO TEMPO PRESENTE: AS MÁQUINAS DE MEMÓRIA E SEUS EFEITOS CONTEMPORÂNEOS[53]

Silvia Brandão[54]

Em tempos de negacionismo histórico e de retrocessos impostos às medidas de reparação das vítimas políticas da ditadura, como são as novas regras do regimento interno da Comissão Especial sobre Mortos e Desaparecidos Políticos[55].

Em tempos de um governo cujo presidente foi eleito com 39% dos votos, apesar de ser notoriamente conhecido por frases como "eu apoio a tortura", "eu defendo a ditadura", "o erro foi torturar e não matar"[56].

Em tempos de homenagens a torturadores, como a que ocorreu durante a sessão da Câmara dos Deputados de 17 de abril de 2016, quanto o então deputado federal Jair Bolsonaro dedicou seu pronunciamento pelo sim ao *impeachment* da presidenta Dilma à memória do tortura-

[53] O artigo se estrutura a partir de minha tese de doutorado, *As máquinas de memória*: o corpo-vítima da ditadura militar brasileira como peça dos processos de subjetivação do contemporâneo (2019).

[54] Da graduação ao doutorado, pesquisa a ditadura militar brasileira e suas implicações contemporâneas. Doutora em Filosofia pela Unifesp, com a tese indicada ao Prêmio Filósofas (edição 2020). Pesquisadora vinculada ao Núcleo de Filosofia e Política (FiloPol/Unifesp).

[55] As novas regras revogaram medidas anteriores, como a Resolução n. 2 de 29 de novembro de 2017, que versa sobre a emissão de atestados de óbitos retificados. Disponível em: https://g1.globo.com/jornal-nacional/noticia/2020/01/16/comissao-de-desaparecidos-politicos-tem-novas-regras-e-gera-polemica.ghtml. Acesso em: 22 jan. 2020.

[56] Enquanto Bolsonaro obteve 39%, Haddad conseguiu 32%. Nulos, brancos e abstenções somaram 29%.

dor "coronel Carlos Alberto Brilhante Ustra, o pavor de Dilma Rousseff"[57].

Em tempos em que a Polícia Militar de São Paulo arrasta jovens mulheres pelos cabelos nas ruas da capital[58], mas poucos se lembram dos dias que antecederam a morte do estudante secundarista Edson Luiz de Lima Souto, assassinado pelas forças de segurança da ditadura militar na cidade do Rio de Janeiro, em 24 de março de 1968, aos 18 anos[59].

Em tempos de massacres como o ocorrido no presídio de Altamira, PA, em julho de 2019, quando uma guerra entre a facção CCA (Comando Classe A), ligada ao PCC

---

[57] Ustra foi chefe do DOI-Codi de São Paulo entre 1970-1974. De acordo com o relatório da Comissão Nacional da Verdade, no período em que comandava esse centro de tortura e extermínio, cerca de cinquenta pessoas foram assassinadas ou desapareceram e mais de quinhentas foram torturadas. Em 2014, o Supremo Tribunal de Justiça, após o julgamento de recurso, o declarou torturador. A sentença foi movida pela família Teles, que, em 1972, teve cinco de seus integrantes sequestrados, levados ao DOI-Codi/SP e torturados. São eles: Criméia de Almeida, então grávida de oito meses; o casal Cesar Augusto e Maria Amélia; e seus filhos Janaina e Edson, na época respectivamente com 5 e 4 anos. Sobre o caso da Família Teles cf. COMISSÃO da Verdade do Estado de São Paulo Rubens Paiva. Tomo I. Parte III.

[58] Refiro-me ao acontecido em 16 de janeiro de 2020 durante o terceiro ato contra o aumento das tarifas de transporte da cidade. Disponível em: https://ponte.org/pm-arrasta-mulheres-pelos-cabelos-em-ato-do-mpl/. Acesso: em 22 jan. 2020.

[59] Segundo o Dossiê Ditadura, nesses dias "os estudantes andavam agitados, promovendo manifestações quase diárias contra as instalações da escola e do restaurante em um barracão improvisado a 300 metros do terreno original [...]. No dia de sua morte [...] os policiais militares invadiram o local e começaram a atirar nos estudantes, que estavam armados apenas com paus e pedras. Edson segurava uma bandeja quando começou a correria e foi atingido por um tiro no peito, disparado no restaurante lotado. A bala varou o coração e alojou-se na espinha, provocando morte imediata" (2009, p. 113-114).

(Primeiro Comando da Capital) e o CV (Comando Vermelho) produziu o assassinato de mais de sessenta detentos que viviam sob custódia do Estado[60].

No tempo presente e a partir do vivido por vítimas e sobreviventes da violência ditatorial, mas também pelos corpos massacrados, como foram os mortos de Altamira e tantos outros, parece-nos que, para as engrenagens de gestão e de segurança do aparelho de Estado brasileiro, torturar, matar ou deixar morrer cidadãos se justifica como parte de um discurso e uma disponibilidade, que variam de intensidade e, ao mesmo tempo, são sempre as mesmas. O que importa é "neutralizar" os ditos inimigos internos.

Em geral esses inimigos são fabricados como ameaças à paz e à segurança social, e por isso podem ter seus "direitos suspensos", enquanto os agentes da violência estatal se transformam em "verdadeiros respeitadores da lei e da ordem públicas". Decretada a impunidade, os criminosos de Estado tornam-se parte dos cidadãos que agem de acordo com regras sociais aceitáveis para o bem-viver conjunto. E, para alguns, são os verdadeiros heróis nacionais, que abatem "com as próprias mãos, e sob grande perigo, o monstro" (CANETTI, 1995, p. 254). No entanto, erra quem pensa que a impunidade dos mandantes, planejadores e executores desses crimes atinge apenas vítimas descartáveis e seus familiares. São ações produzidas por engrenagens do aparelho de Estado, e por isso seus efeitos, discursos e práticas afetam toda a população.

No Brasil, não nos parece incorreto afirmar que a associação entre inimigo interno, violência de Estado e im-

[60] Foram 58 mortes na unidade prisional e quatro durante a transferência dos presos, que ocorreu após as dezenas de assassinatos. Das vítimas, 26 aguardavam julgamento.

punidade faz parte de uma política governamental que é habilmente executada. O aparelho de Estado só usa a violência contra os violentos. Dessa percepção social decorre a aparente legitimidade da violência institucionalizada, assim como o desejo que parcelas da população expressam quando concordam que, em situações emergências, é preciso que a violência estatal seja vista e utilizada como se *não fosse crime*, ao mesmo tempo que não se sentem incomodadas com os constantes ataques e balas perdidas que atingem grupos minoritários, como negros, periféricos, indígenas, crianças etc.

É preciso frisar, no entanto, que antes da eleição presidencial de 2018 o Brasil já se notabilizava pelo uso da violência de Estado e sua impunidade. Comparado com outros países da América Latina, como Chile, Argentina e Uruguai, o país se destaca por manter a impunidade dos agentes da ditadura[61]. Também se sobressai por sua política prisional. Temos a terceira população carcerária do mundo sem que isso cause espanto ou indignação. Ditadura, Araguaia, Vala de Perus, DOI-Codi, Oban, Esquadrão da Morte[62]. Democracia, Carandiru, Crimes de Maio, Altamira etc.[63] *Alguém já se esqueceu de tudo isso? Tudo ficará por isso mesmo*[64]*?*

---

[61] Cf. QUINALHA (2012).

[62] Para saber mais cf. DOSSIÊ Ditadura (2009). Ver também TELES (2011); JOFFILY (2008).

[63] Cf. VINTE e cinco anos do Carandiru: chega de massacres (2017). Ver também MACHADO; MACHADO (2015). Sobre os Crimes de Maio de 2006 cf. VIOLÊNCIA de Estado no Brasil (2018).

[64] As frases foram retiradas da obra *Retrato Calado*, de Luiz Roberto Salinas Fortes. Professor de Filosofia na Faculdade de Filosofia, Letras e Ciências Humanas da Universidade de São Paulo. Nasceu em Araraquara, interior de São Paulo, em 1937 e faleceu em agosto de 1987. Vítima da ditadura militar, nesse livro, Salinas nos deixa um precioso

****

Trabalhamos com a perspectiva de que, no Brasil, a fabricação de vítimas da violência de Estado e a impunidade dos responsáveis atravessam os regimes de subjetivação do tempo presente, ao mesmo tempo que se reproduzem como parte dos efeitos edificados pelas máquinas de memória democráticas, que nos contam sobre as memórias da ditadura militar (QUEIROZ, 2019).

Genericamente essas máquinas se dividem em dois tipos: maiores e menores, que, por sua vez, se distribuem em maquinismos específicos. O tipo máquinas de memória maiores é composto por engrenagens fabricadas pelo aparelho de Estado, como a interpretação da Anistia, a Comissão Especial sobre Mortos e Desaparecidos Políticos, a Comissão de Anistia e a Comissão Nacional da Verdade. Entretanto, a criação dessas máquinas se dá a partir dos efeitos fabricados pelas máquinas menores[65]. O tipo máquinas de memória menores é formado por maquinismos criados a partir da ação de familiares de vítimas e sobreviventes da violência de Estado ditatorial, como a Comissão de Familiares de Mortos e Desaparecidos Políticos de São Paulo, o Grupo Tortura Nunca Mais do Rio de Janeiro e o Instituto Vladimir Herzog[66].

Apesar de suas peculiaridades, as máquinas de memória maiores e menores operam tanto em tensão e dissimetria

registro sobre sua experiência nas salas de tortura.

65 Em especial sobre os processos menores que resultaram na anistia de 1979 e sua captura pelas engrenagens de produção da impunidade e controle da memória cf. GRECO (2003).

66 Cf. DOSSIÊ Ditadura (2009); GRUPO Tortura Nunca Mais do Rio de Janeiro (2018). Ver também GRUPO Tortura Nunca Mais, RJ. Disponível em: http://www.torturanuncamais-rj.org.br/; INSTITUTO Vladimir Herzog. Disponível em: <http://vladimirherzog.org/>.

como em complementaridade e conexão. Descrevemos essas máquinas como sistemas de cortes e fluxos. Máquinas cujos fluxos se conectam a maquinismos como o conceito justiça de transição[67], ao mesmo tempo que se articulam a engrenagens como as memórias de familiares de militantes mortos e desaparecidos e sobreviventes, enquanto sofrem cortes de impunidade e reconciliação, e se constituem como peças de processos de subjetivação. Assim, independentemente das particularidades de cada máquina, elas não possuem sujeitos específicos, mas sujeitos-peças que operam como fluxos de fabricação de resistência e criação, ao mesmo tempo que agem na composição de cortes de controle e estabilização (QUEIROZ, 2019).

A despeito de seus processos de criação acontecerem em meio a disputas e aproximações, essas máquinas fabricam o que melhor se produziu no país em termos de reconhecimento sobre a ditadura e suas vítimas. No entanto, no contemporâneo, o acirramento do autoritarismo pode, em parte, ser compreendido como efeito dos mecanismos de gestão e de controle da memória, que circulam, compõem e ativam suas engrenagens.

Enquanto as máquinas maiores, enlaçadas pela impunidade, bloqueiam a percepção social acerca das implicações comuns e contemporâneas do ocorrido em ditadura, as máquinas menores visam produzir não apenas medi-

---

[67] O conceito *justiça de transição* surge na década 1990 como uma resposta global a ser adotada por sociedades originárias de regimes de exceção em seu passado recente. Mais do que promover a justiça, seu objetivo é a pacificação nacional no pós-conflito. Para isso, adota uma série de medidas judiciais e extrajudiciais como reparação às vítimas, memória, verdade, atos de justiça e reformas institucionais. Essas medidas, no entanto, podem ou não ser aplicadas, dependendo das especificidades de cada país. Cf. QUINALHA (2013).

das de reparação, mas também a completa investigação do ocorrido e a punição dos responsáveis (TELES, 2015). Para isso, colhem informações e denunciam suas constatações para mecanismos nacionais e internacionais de justiça, criando assim enunciados que perfuram e racham as estratégias estatais de controle da memória e as deslocam. Contudo, no processo, as máquinas menores acabam também por serem capturadas para operar como uma das peças de produção dos maquinismos maiores, e é tudo ao mesmo tempo.

Maquinismos memorialísticos maiores e menores cujas produções e efeitos podem ser compreendidos como agenciamentos em que cada um de nós é envolvido e "reproduz o enunciado quando acredita falar em seu nome (...). Todo enunciado é produto de um agenciamento maquínico, quer dizer, de agentes coletivos de enunciação" (DELEUZE; GUATTARI, 2011a: 65-66), que não se confundem com povos ou sociedades, mas se constituem multiplicidades sem sujeito[68].

Agenciamentos que no caso das máquinas menores operam como mecanismos de subversão e deslocamento do instituído, como indicam os processos que levaram à criação das máquinas Comissão Especial sobre Mortos e Desaparecidos Políticos e Comissão Nacional da Verdade. No entanto, como já sugerido, no percurso as máquinas menores têm parte de suas potências capturas e bloquea-

[68] O agenciamento maquínico não age como um pastor que diz para cada indivíduo do rebanho. Ele opera por sistemas de controle sem sujeito. Funciona por meio de estatísticas, índices criminais, linguagens de computador, informações televisivas etc. Assim, ele não penetra na consciência de um sujeito específico, mas se infiltra nas subjetividades, nos desejos, nas crenças da população. Cf. LAZZARATO (2014, 38).

das pelos contornos operadores dos maquinismos memorialísticos que elas mesmas ajudam a inventar.

Máquinas maiores cujos agenciamentos circulam entre os indivíduos e as instituições, por meio de relações de poder decorrentes de articulações que se fundam em fluxos e cortes, e não apenas em pessoas, e acionam maquinismos. Engrenagens que operam conectadas às memórias das vítimas e dos sobreviventes, ao sistema de justiça internacional, como a Corte Interamericana de Direitos Humanos, e aos mecanismos do sistema de justiça nacional, como o Supremo Tribunal Federal, e cujas ações implicam em tomada de decisão, julgamento, condenações internacionais, criação de medidas de reparação, fabricação de verdade histórica, impunidade, gestão, burocracia, aparelho de Estado, razão de Estado, controle da memória, das subjetividades e das condutas etc.

Razão de Estado que, no caso das máquinas maiores, com Foucault pensamos como "uma prática, ou antes, uma racionalização de uma prática que vai se situar entre um Estado apresentado como dado e um Estado apresentado como a constituir e edificar [...]. Governar segundo a razão de Estado é fazer com que o Estado possa se tornar sólido e permanente, que possa se tornar rico, que possa se tornar forte diante de tudo que possa destruí-lo" (FOUCAULT, 2008, p. 6).

Razão de Estado que na ditadura conectou uma rede de engrenagens, que além de instituições estatais e redes clandestinas de tortura incluíam apoios internacionais, colaborações de empresários e políticos locais, de especialistas da saúde e da grande imprensa[69]. Compôs também discursos e práticas que circulavam em territórios menores, como a

---

[69] Cf. JOFFILY (2008), COMISSÃO Nacional da Verdade (2014).

família, as relações de vizinhança, as amizades e as múltiplas afetividades que processualmente iam se constituindo.

Maquinismos ditatoriais com efeitos de nos produzir segregados: de um lado, os cidadãos de "bem", do outro, os "perigosos comunistas", e, como garantia da paz social, as forças de segurança nacional. A máquina central, forte e efetivamente ativa na conservação dos bons costumes da família brasileira, da propriedade e do Estado.

Palavras de ordem que não eram "uma categoria particular de enunciados explícitos (por exemplo, no imperativo), mas a relação de qualquer palavra ou de qualquer enunciado com pressupostos implícitos [...]. As palavras de ordem não remetem, então, somente aos comandos, mas a todos os atos que estão ligados aos enunciados por uma 'obrigação social'" (DELEUZE; GUATTARI, 2011b, p. 17).

Dentre outras formas, durante a ditadura essa obrigação social entrava nas subjetividades por meio de notícias que não diziam explicitamente sobre as torturas e os desaparecimentos, que eram ocultados. No entanto, falavam sobre mortes em tiroteios. No processo, difundia-se a percepção social acerca da importância das ações estatais para o combate ao inimigo interno[70].

Nas máquinas de memória democráticas a percepção da necessidade de uma ação estatal para a reconciliação e a perpetuação da paz social não está ausente. Contudo, o toque essencial foi sobrecodificado. Se na ditadura, dentre outras formas, ele vinha da imagem do comunista-terrorista exterminado em falsos tiroteios, nas máquinas de memória democráticas a vítima ocupa a centralidade.

A Comissão Especial sobre Mortos e Desaparecidos Políticos emerge de lutas ativadas por máquinas menores,

[70] Cf. DOSSIÊ Ditadura (2009).

como a Comissão de Familiares de Mortos e Desaparecidos Políticos, que desde a ditadura denuncia as torturas e os desaparecimentos de corpos de militantes da esquerda organizada (DOSSIÊ Ditadura, 2009). Entretanto, a potência de produção desse maquinismo fortaleceu-se quando, em 1990, a máquina gestora da cidade de São Paulo foi acionada pela prefeita Luiza Erundina e oficialmente foi descoberta a Vala de Perus, com 1.049 sacos plásticos contendo esqueletos sem identificação. Os ossos pertenciam às vítimas anônimas do Esquadrão da Morte, da miséria social e da repressão política.

Após a abertura da Vala de Perus, em âmbito municipal, foram criadas engrenagens de averiguação. Foi instalada a Comissão Especial de Investigação das Ossadas e criada uma Comissão Parlamentar de Inquérito (CPI)[71].

---

[71] Foi firmado também um convênio com a Universidade de Campinas para a identificação das ossadas e abertos arquivos do Dops de Pernambuco, Paraná, São Paulo e Rio de Janeiro. Em onze anos, a Unicamp identificou Frederico Mayar e Dênis Casemiro. Em 1999, devido ao péssimo estado de conservação das ossadas, a pedido dos familiares, o Ministério Público interveio, e em 2001 os restos mortais foram encaminhados para o cemitério do Araçá, no município de São Paulo, quando então a responsabilidade de investigação e identificação foi repassada para a USP, que pouco avançou (MELLO 2010, p. 91-94). Em 2014, devido a nova pressão de familiares, a Secretaria de Direitos Humanos da Presidência da República e a Comissão Especial sobre Mortos e Desaparecidos Políticos firmam novo convênio, e a Unifesp (Universidade Federal de São Paulo) retoma os trabalhos. Os dois acontecimentos recentes de que temos notícia ocorreram quando um laboratório, antes localizado na Bósnia e agora em Haia, passou a trabalhar na identificação das ossadas, e em decorrência, depois de quase cinquenta anos dos fatos, em fevereiro de 2018 foram identificados os restos mortais de Dimas Antônio Casemiro, desaparecido em 1974, aos 25 anos de idade. Em dezembro do mesmo ano, os de Aluísio Palhano Pedreira Ferreira, preso em 1971, aos 49 anos de ida-

Em decorrência da conexão Comissão de Familiares – Prefeitura de São Paulo, como um dos desdobramentos de Perus, durante o governo de Fernando Henrique Cardoso (FHC), em 4 de dezembro de 1995 foi sancionada a Lei 9.140/95, que protocolarmente reconheceu 136 mortos e desaparecidos políticos, que constavam num dossiê organizado através de ações de familiares e militantes de direitos humanos ao longo de 25 anos. Contudo, visando também à análise de casos não contemplados pelo dossiê, assim como a necessidade de se empreender esforços para a localização dos restos mortais dos desaparecidos, formalizou-se também a criação da máquina de memória Comissão Especial sobre Mortos e Desaparecidos Políticos (CEMDP), vinculando-a ao Ministério da Justiça (DOSSIÊ Ditadura, 2009)[72].

Dentre outras coisas, estabeleceu-se ainda que a Comissão operaria conectada aos contornos de impunidade dados em 1979 para máquina Anistia, e a questão foi deslocada do público para o privado. Ficou decidido que a Comissão atuaria de portas fechadas (LISBOA; TELES apud QUEIROZ, 2019).

A Comissão Especial garantiu basicamente a indenização pecuniária aos familiares das vítimas e um atestado de óbito, no qual, como motivo da morte, constava Lei 9.140 de 4 de dezembro de 1995. Aos familiares coube o ônus da prova. "Novas informações sobre muitos casos foram requeridas às autoridades atuais; exumações foram realizadas; laudos periciais, refeitos; testes de DNA solicitados; e até mesmo a dificílima tarefa de localização dos restos

---

de Cf. DOSSIÊ Ditadura (2009); IDENTIFICADA ossada de Dimas Casemiro, enterrado em Perus (2018); GUIMARÃES (2018).

[72] Posteriormente a Comissão Especial foi transferida para a Secretaria Especial de Direitos Humanos da Presidência da República.

mortais de desaparecidos foi empreendida – tudo isso a cargo das famílias" (MIRANDA; TIBÚRCIO, 1999, p. 16).

Com a Comissão Especial o Estado assumiu sua responsabilidade objetiva, mas eximiu-se de identificar os responsáveis, de apurar as circunstâncias das mortes e dos desaparecimentos e de localizar os corpos, e fortaleceu a privatização da questão quando permitiu que apenas os familiares entrassem com o pedido de indenização.

Contudo, os familiares reconheceram que essa máquina contribuiu para a coleta de testemunhos e com investigações em arquivos da repressão política (DOSSIÊ DITADURA, 2009: 36). Ela ajudou também a dar visibilidade à causa dos mortos e desaparecidos políticos, facilitando assim a ampliação dos reconhecimentos (DOSSIÊ DITADUARA, 2009: 36)[73]. No entanto, o foco privatizante da Comissão não fazia parte das demandas dos familiares. Para eles, a questão dos mortos e desaparecidos sempre se constituiu na mistura do privado com o público e o contemporâneo[74].

De fato, passadas décadas de sua invenção, devido aos efeitos da impunidade, a Comissão Especial pouco contribuiu para a criação de uma percepção social aprofundada acerca da dimensão do terrorismo de Estado e sua relação com o comum e o contemporâneo. As impli-

---

[73] A Lei 10.536/02, para efeitos de indenização, estendeu o período de abrangência, que passou de 2 de setembro de 1961 até 15 de agosto de 1979, para 5 de outubro de 1988. Em 2004, com a Lei 10.875, os casos de mortes em decorrência da repressão policial em manifestações públicas ou conflitos armados com agentes estatais e suicídios cometidos por sequelas das torturas também passaram a ser investigados Cf. COMISSÃO Especial sobre Mortos e Desaparecidos Políticos (2007).

[74] Pelo que temos notícia, esse modo de operar se inicia ainda em 1964, mas se fortalece como estratégia de denúncia coletiva a partir da carta redigida por presos militantes de São Paulo em 1975, conhecida como Bagulhão. Cf. BAGULHÃO [2014]. Ver também DOSSIÊ Ditadura [2009].

cações da equiparação entre as ações de resistência e os modos de agir dos agentes estatais fabricada pela ditadura seguiram constituindo os modos como a maioria das subjetividades não diretamente afetadas compreendiam as ações do aparelho de Estado ditatorial e as técnicas de resistência dos militantes torturados, assassinados e desaparecidos. Em outros termos, as memórias fabricadas pela Comissão Especial foram insuficientes para romper com as implicações da teoria dos dois demônios, que tem entre seus desdobramentos a associação entre a necessidade da impunidade para a promoção da reconciliação nacional, instituída em 1979 pela interpretação da Lei de Anistia[75].

Em 2001, no final do segundo mandato do governo de Fernando Henrique Cardoso, atendendo uma demanda financeira que sempre mobilizou um grupo de perseguidos políticos (MEZAROBBA, 2010, p. 112), a partir da Medida Provisória 2.151/01, posteriormente convertida pelo Congresso Nacional na Lei 10.559/02, foi instalada, no Ministério da Justiça, a máquina de memória Comissão de Anistia, cujo objetivo era reparar danos trabalhistas advindos de perseguições políticas, porém de acordo com a função que o "beneficiário" exercia na época em que sofreu o dano. Assim, um operário e um juiz que passaram

---

[75] A teoria dos dois demônios representa o regime ditatorial como parte de uma guerra orquestrada, por um lado, por militantes da esquerda armada, por outro, por integrantes de uma linha dura militar descontrolada. Nela as duas violências se equivalem e a impunidade nada mais é do que a institucionalização de uma anistia que beneficia os dois lados da guerra. Essa teoria produziu sentidos e percepções que afetaram a coletividade, na medida em que instituiu a compreensão social de que a autoanistia foi parte de uma justa dupla anistia. Criando ainda a falsa percepção de que ela era necessária à pacificação entre os dois lados radicais do conflito.

por violações análogas são indenizados com valores díspares (MEZAROBBA, 2010).

As engrenagens da nova máquina foram construídas com os mesmos limites operatórios atribuídos à Comissão Especial. Entretanto, a Comissão de Anistia aperfeiçoou as produções da CEMDP a partir da fabricação da imagem idealizada de uma vítima subjetivamente traumatizada, que, seguindo procedimentos técnico-burocráticos, é obrigada a apresentar provas objetivas do retroativo do dano para especialistas de Estado, que, se o caso, tornam a potencial vítima beneficiária das políticas de reparação ofertadas aos possuidores do estatuto de anistiado político.

Para além do ônus da prova, no entanto, o rol de orientações disponibilizadas no *site* da Comissão sob o título de: *Como requerer sua anistia política* evidencia que essa máquina foi modelada para fazer com que os afetados narrem suas dores e seus danos, mas não necessariamente suas lutas. No percurso, para provar sua condição de perseguido político, de sujeitadas as vítimas passam a operar como peças da máquina, agindo sobre seu controle e direção; ao mesmo tempo que especialistas em direitos humanos analisam documentos e categorizam os danos, deferem ou indeferem solicitações, e acabam também por operar como um dos componentes da máquina.

Em outros termos, por funcionarem acopladas a interpretação que rege a máquina Anistia, no trajeto de reconhecimento operado pela Comissão de Anistia as vítimas são agenciadas por palavras de ordem que lhes atribuíam um estado constante: sujeito sofredor. O que se passa antes ou depois no corpo da vítima tornou-se "ações-paixões afetando os corpos" (DELEUZE; GUATTARI, 2011b,

p. 17), mas sua transformação em constante sofredor é, ao mesmo tempo, um atributo incorpóreo proclamado verticalmente pela análise dos especialistas, que julgam suas memórias pelo grau de dano e dor que elas transmitem, e um estado expresso pela vítima, que, ao provar seu sofrimento associado ao dano que lhe foi individualmente infringido, opera como uma das engrenagens de dissociação entre o vivido, o contexto social de sua produção e os modos comuns de desejar-fazer do contemporâneo, funcionando assim como uma das ferramentas que fabricam o nós e os outros; nós, os "normalizados" e as vítimas "sofredoras" da ditadura.

No Brasil, quando o conceito de justiça de transição passou a operar nas máquinas de memória, ocorreu o fortalecimento desse modelo de reconhecimento[76]. Foi em 2008, durante o governo Lula, coincidindo com a gestão de Tarso Genro no Ministério da Justiça e com a entrada de Paulo Abrão na Comissão de Anistia, que institucionalmente ele passou a compor os processos de fabricação das máquinas maiores. Ele contribuiu com o aprimoramento e a criação de mecanismos de reparação pecuniária e psíquica[77]. Posteriormente, tornou-se também ferramenta dos mecanismos de produção da verdade histórica registrada pela Comissão Nacional da Verdade e das medidas de reparação constituídas pela Comissão Especial. No entanto, ao mesmo tempo contribuiu para legitimar a impunidade através da infiltração e do fortalecimento da ideia de uma "justiça do possível".

---

[76] É importante frisar, no entanto, que essa é uma característica do uso no conceito no Brasil. Para saber mais sobre os contornos do conceito cf. QUINALHA (2013).

[77] Sobre as medidas de reparação pecuniária e psíquica desenvolvidas pela Comissão de Anistia cf. COMISSÃO de Anistia. Disponível em: http://justica.gov.br/seus-direitos/anistia. Acesso em: 28 fev. 2018.

Em outros termos, o uso do conceito de justiça transicional introduziu novidades nos modos de produção das máquinas de memória maiores. Se antes a Comissão Especial sobre Mortos e Desaparecidos Políticos e a Comissão de Anistia fabricavam medidas de reparação para familiares de mortos e desaparecidos políticos e militantes atingidos por danos trabalhistas, com o conceito transicional a Comissão de Anistia passa a fabricar também uma memória social "reconciliada" e "palatável". No processo, introduz cenas de perdão político.

Para isso, dentre outras ações cria-se o projeto Caravanas da Anistia. Com ele essa comissão percorreu regiões do país reconhecendo publicamente a história de militantes perseguidos políticos. Todavia, enquanto "beneficiava" o militante acuado pelo regime de exceção com o estatuto de anistiado político, realizava encenações de "perdão" sem um face a face entre o ofensor e a vítima. Sem arrependimento ou julgamento[78].

Isso não significa que as cenas de perdão inventadas pela Comissão de Anistia tenham sido destituídas de força política. Contudo, embora elas possam ter apaziguado feridas e divulgado socialmente parte da história da ditadura, ampliaram também a força do discurso que nos diz ser possível a efetivação uma reconciliação dissociada da abertura da totalidade dos arquivos da repressão política e da efetivação de atos de justiça. Note-se ainda, passadas décadas do final da ditadura, que as Forças Armadas não realizaram um pedido de desculpas às suas vítimas diretas e nem ao restante da sociedade diversamente afetada.

---

[78] Para saber mais sobre o conceito de perdão, cf. RICOEUR (2007); DERRIDA (2005); ARENDT (2010); TELES (2015).

Somente com o governo de Michel Temer que o perdão político sai da agenda governamental. No entanto, a medida não visou romper com a impunidade e seus efeitos, mas fez parte de uma intervenção autoritária sobre as operações da Comissão de Anistia. Tanto que antes da retirada das cenas de perdão do rol de atividades da Comissão ela foi atacada em sua autonomia por meio da substituição de seus conselheiros e da negativa, por parte do Ministério da Justiça, de medidas de reparação aprovadas anteriormente pela Comissão (NASSIF, 2017).

De 2008 até o governo Temer, o viés conciliador da justiça transicional se constituiu como o principal referencial teórico e prático das medidas memorialísticas brasileiras. No percurso, através da institucionalização do perdão político, a máquina Comissão de Anistia não apenas produziu a normatização da impunidade como gerou a naturalização dessa percepção social, dentre outras formas, por meio da ação que exerceu sobre especialistas, que não necessariamente operavam em mecanismos governamentais de memória. Porém, foram afetados por publicações como a *Revista Anistia: política e justiça de transição*[79], assim como por debates e eventos promovidos por essa Comissão[80]. Essas implicações transformaram esses especialistas em potenciais peças reprodutoras dos discursos e práticas fabricadas e disseminadas pela Comissão de Anistia.

---

[79] Lançada em 2009, até 2014 foram publicados nove números, disponíveis em: http://www.justica.gov.br/central-de-conteudo/anistia/anistia-politica-2. Acesso em: 24 jan. 2018.

[80] Eventos como a IX Reunião do Idejust, que ocorreu no Instituto de Relações Internacionais da USP, cujo tema foi "Primeiro balanço das Comissões da Verdade no Brasil: o seu papel na agenda da justiça de transição", em 2015.

Entretanto, ao mesmo tempo que nas máquinas de memória maiores o conceito justiça de transição era conectado a autoanistia, atuando assim como uma das engrenagens de controle da memória e de seus efeitos contemporâneos, ele passou a compor também o rol das ferramentas das máquinas de memória menores, como indica a sentença da Corte Interamericana de Direitos Humanos que condenou o Estado brasileiro no caso Araguaia em novembro de 2010, tendo entre seus desdobramentos a invenção da máquina Comissão Nacional da Verdade, que, por sua vez, tornou-se um dos componentes ativadores da fabricação de Jair Bolsonaro presidente da República[81].

O caso Araguaia teve início na Organização dos Estados Americanos (OEA), quando em 1995 máquinas menores produziram denúncia à Comissão Interamericana sobre o desaparecimento forçado de cerca de setenta guerrilheiros na região do Pará entre 1972 e 1974, bem como revelaram a morosidade do Estado brasileiro em esclarecer as circunstâncias em que ocorreram os desaparecimentos, os nomes dos responsáveis e a localização, a identificação e a entrega de seus restos mortais aos seus entes queridos (CORTE, 2010)[82].

---

[81] Sobre resistências fabricadas em ditadura cf. TELES (2011). Sobre as lutas dos familiares das vítimas e sobreviventes em democracia, ver as ações judiciais movidas pelas famílias Teles e Merlino contra o coronel Carlos Alberto Brilhante Ustra. In: CEV/SP Rubens Paiva. Tomo I. Parte III (2015). Ver ainda as condenações do Estado brasileiro nos casos Araguaia e Herzog, respectivamente, CORTE (2010); INSTITUTO Vladimir Herzog. Sentença da Corte Interamericana de Direitos Humanos (2018).

[82] Os peticionários foram o Grupo Tortura Nunca Mais/RJ, a Comissão de Familiares de Mortos e Desaparecidos Políticos de São Paulo, a Human Rights Watch/Américas e o Centro pela Justiça e pelo Direito Internacional. Internamente, o caso teve início em 1982, quando um

Como resposta à sentença da Corte e ao mesmo tempo como efeito das fabricações das máquinas menores, após um ano da condenação, em novembro de 2011 a Lei 12.528 formalizou a criação da máquina de memória Comissão Nacional da Verdade. Como aconteceu com as máquinas Comissão Especial e Comissão de Anistia, a CNV foi inventada para operar nos limites da reconciliação nacional. Contudo, meses antes da condenação da OEA, em abril de 2010, ocorreu a revalidação da interpretação da Lei de Anistia de 1979 pelo Supremo Tribunal Federal. Assim, diferentemente das outras duas máquinas cujos limites remetem a fabricações da ditadura, os contornos da CNV foram inventados por engrenagens do sistema de justiça democrático (DIOGO, 2010).

A Comissão Nacional iniciou seus trabalhos em maio de 2012. Durante seu primeiro ano de funcionamento caracterizou-se por manter o silêncio público acerca de suas investigações. Incomodadas, máquinas menores compostas por familiares de mortos e desaparecidos políticos, ex-prisioneiros políticos e militantes dos direitos humanos se articularam e publicaram uma carta aberta em que, dentre outras questões, demonstraram preocupação com a falta de transparência com relação às investigações da Comissão Nacional. Salientaram também que o processo era tão importante

grupo de 22 familiares acionou as engrenagens das máquinas de justiça do aparelho de Estado ditatorial. Como desdobramento, em 2003 a juíza Solange Salgado reconheceu o direito dos familiares à verdade e, dentre outras coisas, determinou a desclassificação dos documentos acerca da Guerrilha que estivessem em sigilo de Estado, fixou 120 dias de prazo para que o aparelho estatal informasse onde estavam os restos mortais dos guerrilheiros e as circunstâncias de suas mortes. A sentença não foi cumprida. Cf. DOSSIÊ Ditadura (2009).

quanto o produto (O COMENTARISTA Político, 2013)[83]. Todavia, somente em 2014, "em meio a um período de 'início de conclusões', iniciou-se uma prática de publicização de 'Relatórios Preliminares de Pesquisa' [...]. Vale destacar que esses relatórios se mostraram pontuais, sobre temas e casos específicos, circunscritos e/ou explicativos, fomentando um clima de 'incerteza generalizada' sobre seus resultados por vir" (PRADAL; CHERNICHARO; ANSARI, 2016, p. 25)[84].

Em 2014, apesar de seus limites operatórios, conectada às produções das demais máquinas maiores, ativada pelas criações das máquinas menores e considerando fabricações acadêmicas independentes, através de seu relatório final, a CNV reconheceu os crimes da ditadura como terrorismo de Estado e, acoplada aos sentidos inventados por mecanismos de direitos humanos internacionais, como o Estatuto de Roma, do qual o país é signatário desde 2002, classificou as violências cometidas pelo Estado ditatorial e seus agentes como crimes contra a humanidade, por isso não passíveis de anistia ou prescrição[85]. A Comissão Nacional

---

[83] Lembrando que após a invenção da Comissão Nacional da Verdade se espalhou pelo país uma rede de mais de cem comitês e comissões da verdade estaduais, municipais, universitárias, sindicais etc.

[84] De fevereiro a agosto de 2014 a CNV disponibilizou oito relatórios preliminares: "Tortura em quartéis, "O caso Rubens Paiva", "A Casa da Morte", "Centros clandestinos de tortura", "O caso JK", "O caso Riocentro", "O caso Stuart Angel" e "O caso Epaminondas". Para saber mais sobre os relatórios preliminares, disponível em: http://cnv.memorias-reveladas.gov.br/relat%C3%B3rios.html. Acesso em: 11 nov. 2018.

[85] O Estatuto de Roma, em seu artigo 7o, define os crimes contra a humanidade como um "ataque contra a população civil", entendidos como qualquer conduta que envolva a prática múltipla de atos como tortura, desaparecimento, assassinato político etc., contra uma população civil, de acordo com a política de um Estado ou de uma organização de praticar esses atos ou tendo em vista a prossecução dessa política. Para os estados que fazem parte da Convenção Americana

registrou também o nome de 377 agentes estatais que participaram de assassinatos e desaparecimentos forçados[86]. Para além da categoria vítima política contemplada pelas comissões Especial e de Anistia, a CNV reconheceu ainda categorias como as LGBTs, as mulheres e as indígenas. Ao final produziu um total de 29 recomendações[87].

Entretanto, é preciso lembrar que durante a solenidade de divulgação de seu relatório final, articulada aos pronunciamentos conservadores que nos dizem "vivemos um pacto democrático sem continuidades com a ditadura", a presidenta Dilma Rousseff afirmou:

> Assim como respeitamos e reverenciamos e sempre o faremos, todos os que lutaram pela democracia, todos que tombaram nessa luta de resistência enfrentando bravamente a truculência ilegal do Estado, e nós jamais poderemos deixar de enaltecer esses lutadores e lutadoras, também reconhecemos e valorizamos os pactos políticos que nos levaram à redemocratização (apud SANCHES, 2014).

---

sobre Direitos Humanos de 1969, como é o caso do Brasil desde 1992, esses crimes são imprescritíveis. Por isso a possibilidade de julgamento não se esgota com a passagem do tempo.

[86] Não foram listados os nomes de agentes participantes de torturas que não resultaram em mortes e desaparecimentos forçados. Cf. COMISSÃO Nacional da Verdade (2014).

[87] Apesar desses reconhecimentos, a oficialização dessas categorias de vítimas foi composta como uma espécie de vítimas de segunda classe, já que feita em tomo separado de seu volume I, onde consta as assinaturas de todos os comissionários. As "novas" vítimas entraram no volume II, Eixos Temáticos, onde as assinaturas aparecem individualizadas. Assim, a fabricação institucional dessas vítimas, ao mesmo tempo que compõe um relatório de Estado, foi produzida como reconhecimentos de menor valor cuja responsabilidade foi atribuída ao comissionário assinante. Cf. COMISSÃO Nacional da Verdade (2014). Ver também AS RECOMENDAÇÕES da Comissão Nacional da Verdade: balanços sobre a sua implementação dois anos depois (2016).

A partir da fala da presidenta Dilma, se não vivenciássemos os efeitos do governo Bolsonaro, mesmo considerando a continuidade da impunidade, a não abertura de todos os arquivos da repressão política, o não esclarecimento das circunstâncias em que ocorreram os desaparecimentos forçados e a não divulgação dos nomes de todos os responsáveis – com especial destaque para o caso dos desaparecidos do Araguaia, que, afinal, foram engrenagens essenciais para a criação da CNV, mas que quase ficaram de fora de seu relatório final (GOMBATA, 2014) –, talvez pudéssemos pensar que as produções da Comissão Nacional, assim como as das comissões Especial e de Anistia, não apenas contribuíram com o reconhecimento da verdade histórica como ajudaram a garantir aos familiares de vítimas e aos sobreviventes uma existência econômica e psiquicamente digna e sublimada, e, indo além, operaram na produção de uma memória social apaziguada acerca de conflitos do passado. Cooperando, assim, não somente para aprimorar a democracia, mas também para aplacar a sensação de insegurança social com relação a um possível retrocesso autoritário ou ditatorial[88].

No entanto, diante do fortalecimento do autoritarismo, cuja figura emblemática do contemporâneo é o ocupan-

[88] Sobre o acesso negado aos arquivos da repressão é interessante observar que, durante os processos de produção da CNV, indícios de que as Forças Armadas se recusaram a abrir seus arquivos vieram à tona quando foram encontrados documentos sobre a ditadura nas dependências do Hospital Central do Exército do Rio de Janeiro pelo Ministério Público Federal, em novembro de 2014. Na ocasião, dentre outras questões, a CNV considerou grave o constado pelo MPF, uma vez que ficou provado que anteriormente a unidade do Exército havia ocultado da comissão documentos que foram objeto de diligência conjunta da Comissão Nacional da Verdade e da Comissão da Verdade do Estado Rio de Janeiro. Cf. PLATONOW (2014).

te da cadeira de presidente da República, é preciso dizer que as máquinas de memória menores estavam certas ao combaterem os limites do modelo de reconhecimento fabricado pelo aparelho de Estado democrático, não há reconciliação possível sem a total investigação dos fatos e a punição dos responsáveis. Qualquer plano de reconciliação fundado no ocultamento de partes da verdade histórica e no bloqueio de atos de justiça tende a não dissolver os efeitos das percepções sociais criadas em ditadura, em especial a representação que a transforma numa guerra entre dois lados radicais: militantes da esquerda armada *versus* agentes estatais de uma suposta linha dura.

Entretanto, se comparada às comissões anteriores, ainda que lacunar e timidamente, a Comissão Nacional buscou imprimir uma representação distanciada da teoria dos dois demônios, pois, como referido, reconheceu categorias de vítimas para além dos tradicionais militantes de esquerda e registrou que os crimes da ditadura não foram fruto de operações de um grupo de militares radicalizados, mas uma política de Estado. Indicando ainda que essa política contou com o apoio de empresários locais e estrangeiros assim como obteve a colaboração da grande mídia. Essa tentativa, no entanto, contribuiu para que as forças conservadoras, sem grande oposição das instituições democráticas e com baixa indignação social, rompessem com os sentidos e as técnicas de produção de uma memória pretensamente reconciliada.

Ainda que se trate de uma questão em aberto, pode-se dizer que, ao mesmo tempo que a CNV produzia seu relatório, parcelas das elites se uniam para depor Dilma Rousseff da Presidência da República. Juntaram-se também para eleger uma figura do "outro lado". Dentre outras questões, elas assumiram que não estavam dispostas a aceitar a revelação de uma verdade histórica que, mesmo limitada, questionava os modos de agir da ditadura e de seus empresários parceiros. Se estivermos certos, as pequenas rachaduras à pretensão de veracidade da conexão teoria dos dois demônios-impunidade inventadas pela CNV, operaram como uma das peças que a partir do processo de *impeachment* de Dilma fizeram explodir em múltiplos pedaços o modelo de governabilidade e controle da memória institucionalizado desde a ditadura. Modelo que, conectado à construção de uma "justiça do possível" e à necessidade de uma sempre inalcançável reconciliação nacional, disseminou palavras de ordem produtoras de uma percepção social que nos dizia: *diante da radicalidade dos dois lados do conflito e da ameaça de volta à ditadura militar é preciso que aceitemos a impunidade.*

No governo Bolsonaro, as comissões Especial e de Anistia passaram a compor o Ministério da Mulher, da Família e dos Direitos Humanos. Em 2019 a Comissão de Anistia passou a ser presidida por João Henrique Nascimento de Freitas, assessor direto do vice-presidente general Hamilton Mourão e autor da ação popular que suspendeu a indenização aos familiares do guerrilheiro e ex-capitão do Exército Carlos Lamarca (MARCHAO, 2019).

A Comissão Especial sobre Mortos e Desaparecidos Políticos também sofre "ajustes". Em agosto de 2019, repentinamente tivemos a troca de quatro de seus sete integrantes[89]. A alteração se deu após a Comissão Especial repudiar a fala presidencial, notadamente quando pare-

[89] O lugar da presidenta Eugênia Gonzaga foi ocupado por Marco Vinicius Pereira de Carvalho, filho de militar, formado em colégio militar e na ocasião da posse filiado ao partido do presidente.

cendo ignorar, que para o direito internacional do qual o país é signatário, o desaparecimento forçado configura-se como crime contra a humanidade, o presidente, referindo-se ao pai de Felipe Santa Cruz, afirmou: "Um dia, se o presidente da OAB quiser saber como é que o pai dele desapareceu no período militar, eu conto pra ele. Ele não vai querer ouvir a verdade"[90].

Na ocasião, a então presidenta da Comissão Especial, Eugenia Gonzaga, se pronunciou. "É muito grave essa declaração [...]. É lamentável a declaração sob qualquer aspecto. Ele saber que sabe e usar isso é uma forma de reiterar a tortura dos familiares" (apud VALENTE, 2019). No entanto, devido aos efeitos negativos de sua afirmação, o presidente alegou que Fernando Santa Cruz havia sido executado pelo grupo "terrorista" Ação Popular, mesmo sabendo-se que o atestado de óbito do pai de Felipe havia sido retificado. Fernando Santa Cruz morreu "em razão de morte não natural, violenta, causada pelo Estado brasileiro" (LINDNER, 2019)[91].

---

[90] Felipe Santa Cruz é filho do desaparecido político Fernando Santa Cruz, que sumiu quanto ele tinha 2 anos. Seu pai, era funcionário público do Estado de São Paulo e militante da Ação Popular Marxista-Leninista [APML]. Preso no Rio de Janeiro no carnaval de 1974 por agentes do DOI-Codi, nunca mais foi visto. Cf. Dossiê Ditadura [2009], Fernando Augusto de Santa Cruz Oliveira.

[91] Em decorrência dos fatos, familiares de mortos e desaparecidos políticos enviaram uma carta à Corte Interamericana de Direitos Humanos pedindo que o órgão questione o presidente sobre suas declarações acerca de Fernando Santa Cruz e sobre as retaliações sofridas pela Comissão Especial. Entre os signatários, além da família Santa Cruz, estão membros das famílias Herzog, Teles, Paiva, Merlino etc. Cf. BERMÚDEZ (2019). Ver também FAMILIARES de vítimas da ditadura vão à OEA contra declarações de Bolsonaro (2019). Vale registrar que as novas regras do regimento interno da Comissão Especial retiram a obrigatoriedade da emissão de atestados de óbito retificados, visto que

Diante dos ataques às máquinas comissões de Anistia e Especial não estranharemos caso ocorra tentativa de "desoficialização" dos reconhecimentos realizados pela máquina Comissão Nacional da Verdade. De fato, a veracidade do relatório da CNV é questionada pelo presidente, como indica a pergunta que dirigiu a um repórter do jornal *O Globo*: "Você acredita em Comissão da Verdade?" (SOARES, 2019).

Em síntese, devido aos seus contornos, as máquinas de memória fabricadas pelos governos FHC, Lula e Dilma ocultaram a grandeza e a extensão da ditadura e seus efeitos nos modos de desejar-fazer do contemporâneo. Essas representações produziram implicações que afetam familiares de vítimas e sobreviventes, assim como as subjetividades diversamente atingidas, que em grande medida se imaginam como sujeitos não afetados, nem vítimas e nem algozes. Tivemos uma grande ditadura, mas essa percepção tem baixa penetração no comum.

Após décadas produzindo a dita reconciliação, se por um lado há políticas discursivamente pacificadoras, por outro vivemos uma guerra sem trégua contra os outros. Em outros termos, mesmo quando os maquinismos memorialísticos maiores nos dizem produzir a paz, ainda que a composição da memória pretensamente harmônica seja atravessada pela ideia da necessidade de reconciliação entre partes do corpo social em guerra, e mesmo que o ideal legitimador que as máquinas maiores puseram em movimento não tenha sido o ataque aberto ao inimigo menor, minoritário ou agonizante, mas a harmonização

---

revoga a Resolução n. 2 de 29 de novembro de 2017, Comissão Especial sobre Mortos e Desaparecidos Políticos. Notícia disponível em: https://g1.globo.com/jornal-nacional/noticia/2020/01/16/comissao-de-desaparecidos-politicos-tem-novas-regras-e-gera-polemica.ghtml. Acesso em: 22 jan. 2020.

da sociedade, os efeitos dessas fabricações participam de processos de subjetivação produtores de sujeitos que se expressam como "nós".

Sujeitos que não têm a pretensão e não ocupam "a posição do jurista [...], do sujeito universal, totalizador e neutro" (FOUCAULT, 2005, p. 60), nem mesmo do especialista em justiça de transição preocupado com as vítimas e com a pacificação e a reconciliação nacionais, porém compõem sujeitos comuns que demandam direitos singulares, seus, de sua família e de sua raça.

Sujeitos modelados para agir como numa guerra, onde os inimigos estão na nossa frente e nos ameaçam, e "não poderemos chegar ao termo da guerra por algo como uma reconciliação ou uma pacificação, mas na medida em que formos efetivamente vencedores" (FOUCAULT, 2005, p. 60), na medida em que nós abatermos o inimigo, na medida em que nós garantirmos a segurança da sociedade de "Bem" contra a do "Mal".

Contudo, se para parcelas da sociedade os familiares das vítimas políticas e os sobreviventes constituem parte da sociedade de "Bem", para outras são os heróis nacionais que os defenderam dos terroristas comunistas, como o coronel Carlos Alberto Brilhante Ustra, herói de Bolsonaro, que a compõem. Binarismo que não pacífica, mas fortalece a guerra atual.

De fato, as fabricações das máquinas maiores compuseram uma memória pretensamente harmônica. No processo, foram fabricadas subjetividades binárias que hoje atuam como tecnologias de guerra. Armas estáveis e autocontroláveis, calculáveis e seguras, sadias e puras (FOUCAULT, 2005, p. 305). Um tipo de memorialismo caracterizado pelo predomínio do enlaçamento da multiplicidade movente e heterogênea das memórias destoantes dos sofrimentos, que são transmutadas, caladas, impedidas. Fabricadas como danificadas, anormais. Memórias representadas como a memória do outro, a dor do outro, o trauma da vítima sofredora e pertencente a um grupo de afetados do qual nós não fazemos parte.

A partir de Mbembe podemos pensar que passadas mais de três décadas do final da ditadura vivemos estampando o "rosto de uma guerra sem fim" (MBEMBE, 2018a, p. 33). No Brasil, somos programados para nos percebermos vivendo entre inimigos. Entretanto, os "bons elementos" têm sorte, há sempre um policial que "contém" os "suspeitos".

Na busca de um outro mundo possível, embora não tenhamos modelos ou receitas, nas máquinas de memória talvez um dos pontos centrais seja nos solidarizarmos com as questões comuns e contemporâneas que compõem as fabricações das máquinas menores, para, quem sabe, em aliança nos constituirmos como uma das peças que desestruturam os processos de produção dos binarismos que nos atravessam e controlam.

Trata-se de uma solidariedade que imaginamos sendo movimentada por uma potência que não nos diz apenas sobre as lutas, as dores, as mortes e os desaparecimentos forçados que no passado atingiram um grupo de afetados, mas que atua em nós também como um acontecimento que nos arrasta ao impessoal, ao político e ao contemporâneo pela ação que o intolerável exerce sobre nossos modos binários de desejar-fazer.

Um tipo de acontecimento que muda tudo, nas palavras de David Lapoujade, "tudo recomeça, mas de outro modo; somos redistribuídos, às vezes reengendrados até de modo irreconhecível. Tudo se repete, mas de outro modo, repartido de outro modo, nossas potências sendo incessantemente resolvidas, retomadas, segundo novas dimensões" (LAPOUJADE, 2015, p. 68). Acontecimentos que "não afetam apenas os indivíduos; pode acontecer que um campo social inteiro 'veja' o intolerável e se rebele [...]. Quem não sente essas potências moleculares provocando a mais ínfima raiva, o mais ínfimo protesto, através da mais ínfima reivindicação social? É como o nascimento de um povo em nós" (LAPOUJADE, 2015, p. 272).

Potência de desorganização e reorganização subjetiva do desejo e da ação, que inspirados pelo texto "As insurreições finalmente chegaram" (COMITÊ Invisível, 2016), pensamos como um processo que está no mundo e em nós. Na maneira como sentimos, percebemos e nos encontramos tecendo em conjunto um partido em construção. E nosso partido respeita as identidades das vítimas, porém questiona os binarismos que produzem o "nós contra os outros", e pensa que o comum não vem apenas dos corpos afetados pela dor da tortura, do desaparecimento ou da bala perdida que atinge os distantes, mas emerge também de "uma percepção partilhada da situação. Sem essa ligadura, os gestos se apagam no nada e sem deixar vestígios [...], e os levantes terminam nos livros escolares" (COMITÊ Invisível, 2016, p. 19). Com Isabelle Stengers, pensamos que não deveríamos nos enfileirar "com as vítimas enquanto vítimas, mas apoiá-las naquilo que elas podem tornar-se além de sua identidade de vítimas" (STENGERS, 2008).

No entanto, se por um lado é preciso que recusemos as representações que congelam as vítimas no estado de sujeitos sofredores, por outro é necessário que se combata o desmonte das medidas de reparação e o negacionismo da verdade histórica.

Em outros termos, usando as palavras de Mbembe, é imprescindível criarmos uma política do semelhante em que "o que partilhamos logo de início são as diferenças. E são elas que, paradoxalmente, precisamos pôr em comum. Isso passa pela reparação, isto é, por uma ampliação de nossa concepção de justiça e de responsabilidade (2018b, p. 306-307)". Isso inclui a abertura de todos os arquivos da ditadura. Inclui também a localização e a identificação dos restos mortais de nossos desaparecidos. Inclui ainda a necessidade de assumirmos enquanto comunidade política que não há reconciliação possível sem reconhecimento, o que requer não apenas medidas de reparação e de verdade histórica, mas também a rejeição de continuarmos vivendo numa sociedade que aceita e produz a violência de Estado *como se não fosse crime.*

REFERÊNCIAS

ARENDT, Hannah. *A condição humana*. Trad. Roberto Raposo. Rio de Janeiro: Forense Universitária, 2010.

COMISSÃO Nacional da Verdade. As recomendações da Comissão Nacional da Verdade: balanços sobre a sua implementação dois anos depois.

WESTHROP, Amy Jo.; GARRIDO, Ayra Guedes; PARREIRA, Carolina Genovez; SANTOS, Shana Marques Prado dos. (Org.). Rio de Janeiro: ISER, 2016.

BERMÚDEZ, Ana Carla. Comissão de desaparecidos sempre foi apartidária, diz presidente demitida. UOL, São Paulo, 1º ago. 2019. Disponível em: https://noticias.uol.com.br/cotidiano/ultimas-noticias/2019/08/01/comissao-de-desaparecidos-sempre-foi-apartidaria-diz-presidente-demitida.htm. Acesso em: 25 ago. 2019.

BAGULHÃO: a voz dos presos políticos. Comissão da Verdade Estadual de São Paulo “Rubens Paiva”. São Paulo: Comissão da Verdade Estadual de São Paulo Rubens Paiva. 2014.

CANETTI. Elias. *Massa e poder*. Trad. Sérgio Tellaroli. São Paulo: Companhia das Letras, 1995.

COMISSÃO da Verdade do Estado de São Paulo “Rubens Paiva”. Assembleia Legislativa do Estado de São Paulo, 2015. Disponível em: http://comissaodaverdade.al.sp.gov.br/F. Acesso em: 4 ago. 2017.

COMISSÃO de Anistia. Disponível em: http://justica.gov.br/seus-direitos/anistia. Acesso em: 28 fev. 2018.

COMISSÃO Especial sobre Mortos e Desaparecidos Políticos. Direito à memória e à verdade. Brasília, Secretaria Especial dos Direitos Humanos, 2007.

COMISSÃO Nacional da Verdade. Relatório da Comissão Nacional da Verdade. Brasília, Casa Civil, 2014.

Disponível em: http://www.cnv.gov.br/. Acesso em: 3 ago. 2017.

COMITÊ Invisível. As insurreições finalmente chegaram. In: *Aos nossos amigos*: crise e insurreição. Trad. Edições Antipáticas. São Paulo: n-1 edições, 2016.

CORTE Interamericana de Direitos Humanos. Caso Lund e outros (Guerrilha do Araguaia) vs. Brasil. Sentença de 24 de novembro de 2010. Disponível em: http://www.corteidh.or.cr/docs/casos/articulos/seriec_219_por.pdf. Acesso em: 15 dez. 2018.

DELEUZE, Gilles; GUATTARI, Félix. *Capitalismo e esquizofrenia.* Coleção Mil platôs. v. 1. Trad. Ana Lúcia de Oliveira, Aurélio Guerra Neto, Célia Pinto Costa. São Paulo: Editora 34, 2011a.

_____; _____. Postulados da linguística. In: *Capitalismo e esquizofrenia*. Coleção Mil platôs. v. 2. Trad. Ana Lúcia de Oliveira, Lúcia Cláudia Leão. São Paulo: Editora 34, 2011b.

DERRIDA, Jacques. O perdão, a verdade, a reconciliação: qual gênero? In: NASCIMENTO, Evando (Org.). *Jacques Derrida*: pensar a desconstrução. São Paulo: Estação Liberdade, 2005.

DIOGO, Abreu. A Lei da Anistia: perdão mantido a torturadores. *Correio Brasiliense*. Brasília, 30 abr. 2010. Disponível em: http://www.correiobraziliense.com.br/app/noticia182/2010/04/30/politica,i=189706/LEI+DA+ANISTIA+PERDAO+MANTIDO+A+TORTURADORES.shtml. Acesso em: 18 out. 2010.

DOSSIÊ Ditadura: mortos e desaparecidos políticos no Brasil (1964-1985). São Paulo: Imprensa Oficial do Estado de São Paulo: Instituto de Estudos sobre a Violência do Estado, 2009.

FAMILIARES de vítimas da ditadura vão à OEA contra declarações de Bolsonaro. Brasil de Fato, 1º ago. 2019. Disponível em: https://www.brasildefato.com.br/2019/08/01/familiares-de-mortos-e-desaparecidos-vao-a-oea-contra--declaracoes-de-jair-bolsonaro/. Acesso em: 28 jan. 2020.

FORTES, Luiz Roberto Salinas. *Retrato Calado*. São Paulo: Marco Zero, 1988.

FOUCAULT, Michel. *Em defesa da sociedade*: curso no Collège de France (1975-1976). Trad. Maria Ermantina Galvão. São Paulo: Martins Fontes, 2005.

______. *O nascimento da biopolítica*: Curso no Collège de France (1978-1979). Trad. Eduardo Brandão. São Paulo: Martins Fontes, 2008.

GUIMARÃES, Maria. Identificado esqueleto de sindicalista desaparecido durante a ditadura. Pesquisa Fapesp. 5. dez. 2018. Disponível em: http://revistapesquisa.fapesp.br/2018/12/05/identificado-esqueleto-de-sindicalista-desaparecido-durante-a-ditadura/. Acesso em: 6 fev. 2018.

GOMBATA, Marsílea. Relatório final da Comissão da Verdade pode ficar sem capítulo sobre o Araguaia. *Carta Capital*, 23 ago. 2014. Disponível em: https://www.cartacapital.com.br/sociedade/relatorio-final-da-comissao-da--verdade-corre-o-risco-de-ficar-sem-capitulo-sobre-a--guerrilha-do-araguaia-893.html. Acesso em: 2 nov. 2011.

GRECO, Heloísa Amélia. *Dimensões fundacionais da luta pela anistia*. Tese (doutorado) – Departamento de História da Faculdade de Filosofia e Ciências Humanas (Fafich). Universidade Federal de Minas Gerais, Belo Horizonte, 2003.

GRUPO Tortura Nunca Mais do Rio de Janeiro: três décadas de resistência. In: *Revista Transverso*. Revista de história. n. 12, jan/abr. 2018. Rio de Janeiro. Brasil. Disponível em: http://www.e-publicacoes.uerj.br/index.php/transversos/issue/archive. Acesso em: 23 set. 2018.

IDENTIFICADA ossada de Dimas Casemiro, enterrado em Perus. In: TUTAMÉIA, 19 fev. 2018. Disponível em: http://tutameia.jor.br/identificados-restos-mortais-de-dimas-casemiro-enterrado-na-vala-clandestina-de-perus/. Acesso em: 27 fev. 2018.

INSTITUTO Vladimir Herzog. Disponível em: http://vladimirherzog.org/. Acesso em: 22 nov. 2017.

JOFFILY, Mariana. *No centro da engrenagem: os interrogatórios da Oban e do DOI de São Paulo (1969-1975)*. Tese (doutorado) - Departamento de História, Faculdade de Filosofia, Letras e Ciências Humanas. Universidade de São Paulo, São Paulo, 2008.

LAPOUJADE, David. *Deleuze, os movimentos aberrantes*. Trad. Laymert Garcia dos Santos. São Paulo: n-1 edições, 2015.

LAZZARATO, Maurizio. *Signos, máquinas, subjetividades*. Edições Sesc/n-1. São Paulo, 2014.

LINDNER, Julia. Comissão reconhece que morte de Fernando Santa Cruz foi causada pelo Estado. *O Estado de São Paulo*, 29 de jul. 2019. Disponível em: https://noticias.uol.com.br/ultimas-noticias/agencia-estado/2019/07/29/comissao-reconhece-que-morte-de-fernando-santa-cruz-foi-causada-pelo-estado.htm. Acesso em: 25 ago. 2019.

MACHADO, Rocha; MACHADO, Assis. *Carandiru não é coisa do passado*: um balanço sobre os processos, as instituições e as narrativas 23 anos após o Massacre, Disponível em: https://bibliotecadigital.fgv.br/dspace/handle/10438/13989. Acesso em: 16 out. 2019.

MARCHAO, Talita. Sob Bolsonaro, Comissão de Anistia muda critérios e vítima vira terrorista. Uol, São Paulo,

18 ago. 2019. Disponível em: https://noticias.uol.com.br/politica/ultimas-noticias/2019/08/10/anistiando-terrorista-e-decisao-com-base-em-infancia-militar-as-decisoes.htm. Acesso em: 25 ago. 2019.

MBEMBE, Achille. *Necropolítica*. Trad. Renata Santini. São Paulo: n-1 edições, 2018a.

_____. *Crítica da Razão Negra*. Trad. Sebastião Nascimento. São Paulo: n-1 edições, 2018b.

MELLO, Thiago de. Depois da eliminação, operação limpeza. In: *Habeas corpus*: que se apresente o corpo. A busca dos desaparecidos políticos no Brasil. Secretaria de Direitos Humanos da Presidência da República, 2010.

MEZAROBBA, Glenda. O processo de acerto de contas e a lógica do arbítrio. In: SAFATLE, Vladimir; TELES, Edson (Org.). *O que resta da ditadura*: a exceção brasileira. São Paulo: Boitempo, 2010.

MIRANDA, Nilmário; TIBÚRCIO, Carlos. *Dos filhos deste solo*: mortos e desaparecidos políticos durante a ditadura militar: a responsabilidade do Estado. São Paulo: Fundação Perseu Abramo; Boitempo, 1999.

NASSIF. Luis. Procuradoria cobra informações do governo sobre Comissão de Anistia. GGN, 2 dez 2017. Disponível em: https://jornalggn.com.br/noticia/procuradoria-cobra-informacoes-do-governo-sobre-comissao-de-anistia. Acesso em: 5 fev. 2019.

O COMENTARISTA Político. Comissão Nacional da Verdade recebe críticas em carta aberta. OCP, 16 jul. 2013. Disponível em: https://ocomentaristapolitico.wordpress.com/2013/07/16/comissao-nacional-da-verdade-recebe-criticas-em-carta-aberta/. Acesso em: 13 nov. 2018.

PLATONOW, Vladimir. CNV pede providências sobre documentos encontrados no hospital do Exército. Agência

Brasil, 15 nov. 2014. (2014). Disponível em: http://agenciabrasil.ebc.com.br/direitos-humanos/noticia/2014-11/cnv-pede-providencias-sobre-documentos-encontrados-em-hospital-do. Acesso em: 2 jan. 2015.

PRADAL, Fernanda Ferreira; CHERNICHARO, Luciana Peluzio; ANSARI, Moniza Rizzini. Participação social no processo de funcionamento da Comissão Nacional da Verdade: análises e reflexões a partir de uma experiência de monitoramento In: WESTHROP, Amy Jo; GARRIDO, Ayra Guedes; PARREIRA, Carolina Genovez; SANTOS, Shana Marques Prado dos. (Org.). *As recomendações da Comissão Nacional da Verdade*: balanços sobre a sua implementação dois anos depois. Rio de Janeiro: ISER, 2016.

QUEIROZ, Silvia Maria Brandão. *As máquinas de memória*: o corpo-vítima da ditadura militar brasileira como peça dos processos de subjetivação do contemporâneo. 2019. Tese (doutorado em Filosofia) – Escola de Filosofia, Letras e Ciências Humanas. Universidade Federal de São Paulo, campus Guarulhos, São Paulo, 2019.

QUINALHA, Renan Honório. *Justiça de transição*: os contornos do conceito. São Paulo: Outras Expressões; Editora Dobra, 2013.

______. Supremas Cortes e Justiça de Transição: um paralelo entre Argentina, Brasil e Uruguai. In: *Acesso Cidadania e Direitos Humanos*. Justiça de Transição para uma Transição da Justiça. Porto Alegre: Avante, 2012.

RICOEUR, Paul. *A memória, a história, o esquecimento*. Trad. Alain François et al. Campinas: São Paulo: Editora da Unicamp, 2007.

SANCHES, Monica. Comissão da Verdade aponta 300 nomes por violação no regime militar. G1. 10 dez. 2014. Disponível em: http://g1.globo.com/jornal-da-globo/noticia/2014/12/comissao-da-verdade-aponta-300-nomes--por-violacao-no-regime-militar.html. Acesso em: 18 abr. 2018.

SOARES, Jussara. "E você, acredita em Comissão da Verdade?", questiona Bolsonaro sobre crimes da ditadura. O Globo, 30 jul. 2019. Disponível em: <https://oglobo.globo.com/brasil/e-voce-acredita-em-comissao-da-verdade-questiona-bolsonaro-sobre-crimes-da-ditadura-23842029>. Acesso em: 25 ago. 2019.

STENGERS, Isabelle. A representação de um fenômeno científico é uma invenção política. *Reportagem e entrevista de Roberto Ciccarelli. Il Manifesto, 23 set. 2008. Trad. Benno Dischinger. Disponível em:* http://www.filoinfo.net/node/54>. Acesso em: 29 mai. 2018.

TELES, Edson. *Democracia e estado de exceção*: transição e memória política no Brasil e África do Sul. São Paulo: Fap-Unifesp, 2015.

TELES, Janaina de Almeida. *Memória dos cárceres da ditadura*: os testemunhos e as lutas dos presos políticos no Brasil. 2011. Tese (doutorado) – Departamento de História da Faculdade de Filosofia, Letras e Ciências Humanas, Universidade de São Paulo, São Paulo, 2011.

VALENTE, Rubens. Comissão de Mortos e Desaparecidos vai pedir explicações a Bolsonaro. *Folha de São Paulo*, 26 jul. 2019.

VINTE e cinco anos do Carandiru: chega de massacres (2017). *Pastoral Carcerária*, 02 out. 2017. Disponível em: https://carceraria.org.br/combate-e-prevencao-a-tortura/25-anos-do-carandiru-chega-de-massacres. Acesso em: 12 dez. 2018.

VIOLÊNCIA de Estado no Brasil: uma análise dos Crimes de Maio de 2006 na perspectiva da antropologia forense e da justiça de transição. Relatório Final. Centro de Antropologia e Arqueologia Forense da Universidade Federal de São Paulo, 2018.

A ANISTIA BRASILEIRA A CRIMES CONTRA A HUMANIDADE E O LEGADO DA BARBÁRIE DO DESAPARECIMENTO OFICIAL DE PESSOAS

Eliana Vendramini[92]

Introdução

A disseminação, atualmente mais enfática, da falsa história das razões pelas quais houve a investida militar contra cidadãos brasileiros, então tachados de "terroristas", tem alimentado uma memória coletiva - presente, mas tão falsa quanto sua fonte - que pode ser um vetor importante para compreender como a própria sociedade brasileira ainda não se levantou, *por completo e com a devida repulsa*, contra atos de evidente barbárie humana, como a tortura e o desaparecimento de pessoas (ainda que aquele argumento seja inaceitável).

Quem de nós já não foi retorquido com argumentos como: "aconteceu, mas eram terroristas", "aconteceu, mas a economia do país melhorou", "aconteceu, mas a segurança pública era melhor", "aconteceu, mas quem trabalhava vivia muito bem" etc.

A memória, por si, é "um processo carregado de imprecisões, tateamentos, reconstruções e distorções que geram uma tensão com a história" (BARROS, 2009, p. 59), a qual precisa, pois, problematizar essa fonte junto

[92] Doutoranda e mestre em Direito Penal pela Pontifícia Universidade Católica de São Paulo (PUC-SP). Professora de Direito Penal da Pontifícia Universidade Católica de São Paulo. Especialista em Direitos Humanos pela Fundación Henri Dunant, do Chile. Promotora de Justiça do Estado de São Paulo.

dos demais elementos que têm à disposição (a exemplo dos documentos) para traçar a historiografia, o mais próximo da realidade. É o que Paul Ricoeur, em *La mémoire, l'histoire et l'oubli* (2000), chama de busca de uma "*política da justa memória*".

Além de problematizar as matizes da memória, ainda cabe ao historiador tomar cuidado com o que Walter Benjamin chamou de "a história do vencedor"[93], que pode até passar a compor livros, monumentos e mitos, mas só reproduz o que os tomadores do poder desejam, "julgando e ou silenciando o valor das outras presenças" (PAOLI, 1992, p. 26).

Não bastasse tudo isso, na era do mundo globalizado e midiático, os historiadores vêm sendo pressionados pela rapidez da informação e, pois, acúmulo de memória coletiva, a ser confirmada sem o mesmo poder de explosão. Explicar "*a história da história*", como definiu Le Goff (1990, p. 474), ou sua manipulação, exige responsabilidade.

Finalmente, caberia à própria sociedade maior criticidade ao receber, aceitar e replicar informações de cunho

---

[93] Basta constatar que "baseando-se nos números do Censo Escolar 2012, apenas considerando o nome dos presidentes do período de 1964 a 1985, no Brasil temos mais de setecentas escolas públicas em homenagem aos presidentes Castello Branco, Costa e Silva, Médici, Geisel e Figueiredo. No mesmo censo escolar, em contrapartida, nomes de mortos e desaparecidos do período não chegam a quarenta. Ainda ao realizar uma pesquisa booleana no sítio dos Correios, com as palavras-chaves "presidente" e nome dos presidentes do período 1964 a 1985, ou apenas os nomes desacompanhados da palavra presidente, tem-se um retorno de mais de quatrocentas localidades, incluindo ruas, bairros e cidades, sem considerar nome de viadutos, pontes, entre outros" (Resumo baseado no artigo "A ressignificação de bens políticos em face dos locais de memória", de Marcelo Reis Gonçalves, apresentado no IX Encontro de Pesquisa Empírica do Direito, no dia 5 de agosto de 2019, na Unifesp).

histórico, posto que temos vasta historiografia acerca do golpe de 1964 e dos atos dos governos ditatoriais que se seguiram, a impedir que aquela falsa memória coletiva se instalasse, que dirá gerasse tanta omissão diante da certeza da violação de direitos da humanidade no Brasil.

Quantos de nós procuramos ter a clareza sobre fatos históricos mais remotos, capazes de influir longamente na história brasileira, como a letra da primeira Constituição Federal da República, de 1891, que proibiu o voto aos analfabetos (que representavam 75% da população) e, com isso, gerou a primeira votação republicana do país contando com apenas 2% de votantes? A essa altura, já ocorria uma maciça exclusão socioeconômica da população negra (adrede escravizada e "trocada" pelo incentivo à imigração branca europeia), que se somou à sua exclusão também política, junto da população campesina.

Quantos de nós procuramos saber que o Brasil, no mundo polarizado da Guerra Fria, teve estudantes militares na Escola das Américas, criada pelos Estados Unidos desde 1946, para ensinar, dentre outros temas, a contrainsurgência anticomunista, o que foi criando uma verdadeira "paranoia" com relação à efetiva possibilidade de implantação do comunismo entre nós, como ensina José Carlos Moreira da Silva Filho (2011, p. 289)?

Já com relação aos precedentes do golpe civil militar, quantos de nós procuramos ter clareza sobre a quem e por que as chamadas reformas de base, propostas pelo então presidente João Goulart, incomodaram?

Quantos de nós procuramos ter clareza das circunstâncias que levaram à crise econômica em 1963, mesmo período em que os Estados Unidos iniciaram forte política de bloqueios de crédito ao Brasil?

Quantos de nós procuramos ter clareza dos inúmeros grupos sociais – e seus distintos interesses – que formavam uma coalizão de apoio ao golpe ao governo de João Goulart?

Já com relação ao governo ditatorial, quantos de nós procuramos ter clareza de como os golpistas passaram a governar, após abril de 1964, a começar pela vacância da Presidência sem consulta ao Legislativo?

Quantos de nós procuramos ter clareza da forma como o governo golpista dava aparente legalidade aos seus passos, da "eleição" de Castelo Branco – não sem a cassação de quarenta deputados eleitos democraticamente – aos seguidos "atos institucionais"? Aliás, quantos de nós soubemos que se seguiram mais 133 cassações? E quem de nós procurou fazer uma prosopografia e verificar o traço em comum das perseguições desses parlamentares?

Quantos de nós procuramos saber que houve até *decreto secreto* – sim, com conteúdo "secreto", assim publicado no Diário Oficial – regendo nossa sociedade em 1971?

Quantos de nós procuramos ter clareza de que, apesar da normalidade da diversidade política no Brasil, que incluía a presença do próprio Partido Comunista Brasileiro[94], a historiografia não aponta nenhuma prova de um grupo forte comunista a atentar contra a democracia que havia?

A verdade é que

> [...] na paranoia anticomunista então instalada definitivamente no Brasil com o golpe de 1964, qualquer um que se opusesse à política e às ideias do governo ditatorial era um subversivo em potencial, a ser combatido com

---

[94] "Em 1966, mesmo com o acirramento da repressão, o Partido Comunista Brasileiro (PCB), organização tradicional de esquerda, opunha-se à luta armada (FAUSTO, 2015, p. 264).

> os meios mais duros e violentos se necessários, como prisões clandestinas, torturas, assassinatos, desaparecimentos forçados, cassações de mandatos, suspensão de direitos políticos, demissões em massa com elaboração de listas sujas que impediam a conquista de um novo emprego formal, censura e monitoramentos secretos e ostensivos (SILVA FILHO, 2011, p. 289).

Nesse vasto contexto é que se deu o golpe militar, que, astutamente, autointitulou-se "revolução" (como escrito no Ato Institucional n. 1), mas não tardou a receber fortes críticas populares, como de estudantes, de operários e da Igreja, até que formados alguns grupos de luta armada, com atividades iniciadas apenas em 1968 (ou seja, não foram eles o motivo do golpe). Ao invés de aplicação de lei justa[95] – até porque não mais havia – os militares reforçaram suas arbitrariedades publicando o AI5 (autointitulado "a revolução da revolução"), agora sem prazo de vigência, dando poderes ao presidente para fechar o Congresso, suspender e cassar direitos políticos e demitir e aposentar

---

[95] Em 1995, aparentemente por um deslize, um documento "confidencial", intitulado "Interrogatório", vindo do Gabinete do Ministro do Exército, que estava no Departamento de Ordem Política e Social (Dops) do Paraná, extinto em 1983, foi parar no Arquivo Público daquele estado e ficou disponível para o público, quando a professora de história Derlei Catarina de Luca o descobriu. Assim consignava: "[...] o objetivo de um interrogatório de subversivos não é fornecer dados para a Justiça Criminal processá-los; seu objetivo real é obter o máximo possível de informações. Para conseguir isso, será necessário, frequentemente, recorrer a métodos de interrogatório que, legalmente, constituem violência" (Ministério do Exército, 1971, p. 18). Vem aí a tortura travestida de método legal, embora fosse negada no mesmo documento, quase como uma expiação: "Ainda que algumas das técnicas constituam violência perante a lei, nenhuma delas envolve torturas ou tratamento inadequado" (Idem, p. 22).

servidores públicos, ao mesmo tempo que os meios de comunicação foram fortemente censurados e a tortura[96] instalada como método de governo.

> Um dos muitos aspectos trágicos do AI5 constituiu no fato de que ele reforçou a tese dos grupos de luta armada, cujas ações se multiplicaram a partir de 1969. O regime parecia incapaz de ceder a pressões sociais e de se reformar, seguindo cada vez mais o curso de uma ditadura brutal (FAUSTO, 2015, p. 265).

Vieram as penas oficiais de banimento, mas para quem "se tornasse inconveniente, nocivo ou perigoso à Segurança Nacional", com toda a subjetividade e o oportunismo do governo para atuar. Veio, também, a pena de morte, para os mais lacônicos atos de "guerra subversiva". Enfim, as inúmeras torturas - que o governo negava veementemente existir - acompanhadas de desaparecimentos misteriosos ou teses de mortes acidentais sequer exigiram das autoridades militares de então, mestres em dissimulação, uma aplicação oficial da pena de morte.

A propósito, vale consignar que, no Brasil, até que fossem aplicados os arbitrários Atos Institucionais, vigia o Código Penal de 1940 (acompanhando todos os anteriores que aqui vigeram desde o Império/1830), cuja máxima era justamente o Princípio da Reserva Legal, a exigir

[96] Tortura, aliás, com métodos prioritariamente franceses (as teorias testadas e escritas nas guerras da Argélia e Indochina foram passadas, pelos franceses, aos Estados Unidos e, depois, à América Latina), bem delineados através da obra *A tortura como arma de guerra*, de autoria de Leneide Duarte-Plon, jornalista brasileira que entrevistou o general francês Paul Aussaresses, um pouco antes de sua morte, quando ele revelou como o governo militar brasileiro foi assessorado acerca da "técnica da tortura", difundida nas escolas militares. Aussaresses foi, inclusive, adido militar no Brasil.

um conteúdo estrito, escrito e *certo* a qualquer descrição de crime, de forma a deixar claro ao cidadão quanto às excepcionais restrições possíveis de sua liberdade individual, através dos mais constritivos dos direitos, o Direito Penal; que sempre há de ser excepcional:

> Antes de ser um critério jurídico-penal, o *nullum crimen, nulla poena sine lege* é um princípio (político-liberal), pois representa um anteparo da liberdade individual em face da expansiva autoridade do Estado. Em relação à estadolatria medieval, adotou-o a Revolução Francesa, incluindo-o, em fórmula explícita, entre os direitos fundamentais do homem; e somente o retorno ao ilimitado autoritarismo do Estado pode explicar o seu repúdio nos últimos tempos, como aconteceu na Alemanha de Hitler. [...] Quando se verifica que para justificar a negação de um princípio basilar do direito penal clássico, só se encontram os bizantinos de um tribunal demasiadamente aferrado à literalidade da lei, é de todo evidente que o autoritarismo penal consagrado no "memorial" hitlerista não passa de caprichosa preocupação de extirpar sistematicamente tudo quanto se apresente sob o color de liberalismo. [...] Um direito penal fora ou além das leis não seria um avanço, mas um recuo da civilização jurídica e uma contramarcha aos crepusculares tempos medievais, que em o indefinido arbítrio judicial escreveu páginas que ainda hoje envergonham a humanidade (HUNGRIA, 1948, p. 22, 30, 32 – um dos revisores do Código Penal de 1940 e redator do Código Penal de 1969, que nunca entrou em vigor).

Sobre a tortura, nunca é demais trazer os relatos das vítimas, que, mesmo com todo o horror que carregam, não podem traduzir a profunda dor impingida. Suportemos esse pequeno traço da realidade, quando nossos governantes envergonharam a humanidade:

Aos 24 anos, Frei Tito foi levado por policiais do Exército e ouviu do capitão Maurício: "agora Você vai conhecer a sucursal do inferno" [...] Relatou: na Oban, fui acareado com mais duas pessoas. O assunto era o Congresso da UNE em Ibiúna, em outubro de 1968. Apesar de declarar nada saber, insistiam para que eu 'confessasse'. Pouco depois, levaram-me para o pau de arara. Dependurado, nu, com mãos e pés amarrados, recebi choques elétricos, de pilha seca, nos tendões dos pés e na cabeça. Eram seis torturadores, comandados pelo capitão Maurício. Davam-me tapas nos ouvidos e berravam impropérios. Isto durou cerca de uma hora. Descansei quinze minutos, ao ser retirado do pau de arara. O interrogatório reiniciou e durou até 22 horas. Ao sair da sala, tinha o corpo marcado de hematomas, o rosto inchado, a cabeça pesada e dolorida. Um soldado carregou-me até a cela, de 3 x 2,5, cheia de pulgas e baratas. Terrível mau cheiro, sem colchão e cobertor. Dormi de barriga vazia sobre o cimento frio e sujo. No dia seguinte, levantaram-me às 8h00 e o interrogatório seguiu pelo dia todo... Fui avisado de que, no dia seguinte, enfrentaria a equipe da pesada [...]. Dia seguinte, mesma hora do dia anterior, e um capitão gritou: "vai ter que falar senão só sai morto daqui" [...] sentaram-me na cadeira do dragão, com chapas metálicas e fios, descarregaram choques nas mãos, nos pés, nos ouvidos e na cabeça. Dois fios foram amarrados em minhas mãos e um na orelha esquerda. A cada descarga, eu estremecia todo, como se o organismo fosse se decompor. Dali passaram-me para o pau de arara. Mais choques. Não perdiam tempo, dessa vez torturas psicológicas [...] mais pauladas no peito e nas pernas a cada vez que elas se curvavam para aliviar a dor. Uma hora depois, desmaiei. Fui desamarrado e reanimado. Conduziram-me a outra sala, dizendo que passariam a carga elétrica para 220 volts a fim de que eu falasse "antes de morrer [...]

> ouvi do capitão Albernaz: "quando venho para a Oban, deixo o coração em casa. Tenho verdadeiro pavor a padre e para matar terrorista nada me impede. Guerra é guerra, ou se mata ou se morre" [...]. Recebi uma descarga elétrica tão forte, diretamente ligada à tomada, que houve um descontrole em minhas funções fisiológicas..." (DUARTE-PLON; MEIRELES, 2014, p. 181-184).

A propósito, é bem verdade que, por trás da cortina de mentiras legalizadas que escondia as "sucursais do inferno", a propaganda era da economia de bons resultados, tanto que o período foi chamado de "milagre econômico". Contudo "havia uma explicação terrena [...]" (FAUSTO, 2015, p. 268) para tanto. A economia mundial toda vinha bem, dada a ampla disponibilidade de recursos, com empréstimos externos vindo do poder do petróleo. Internamente, houve muito investimento de capital estrangeiro, especialmente da indústria automobilística, além do que nos expandimos, em quantidade e diversidade, no comércio exterior.

Mais tarde, a historiografia mostraria como viríamos a pagar caro pela profunda dependência de nosso sistema financeiro, enterrado em empréstimos, bem como nossas amarras com o comércio exterior, além da alta concentração de renda contrastando com o esvaziamento dos programas sociais.

I – A anistia exclusivamente brasileira, na América Latina, a crimes contra a humanidade: reforço oficial à falsa memória coletiva.

Além da falsa memória coletiva instalada entre nós, as decisões tomadas pela Suprema Corte do país, ainda hoje, no sentido de confirmar anistia aos autores de torturas (vide ADPF nº 153, julgada em 2010), desaparecimentos e homicídios políticos, ao arrepio de tratados internacionais ratificados pelo Brasil e de várias decisões da Corte Interamericana de Direitos Humanos, acabam por reforçar o estado de torpor de parte da sociedade brasileira diante da mentira.

Antes foi o Executivo e seus atos institucionais. Agora, somam-se ao Executivo - que continua escondendo seus arquivos - os julgadores.

As sistemáticas violações aos direitos dos cidadãos brasileiros pelo aparato policial-militar têm sido alvo de ações junto ao Supremo Tribunal Federal brasileiro, vez que não poderiam validamente se servir de anistia quando *crimes contra a humanidade*, previstos no artigo 7 do Estatuto de Roma, devidamente ratificado e promulgado pelo Brasil em 2002; bem como na Convenção Americana de Direitos Humanos (Pacto de São José da Costa Rica), onde, em 1992, reconhecemos expressamente a competência da Corte Interamericana para a responsabilização por *violações de direitos humanos perpetradas anteriormente, mas continuadas ou permanentes no presente (art. 67)*. Está claro que:

> A reserva temporal firmada pelo Brasil não impede a condenação internacional pela inércia do Estado em, após o reconhecimento da jurisdição da Corte, reverter o quadro de *permanente omissão* em investigar, processar e responsabilizar os autores dos crimes contra a humanidade durante o regime ditatorial militar (CARVALHO RAMOS, 2004 p. 310 gn.).

Contudo, ao contrário de outros países latino-americanos, como a Argentina e o Chile, o Supremo Tribunal Federal brasileiro nega nosso compromisso internacional e impede investigações ou processos relativos àqueles crimes, aplicando-lhes a Lei de Anistia. Ainda assim, o

> Brasil não cumpre o dever de alterar a legislação interna e adotar providências materiais para tornar efetivos os direitos e liberdades reconhecidos no Pacto de São José, conforme seu art. 2º.

Por tudo isso, o Brasil foi condenado no Caso Gomes Lund e Outros, em 2010, sendo sentenciado que:

> [...] As disposições da Lei de Anistia brasileira que impedem a investigação e sanção de graves violações de direitos humanos são incompatíveis com a Convenção Americana, carecem de efeitos jurídicos e não podem seguir representando um obstáculo para a investigação dos fatos do presente caso, nem para a identificação e punição dos responsáveis, e tampouco podem ter igual ou semelhante impacto a respeito de outros casos de graves violações de direitos humanos consagrados na Convenção Americana ocorridos no Brasil.
>
> O Estado é responsável pelo desaparecimento forçado e, portanto, pela violação dos direitos ao reconhecimento da personalidade jurídica, à vida, à integridade pessoal e à liberdade pessoal, estabelecidos nos artigos 3, 4, 5 e 7 da Convenção Americana sobre Direitos Humanos, em relação com o artigo 1.1 desse instrumento, em prejuízo das pessoas indicadas no parágrafo 125 [...].
>
> [...] descumpriu a obrigação de adequar seu direito interno à Convenção Americana sobre Direitos Humanos, contida em seu artigo 2, em relação aos artigos 8.1, 25 e 1.1 do mesmo instrumento, como consequência da interpretação e aplicação que foi dada à Lei de Anistia a respeito de graves violações de direitos humanos. Da mesma maneira, o Estado é responsável pela violação dos direitos às garantias judiciais e à proteção judicial previstos nos artigos 8.1 e 25.1 da Convenção Americana sobre Direitos Humanos, em relação aos artigos 1.1 e

> 2 desse instrumento, pela falta de investigação dos fatos do presente caso, bem como pela falta de julgamento e sanção dos responsáveis, em prejuízo dos familiares das pessoas desaparecidas e da pessoa executada, indicados nos parágrafos 180 e 181 da presente Sentença, nos termos dos parágrafos 137 a 182 da mesma [...][97].

Em 2018, o Brasil também foi condenado no Caso Herzog, tendo reconhecida a prática de *crime de lesa-humanidade*, que é imprescritível.

Mas, com tudo isso, os brasileiros seguem sem a aplicação da justiça. Como clama o Instituto Vladmir Herzog, "cabe à sociedade civil cobrar com urgência do Supremo Tribunal Federal (STF) a reinterpretação da Lei de Anistia, confirmando a decisão da Corte de que não é aceitável a impunidade a torturadores e assassinos a serviço do Estado"[98].

E "o Poder Judiciário (por sua vez) tem um papel importante no sentido de auxiliar os cidadãos na transformação da sociedade e na busca dos direitos a serem efetivados" (SANTOS; PELLENZ)[99], para o bem ou para o mal.

O que dizer dos processos que envolvem o tema em análise e que simplesmente estão parados no Supremo Tribunal Federal (vide ADPFs 320 e 353 e Reclamação 18.686).

Ora, "a separação dos poderes, a exemplo dos demais princípios estruturantes do Estado de Direito, apresenta-

---

[97] Disponível em: http://www.corteidh.or.cr/docs/casos/articulos/seriec_219_por.pdf.

[98] Disponível em: https://vladimirherzog.org/corte-interamericana-de-direitos-humanos-condena-brasil-por-nao-investigar-e-punir-a-morte-de-vladimir-herzog/.

[99] Disponível em: http://publicadireito.com.br/artigos/?cod=c19f67a7c0402509

-se como mecanismo imprescindível à garantia do exercício moderado do poder e à consequente contenção do totalitarismo" (ZIPPELIUS, 1997, p. 383), então protagonizado pelo Executivo ditatorial brasileiro e não afastado pela corte constitucional, após compromissos internacionais do Estado com os direitos mais caros dos cidadãos.

A verdade é que vivemos numa democracia em amadurecimento, onde o Judiciário é diuturnamente interpelado a dizer a lei, especialmente no campo dos direitos fundamentais, consideradas as inúmeras carências sociais e a falta da tutela do orçamento pelo mínimo existencial (mais que espraiada a corrupção), e "[...] os direitos fundamentais mantêm uma grande proximidade com a Política. Não se pode ignorar que foram impostos politicamente no meio de ferozes lutas, de revoluções, de guerras civis e de outros acontecimentos 'de ruptura'" (DIMOULIS; 2007, p. 17) e "muitas vezes, a atividade praticada em sede de jurisdição constitucional [...] resulta numa interferência cujos (d)efeitos colocam em xeque a clássica concepção de separação dos poderes [...] (e das) conexões recíprocas e controles mútuos" (TRINDADE, 2010, p. 112).

Há de vir o amadurecimento, de que falávamos acima, seja pela própria população (desde que não se renda a falsas histórias e memórias), seja através do Judiciário, ora representado pelo Superior Tribunal de Justiça, com a recente decisão do Caso Riocentro, cujo relator, após traçar um panorama histórico da definição dos crimes contra a humanidade, concluiu que, com relação às violações de direitos humanos ocorridas no período da ditadura militar, a Corte Interamericana de Direitos Humanos já reconheceu a necessidade de dar prosseguimento às ações criminais e às devidas responsabilizações, até mesmo antes de 1979 – abarcados pela Lei de Anistia (Resp. 1.798.903). Na oportunidade, foi detalhado que os autos indicam que o atentado no Riocentro fez parte de uma série de ataques planejada por integrantes do DOI-Codi e do Serviço Nacional de Informações, contra a suposta "ameaça comunista" representada por opositores do regime, com a clara intenção de forçar um novo período de repressão militar. Ainda assim, foi apontado que o processo contém vários indicativos de diversas medidas adotadas por agentes estatais para concretizar o atentado, garantir a impunidade dos criminosos e atribuir o delito à esquerda armada brasileira, como a ausência de policiamento no local e a retirada de provas que estavam no interior do veículo onde a bomba explodiu.

II - O legado do desaparecimento oficial de pessoas

Pessoas desaparecem todos os dias. Só em 2017, foram 25.200 notícias de desaparecimentos no estado de São Paulo, sendo que 9.528 eram de crianças ou adolescentes; sem destacarmos demais vulneráveis, como doentes mentais ou pessoas com deficiência mental; tudo conforme levantamento do PLID/MPSP – Programa de Localização e Identificação de Pessoas Desaparecidas do Ministério Público do Estado de São Paulo, 2017)[100]. No Brasil, o Fórum Brasileiro de Segurança Pública[101] apontou que, em 2017, foram registrados 82.684 boletins de ocorrência de desaparecimentos. Há muito, as poucas instituições nacionais, públicas ou privadas que trabalham com a temática do de-

[100] Disponível em: http://www.mpsp.mp.br/portal/page/portal/plid/estatisticas.

[101] Disponível em: http://www.forumseguranca.org.br/wp-content/uploads/2019 /02/ Infografico_an12_ atualizado.pdf. Acesso em: 3 abr. 2019.

saparecimento de *pessoas humanas* – redundância que tem se demonstrado essencial[102] – esperavam pela adoção nacional e formal de uma Política de Busca de Pessoas Desaparecidas, que finalmente foi positivada pela Lei nº 13.812, com entrada em vigor no dia 16 de março de 2019, mas ainda não tem qualquer notícia de regulamentação.

Os números são alarmantes e, pior, contêm parcela de realidade tida como passado no Brasil: os desaparecimentos de pessoas nas mãos do Estado, direta ou indiretamente.

O Estado continua desaparecendo com pessoas humanas, como em meio às suas próprias abordagens policiais, não sem tentar maquiar os fatos (como já fazia muito bem no passado), o que gera algum movimento social, mas, via de regra, da própria população atingida, ou seja, a população já carente de aparato estatal, especialmente por falta de educação, saúde, lazer e segurança públicos. Amarildo não nos deixa calar, mas São Paulo tem seus vitimados:

> F.D.M., então com 17 anos, desapareceu em 03/11/2008, quando foi visto, pela última vez, deitado em via pública, da periferia de São Paulo, em plena madrugada, em abordagem de guardas civis metropolitanos, os quais, quando observados por testemunhas, determinaram: "*está tudo bem, sigam adiante*". F. nunca mais foi encontrado. Por falta de testemunhas, os guardas alegam nada saber e a corregedoria da Guarda Civil Metropolitana não obteve maiores dados.

A pesquisa feita pelo PLID/MPSP – Programa de Localização e Identificação de Desaparecidos do Ministério Público

[102] Ainda que "um dos maiores pressupostos de um Estado de direito seja a existência de um Estado racional, que, por meio de decisões racionais, garanta certos valores. E o mais relevante valor já estabelecido na história humana é o conceito de pessoa [...]" (SERRANO, 2016, p. 72).

do Estado de São Paulo[103] –, tendo por base os 24.525 BOs de 2017, demonstra que sequer as próprias características físicas (como sexo, idade aproximada, cor da pele, olhos, cabelos, altura, peso/compleição física, barba/bigode/cavanhaque, deficiência física), os sinais peculiares (óculos, tatuagem, cicatrizes), os trajes e os pertences são bem colhidos na elaboração do boletim de ocorrência de desaparecimento; o que pode atestar a falta de compromisso do Estado com a busca: 0,24% dos BOs não apontam o sexo da vítima, 2,38% não apontam a cor de pele, 2,5º% não apontam a idade da vítima, 28,52% não apontam a cor de cabelo, 28,74% não apontam a cor de olhos, 33,66% não apontam a altura, 98,77% não apontam a compleição física. Os dados dos notificantes são muito mais detalhados que os dados acima.

Outra pesquisa, tendo por base todos os BOs de "oposição à intervenção policial" lavrados nos meses de janeiro a março de 2017, apontou cifras bem piores: 5% não apontam a cor de pele, 81% não apontam a idade da vítima, 33% não apontam a cor de cabelo, 65% não apontam a cor de olhos, 37% não apontam a altura, 33% não apontam a compleição física, 49% não apontavam tatuagens, 98% não apontavam as cicatrizes, 81% não descreviam os trajes e 100% não indicavam os pertences.

A referida falta de eficiência nesses atos administrativos, talvez possa ser explicada em razão de que,

[103] MEO, Marcio de; VENDRAMINI CARNEIRO, Eliana Faleiros. *A precariedade dos dados informados em boletim de ocorrência:* desaparecimento de pessoas forçado por omissão do Estado. Revista O Ministério Público e o Controle Externo da Atividade Policial/Conselho Nacional do Ministério Público. Brasília: Conselho Nacional do Ministério Público, 2019. p. 265-282. Disponível em: http://www.cnmp.mp.br/portal/images/Publicacoes/documentos/2019/ATIVIDADE_POLICIAL_04-09-19.pdf. p. 269/279.

> [...] no Brasil contemporâneo, o inimigo é a figura mítica do bandido, o agente da violência que pretende destruir a sociedade. O bandido, o inimigo da sociedade, não é o cidadão que erra, mas o sujeito que deve ter seus direitos suspensos, inclusive o direito à vida. Esses inimigos vivem sob a égide permanente de um Estado de polícia (SERRANO, 2016, p. 101).

E nós complementamos: sua família não tem direito ao seu corpo.

Em verdade, a suspensão de direitos, ocasionada por um Estado, com políticas de exceção direcionadas ao inimigo, parece estendida a muitos outros casos de desaparecimento. No Brasil, a vida e os direitos dela decorrentes dos familiares, que buscam por seus desaparecidos, são realidades permeadas por discriminações e preconceitos, também quando ausente a "figura mítica do bandido". Daí ser possível observar que, nesses casos, a naturalização da suspensão de direitos recai sob o acesso, e a consequente recusa, a um serviço público constitucionalmente eficiente (art. 37, *caput*, da CF/88).

A despeito disso, vislumbramos que, apesar dos compromissos com a impessoalidade, em certos casos, seleciona-se "o desaparecimento que vale a pena investigar", e, de outro lado, "soluciona-se" pela dificuldade abstrata de localizar alguém, característica do próprio fenômeno do desaparecimento de pessoas; afinal, trata-se de uma pessoa em situação de dignidade desconhecida pelo Estado e não, por exemplo, de um patrimônio desaparecido.

Fato é que esse mesmo Estado, historicamente[104], adotou o registro de boletim de ocorrência como forma de

[104] Remotamente, na História do Brasil encontramos o interesse de declarar – oficialmente – o desaparecimento de uma pessoa, pois, desde

tomar conhecimento do grave fato do desaparecimento de uma *pessoa humana* e, assim, responsabilizar-se pela sua busca e/ou identificação, mas desaparecer, *per si*, não é crime. Assim, via de regra, o policial civil, com *expertise* investigatória de crime, sem maior orientação, acaba por negligenciar dados e/ou desconsiderar a obrigatoriedade que advém do boletim de ocorrência administrativo. Sim, um documento público, de natureza administrativa, cujos atributos são inafastáveis: i) imperatividade, dada sua coercitividade; ii) presunção de legalidade e de legitimidade, com alicerce jurídico e a serviço do interesse público; e iii) executoriedade, devendo ser realizado independentemente da manifestação de outro Poder da República.

Dizemos "sem maior orientação" por que, desde sempre, até que o PLID/MPSP, em 2014, acordasse com a Delegacia Geral todos os atos que comporiam as buscas mínimas de uma pessoa desaparecida[105], não havia nenhuma normativa, já que não seria – pelo menos pela natureza criminal – o Código de Processo Penal. Esse "estado de coisas"[106] criava

---

a busca pelo escravo (negro e indígena) e a busca da mulher que desaparecia, a fim de refutar matrimônio forçado ou violência doméstica, vemos contextos políticos seletivos para fins de localizar quem importa ao Estado. Ainda que nada humanístico, já se percebia caráter normativo na adoção de certo procedimento, ainda que costumeiro, na busca e localização de pessoas desaparecidas. Nesse sentindo, o Brasil permaneceu interessando-se publicamente pelo desaparecimento de pessoas, todavia, a existência de regimes autoritários impediu que esse fenômeno social fosse eficientemente trabalhado, em seu sentido democrático.

105 Portaria da Delegacia Geral de Polícia do Estado de São Paulo (DGP) n. 21, de 30 de maio de 2014.

106 A expressão "estado de coisas inconstitucional" (ECI) foi inicialmente cunhada pela Corte Constitucional da Colômbia (CCC), em 1997, por reconhecer uma violação generalizada de direitos e a existência de falhas estruturais, em favor não apenas dos demandantes e nem contra somente os réus do processo, mas também em favor de

um discurso de ausência de obrigações e a retórica policial de que nada havia a ser feito, pois "não havia crime".

Nesse sentido, vale o alerta de que pode estar ocorrendo um crime (além da família já vitimada) e grave, como o tráfico de pessoas, para os seus mais variados fins. Contudo, como o desaparecimento ocorre de maneira abrupta e episódica (via de regra, por uma vez na vida de alguém) e é natural que a notícia familiar não chegue acompanhada de indícios de crime, senão de dúvidas e desespero. Nesse contexto, "há uma resistência policial em aceitar sua responsabilidade no tratamento desse fenômeno" (CLAUDINO, 2013, p. 85), com a qual não podemos anuir.

Mesmo negociada a normatividade especial pelo PLID/MPSP, uma vez que o Estado sabia de seu dever de investigar o desaparecimento de pessoas, o fato é que permanece a inércia com relação a essas notícias, a exemplo das inúmeras requisições, feitas pelo PLID/MPSP, para o conhecimento das investigações efetuadas, cujas respostas não passam de uma pesquisa, na própria base de dados da delegacia (nada mais ampliado, apesar de possível), dias após o recebimento de nossa solicitação.

Aliás, é por falta de zelo nessa base de dados que, em 2014, o PLID/MPSP descobriu[107] fato reiterado e grave:

---

todos aqueles em situações similares, dirigindo ordens em face de todas as autoridades e entidades públicas cujas ações seriam necessárias para corrigir as falhas sistêmicas detectadas.

No Brasil, tratando-se da ADPF 347, o Supremo Tribunal Federal reconheceu que o sistema penitenciário brasileiro vive um "estado de coisas inconstitucional", com uma violação generalizada de direitos fundamentais dos presos. As penas privativas de liberdade aplicadas nos presídios acabam sendo penas cruéis e desumanas.

[107] Descoberta detalhada passo a passo no artigo intitulado "O Ministério Público em busca de pessoas desaparecidas: desaparecimentos

após necropsia no Instituto Médico Legal (IML) ou no Serviço de Verificação de Óbito da Capital (SVOC)[108], os cadáveres de pessoas *identificadas*, mas cuja família não sabia que ali se encontravam (portanto denominados "não reclamados"), eram enviados à inumação pública, embora tivessem sido reclamados nominal e oficialmente via boletim de ocorrência de desaparecimento, providenciado junto à Polícia Civil do Estado de São Paulo.

Assim, de um lado, IML ou SVO providenciavam elaboração de boletim de ocorrência de morte violenta ou natural, mas não se davam ao trabalho de contatar a delegacia especializada apenas para saber se ali havia sido providenciado BO de desaparecimento em nome daquela pessoa. De outro lado, bastava que a Delegacia Especializada de Pessoas Desaparecidas, ou qualquer outro órgão policial, meramente verificasse a existência de dois boletins de ocorrência em nome da mesma pessoa, constantes no seu banco de dados, o que não era feito, e assim permanece, por falta de aparato instrumental e pessoal. O mais incrível é que são dois órgãos da mesma secretaria estadual, a Secretaria de Segurança Pública.

Nesse contexto, dizemos que muitas pessoas "*redesapareceram*" – *neologismo essencial à gravidade dos fatos* –

---

forçados por omissão do Estado", publicado na *Revista Liberdades*, do Instituto Brasileiro de Ciências Criminais/IBCCRIM, disponível em: http://www.revistaliberdades.org.br/site/outrasEdicoes/outrasEdicoesExibir.php?rcon_id=277.

[108] Ao IML, cabem as necropsias de corpos de morte violenta, com ou sem identificação, ou de morte natural sem identificação ou ocorrida em local público (quando a morte é considerada "suspeita"). Ao SVO, por sua vez, cabem as necropsias de corpos de morte natural e necessariamente identificados – conforme Decreto Estadual n. 10.139, de 18 de abril de 1939, e reorganização ditada pela Lei Estadual n. 10.095, de 3 de maio de 1968.

porque: desapareceram, apareceram (infortunadamente mortos) e o Estado desapareceu com elas.

JOÃO ROCHA, então com 72 anos e episódios de esclerose, desapareceu em 15/01/2000, após sair de casa. Sua família providenciou boletim de ocorrência de desaparecimento. Ocorre que, em 26/03/2000, João veio a óbito, após meses de internação em um hospital público. O corpo, cuja qualificação se conhecia, foi periciado pelo Serviço de Verificação de Óbito da Capital, que não procurou saber se havia familiar à procura e mandou inumar como indigente. Já a delegacia especializada, tinha o boletim de ocorrência de desaparecimento nº 272/2000 – 64º Distrito Policial e nunca, em mais de 14 anos, cruzou os dados desse com o boletim de ocorrência de verificação de óbito nº 1420/2000 – 32º Distrito Policial, então providenciado em 27/03/2000. O filho de João foi avisado da sua localização, pelo PLID/MPSP, em maio de 2015.

DIMAS FERREIRA CAMPOS JÚNIOR, então com 42 anos, desapareceu em 03/07/2015, após sair de casa para ir a uma *lan house*. Sua família providenciou boletim de ocorrência de desaparecimento. Ocorre que, no mesmo dia 03/07/2015, Dimas veio a óbito, após infarto em via pública. O corpo, cuja qualificação não se conhecia, foi periciado pelo Instituto Médico Legal (IML), que, em quatro dias obteve sua identificação completa, após exame das digitais junto ao Instituto de Identificação (IIRGD). Mesmo assim, o IML não procurou saber se havia familiar à procura e mandou inumar como indigente. Já a delegacia especializada, tinha o boletim de ocorrência de desaparecimento nº 347/2015-4ª Delegacia Especializada e o boletim de ocorrência de morte nº 4997/2015-26º Distrito Policial, mas não cruzou os dados. Os pais de Dimas foram avisados da sua localização, pelo PLID/MPSP, mais de um mês depois.

Vale anotar que, com todo o esforço familiar pela busca de seus parentes desaparecidos, essa busca costuma ser frustrada também por outros problemas públicos: as 72 unidades do IML, pelo menos no Estado de São Paulo, não possuem um cadastro fotográfico digital e unificado, o que causa muitas falhas no atendimento. Ainda assim, as famílias precisariam buscar o Serviço de Verificação de Óbito (SVO), mas como a maciça maioria da população brasileira desconhece esse serviço, e este, por sua vez, não está preocupado em informar a sociedade.

Anotamos, mais, que o fato do SVO autopsiar apenas corpos de morte natural tem uma razão de ser: corpos sem nenhuma lesão podem ser utilizados para estudo e pesquisa, bônus que motiva a faculdade de medicina que gere o serviço a suportar o ônus de parte das autópsias da capital paulista. Ora, esse bônus só pode ser conferido à instituição que tem certeza de que o corpo não tem nenhum interessado.

Tudo isso já foi amplamente informado ao Estado em 2014, sem que tivesse sido possível um acordo para o ajustamento de sua conduta, motivo pelo qual foi proposta ação civil pública, ora em curso (atualmente, aliás, com mais de um ano pronta para ser julgada, mas simplesmente parada em primeira instância).

Ora, a convivência do Estado e da sociedade com o desaparecimento de pessoas, esteja ela naturalizada, tolerada ou negligenciada, é um legado de governabilidade autoritária que se repete, no Executivo e no Judiciário.

Contudo, voltamos a conclamar o cidadão a cobrar seus direitos, aqui reconhecidos em primeira instância via julgamento da ação civil pública movida pelo PLID/MPSP, ora em sede de recurso:

A presente ação civil pública tem por objetivo a indenização por dano moral coletivo e individual homogêneo, em virtude de suposta omissão estatal na solução de situações de desaparecidos civis com boletins de ocorrência lavrados, mas que, pelo não cruzamento de informações com consulta à base de dados, vinham a falecer e eram enterrados como indigentes, sem comunicação tempestiva às respectivas famílias.

[...]

Em que pese a dificuldade na caracterização do direito aqui pleiteado como coletivo *stricto sensu* e individual homogêneo, é inegável que os fatos aduzidos na inicial revelam violação de valores jurídicos e interesses comuns que transcendem o direito subjetivamente considerado dos parentes que tiveram seus entes queridos inumados como indigentes, abarcando o sentimento de toda uma coletividade.

Há nos autos prova cabal dos fatos alegados pelo Ministério Público. São inúmeros os casos de indivíduos inumados como indigentes após dias de internação em hospitais públicos, e que eram procurados por seus familiares, conforme demonstram os boletins de ocorrência lavrados, nada justificando a inexistência de disponibilização de informação do óbito aos familiares.

O inquérito civil que antecedeu o ajuizamento desta ação dá conta de que as inumações como indigentes de pessoas procuradas por seus familiares não foram fatos isolados, a caracterizar inadmissível omissão estatal, na medida em que competia ao Estado de São Paulo por meio da 4ª Delegacia de Polícia de Investigação sobre Pessoas Desaparecidas, criada pelo Decreto Estadual 57.537/2011, proceder investigações para localizar pessoas desaparecidas e identificar cadáveres.

[...]

Se não bastasse, há nos autos provas da precariedade em que são acondicionadas as ossadas, inviabilizando para sempre posterior identificação e encontro dos restos humanos pelos parentes (fl. 11).

Conforme se constatou, muitos dos familiares procuraram seus parentes em hospitais, IML e delegacias, não obtendo informações em tempo hábil por total falta de gerenciamento das informações dentre os diversos órgãos da administração responsáveis por esses dados.

Há, portanto, evidente violação ao direito da personalidade, na medida em que aos parentes dos mortos foi-lhes negado realizar cerimonial fúnebre em conformidade com suas crenças, e em respeito à memória do ente querido. É certo que os ritos fúnebres são indispensáveis à elaboração do luto, e revelam-se como desdobramento do direito à personalidade, de forma que a sua frustração em razão de omissão do Estado, é inadmissível, e impõe o dever de reparação. A dor moral caracterizada pela impossibilidade de realização de sepultamento digno a parente falecido e desaparecido é evidente. E nesse ponto resta comprovada a omissão ilícita do Estado, posto que era dever seu agir de maneira efetiva a cruzar as informações a fim de localizar os corpos, cujos familiares reportaram o desaparecimento às autoridades competentes por meio de boletins de ocorrência.

(AÇÃO Civil Pública nº 1027564-45.2018.8.26.0053)

III - O cemitério dos desaparecidos

Desde seus primórdios, os cemitérios são tidos como locais de grande importância privada e pública, posto que são literalmente dormitórios (a palavra cemitério vem do grego *kaimão*, que significa dormir) daqueles que foram personalidade, com todos os direitos fundamentais a essa inerentes, e que se irradiam aos familiares, bem como dormitório de parte da história de uma sociedade:

> A cidade dos mortos antecede a cidade dos vivos. Num sentido, aliás, a cidade dos mortos é a precursora, quase o núcleo, de todas as cidades vivas. A vida urbana cobre o espaço histórico entre o mais remoto campo sepulcral da aurora do homem e o cemitério final, a necrópolis em que uma após outra civilização tem encontrado o seu fim. (MUNFORD, 2012, p. 76)

Sob a ótica dos fatos ora apresentados, os cemitérios públicos que recebem corpos de indigentes e não reclamados da cidade de São Paulo abrigam ainda mais: os direitos fundamentais das famílias dos desaparecidos, bem como a possibilidade do reencontro entre ambos!Esse reencontro é capaz de aliviar, num primeiro plano, dor incomensurável, que é narrada como padecimento maior que a própria ciência da morte:

> A perda de um ente querido remete a diversos sentimentos, entretanto, o sofrimento de ter alguém desaparecido diverge na medida em que não se pode vivenciar e presenciar a perda. Ter uma materialidade que comprove o motivo da morte sana ao menos a dúvida, que é incessante e que marca cada dia da existência, sem maiores alternativas de ressignificação da vida (MARTINS, 2012, p. 76).

Se mais não fosse, só esse encontro físico, com um corpo ou sua ossada, oferece esclarecimentos essenciais finais, que comumente são requeridos pelas famílias, a exemplo da própria identidade, da causa da morte, das circunstâncias da morte e seus autores etc. Não nos esqueçamos que os fatos descritos acima envolvem necropsias de corpos por morte natural ou violenta, de forma que a prova material, seja para fins de esclarecimento familiar, seja para fins públicos (como a própria reanálise da prova material de crime) está no cemitério.

A propósito, o cemitério dos desaparecidos, hoje, é o Cemitério Dom Bosco, conhecido como "Cemitério de Perus", bairro onde se encontra. Diz-se "hoje" porque, de tempos em tempos, a municipalidade elege o local de inumação específica de indigentes e não reclamados, onde, portanto, repousaram e repousam os desaparecidos que o MPSP/PLID encontrou e ainda procura. Vale consignar que, como a falha descoberta é histórica, os encontros já retroagem a outros espaços públicos que serviram para tais inumações, como os cemitérios de Vila Formosa I e II.

Entretanto, quanto ao cemitério de Perus, construído em 1971, a história, ironicamente, leva-nos ao encontro dos desaparecidos da ditadura com os desaparecidos da nascente democracia. É do conhecimento comum que ali, apesar de cemitério oficial, após o fim da ditadura militar, foi descortinada, em 1990, vala clandestina e comum com 1.049 ossadas sem qualquer identificação, depois descobertas como parte de corpos de desaparecidos políticos. Entretanto, não é do conhecimento comum que, em 1969, o então prefeito Paulo Maluf e o então diretor do Instituto Médico Legal Harry Shibata tentaram adquirir dois fornos crematórios para o mesmo cemitério, pedido que, contudo, não foi aceito pela empresa britânica Dowson & Madson (D&M), que desconfiou da ausência de previsão de capela ou qualquer lugar para velar publicamente os corpos a serem cremados, justamente num período de repressão violenta que o Estado brasileiro promovia[109]. Ademais, Shibata foi o responsável por cerca de vinte exames necroscópicos de pessoas torturadas na ditadura, o que atestava não ter ocorrido, e, após, sabidamente enterradas com nomes falsos, conforme documentado pela Comissão Nacional da Verdade.

O cemitério de Vila Formosa, por sua vez,

> [...] passou por uma grande destruição das quadras de sepultamentos, 'desaparecendo' com centenas de sepulturas de cidadãos pobres da cidade e de desaparecidos políticos, ao mesmo tempo em que aquela enorme vala clandestina era criada para misturar as ossadas de milhares de mortos, dentre eles os desaparecidos políticos[110].

Agora descobrimos mais: dentre esses pobres, com a nova forma de proceder do Serviço de Verificação de Óbito e do Instituto Médico Legal, talvez herdada desse período de protocolo de mentiras da ditadura, hoje corporificado na falta de qualquer protocolo e respeito aos corpos e seus proprietários, podem estar vários corpos de pessoas procuradas como desaparecidas da nascente democracia, há

---

[109] "É de 1969 uma planta prevendo a construção de um crematório nesse cemitério. A solicitação de construção do crematório foi para a empresa D&M, mas que seria instalado no bairro de Cachoeirinha. O processo 180.991/69 registra o pedido de tramitação urgente, injustificado, e inclui uma carta da empresa D&M que acha estranho o projeto de prédio para o forno, considerado inadequado ao acompanhamento de familiares, assim como o acesso ao forno, que seria feito por duas portas de 'vai e vem' abertas o dia todo e todos os dias." "Vala Clandestina de Perus: desaparecidos políticos, um capítulo não encerrado da história brasileira". LAJOLO, Tereza. *A indigência humana.* São Paulo: Ministério da Justiça, 2012, 1ª ed. p.103.

[110] "Vala Clandestina de Perus: desaparecidos políticos, um capítulo não encerrado da história brasileira". SEIXAS, Ivan. *Uma ditadura contra o povo e o país.* São Paulo: Ministério da Justiça, 2012, 1ª ed. p. 49.

mais de quinze anos. Definitivamente, não é uma questão de pobreza, é uma escolha política.

Se ainda existia alguém que questionava os malefícios da ditadura para toda a sociedade, agora temos uma realidade comum que estanca essa estranha dúvida.

IV - Conclusão

Não é possível que o Estado permaneça protagonizando, por ação ou omissão, o desaparecimento de pessoas humanas. Esse desinteresse na efetiva busca e localização advém de um passado indiferente às diretrizes dos direitos humanos, o que não pode permanecer naturalizado, sob o *status* de um "estado de coisas inconstitucional". Afinal, o sumiço repentino dessas pessoas conduz ao sumiço permanente de parte da própria história brasileira, enquanto difuso patrimônio cultural e geracional (direitos de terceira dimensão).

O Estado e seus espaços (delegacias, hospitais, cemitérios, instituições de acolhimento etc.) devem ser fontes propagadoras de dignidade no exercício de direitos, especialmente exigíveis na situação do desaparecimento (direitos de segunda dimensão). "A Constituição de 1988 é o símbolo maior de uma história de sucesso: a transição de um Estado autoritário, intolerante e muitas vezes violento, para um Estado democrático de direito" (BARROSO, p. 3).

Quanto à historiografia, nesse caso, estamos diante de situação mais dramática: "não se trata de descobrir o que o tempo recobriu, mas sim compreender a urgência do perigo da perda dos traços ainda atuais, vivos, que comprovam um passado que não estaria verdadeiramente morto" (JEUDY, 1990, p. 2).

A memória deve ser conquistada. Está sempre em gestação, em lugar de ser sedimentada e consagrada por uma classificação prévia. Resta a possibilidade de investir nela para conferir-lhe suas múltiplas faces culturais e sociais. Uma "etimologia de urgência" e sobre os arquivos pessoais e relatos orais! (JEUDY, 1990, p. 18).

REFERÊNCIAS

BARROS, José D'Assunção. História e memória – uma relação na confluência entre o tempo e o espaço. *Revista MOUSEION*, v. 3, n. 5, Jan-Jul/2009. Disponível em: https://revistas.unilasalle.edu.br/documentos/documentos/Mouseion/Vol5/historia_memoria.pdf. Acesso em: 2 set. 2019.

BARROSO, Luís Roberto. O Constitucionalismo Democrático no Brasil: crônica de um sucesso imprevisto. Disponível em: http://luisrobertobarroso.com.br/wp-content/uploads/2017/09/constitucionalismo_democratico_brasil_cronica_um_sucesso_imprevist. Acesso em: 12 jul. 2019.

BRASIL. Ministério Público do Estado de São Paulo. Pesquisas do Programa de Localização e Identificação de Pessoas Desaparecidas. Disponível em: http://www.mpsp.mp.br/portal/page/portal/plid/MaterialdeApoio. Acesso em: 24 set. 2019.

BRASÍLIA. *Vala Clandestina de Perus*: desaparecidos políticos, um capítulo não encerrado da história brasileira. São Paulo: Ministério da Justiça, 2012, 1 ed.

CAMPOS, Carlos Alexandre de Azevedo. O Estado de Coisas Inconstitucional e o litígio estrutural, 2015. Disponível em: https://www.conjur.com.br/2015-set-01/carlos-campos-estado-coisas-inconstitucional-litigio-estrutural. Acesso em: 11 jul. 2019.

CARVALHO RAMOS, André. *Responsabilidade internacional por violação de direitos humanos.* Rio de Janeiro: Renovar, 2004.

CLAUDINO, Marcus Roberto. *Mortos sem sepultura*: o desaparecimento de pessoas e seus desdobramentos. Florianópolis: Editora Palavracom. 2014.

CRUZ, André de Souza. Desaparecimento: entre o direito de liberdade e a dignidade da pessoa humana. *Revista do Ministério Público do Rio de Janeiro*, Rio de Janeiro, n. 54, p. 33-53, out./dez., 2014.

GENNARI, Patrícia Visnardi; VENDRAMINI CARNEIRO, Eliana Faleiros. O Ministério Público em busca de pessoas desaparecidas: desaparecimentos forçados por omissão do Estado. *Revista Liberdades, Instituto Brasileiro de Ciências Criminais IBCCRIM*, São Paulo, n. 22, p. 39-55, mai./ago., 2016. Disponível em: http://www.revistaliberdades.org.br/site/outrasEdicoes/outrasEdicoesExibir.php?rcon_id=277.

GENNARI, Patrícia Visnardi; VENDRAMINI CARNEIRO, Eliana Faleiros. O Ministério Público em busca de desaparecidos: a função social dos ossários perpétuos em cemitérios públicos. *Revista Brasileira de Direito Urbanístico*, v. 1, p. 223-246, 2016.

SANTOS, Daniela; PELLENZ, Mayara. Reflexões sobre o papel do Poder Judiciário brasileiro na efetivação dos direitos fundamentais sociais. Disponível em: http://publicadireito.com.br/artigos/?cod=c19f67a7c0402509. Acesso em: 2 set. 2019.

DIMOULIS, Dimitri; MARTINS, Leonardo. Teoria geral dos direitos fundamentais. São Paulo: Editora Revista dos Tribunais, 2007.

DUARTE-PLON, Leneide; MEIRELES, Clarisse. *Um homem torturado*: nos passos de Frei Tito de Alencar. Rio de Janeiro: Civilização brasileira, 2014, 1ª. ed.

FAUSTO, Boris. *História concisa do Brasil*. São Paulo: Editora Universidade de São Paulo, 2015.

FERREIRA, Jorge; GOMES, Angela de Castro. *1964:* o golpe que derrubou um presidente, pôs fim ao regime democrático e instituiu a ditadura no Brasil. Rio de Janeiro: Editora Civilização Brasileira, 2014.

GONÇALVES, Marcelo Reis. A ressignificação de bens políticos em face dos locais de memória, apresentado no IX Encontro de Pesquisa Empírica do Direito, 5 de ago. de 2019, Unifesp.

HUNGRIA, Nélson. *Comentários ao Código Penal.* Rio de Janeiro: Companhia Editora Forense, 1948, 1. ed.

JEUDY, Henri-Pierre. *Memórias do social.* Tradução de Márcia Cavalcanti. Rio de Janeiro: Forense Universitária, 1990.

LE GOFF, Jacques. Memória. In: *Memória e História.* Campinas: Unicamp, 1990. p. 23- 483.

MARTINS, Raquel Sanches Slusarski. *Aonde quer que eu vá te levo comigo*: do luto para a luta de mães de crianças e adolescentes desaparecidos. Trabalho de Graduação Interdisciplinar. Universidade Presbiteriana Mackenzie. São Paulo, 2012.

MEO, Marcio de; VENDRAMINI CARNEIRO, Eliana Faleiros. A precariedade dos dados informados em boletim de ocorrência: desaparecimento de pessoas forçado por omissão do Estado. *Revista O Ministério Público e o Controle Externo da Atividade Policial/Conselho Nacional do Ministério Público.* Brasília: Conselho Nacional do Ministério Público, 2019. p. 265-282. Disponível em: http://www.cnmp.mp.br/portal/images/Publicacoes/documentos/2019/ATIVIDADE_POLICIAL_04-09-19.pdf.

MINISTÉRIO do Exército. Interrogatório. Brasília, Ministério do Exército, 1971. Ditadura militar, tortura e história a "vitória simbólica" dos vencidos. Luciano Oliveira. *Revista Brasileira de Ciências Sociais*, v. 26, n. 75. Disponível em: http://www.scielo.br/pdf/rbcsoc/v26n75/01.pdf.

Acesso em: 12 ago. 2019.

MUNFORD, Lewis. A cidade na História: suas origens, transformações e perspectivas. Trad. Neil R. da Silva. São Paulo: Martins Fontes, 1998. In: OLIVEIRA, José Maria Xavier de. *Morfologia da cidade*: o cemitério como uma questão simbólica e espacial. Disponível em: http://www.efdeportes.com/efd198/o-cemiterio-como-uma-questao-simbolica.htm. Acesso em: 15 jan. 2016.

PAOLI, Maria Célia. Memória, História e cidadania: o direito ao passado. In: *O direito à memória*: patrimônio histórico e cidadania. Secretaria Municipal de Cultura. Departamento do Patromônio Histórico. São Paulo: DPH, 1992.

RICOEUR, Paul. *La mémoire, l'histoire, l'oubli*. Paris: Le Seuil, 2000.

SILVA FILHO, J. C. M. da. Memória e reconciliação nacional: o impasse da anistia na inacabada transição democrática brasileira. In: *A anistia na era da responsabilização:* o Brasil em perspectiva internacional e comparada. Brasília: Ministério da Justiça, Comissão de Anistia; Oxford University, Latin American Centre, 2011.

SERRANO, Pedro Estevam Alves Pinto. *Autoritarismo e golpes na América Latina*: breve ensaio sobrejurisdição e exceção. 1ª ed. São Paulo: Alameda, no prelo (disponibilizado pelo autor).

ZIPPELIUS, Reinhold. *Teoria geral do Estado* (*Allgemeine Staatslehre*), trad. de Karin Praefke-Aires Coutinho. Lisboa: Fundação Calouste Gulbenkian, 3ª ed., 1997.

PARTE II

COMISSÃO NACIONAL DA VERDADE: IMPULSO À DEMOCRATIZAÇÃO OU FATOR DE RETROCESSO?

Rosa Maria Cardoso da Cunha[111]

O Brasil vive atualmente um retrocesso autoritário cuja duração e desdobramentos são impossíveis de prever. Considerando esse cenário e pretendendo analisar o significado da Comissão Nacional da Verdade (CNV), cinco anos depois de sua instalação e funcionamento, enfoco o tema a partir da seguinte questão: a CNV significou um impulso à democratização do Estado e da sociedade brasileira ou, contrariamente, constituiu um dos fatores producentes de seu retrocesso autoritário?

Se afirmamos ter havido um retrocesso autoritário, é necessário perguntar a qual democracia estamos nos referindo. E concluir, consistentemente, ser aquela em curso no país antes do *impeachment* da presidenta Dilma Rousseff, o qual formalizou a implantação de um estado de exceção. Trata-se, pois, da democracia descrita e pactuada na Constituição de 1988, em processo de desenvolvimento antes de se instalar a retrocessão.

É certo que, a partir da Operação Lava Jato, já se vinha produzindo no Brasil o esvaziamento de garantias constitucionais e de normas processuais e penais de um Estado de Direito democrático e soberano. Várias iniciativas e propostas buscavam desfigurar o pacto democrático assinado em 1988 que estava se traduzindo em diferentes

[111] Advogada criminalista com intensa atividade na defesa de perseguidos e presos políticos durante a ditadura de 1964. Membro da Comissão Nacional da Verdade (2012/2014), órgão que presidiu no ano de 2015.

políticas públicas, envolvendo a participação de atores da sociedade civil.

Na perspectiva do recesso democrático, o país acompanhava uma crise do mundo ocidental, que opunha o capitalismo à democracia e, em especial, o capitalismo à democracia representativa e à promoção de direitos sociais[112].

No Brasil o confronto entre políticas neoliberais e neodesenvolvimentistas agudizou-se no combate ao desenvolvimentismo dos governos petistas. Naquela época a luta travada contra o PT foi associada a uma causa com maior impacto junto à opinião pública: a da corrupção das administrações petistas. Essa corrupção seria uma bem manipulada justificativa para o aprofundamento do ativismo imperial norte-americano com relação ao Brasil. O Departamento de Justiça dos Estados Unidos, cônscio da autoimposta responsabilidade norte-americana em manter a América Latina como área de influência geopolítica e geoeconômica, convida, antes mesmo de 2010, juízes e procuradores brasileiros para cursos em programas de cooperação internacional que viabilizam, sucessivamente, a construção da Lava Jato no Brasil.

No âmbito do ativismo imperial norte-americano, as Forças Armadas brasileiras serão também cooptadas para um crescente programa de operações conjuntas com seus militares.

Paralelamente, formata-se um novo tipo de golpe para destituir governos eleitos pelo voto popular designado

---

[112] Sobre esta crise, ver CASTELS, Manuel. *Ruptura*: a crise da democracia liberal. Rio de Janeiro: Zahar, 2018. Relativamente ao retrocesso autoritário, ver artigos e bibliografia citada em *Democracia em risco?* 22 ensaios sobre o Brasil hoje. São Paulo: Companhia das Letras, 2019 e em *O ódio como política:* a reinvenção da direita no Brasil. Luís Felipe Miguel et al. São Paulo: Boitempo, 2018.

como "golpe político-jurídico-midiático". Na América Latina esse golpe é inicialmente aplicado em Honduras e no Paraguai (em 2009 e 2012, respectivamente). No Brasil, começa a ser articulado mediante as Jornadas de Junho de 2013 e sua cobertura midiática. As jornadas preparavam o caminho para a derrota de Dilma Rousseff nas eleições de 2014. Naquele intento, contudo, a direita que o conduziu fracassou.

O "golpe branco" começa, então, a ser organizado com o Congresso Nacional, recorrendo-se à compra do voto de parlamentares e tendo como maiores articuladores o deputado Eduardo Cunha e o próprio vice-presidente Michel Temer. O golpe obtém o apoio fundamental da Operação Lava Jato, da Procuradoria Geral da República, da Polícia Federal, bem como a conivência do Supremo Tribunal Federal. Logo após, Temer assumiu como governo de transição visando impor ao país a agenda das reformas neoliberais. Conseguiu destroçar a Consolidação das Leis do Trabalho (CLT), por meio da Lei da Terceirização e da Reforma Trabalhista e impor a Lei do Teto do Gasto Público. Não alcança, entretanto, o consenso necessário para a Reforma da Previdência.

Até o *impeachment* de Dilma Rousseff, o desmanche formal e político da Constituição de 1988 (mediante Propostas de Emendas Constitucionais, as PECs, por exemplo) não parecia sem retorno. Havia uma quebra de braço entre forças políticas e uma polarização da população nas ruas que impedia a antecipação do resultado. Com algumas disposições equivocadas, lacunas e insuficiências, aquela Constituição fora a única resultante de uma constituinte e uma das mais duradouras do país (em 2016 tinha 28 anos). Ela se propunha a fazer a transição da ditadura de 1964 para uma democracia representativa, removendo o entulho autoritário e, em especial, dotando os brasileiros de amplos direitos, serviços e equipamentos sociais.

A Constituição de 1988 era habitada por legados históricos fundamentais (ou pelo menos por ideias provenientes deles) na construção do experimento que chamamos de democracia representativa no Ocidente. Esses legados traduziam-se em propostas de democracia direta, na forma de participação e fiscalização da sociedade relativamente à produção e implementação de políticas públicas; em ideias liberais inspiradas no iluminismo e no liberalismo do século XVIII, as quais apareciam na Carta de 1988 estabelecendo o compromisso com a aceitação das diferenças entre os indivíduos no campo do pensamento, da expressão identitária, da extração social, idade etc. (a Constituição prometia ser "fraterna, pluralista e sem preconceitos"); por fim, a Carta de 1988 assegurava direitos sociais (entendidos como educação, saúde, trabalho, lazer, segurança, previdência social, proteção à maternidade e à infância, assistência aos desamparados) e direitos culturais e econômicos, agora estabelecidos como direitos fundamentais[113]. Todos esses direitos visavam a "redução das desigualdades sociais".

A híbrida Constituição de 1988, em resumo, ampliava e consolidava as garantias e os direitos fundamentais, assentava o Estado brasileiro no compromisso com os direitos da cidadania e na dignidade da pessoa humana, constitucionalizava a proteção de vulneráveis (indígenas,

[113] Sobre a caracterização da democracia como uma confluência destes legados ver: Renato Lessa. "A Teoria da Democracia: balanço e perspectivas". In: *Democracia* – teoria e prática. Org. Renato Monseff Perissinotto e Mario Fuks. Rio de Janeiro: Relume Dumará e Curitiba/PR: Fundação Araucária, 2002.

quilombolas, crianças e adolescentes), enquadrava questões de gênero e direitos reprodutivos e sexuais. Pioneiramente, no âmbito de uma constituição, definia objetivos. Afirmava que os objetivos do Estado brasileiro eram construir uma sociedade livre, justa, solidária, garantir o desenvolvimento nacional, erradicar a pobreza e a marginalização, reduzir as desigualdades sociais e regionais, sem preconceitos de origem, raça, sexo, cor, idade e quaisquer outras formas de discriminação (art. 3º)[114].

Especialmente no que se refere a direitos, a Constituição de 1988 compreendia a ideia contemporânea de que um pacto constitucional democrático deve permitir em suas cláusulas a permanente atualização e invenção de direitos. Essa possibilidade encontra-se enunciada em vários de seus artigos e com extrema clareza no § 2º, do capitulo 5º da Constituição Federal (CF), o qual dispõe que, além dos direitos e garantias nela enunciados *outros decorrentes do regime e dos princípios por ela adotados, ou dos tratados internacionais* podiam ser invocados[115].

Com relação à temática dos direitos humanos, a Constituição de 1988 expressamente os distingue dos direitos e garantias constitucionais e os institucionaliza em sua ver-

---

[114] Além da própria Constituição, em seu conjunto, são estes os objetivos e, em particular, esta solidariedade que fundamentam a rejeição do Ministério Público Federal à questão da capitalização contida na proposta de Guedes e Bolsonaro no âmbito da Reforma da Previdência.

[115] **Art. 5º** Todos são iguais perante a lei, sem distinção de qualquer natureza, garantindo-se aos brasileiros e aos estrangeiros residentes no País a inviolabilidade do direito à vida, à liberdade, à igualdade, à segurança e à propriedade, nos termos seguintes:
§ 2º Os direitos e garantias expressos nesta Constituição não excluem outros decorrentes do regime e dos princípios por ela adotados, ou dos tratados internacionais em que a República Federativa do Brasil seja parte (grifos nossos).

são contemporânea prevista na Declaração Universal, de 1948, e reiterada na Declaração de Direitos Humanos de Viena, de 1993. Nesta última declaração explicita-se em seu parágrafo 5 que os "direitos humanos são universais, indivisíveis, interdependentes e inter-relacionados. A comunidade internacional deve tratar os direitos humanos globalmente de forma justa e equitativa, em pé de igualdade e integralmente". Essa norma, claro, como todas as outras contidas nas declarações mencionadas e em seus tratados correspondentes, está incorporada à Carta de 1988 na forma em que esta explicitamente prevê (art. 5º, §3º).

Indo além dessa institucionalização, a Carta de 1988 declara em seu artigo 4º que em caso de conflito entre a soberania do Estado brasileiro e as normas de direitos humanos deve-se observar a *prevalência dos direitos humanos.*

A Constituição de 1988, portanto, do ponto de vista da arquitetura pactuada por representantes da população, designadamente eleitos para a tarefa constituinte, e com o aplauso da sociedade política brasileira, à época, legitimava a reivindicação dos direitos e instituições que caracterizam a justiça de transição e, especificamente, a criação de uma comissão da verdade.

Justiça de transição

É no âmbito do direito internacional dos direitos humanos, criado a partir da Segunda Guerra Mundial, que, sob os auspícios da Organização das Nações Unidas (ONU), constrói-se a ideia de justiça de transição.

Chama-se justiça de transição o conjunto de procedimentos e instituições postos a funcionar em um tempo de transição de regime de uma *ditadura* ou *guerra* para um estado democrático ou para uma situação de paz. Não se trata de uma justiça de exceção, mas do uso da justiça regular para fazer valer no período da transição (e depois como salvaguardas contra o autoritarismo) normas e direitos que vão além do acesso à justiça. Entre os direitos já bem caracterizados nesse tipo de justiça encontram-se os direitos à memória, à verdade, à reparação, à própria justiça e, em consequência, a reformas institucionais.

Esses direitos e instituições remontam ao direito humanitário construído pelo costume ou pelas Convenções de Genebra (principalmente a partir de 1949) e se desenvolveram como contrapartidas virtuosas aos experimentos de morte e destruição gestados pelos fascismos, nazismo e pelos horrores da Segunda Guerra Mundial. O Holocausto em sua chocante dimensão destruidora, as câmaras de gás de Auschwitz e outras atrocidades vinculadas àquela guerra emularam sentimentos e práticas que deram lugar aos direitos mencionados, todos visando a que a barbárie nunca mais se repetisse.

O direito à verdade e a CNV

Comissões da verdade são instituições que garantem às vítimas de graves violações de direitos, em geral crimes de lesa-humanidade (tortura, assassinatos, desaparecimentos forçados, ocultação de cadáveres etc.), o direito de vocalizar e tornar públicas as atrocidades que sofreram, com a especificação de circunstâncias de tempo, local, forma de execução e identificação dos algozes. São concreções do exercício do direito à verdade, que têm um reconhecimento no direito costumeiro e no direito humanitário, anterior à própria criação das comissões. A primeira comissão da verdade emulada pelo direito internacional dos direitos humanos surgiu em Uganda em 1974. Nas décadas de

1980 e 1990 várias comissões foram criadas no Cone Sul e na América Latina (em Bolívia, Argentina, Uruguai, Chile, El Salvador, Guatemala). Em 1995 foi instalada a comissão da África do Sul. Desde então, em todo o planeta, comissões têm sido constituídas.

O Brasil, entretanto, teve uma comissão nacional da verdade extremamente retardatária, criada em 2011, pela Lei 12.528, e instalada em 2012, quase cinquenta anos depois do golpe de 1964 que inaugurou a ditadura subsequente[116]. A despeito de retardatária em seu surgimento, a CNV teve a vantagem de vincular-se a uma legislação (Lei nº 12.528/2011) concebida de forma muito contemporânea em relação às normas e estudos que tratam do direito à verdade no direito internacional dos direitos humanos: a lei determinava que os comissionados relatassem os fatos com todas as suas circunstâncias de tempo, lugar e forma de execução, nomeasse autores e indicasse responsabilidades, afastando assim o benefício da anistia aos perpetradores de graves violências.

Insistindo, entretanto, na questão da transição para um regime democrático, recorde-se em que comissões da verdade ampliam o movimento pela democratização das sociedades em que funcionam, tanto como os outros pilares em que se assenta a justiça de transição. Certamente, apenas o exercício dos direitos e dos construtos que conformam essa justiça não assegura a completa democratização da sociedade. O funcionamento isolado das instituições da democracia representativa (separação dos poderes, eleições

[116] A propósito, ver entre outros documentos e em meio à vasta literatura que analisou o surgimento e o trabalho da CNV o próprio Relatório da Comissão, com seus três volumes e sete tomos, no *site* da CNV. Disponível em: http://cnv.memoriasreveladas.gov.br/. Acesso em: 28 jul. 2019.

livres, limpas e periódicas, competitividade partidária etc.), que constituem um *standard* do que se entende como democracia no mundo ocidental, também não a assegura. Constantemente a representação tem vieses e é seletiva em relação aos interesses de uma base social mais ampla.

A vida civilizada e democrática reclama, por isso, diferentes implementos e variadas lutas para a construção contínua e interminável do que chamamos democracia. Exige a possibilidade de participação de todos, a vigência de direitos socioeconômicos, voz para as minorias etc. Nessa construção a agenda das comissões da verdade é extremamente relevante enquanto reescreve a história da barbárie e violência do passado a partir de quem a viveu, conectando aquela violência com suas formas remanescentes e com a sua repetição. Paralelamente, assim como os direitos humanos precisam ser vistos de forma holística, todos os direitos que compõem a justiça de transição interpenetram-se, complementam-se e reclamam-se mutuamente na tarefa de democratizar a sociedade. Comissões da verdade, cumprindo um dos seus objetivos primordiais, como é o combate à impunidade, reclamam, por exemplo, a "judicialização" das violações, revelando e exigindo que suas verdades sejam reafirmadas como verdade judicial. O que deve ocorrer, portanto, é o exercício conjunto de memória, de verdade, de justiça e de reparação.

No caso da comissão da verdade brasileira, é induvidoso que ela cumpriu seus objetivos. Tanto é assim que logo após a publicação de seu relatório, Kathryn Sikkink e Bridget Marchesi, especialistas na avaliação do desempenho de comissões da verdade, consideraram o trabalho da CNV exemplar. Elas publicaram um artigo[117] no qual utilizaram

[117] SIKKINK, Kathryn & MARCHESI, Bridget. "Nothing but the

para sua análise dados do Transitional Justice Research Collaborative, e afirmaram que comissões devem exibir, de forma significativa, sete características: fazer "oitivas", isto é, ouvir testemunhos, disponibilizar os testemunhos publicamente, estimular a ampla participação do público, produzir um relatório final, torná-lo disponível para todos os interessados, publicar o nome dos perpetradores de graves violências e reivindicar a judicialização das graves violações que praticaram, bem como sua punição. Segundo as especialistas mencionadas, a CNV fez isso muito bem. Por essa razão, obteve por seu trabalho, em uma escala de 7 (sete) pontos, nota 6 (seis). Só duas comissões nos últimos cinquenta anos, a de El Salvador e a da Serra Leoa, obtiveram nota mais alta. O grave e insuperável defeito da CNV, que afinal reduziu a sua nota, foi ter sido instalada meio século depois do início da ditadura a que se referia.

Quanto à repercussão social do trabalho da CNV, como observa Enrique Serra Padrós, professor de História Contemporânea da UFRGS, o funcionamento da Comissão Nacional da Verdade no Brasil encerra um grave paradoxo. Afirma Padrós, em entrevista:

> Nós, pesquisadores e professores, sempre defendemos a ideia de que era o desconhecimento sobre o passado da ditadura que permitia a continuidade de uma série de fatores visíveis e invisíveis que davam sentido a essa violência estatal nunca devidamente enfrentada. Só que, com a Comissão da Verdade em 2012, e em 2014, data da

---

truth: Brazil's truth commission looks back". In: *Foreign Affairs*, 26 de fevereiro de 2015. Disponível em: http://www.foreignaffairs.com/articles/143180/kathryn-sikkink-and-bridget-marchesi/nothing-but-the-truth?cid=nlc-foreign_affairs_this_week-030515-nothing_but_the_truth_5-030515&sp_mid=48163663&sp_rid=aWV2YUB1ZmwuZWR1S0.

> lembrança dos 50 anos do golpe de Estado, vimos o país ser tomado por eventos, e uma quantidade de pesquisas significativa sobre o período [...]. Nunca falamos tanto sobre ditadura. Entretanto, dois anos depois, temos o fenômeno Bolsonaro[118].

E conclui considerando que o problema não é a despolitização: "Esse termo se usava para identificar a falta de consciência política e conhecimento. Agora a política é feita a partir da mentira, em redes sociais, onde não se consegue filtrar a informação".

O impacto gerado pelo funcionamento, relatório e recomendações da CNV

Expor ao conhecimento público as graves violações de direitos praticadas durante a ditadura de 1964, ou seja, contar a sua história enfocando torturas, assassinatos, desaparecimentos forçados, ocultação de cadáver e outros crimes praticados pelas Forças Armadas tornou-se uma iniciativa inaceitável para os que puseram a testa à frente da ditadura. Por diferentes motivos os militares expressaram a sua oposição à criação de uma comissão da verdade no país, a qual, desde logo, enxovalharia a imagem das Forças Armadas brasileiras.

O mais indesejável, entretanto, era que, ao narrar as atrocidades ocorridas, com a fidedignidade emprestada pelo registro dos fatos, circunstâncias, locais de suplício e morte, bem como o nome de executores diretos, criava-se um risco maior para a judicialização das graves violações praticadas. No curso de um processo judicial a denúncia seria sucedida por um contraditório público e infamante

---

[118] Cf. GLOCK, Karina. "Falsificações da História e histórias da resistência". In: *Jornal Extra Classe*. Porto Alegre, 12 de junho de 2019.

para os implicados, seguida de condenação, imposição de penas e, provavelmente, prisão.

A resistência à criação da CNV vestiu-se de todos os tipos de retórica. Destaquem-se nesse confronto os argumentos indignados recordando que os militares assumiram o governo em 1964 a pedido da sociedade, para salvar a democracia do ataque dos comunistas, visando evitar o caos social, buscando conter a corrupção e a quebra da hierarquia no mundo do trabalho e no interior das próprias Forças Armadas. Recordavam, também, que os militares e, em especial, os que comandaram a repressão aos insurgentes, comportaram-se como heróis na defesa da pátria. Por fim, argumentaram alguns de forma mais conciliadora, afirmando que era preciso virar aquela página do passado, não reabrir feridas, respeitar o pacto estabelecido pela Lei da Anistia. Entre atores e órgãos que vocalizavam a resistência destacam-se os que estavam, ainda estão, os que compartilharam ou compartilham posições de poder ou de prestígio junto à cúpula das Forças Armadas, os que participaram direta ou adjacentemente da repressão com violência física, os aglutinados em torno do *site* TERNUMA[119], criado pelo coronel Ustra, ou os que aplaudiram ou aplaudem esse tipo de repressão, como Bolsonaro.

Instalada a CNV, os militares continuaram a criticá-la afirmando que a comissão era explicitamente parcial ao não ouvir os dois lados da guerra que se travara no Brasil nas décadas de 1960, 1970 e 1980. Uma comissão equânime teria que recordar e reavaliar as agressões praticadas pelos insurgentes contra os governos militares. Deveria reconsiderar as ações armadas empreendidas pelos mili-

[119] Sobre o TERNUMA, ver artigo de Piero Leirner nesta coletânea.

tantes de várias organizações subversivas contra o Estado e a sociedade brasileira.

A questão, preliminarmente, é que já funcionara no país, para julgar os insurgentes, uma justiça militar, precedida de inquéritos policiais militares que investigaram e puniram, exaustiva e rigorosamente, os opositores do regime militar, participassem ou não da luta armada. A investigação e a judicialização dos casos era acompanhada de restrições à liberdade de expressão, censura, perseguição política, prisão, tortura e assassinato.

Além, disso, comissões da verdade, na perspectiva da justiça de transição e do direito internacional dos direitos humanos constituem mecanismo para responsabilizar o Estado ditatorial, ou grupos políticos que se apossaram do poder e o exerceram de forma autoritária, praticando, inclusive, crimes de lesa-humanidade, incompatíveis com a anistia e a prescrição.

No Brasil, foi isso o que ocorreu, segundo o julgamento da Corte Interamericana de Direitos Humanos, que na sentença prolatada no Caso Gomes Lund e outros, afirmou que o Estado ditatorial brasileiro praticou *terror de Estado*.

Ainda durante o funcionamento da CNV, muitos militares esquivaram-se de depor na CNV alegando doenças ou internações hospitalares. Mediante seus comandos recusaram-se a entregar documentos comprobatórios das graves violações praticadas e negaram a prática de tortura e assassinatos em instalações militares e outros locais de violência e extermínio que, inclusive, já tinham sido objeto de investigação e reparação pela Comissão de Anistia.

Por fim, frente ao Relatório Final da CNV, vários militares vocalizaram críticas e insultos à CNV (por exemplo, militares vinculados ao Clube Militar, representados por seu presidente general Gilberto Rodrigues Pimentel), afirmando que continha um conjunto de mentiras, visando destruir o pacto da anistia selado pela Lei 6.683/79 e levar as Forças Aramadas ao banco dos réus. Esses militares objetaram especialmente duas questões contidas no relatório:

Primeira questão: o critério utilizado para definir a autoria e nomear os autores de graves violações. Esse critério, atendendo à orientação do direito interacional dos direitos humanos, reiterado pela sentença da Corte Interamericana de Direitos Humanos no Caso Gomes Lund e outros, bem como atento à tipificação da coautoria contida no Código Penal Brasileiro e em sua doutrina, define como autores das graves violações os seus executores diretos e seus mandantes (mandantes que a CNV assimilou à cúpula das Forças Armadas, a qual definiu a tortura, os assassinatos e os desaparecimentos forçados como política de Estado, como incidente da guerra revolucionária, e atuou no vértice de uma pirâmide decisória e operativa), bem como os comandantes dos órgãos onde a violência aconteceu, por serem os mesmos responsáveis pelo que ocorria sob o seu comando e as suas vistas.

Respaldando essa interpretação recorde-se o que o coronel Ustra, depondo perante a Comissão Nacional da Verdade, como registrado em seu Relatório Final, afirmou: "Sim, nós atuávamos para preservar a democracia e contra o comunismo. Cumpri a minha missão. Não é o coronel Carlos Alberto Brilhante Ustra que se encontra aqui, é o Exército Brasileiro. É o Exército que recebeu a ordem de combater o terrorista".

Com essa afirmação o coronel Ustra queria dizer que recebeu ordens para "combater o terrorista", na forma em que o fez, e como mandou seus subordinados fazerem, da mais alta hierarquia do Exército Brasileiro, na cadeia decisória e operacional que se estabeleceu para esse combate. A interpretação da CNV está, portanto, justificada pelas próprias declarações do coronel Ustra.

Segunda questão: as recomendações contidas no Relatório da CNV relativamente à responsabilização civil, militar e administrativa dos autores de graves violações e o pedido de não aplicação aos mesmos dos dispositivos concessivos da anistia previstos na Lei 6.683/79. Essas recomendações estabeleceram uma animosidade insuperável com todos os que prescreveram e defenderam as mencionadas recomendações.

Por fim, é importante concluir que a criação, o funcionamento e o Relatório Final da CNV exasperaram profundamente a cúpula das Forças Armadas, bem como os autores e agentes vinculados às políticas repressivas do período, tendo à frente o capitão Bolsonaro, que fez em seu mandato parlamentar 56 pronunciamentos virulentos contra a CNV. Desagradaram também militares mais jovens, educados na crença de que a opção pela ditadura foi uma escolha legítima, virtuosa e patriótica das Forças Armadas brasileiras. Esses militares passaram a temer formas futuras de responsabilização, assemelhadas à promovida pela CNV, por condutas violentas em intervenções das quais participassem no plano da segurança pública ou de missões relacionadas aos decretos de Garantia da Lei e da Ordem (GLO).

O retrocesso autoritário

Desde o *impeachment* da presidenta Dilma Rousseff e, de forma mais notável, após a eleição do capitão Bolsonaro a sociedade brasileira transita em crescente retrocesso no processo de democratização que estava em curso no país. Entre as razões que explicam esse recuo convivem motivos de diferente natureza, alguns em aparente contradição, e que podem ser assim aglutinados:

1º) A retomada do projeto neoliberal, defendido, anteriormente, de forma menos agressiva, por Collor e Fernando Henrique Cardoso, visando privatizar o setor público brasileiro e reduzir o rol das garantias fundamentais da Constituição de 1988, com o fim de viabilizar a execução do projeto;

2o) A luta para proscrever da disputa política partidos comprometidos com uma agenda neodesenvolvimentista e com a defesa da soberania nacional como, entre outros, o PT;

3o) O projeto e a atuação da Lava Jato, atraindo e subordinando às suas pautas a grande mídia nacional, bem como membros conservadores e ultraconservadores do Poder Judiciário e do Ministério Público;

4o) O posicionamento dos militares durante a Nova República e especialmente após o *impeachment* da presidenta Dilma Rousseff;

5o) O projeto de sociedade armada e mobilizada, a ser conduzido por milicianos, do capitão Bolsonaro.

Não sendo possível, nos limites deste artigo, discutir este conjunto de questões privilegiaremos aquelas que têm os militares e Bolsonaro como principais atores.

Os militares ou os donos do poder armado

A intervenção militar na vida política brasileira é uma prática recorrente. Desde a proclamação da República, sob a condução dos militares, até a ditadura civil-militar de 1964, são muitas as ações militares impondo ou pretendendo impor, pela força, soluções que seus diferentes grupos, facções ou correntes entendiam adequadas à organização política nacional.

A tradição mencionada tem como pano de fundo a ausência de cultura democrática por parte das Forças Armadas brasileiras e da própria população, que confia mais em sua integridade e dedicação ao governo do que no exercício dessas virtudes pelos civis.

O fato é que a formação profissional e acadêmica dos militares brasileiros não lhes oferece metodologia e instrumentos teóricos adequados para que entendam e se aprofundem, entre outras questões, nas relativas ao *significado da democracia no mundo ocidental*, aos construtos da *democracia representativa*, ao *estado democrático e constitucional do direito*, à *doutrina dos direitos humanos* (com seu caráter universalista), e ao *direito internacional dos direitos humanos*.

Os donos do poder militar no Brasil, arrastando com sua ideologia e exemplos o comportamento da maioria de seus comandados, são conservadores, avessos ao pluralismo identitário e de opinião, rancorosos e violentos em relação ao comunismo e aos diferentes tipos de socialismo. São também reversos à social democracia, a concepções libertárias de organização social e críticos da democracia em que os conflitos podem se expressar. Defendem a coesão social baseada na construção de uma vontade geral, produzida em última instância sob a tutela das Forças Armadas.

A partir da Nova República, o alto oficialato brasileiro adotou o pensamento do gal. Sérgio Augusto Coutinho, que se tornou doutrina na Escola Superior de Guerra (ESG) e em outros cursos ministrados aos militares em escolas da corporação. O gal. Coutinho, tanto quanto outros personagens ultraconservadores que apresentam máximas ou ideias para a condução da política nacional – por exemplo, o guru do clã Bolsonaro, Olavo de Carvalho – adotou a teoria do marxismo cultural visando identificar, nomear e conduzir o combate contra os atuais inimigos da "boa sociedade".

Saliente-se que marxismo cultural é uma teoria adjacente às doutrinas anticomunistas produzidas sob o influxo do nazismo e, posteriormente, no interior da Guerra Fria, as quais após o colapso da União Soviética e dos regimes comunistas ali existentes não têm mais atinência a fatos reais. Esta teoria enfoca como adversário e inimigo, tal como o fez a Ditadura, os comunistas, os socialistas, os democratas libertários, os ativistas dos direitos humanos, intelectuais e políticos progressistas, membros de ONGs etc. Seus adeptos defendem a tradição, a ordem, a moral e os costumes tradicionais. Repelem a diversidade, o pluralismo e a civilização, tendo em vista que a vida civilizada não abre mão do progresso e do refinamento do humano e de suas condições de existência.

Sendo assim, o marxismo cultural é uma teoria regressiva e retrógada. No Brasil ela mascara as velhas doutrinas que tiveram vigência durante a Ditadura, como as da guerra revolucionária, da segurança nacional, do inimigo interno etc. Ao aceitá-la e utilizá-la os donos do poder armado se posicionam como extremistas de direita.

Mais além deste perfil a cúpula das Forças Armadas fecha os olhos a algo muito grave: ao bolsão de militares que existe em seu interior defendendo ou compactuando como o uso da violência e, em última instância, com o crime organizado, na forma de defesa das milícias.

No curso do processo constituinte de 1988, os militares haviam feito, com êxito, um lobby para se fixar em uma posição de tutela em relação aos governos civis. Contudo, durante o período de transição da Ditadura para a democracia, e antes do *impeachment* de Dilma Rousseff (entre 1985 e 2016), as Forças Armadas estiveram contidas na perspectiva de uma intervenção tutelar.

No governo Temer (2016/2018), entretanto, estabeleceu-se uma proteção/tutela para o presidente e para o país, materializada na onipresente participação e poder de decisão do Gabinete de Segurança Interna (GSI), cujo ministro era Sérgio Etchegoyen. Ao seu Ministério ficou subordinada a Agência Brasileira de Inteligência (Abin). Na oportunidade em que foi criado o Ministério de Segurança Pública, com Raul Jungmann como ministro, a pasta da Defesa, que desde sua criação, em 1999, estava nas mãos de um civil (no estilo de governos democráticos em que o poder militar está submetido ao civil), e passou ao controle militar, sendo assumida pelo general Joaquim Silva e Luna. A decisão foi defendida pelo general Etchegoyen.

Ainda no governo Temer, além dos vários decretos de Garantia da Lei e da Ordem (GLO), ocorreu a intervenção militar na segurança do estado do Rio de Janeiro. Associada à intervenção, promulgou-se a Lei 13.491/1917 que transferiu para a Justiça Militar o julgamento dos militares que cometessem crimes contra os civis, inclusive dolosos (por exemplo, execuções sumárias). Os militares passaram também a exercer cargos importantes na Casa Civil e na Funai.

Com a eleição do capitão Bolsonaro, cuja candidatura, "ao fim e ao cabo", passou a ser maciçamente apoiada pelas Forças Armadas, radicalizou-se a presença militar no governo. Este passou a ter, inicialmente, a cara e uma aparente condução militar. Posteriormente, Bolsonaro permitiu que vários generais do primeiro escalão do governo, entre eles Mourão, Villas Bôas e Santos Cruz fossem desacatados, injuriados e humilhados pelo guru do "clã" de Bolsonaro, Olavo de Carvalho.

Os generais da reserva convidados a participar do primeiro escalão do governo, e uma centena mais de militares reformados que aceitaram ocupar cargos de segundo e terceiro escalão para compor seus salários, em estreita articulação com os militares da ativa, assim fizeram por diferentes motivações: primeiro era importante apagar a mancha deixada sobre a corporação pelos malfeitos da ditadura e recobrar a popularidade completamente perdida em seu final; depois, lutar por prerrogativas como a reestruturação da carreira militar, com direito a mais rápida ascensão profissional e salarial (recorde-se o projeto apresentado pelo governo no âmbito da Lei de Diretrizes Orçamentárias, para valer ainda em 2020); reassegurar a possibilidade de investimentos em projetos militares que garantam a estabilidade funcional, presente e futura da corporação e, finalmente, implementar os salários da caserna dos que trabalham no governo. Como resumiu Maria Cristina Fernandes, nessas condições os militares "de portadores de tutela, passaram a prisioneiros do presidente da República e de suas brigadas"[120].

E por que os militares continuam? Parodiando Mourão, os donos do poder militar continuam fazendo "aproximações sucessivas" sobre a situação. Ao mesmo tempo têm muito a ganhar se forem vitoriosos na aposta relativa a al-

---

[120] FERNANDES, Maria Cristina. "Um presidente indomável". *Jornal Valor Econômico*, 11 de abril de 2019.

cançar seus objetivos participando do governo Bolsonaro. Por fim, a despeito das humilhações e da condição atual de prisioneiros, estão enfrentando, em posição privilegiada, a crise de múltiplas direções que o país atravessa, na medida em que têm um complemento do seu soldo assegurado.

Destaque-se, ainda, que a elite militar brasileira se tornou cada vez mais permeável à ideologia e aos projetos neoliberais (os que lhes trazem ganhos corporativos e funcionais), aliando-se e subordinado-se explicitamente à política norte-americana desenhada para o nosso continente.

Já Etchegoyen, que representava no governo Temer essa elite, enunciava sua concordância com uma política de privatização e desnacionalização da nossa economia, defendendo, por exemplo, a venda de estatais a estrangeiros. Agora Mourão alinha-se a essa posição. Além disso os militares também vêm praticando manobras conjuntas com os Estados Unidos na Amazônia, aceitando ceder a base de Alcântara àquele país e concordando com a privatização da infraestrutura aeroportuária no país.

Recentemente, com Bolsonaro na Presidência, teve-se notícia de um fato sem precedentes na integração das Forças Armadas brasileiras com as norte-americanas: trata-se da inclusão de um general de brigada brasileiro no Comando Sul das Forças Armadas dos Estados Unidos (SouthCom), na condição de vice-comandante de interoperabilidade do Comando Sul. O Brasil passou a ser, então, o primeiro país da América Latina a assinar um acordo de cooperação na área espacial com Washington.

O Brasil participou também no ano de 2019 da Força-Tarefa Aérea e Marinha para Propósitos Especiais dos Estados Unidos bem como dos exercícios navais Unitas.

O que se vê é que, sob Bolsonaro e com sua aproximação ao governo Trump, as Forças Armadas brasileiras tornaram mais explícita sua subordinação às norte-americanas. Assim fazendo contrariam o previsto na Política Nacional de Defesa do país, lançada em 1996, e revisada em 2005, 2012 e 2018. O texto recomenda que o Brasil adote 28 posicionamentos políticos na área de defesa, entre eles, o multilateralismo e o incentivo à crescente integração da América do Sul, o que vem sendo contraditado por integrantes do governo Bolsonaro.

Resumindo, portanto, o que se expôs, os donos do poder militar são intervencionistas, autoritários, extremistas de direita, neoliberais pontuais (no interesse da corporação) e se revelam subordinados ao poder imperial norte-americano.

Bolsonaro e a retrocessão

Sob diferentes perspectivas, a literatura jornalística e acadêmica nacional vem explicitando o extremismo de direita que forja o caráter de Bolsonaro e move as suas condutas (em 2011, ele próprio se autodefiniu: "direita não, sou de extrema direita").

Conforme essa literatura, entre outros característicos, Bolsonaro exibiria um perfil ultraconservador, pré-moderno, primitivo, antipartidário, anti-intelectual, fundamentalista, salvacionista, racista, homofóbico, nacionalista beligerante, ressentido com a esquerda, violento, anticomunista, contrário aos direitos humanos (destacadamente demolidor dos direitos trabalhistas) e anti-PT.

Visando tornar viável sua candidatura e governo, Bolsonaro abriu espaço para uma agenda de reformas ultraliberais, privatizantes, desnacionalizantes, aliadas e subordinadas aos interesses do presidente Trump e fortemente articuladas com o capital financeiro internacionalizado, que tem Paulo Guedes como seu arauto no governo.

De outra parte, Bolsonaro colocou militares como testa de ferro de seu governo, em especial, no primeiro escalão, onde fez ministros ou vinculou a destacadas funções generais bastante conhecidos no âmbito das Forças Armadas e no mundo da política.

Aproveitando a popularidade auferida à época da campanha e posse pela operação Lava Jato e por seu condutor, Sérgio Moro, Bolsonaro tornou o magistrado seu ministro da Justiça bem como responsável pela política criminal do governo e pela segurança pública do país.

O governo Bolsonaro tornava-se, assim, um experimento híbrido, que compunha um quebra-cabeça com peças menos ajustadas que outros governos autoritários, desenvolvidos no Brasil durante o século XX. Note-se que a razão mais forte para o desajuste dessas peças seria a ignorância do próprio presidente e do clã com o qual governa e se assessora (filhos e guru Olavo de Carvalho), relativamente às questões da economia e da criminalidade que ocupam seus superministros. Certamente, tanto Getúlio como os generais que se sucederam nos governos militares eram mais ilustrados e mais bem assessorados que Bolsonaro em matéria de governo.

O que desejo, entretanto, ressaltar, neste texto, como um dos motivos determinantes do avanço da retrocessão no atual Estado brasileiro é a própria personalidade protofascista do presidente, a qual se atualiza e influi em suas escolhas políticas e governamentais.

Em conhecida pesquisa interdisciplinar intitulada *A Personalidade Autoritária*, Theodor Adorno colocou em destaque o fenômeno sociopsicológico que designou como "síndrome fascista", o qual se caracteriza pela identificação psicológica de seu portador com os que têm poder e, ainda, pelo preconceito étnico e racial, pela obsessão com a sexualidade, pela agressividade reprimida e pelo sadomasoquismo.

Bolsonaro aponta como poder supremo no país as Forças Armadas e, em especial, o Exército. Chegou inclusive a dizer que "democracia e liberdade só existem (no Brasil) se as Forças Armadas quiserem" (discurso a Fuzileiros Navais, em 7 de março de 2019, divulgado amplamente pela mídia). Esse é o poder com o qual se identifica, a partir do lugar em que se situa no âmbito da corporação: o do círculo de militares que participou diretamente da repressão, e que adota, como ele, o coronel Ustra como ídolo. Contudo, o protótipo de Bolsonaro não é o coronel Ustra, é o coronel Paulo Malhães, doutor Pablo.

Ustra era disciplinado, obediente aos seus comandantes, tinha consciência dos malfeitos praticados durante a ação repressiva dos governos militares. Ustra negava os malfeitos, ajustando-se, assim, à política negacionista das Forças Armadas. Quanto a Malhães, amava o Exército e as Forças Armadas exatamente pela força das armas que detinham e pelo direito que lhes atribuía de impor o terror social. Por isso mesmo Malhães não negava o terror e os malfeitos.

Recorde-se que o ambiente em que Malhães se sentia bem, como Bolsonaro, era o da querela, do insulto, da violência e do terror contra os adversários, os inimigos. Para ele, como para Bolsonaro, a violência física e a tortura, nas suas diversas formas, contra o inimigo, o "bandido" ou o "vagabundo" estavam naturalizadas.

Como Bolsonaro e como Aussaresses (o general francês que praticou e defendeu publicamente o uso do terror e da tortura pela França na guerra colonial que travou em suas colônias e particularmente na Argélia), Malhães gostava de bater no peito e dizer: "torturamos, sim! Eles mereciam". Malhães dizia mais: "matamos, picamos e os jogamos no mar ou nos rios, pois eles se insurgiram contra as nossas Forças Armadas". E, ainda, como Bolsonaro, Malhães gostava de desmoralizar o opositor, contando, por exemplo, estórias improváveis, em um exercício de contrainformação, sobre aqueles que se tornaram vítimas da ditadura.

Bolsonaro e Malhães, autoritários e beligerantes, tiveram como fato mais marcante, em sua carreira profissional, pertencer a esse símbolo da força e do poder da força, que são as Forças Armadas, e mais especificamente o Exército, pertencer ao Exército. Àquele Exército, que, nas palavras de Malhães, produzia "generais que eram leões e não ratos". Pertencer ao Exército seria, portanto, uma salvaguarda para se apresentarem, pessoal e institucionalmente, como seres superiores. E, como seres superiores, todas as liberdades estavam a ambos permitidas.

Visando, contudo, não alongar este texto com o amplo rol de similitudes existente entre Malhães e Bolsonaro, recorde-se a aproximação de ambos com a questão do crime organizado. No caso de Malhães tratava-se do jogo do bicho, onde serviu ao poderoso bicheiro Anísio Abrão, de Nilópolis, como segurança e justiceiro ou matador (degolando seus desafetos ou pessoas que avaliasse como perigosas). Relativamente a Bolsonaro e seu clã, temos sua aproximação com as milícias, inclusive com milicianos acusados do assassinato de Marielle. Ainda em 2008 Bolsonaro afirmava: "o governo deveria apoiar as milícias, já que não consegue combater o tráfico de drogas, e talvez legalizá-las no futuro".

Considerando, então, o perfil de Bolsonaro é compreensível que sua principal proposta, aquela com que está direta e emocionalmente envolvido, seja armar a sociedade brasileira, preparando-a para uma guerra em favor da liberdade.

A descrição dessa proposta de armamento, seus motivos e objetivos, ainda aparece bastante fragmentada e impressionista no discurso de Bolsonaro. Sua afirmação mais repetida é que ela visa defender a liberdade e evitar golpes de Estado. Associando, contudo, essa afirmação a outras de Bolsonaro entende-se que ele e seu clã querem livrar o país da "corrupção" da classe política, do Parlamento, do Poder Judiciário, dos costumes viciosos e das políticas públicas que expressam o politicamente correto.

Segundo se pode depreender de seu discurso, o Brasil estaria enfrentando um contexto de guerra híbrida, e o governo sendo confrontado por suas ameaças. Seria necessário, então, buscar nas Forças Armadas os militares que são solidários a essa visão, armar a população que apoia o governo e buscar em forças paramilitares (as milícias) os guerreiros que possam assegurar a vitória nessa guerra.

Observações finais e provisórias

É inegável que o funcionamento, relatório e recomendações da CNV intimidaram e provocaram reações antagônicas e hostis das Forças Armadas e de todos aqueles que consideraram não ter havido em 1964 um golpe de Estado, inconstitucional e ilegítimo. Mais que isso, uma ditadura de 21 anos, a partir da qual os militares procuraram moldar uma democracia por eles tutelada: um regime com cara de democracia, mas submisso a normas da ditadura militar.

Por certo a desaprovação das Forças Armadas não se restringiu ao que a CNV fez e significou. Outras comissões e, entre elas, a da Anistia e a de Mortos e Desaparecidos, bem como políticas públicas dos governos Fernando Henrique, Lula e Dilma, foram também execradas e combatidas[121].

De outra parte, a militarização dos governos Temer e Bolsonaro corresponde a uma associação entre civis e militares que desejaram e desejam implantar no país um misto de democracia e ditadura, que lhes assegure, além da realização de objetivos que lhes tragam benefícios, impunidade para os malfeitos.

Com relação a Bolsonaro, ele e seu clã pretendem mais que isso: eles querem um governo que situe Bolsonaro como líder da extrema direita na América Latina. A seguir pretendem que o clã Bolsonaro, inicialmente com Eduardo Bolsonaro, conquiste a liderança da extrema direita no mundo ocidental. O fato é que eles associaram o fascismo ocidental à cena política brasileira.

No Brasil e no mundo atual existe, pois, uma disputa de poder, em que as forças democráticas não podem renunciar às suas posições em favor da solidariedade e da justiça para não acirrar a luta. A luta está posta, é contínua e deve ser enfrentada.

---

[121] Ver artigo de Carla Osmo neste livro.

REFERÊNCIAS

CASTELS, Manuel. *Ruptura*: a crise da democracia liberal. Rio de Janeiro: Zahar, 2018.

Democracia em risco? 22 ensaios sobre o Brasil hoje. São Paulo: Companhia das Letras, 2019.

GLOCK, Karina. Falsificações da História e histórias da resistência. In: *Jornal Extra Classe*. Porto Alegre, 12 de junho de 2019.

LESSA, Renato. A teoria da democracia: balanço e Perspectivas. In: *Democracia* – teoria e prática. Org. Renato Monseff Perissinotto e Mario Fuks. Rio de Janeiro: Relume Dumará; Curitiba: Fundação Araucária, 2002.

SIKKINK, Kathryn; MARCHESI, Bridget. Nothing but the truth: Brazil's truth commission looks back. In: *Foreign Affairs*. 26 de fevereiro de 2015.

SOLANO, Ester (org.). *O ódio como política*: a reinvenção da direita no Brasil. São Paulo: Boitempo, 2018.

FERNANDES, Maria Cristina. Um presidente indomável. *Valor Econômico*, 11 de abril de 2019.

A COMISSÃO NACIONAL DA VERDADE COMO PONTO DE INFLEXÃO? UM PONTO DENTRO DA CURVA NA REAÇÃO MILITAR

Piero C. Leirner[122]

Todos vimos, em 2019, o protagonismo de militares no governo que assumiu nesse ano. O discurso que eles geralmente emitem é que a atual composição é "técnica" e não tem nada a ver com uma atuação das Forças Armadas, procurando distanciar a instituição militar do governo. Se olharmos pelo menos para aquilo que saiu na imprensa (ou para ela, pois as estratégias de comunicação estão sendo empregadas)[123], a ideia que se procurou passar é que pelo menos os dois militares mais importantes desta coalizão, os generais Hamilton Mourão (vice-presidente) e Augusto Heleno (ministro do Gabinete de Segurança Institucional), aderiram à campanha de Bolsonaro de última hora, no segundo semestre de 2018. De modo análogo, e paralelo, foi sustentado ao longo do tempo por

[122] Professor titular de antropologia na Universidade Federal de São Carlos e doutor em antropologia pela Universidade de São Paulo (USP), em 2001. Desde 1992 pesquisa temas ligados a militares, guerra e Estado em perspectivas etnográficas. Entre seus livros estão *Meia-volta, volver*: um estudo antropológico sobre a hierarquia militar (FGV, 1997) e *O Brasil no espectro de uma guerra híbrida*: militares, operações psicológicas e política em uma perspectiva etnográfica (Alameda, 2020).

[123] Gostaria de salientar este fato. Apesar do aparente tom caótico da "comunicação social" do governo, identifiquei, desde a campanha, um procedimento que se baseia em uma espécie de "caos controlado" no fluxo de informações, o que é um produto que segue certos manuais de inteligência militar. Ver, neste sentido, esta entrevista: https://brasil.elpais.com/brasil/2018/10/24/politica/1540408647_371089.html.

diversos atores que notadamente interferiram no processo eleitoral (especialmente instâncias da Justiça e as próprias Forças Armadas), que "as instituições estão funcionando normalmente".

Esse, aliás, tem sido um mote constante desde antes: anunciado para reafirmar o papel da Justiça de Primeira Instância de Curitiba vinculada à Operação Lava Jato vazar constantemente elementos sigilosos de processos que atingiam o Partido dos Trabalhadores (PT) e repetido incessantemente desde a abertura do processo de *impeachment* de Dilma Rousseff (ex-presidenta, 2011-2016). Não há dúvida – e é possível afirmar isso de qualquer lado que se fale – de que este processo galvanizou e amplificou o antipetismo no Brasil. Diante disso, não estou desconsiderando que os militares, assim como muita gente, foram influenciados pelos "climas gerais" que tomaram conta do país, sobretudo com os desdobramentos da Operação Lava Jato. Certamente muitos foram a reboque disso sendo levados a uma adesão cada vez mais frequente à candidatura de Jair Bolsonaro. No entanto, mais do que a relação dos militares com esse "movimento geral", pretendo, neste capítulo, explicar como conscientemente um grupo de generais articulou certos procedimentos, emplacou certas visões e viabilizou uma movimentação da corporação, atuando tanto sobre a reserva como sobre a ativa. Ou seja, mesmo considerando que um conjunto de forças foram decisivas para se chegar aonde se chegou, gostaria, aqui, de sustentar que, entre os militares, as coisas tiveram fatores específicos.

Para se compreender os eventos que dizem respeito ao que estou entendendo como uma "mobilização" militar, temos que indexá-los a um significativo aumento de densidade no sentimento corporativo no interior das Forças Armadas, acrescido de um ganho de potência do vetor que aqui vou chamar de "internalista - ou inimigo interno", que foi hipostasiado em primeiro lugar a partir das noções de "comunismo" e "esquerda", e depois, de maneira mais evidente, no Partido dos Trabalhadores (PT).

Por razões que não terei tempo para explicar aqui, é preciso ter cautela com o seguinte ponto: as Forças Armadas são instituições corporativas *ad hoc*; o sentimento corporativo é alimentado em qualquer exército, através de um constante bombardeio ritual e simbólico que produz marcações muito claras com relação a um "mundo de fora" (CASTRO, 1990; LEIRNER, 2001). Agora, o que e como se mobiliza isso é que é o ponto de partida aqui. Uma pequena cronologia pode dar uma visão de como as noções acima - as que se ligam ao tal "inimigo interno" - aparecem há algum tempo e qual é o resultado disso no modo que as Forças Armadas se articulam com o resto da sociedade, ou, em outras palavras, como eles fizeram e fazem "política por outros meios".

Como é de amplo conhecimento, o anticomunismo começa de maneira contundente ainda durante o governo Vargas. Um bom marco inicial para se pensar nisso é a intentona de 1935 (CASTRO, 2002). Como fica claro no livro de memórias do general Sylvio Frota (2006) - um dos mais notórios anticomunistas que já passaram pelo Exército -, foi esse evento que produziu a primeira grande divisão institucional em torno de campos ideológicos antagônicos. Desde então a Intentona passou a ser anualmente rememorada, e acionou uma série de símbolos, rituais e práticas que visaram acentuar uma tomada de posição muito clara por parte de certas coteries militares, geralmente hegemônicas (CASTRO, id.). Embora tivessem respaldo oficial, é possível dizer que as manifestações desse "campo" assumiram uma nova forma, por incrível que pareça, ainda durante a ditadura, no ano de 1969[124]. Nesse momento um novo evento pode ser tomado como o protoplasma do que estamos vendo hoje. Podemos facilmente chamá-lo de "golpe no golpe".

Foi nessa época que um grupo mais radical, o Centelha Nativista, apareceu no meio dos paraquedistas[125]. Sua proposta era radicalizar a repressão contra a esquerda revolucionária com ações armadas independentes. Curiosamente, eles passaram a ficar mais conhecidos a partir de

---

[124] Certamente estou abordando, sem me deter, muitos eventos e elementos que reforçaram, ao longo do tempo, o anticomunismo military e a construção doutrinária da categoria de "inimigo interno". Talvez o mais importante – em termos do significado para o interior das Forças Armadas – seja a série de expurgos que começaram a ocorrer desde os primeiros dias do regime de 1964. No entanto, permitam-me aqui apenas privilegiar uma história paralela do anticomunismo radical nas Forças Armadas, pois, me parece (como se verá a seguir), ela tem uma relação direta com a construção do bolsonarismo militar.

[125] A Brigada Paraquedista, situada no Rio de Janeiro (e pela qual passaram, entre outros, Bolsonaro e Mourão), é tida como uma espécie de "força de elite", que opera, em tese, como um "comando", i. é, com relativa autonomia tática em relação à hierarquia. Uma "matriz doutrinária" deste tipo de unidade pode ser relacionada aos paraquedistas alemães da Fallschirmjäger, que foram imprescindíveis na tomada da Fortaleza Eben-Emael na Bélgica, em 1940. Foram quinhentos paraquedistas para a derrubada de uma fortificação que estava defendida por mais de 2 mil homens (LUCAS, 1988), numa ação "surpresa" que fazia parte da estratégia maior da *blitzkrieg* na invasão da França. Esta "ponta tática", com relativa autonomia de uma unidade que segue a estratégia, mas decide por si os procedimentos é um dos fundamentos operacionais de unidades do tipo forças especiais, que de certa maneira funcionam como uma matriz para o tipo de célula que foi responsável pela organicidade militar no bolsonarismo.

sua "logomarca", que é o brado "Brasil acima de tudo!", inventado por um coronel que participava do grupo e remetia à ideia de "Deutschland uber alles" [cf. CASALI, s/d]. No seu ápice tentaram uma ação de tomada do governo e radicalização da repressão, aproveitando a doença do então presidente [general] Costa e Silva (15 de março de 1967 - 31 de agosto de 1969). Mas a tentativa falhou, especialmente por falta de adesão do topo da hierarquia (id., ibid.), e os próprios serviços de informações mapearam seu raio de atuação para providenciar sua "dissolução". Esta foi realizada "movimentando"[126] os oficiais da Centelha para várias unidades no país, o que procurou resolver o problema na hora, mas acabou criando outro: agora diversas unidades militares começaram a abrigar protoplasmas de "células" em seu interior. Durante os anos 1970 e em diante esses grupos começam a proliferar, e com eles publicações, jornais, palestras. Ainda em 1971 há registro de alguns generais se vinculando à Centelha Nativista, que, nesse momento, passava a atuar agora mais como "grupo de pressão" do que como "célula insurgente".

Já no começo dos anos 1980, um tanto por conta do reflexo do que aconteceu com os militares argentinos depois da Guerra das Malvinas - que enfraqueceu os militares a ponto de permitir dar sequência a um amplo processo de julgamento dos crimes cometidos por agentes da ditadura –, vimos no Brasil uma intensa articulação dos militares em relação a uma política antirrevisionista. A anistia, nesse sentido, funcionou mais para os próprios militares do que para os civis, visto que estes, em diferentes momen-

[126] A movimentação militar ocorre geralmente a cada dois anos. Os militares geralmente preenchem uma lista dos lugares que desejam servir, mas nem sempre isso é atendido, podendo haver designações compulsórias.

tos, já tinham sido punidos pelo Estado. Nesse sentido, segundo Eduardo Heleno dos Santos (2009; 2018), os militares antes ligados aos setores de informação e repressão começam a se alinhar em "células" como a Centelha, que se tornam espécie de grupos de pressão junto à instituição militar quando eles passam para a reserva. No começo da redemocratização já eram 22 grupos mais consolidados.

Tenho a impressão de que, assim como ocorre em diversas organizações que se comportam como células (replicando o modelo de Forças Especiais), houve um intenso movimento de "cópia criativa" da Centelha. Aliás, como vimos durante as eleições, esse foi inclusive um esquema acionado em certas táticas de campanha usadas pelo consórcio bolsonarista, que disseminou informação e contrainformação a partir de um esquema celular em que as pessoas compunham núcleos que se comportavam como "estações de repetição". Desse modo, assim como os grupos celulares de militares que sempre advogaram por recursos conspiratórios não podiam ser ligados à cadeia de comando das Forças Armadas, era impossível vincular o que se passava nas redes sociais ao candidato Bolsonaro e seu entorno mais próximo.

É no âmbito desse tipo de "tecnologia sociológica" que, ainda em meados dos anos 1980, muitos oficiais ligados ao Centro de Informações do Exército (CIE) começaram a costurar uma conspiração contra Tancredo Neves antes de sua posse. Foi aí que começou o verdadeiro problema. Segundo a dissertação de Sandra Frederici (2003), que estudou as promoções durante o regime militar, bem como o brilhante trabalho de Maud Chirio (2012), podemos ver esclarecida o que foi uma suspeita de muito pouca gente até pouco tempo atrás[127]: os militares começaram eles mesmos a produzir um certo corte nas promoções em relação ao pessoal das informações/repressão. Ninguém que está citado no livro de Dom Paulo E. Arns como parte da "comunidade da repressão" ("Brasil: nunca mais", 1991) chegou ao posto de general. Para não me alongar nesta história, é preciso notar que o compromisso que começou a haver nesse fim dos anos 1970 e começo dos anos 1980 foi o de justamente garantir que essa "comunidade repressiva" não fosse parar em tribunais civis. Nesse sentido, a anistia civil foi um contracheque político para a anistia militar. Aliás, é bem possível que, após passar para a reserva, muitos desses agentes começaram a atuar em polícias militares, segurança privada e esquadrões da morte. Não me surpreenderia se um esquadrinhamento das atuais milícias do Rio de Janeiro chegasse a nomes que participaram da repressão durante os anos de chumbo. Seja como for, o que posso afirmar com alguma segurança é que vários desses militares se encastelaram em grupos como o Centelha, e tinham intensa participação na vida social que existia nas inúmeras sedes do Clube Militar espalhadas pelo Brasil.

Em 1990 o ex-presidente Fernando Collor (1990-1992) decreta o fim do Serviço Nacional de Informações (SNI), que coordenava todo o setor de inteligência, infiltração, informação e contrainformação do regime militar, e desagrada profundamente os militares com a extinção de

---

[127] Para ser mais preciso, quem levantou esta suspeita pela primeira vez foi Celso Castro (Comunicação pessoal, 1998), que intuiu isso após participar da realização de entrevistas com militares que resultaram nos três volumes sobre a ditadura publicados pelo CPDOC (D'Araújo, Soares e Castro: 1994a e 1994b, 1995). Foi a partir daí que orientei o trabalho de Frederici, inclusive.

vários projetos (como o de testes nucleares na Serra do Cachimbo)[128]. Esses grupos de pressão começaram a radicalizar ainda mais. Eles ganharam ainda mais corpo e começaram a agregar uma série de militares que passavam para a reserva e não conseguiam qualquer outra ocupação. Nessa época, inclusive, algumas publicações começam a equacionar os governos civis (Tancredo, Sarney, Collor e FHC) à rubrica "esquerda", retomando inclusive ideias do general Frota, que entendiam que o general Ernesto Geisel (ex-presidente, 1974-1979) era um "comunista" (fundamentalmente por sua aproximação com China e Angola, mas também por conta do início do processo de distensão; ver Frota, 2006). Note-se, aqui, que as atuais designações de esquerda por parte de grupos mais, digamos "intervencionistas", chegam a colocar no mesmo pacote banqueiros, Rede Globo, jornal *O Estado de S. Paulo* e o PT: de certa maneira, isso não é novidade para os "órfãos de Frota".

Como parêntese aqui, cabe lembrar que durante os anos de 1987 e 1988, ainda durante o governo Sarney, o então ministro do Exército, general Leônidas Pires Gonçalves, põe como missão principal preparar o Exército para ser uma força profissional, com os quartéis recolhidos. Com a anistia já (quase) consolidada, ele não queria ver aqui as mesmas quarteladas que se observavam especialmente na Argentina (comunicação pessoal, entrevista realizada em 1994). Um dos movimentos que atrapalharam esse rumo foi sem dúvida o protagonizado pelo então capitão Bolsonaro, que pretendia ações no "padrão Centelha" para

[128] Isso sem mencionar os cortes orçamentários e de salários, além do famoso "confisco na poupança" que ocorreu no primeiro dia de seu governo.

pressionar o comando por demandas das patentes mais baixas do oficialato. Cabe lembrar que Bolsonaro realizou isso quando ainda estava na Brigada Paraquedista, portanto não se trata de mera coincidência seu protagonismo. Leônidas tentou expulsá-lo retirando sua patente, mas ele passou para a reserva remunerada depois de um julgamento bastante questionável pelo Superior Tribunal Militar[129]. Nessa época, Bolsonaro se aproxima bastante desses grupos que começavam a se espalhar, e passa a atuar no Congresso como uma espécie de "cabeça de ponte" deles[130]. Fecha-se o parêntese.

Quando o ex-presidente Fernando Henrique Cardoso promove uma política de "direitos humanos e de revisão da memória militar", em 1999, o general da reserva Hélio Ibiapina de Lima ganha as eleições para o Clube, e lá vai se tornar sede de um dos grupos mais atuantes, o Ternuma: Terrorismo Nunca Mais. Participava dele o coronel Brilhante Ustra, notório torturador que se tornou símbolo de toda a galvanização militar em torno de Bolsonaro; e ainda depois, no final da década de 2000, um dos seus protagonistas foi o general Augusto Heleno, hoje ministro-chefe do GSI (que controla todas as informações) e notoriamente "padrinho" de Bolsonaro[131].

---

[129] Questionável inclusive pelos laudos apontados pela Polícia Federal, que definiam a culpabilidade de Bolsonaro no planejamento de ações explosivas. Ver: https://politica.estadao.com.br/noticias/geral,o-julgamento-que-tirou-bolsonaro-do-anonimato,70002249929.

[130] "Cabeça de ponte" é um termo militar que se usa para a primeira força que realiza uma infiltração em território inimigo. Ou ela será um ponto de apoio para um avanço posterior, ou ela é geralmente usada visando criar uma distração, como, por exemplo, o desembarque aliado em Calais, no Dia D.

[131] Durante a campanha eleitoral, Heleno disse em algumas entrevistas que Bolsonaro havia sido seu aluno nos anos 1970.

Ainda em 1999, como bem mostra a dissertação de Aline Atássio (2009), uma série de movimentos de reação daqueles que seriam tomados como os protagonistas da "memória militar" começa a tomar corpo, com a publicação de 14 volumes pela Biblex (editora do Exército, portanto chancelados pelo comando). Tratou-se não só de uma reação à "política" de FHC, mas também ao fato de, na trilogia do CPDOC/FGV (D'ARAÚJO, SOARES e CASTRO, 1994a, 1994b e 1995), terem aparecido depoimentos de militares que certificavam pela primeira vez que houve tortura e mortes sem resistência durante a ditadura. A relevância dessa série da Biblex está menos no tom laudatório e no valor histórico dela, mas mais no fato de que ela evidencia que o comando militar sempre fez um certo "jogo duplo": de um lado, oficialmente e institucionalmente se colocava como fiel aos princípios democráticos e subordinados ao poder civil, mas internamente dava corpo e não bloqueava as iniciativas que alimentavam uma certa porosidade entre esses "grupos político-militares" e a instituição. Como de praxe nas publicações oficiais, é notável que esses volumes foram distribuídos para praticamente todas as unidades militares do Brasil; e, atente-se ao fato de que nas academias e escolas militares geralmente são os volumes da Biblex que compõem a maior parte da bibliografia sobre história que é lida.

Como notou Casali (s/d), as últimas menções ao Centelha datam de 2001. Mas seus filhotes já operavam em abundância, segundo a dissertação de Eduardo Heleno (SANTOS, 2009). Com a eleição de Lula, esses grupos, especialmente o Ternuma, o Inconfidência e o Guararapes, começam a ganhar mais adeptos e organicidade. Ainda em 2008, o Clube Militar começa a promover diversos debates e se articular com juristas, empresários, "intelectuais". Entre eles, quem começa a frequentar o Clube, e depois ganha espaço dentro das escolas militares (Escola Superior de Guerra [ESG], Escola de Comando e Estado-Maior do Exército [Eceme]; ver nota a seguir), é Olavo de Carvalho, figura atualmente em destaque. Diga-se de passagem, já nessa época o próprio falava, dentro de estabelecimentos militares, sobre uma hipotética conspiração do Foro de São Paulo com as "narcoguerrilhas" como as Farc (colombianas), visando à implementação de um "projeto gramsciano" de tomada do poder. Como veremos adiante essa é uma ideia que "pegou" nos círculos militares. Enfim, eis aí a montagem de um pedaço central do motor que move a estrutura atual.

De fato, pelo que pude reparar, com base em uma "intuição etnográfica", é que durante os dois governos Lula seguiu-se um padrão muito parecido com o que havia se instalado com FHC: institucionalmente o Exército estava "recolhido", mas internamente os poros andavam bem abertos para a política. A maior novidade, talvez, tenha sido algo que comecei a detectar mais recentemente, uma intensa formação de "grupos de estudo", "turmas", "colaborações" e "sinergias" entre militares, desembargadores, juízes, procuradores e delegados de polícia. Chamou-me a atenção o fato de que no fim dos anos 2000, e se intensificando bastante a partir de 2012, começam a aparecer textos assinados por membros do judiciário em publicações militares, como em apostilas da Eceme e da ESG[132], além

[132] Eceme: Escola de Comando e Estado-Maior do Exército. Trata-se do local que dá o curso que é pré-requisito para se acessar o nível do generalato. ESG: Escola Superior de Guerra. Trata-se de um centro de altos estudos em defesa, estratégia e política, vinculado ao Ministério da Defesa e destinado sobretudo à formação complementar de

de *sites* especializados como o defesanet.com.br. Fui verificar os formandos de um dos principais cursos da ESG – o Caepe: Curso de Altos Estudos de Política e Estratégia. Tal curso tem como objetivo de "Preparar civis e militares do Brasil e de Nações Amigas para o exercício de funções de direção e assessoramento de alto nível na administração pública, em especial na área de Defesa Nacional", e tem como "público-alvo", "oficiais-generais e oficiais superiores das Forças Armadas, Forças Auxiliares e de Nações Amigas e civis indicados por instituições convidadas".

As listas de formandos incluem os títulos e nomes dos formandos. A esmagadora maioria é de militares, no entanto é notável que dos civis que estão listados quase todos pertencem às categorias apontadas acima. Ainda não compilei um quadro completo dessa "sinergia" (a expressão foi manifestada pelo general Villas Bôas em seu Twitter, em 2017), mas dos nomes de desembargadores, juízes e procuradores que vi, percebi que quase todos são oriundos dos TRF-1, 2 e 4, respectivamente Brasília, Rio de Janeiro e Sul. Não é o caso de se estender demais nessa aliança, mas gostaria de deixar registrado o fato de que a tal "sinergia" começou a adquirir feições de formação de um "bloco histórico" – no sentido gramsciano – mais consistente ainda durante os anos Dilma. Evidentemente nenhuma dessas forças estava imune ao anticomunismo que se plasmou lá atrás.

Com Dilma essas forças latentes vão explodir. Como se sabe, ela é uma ex-guerrilheira, e do "polo civil" dos anistiados. Já perto da eleição de 2010, grupos como o Ternuma começam a se manifestar publicamente. Isso foi alegadamente impulsionado ainda em 2011 pelo fato de que o

---

militares, mas também de civis convidados. Ambas têm sede no Rio de Janeiro.

Estado passou a agenciar uma política de revisão histórica e de tentativa de revogação da Lei da Anistia, a partir da instituição da Comissão Nacional da Verdade (CNV). Nesse sentido, quero começar aqui com o que considero como a "gota d'água" dos fatos que transbordaram do mundo militar para os agenciamentos do *impeachment* de 2016. O fato é que a Comissão da Verdade, que de início incomodaria muito mais o setor da "comunidade repressiva", acionou o gatilho corporativo e inflou uma mobilização geral. É preciso ter em mente algo muito sério aqui. Se por um lado houve essa "limpeza" da comunidade da repressão nos anos 1980, é notável que desde o começo dos anos 1990, pelas poucas pesquisas que temos, houve um aumento progressivo da taxa de endogamia entre os militares que ingressavam na carreira (OLIVEIRA, 2016). A maioria de novos militares é filho ou parente próximo de militar ou ex-militar, e, embora não tenha como afirmar, é possível supor que a "comunidade repressiva" tenha continuado ideologicamente operacional por meio desses, além de efetivamente estar presente nas associações e clubes militares. Não é de se estranhar que a CNV teve repercussão tão rapidamente.

Na época em que começaram os trabalhos da CNV, sugeri a uma deputada federal que fez parte dela para que se tirasse seu protagonismo do Executivo e passasse para o Judiciário. Tinha certeza que isso ia ser lido pelos militares como uma tentativa de "fratura". Além disso, o nome "Verdade" ia provocar algo que se temia, que é a capacidade que a linha da "repressão" teria de galvanizar simpatia internamente junto ao pessoal da ativa. Mas o paiol de pólvora estava montado, e 2012 foi o ano em que se resolveu "riscar o fósforo", no meu entendimento. Em fevereiro desse ano, o Clube Militar lançou um manifesto contra a CNV. Houve uma interferência da Presidência da República para que o manifesto fosse retirado da internet e das paredes de todas as unidades de clubes militares do Brasil. Os clubes são uma entidade que depende das Forças, mas são da reserva e, portanto, tecnicamente autônoma e civil. Isso provocou uma reação em cadeia. Um segundo manifesto foi feito em favor do primeiro, e hospedado na página da internet dedicada ao coronel Ustra, "A verdade sufocada". Foi assinado maciçamente. Fiz a contagem em março de 2018: só de generais foram 130; coronéis, 868. Isso é muito.

Não foi só a CNV

Mas creio que isso não é suficiente para dar conta do porquê de os militares da ativa, especialmente os oficiais superiores, produzirem uma adesão tão dramática ao abandono do governo e à candidatura de Bolsonaro, a partir de 2014. Há mais de um fator extra que me chegou completamente por acaso. Sem querer, em um dado dia (meados de setembro de 2018) assisti à entrevista do general Luiz E. Rocha Paiva no programa de Renata Lo Prete, na Globonews[133]. Em dado momento da entrevista, depois de muito criticar a CNV (e discutir com outros membros que faziam parte da mesa, sobretudo o ex-ministro da Justiça José Carlos Dias [1999-2000]), ele termina a entrevista dizendo que "uma coisa é o Haddad aqui em cima, o Lula aqui em cima [sinalizando com a mão elevada]. Mas quem dá a linha ideológica, perigosíssima do PT, está aqui em baixo: é Zé Dirceu, era Marco Aurélio Garcia, é o Pomar. Porque eles estão implantando no País uma revolução si-

[133] Disponível em: https://globosatplay.globo.com/globonews/v/7021954.

lenciosa, que é a revolução gramscista, ocupando todos os espaços, mobiliando [sic] todo o Estado. O fato do PT não estar no poder não significa que ele tenha perdido o poder[...]". Como sabemos, tanto Dirceu quanto Pomar, assim como Dilma, foram companheiros de luta. Na hora, minha interpretação foi a de que ele, assim como outros, associava a CNV ao tal "projeto gramscista". Alguns dias depois publiquei no Facebook um texto que foi bastante compartilhado, que denominei "Um problemão para Haddad". Nesse texto, além de analisar (de maneira sumária) as tensões entre militares e PT e alguma coisa da conjuntura, elaborei uma lista com "dicas" para Haddad conversar com militares. Citava "uma entrevista de um general lá na Lo Prete", como subsídio para como lidar, em caráter emergencial, com a CNV. Seja como for, o dado importante foi o que se abriu depois dessa postagem.

Pouco tempo depois fui avisado de que haveria uma "resposta" de Valter Pomar (trata-se do filho do Pomar a que o general Paiva se referiu, Wladimir) à minha postagem[134]. Não é o caso de comentar aqui as inúmeras discordâncias, dele e minhas, mas o fato de Pomar ter respondido me chamou a atenção para justamente o pai dele ter sido mobilizado pelo general. Afinal, com tanta gente mais central no governo Dilma e no PT, por que justamente Pomar? Fui então procurar entender qual era o problema envolvido, e o que vi me abriu para um outro campo de questões. Trata-se do entendimento (militar) de que desde 2010, ainda quando Dilma estava na Casa Civil, e depois na Presidência, Wladimir Pomar tinha "instalado" um "escritório de *lobby* chinês" praticamente dentro do Planalto.

---

[134] Disponível em: http://valterpomar.blogspot.com/2018/09/um-problemao-para-haddad.html.

Tal informação me veio primeiramente numa reportagem na sessão "Mercado" da Folha de S. Paulo de 4 de julho de 2010[135], mas depois me foi "confirmada" por um interlocutor que é militar da reserva (na época era da ativa, e ele me disse que se comentava sobre isso dentro dos quartéis). Segundo ele, em um certo momento, a "inteligência" detectou uma forte tendência no governo de ceder as privatizações e Parcerias Público-Privadas (PPPs) aos blocos chineses. "Isso acendeu um alerta para lá de vermelho", ele me disse. Mais ainda pelo fato de que haveria uma percepção, algo exagerada por parte de militares, que uma nova "conspiração comunista" havia ganhado muito espaço no governo. E com ela toda uma tese sobre aparelhamento do Estado (como vimos, ecoada pelo general Rocha Paiva no trecho acima), que, aliás, passou os muros da caserna. Evidentemente isso é uma leitura dos militares que é feita sobre um "viés de confirmação", quando fatos são adequados àquilo que se quer ouvir[136].

Seguindo essa linha, é possível se perguntar se a vitória chinesa no leilão do Campo de Libra no pré-sal (e matérias, por exemplo, n'*O Globo* alardeando que a China estava comprando o Brasil), sua participação em Belo Monte e nos linhões da Eletrobrás, além da ideia de parcerias comerciais entre os Brics (acrônimo usado para definir uma reunião entre Brasil, Rússia, Índia, China e África do Sul) feitas em yuan, e não em dólar no fundo não alimentaram as ideias que vinham dos grupos anticomunistas que orbitavam a ativa. Nesse movimento, com a ideia de que

---

[135] Disponível em: https://www1.folha.uol.com.br/fsp/mercado/me0407201006.htm.

[136] Aliás, não vejo nada mais parecido com uma descrição gramsciana de projeto hegemônico, e posterior aparelhamento do Estado, do que aquilo que vimos acontecer em 2019.

a CNV era um compósito de (ex)comunistas querendo vingança, encontrou-se espaço para reativar a tese de um "novo comunismo internacional" que agora se plasmava nesse esforço geral das "potências invasoras", *vis-à-vis* a China, Rússia e suas ambições mineralistas e energéticas. Dilma e seus aliados nos Brics reavivariam, assim, do ponto de vista de militares que estavam no topo da cadeia de comando, um "comunismo 2.0" disposto a colocar a ordem internacional de ponta-cabeça, com o Brasil numa posição de "capacho sul-americano da Rússia".

O que vejo que está acontecendo, e não é difícil constatar isso a partir da produção de teses e dissertações nas escolas militares, é o modo pelo qual essas noções foram sendo costuradas. É crucial que tenhamos em mente que eles elaboraram para si próprios uma leitura da realidade que visa explicar o que foi o movimento acima olhando para várias pontas, e não só para a CNV. Nesse sentido, para eles haveria uma tentativa crescente de desmoralização das Forças Armadas que começou com a CNV, e se desdobrou em ações coordenadas com "satélites" do Partido dos Trabalhadores, com o acionamento de grupos minoritários (identitarismo), movimentos indígenas, quilombolas, MST, Igreja[137], ONGs e até a ONU! Não é de se espantar, inclusive, que nesse movimento incluíram até Fernando Henrique Cardoso...

---

[137] Atente-se aqui para a recente acusação do general Heleno sobre as "ameaças" que a Igreja Católica representava sobre nossa soberania na Amazônia: "Na avaliação da equipe de Bolsonaro, a Igreja Católica é uma tradicional aliada do Partido dos Trabalhadores (PT) e estaria, segundo investigações internas, se articulando para influenciar debates antes protagonizados pelo PT no interior do País e nas periferias". Fonte: Último Segundo (https://ultimosegundo.ig.com.br/politica/2019-02-10/igreja-catolica-governo-bolsonaro.html).

Uma "prova factual" apareceu, para os militares, quando veio à tona um "documento sobre resolução de conjuntura" elaborado pela Executiva Nacional do PT, de maio de 2016, onde se colocava que o "PT falhou em não mexer nos currículos militares e nas promoções"[138] . A "conspiração petista" foi assim montada na cabeça dos militares; logo após, o general Villas Bôas, ainda como comandante do Exército, declarou à jornalista Eliane Cantanhêde, no *Estado de São Paulo*, que "com esse tipo de coisa, estão plantando um forte antipetismo no Exército"[139].

Meses depois, numa outra entrevista do general Villas Bôas à *Revista Piauí*, em 2018[140], junto com alguns assessores, registrou-se a seguinte conversa:

> Estavam na mesa os generais Otávio Rêgo Barros, chefe do CCOMSEx, o Centro de Comunicação Social do Exército; Tomás Ribeiro Paiva, chefe de gabinete, e Ubiratan Poty, chefe do Centro de Inteligência do Exército, além dos coronéis Alberto Fonseca, assessor do gabinete do comandante responsável por análises de conjuntura, e Alcides de Faria Junior, chefe da Divisão de Relações com a Mídia do CCOMSEx. Foi a eles que Villas Bôas perguntou se deveria falar "em *off* ou em *on*" naquele trecho da entrevista. Todos sugeriram que o comandante abordasse o assunto "em *on*"./"Isso nos preocupa porque, se por um lado, nós somos instituições de Estado e não podemos participar da vida partidária, indica uma intenção de partidos interferirem no Exército", iniciou o comandante. O general Tomás o seguiu: "Isso para mim

[138] Disponível em: https://pt.org.br/wp-content/uploads/2016/05/Resolu----es-sobre-conjuntura-Maio-2016.pdf.

[139] Disponível em: https://politica.estadao.com.br/blogs/eliane-cantanhede/pt-irrita-exercito/.

[140] Disponível em: https://piaui.folha.uol.com.br/materia/mal-estar-na-caserna/.

> foi o maior erro estratégico do PT, foi uma coisa burra." "Essa é uma coisa que não é admitida pelas Forças Armadas, a intervenção em nosso processo educacional. Esquece", emendou o coronel Fonseca. "Isso nos fere profundamente. Está na nossa essência, no nosso âmago", concordou Villas Bôas.

Se todas essas coisas foram se acumulando, poderíamos supor que a adesão ao bolsonarismo foi, como pregam vários militares, circunstanciada e de última hora? Creio que não. Nesse sentido, basta voltar ao ano de 2014, que já vemos em curso a operação para consolidar a ideia de que tudo no Brasil passa a ser visto pelo filtro de uma "divisão em classes" operada pelo PT (na sua "revolução silenciosa"), "obrigando" uma reação dos setores mais interessados em um novo ciclo, com os militares à frente. É nessa época que já vejo indícios mais concretos de que a ativa das Forças Armadas começa a se politizar de maneira sistemática, obrigando o setor "profissionalista" que então ocupava o comando a entrar em um jogo perigoso, que ao mesmo tempo envolve a tentativa de apagar o fogo com balde de gasolina e manter a unidade da corporação. Nessa época começam a aparecer publicamente atos como os do general Mourão, com suas falas incensando a tropa contra Dilma.

Ao mesmo tempo, o general Enzo Peri, que comandou o Exército de 2007 a 2015 começou a ser bombardeado, especialmente por militares da reserva que habitavam os clubes e as células "padrão Centelha". Com essa pressão, Peri parece ceder, e, com efeito, algo absolutamente notável acontece: no final de 2014 Bolsonaro foi à formatura dos cadetes da Aman (Academia Militar das Agulhas Negras) e foi filmado com estes ovacionando-o, chamando-o de "líder"[141].

[141] Disponível em: https://www.youtube.com/watch?v=MW8ME9S87SI.

Não achei registro de qualquer fato similar anteriormente a este, mas acho sintomático que isto tenha sido realizado pouco tempo após a conturbada eleição de 2014, vencida por Dilma Rousseff. Trata-se da abertura dos portões da caserna para a política. Para se ter uma noção, note-se neste trecho o que Bolsonaro fala aos cadetes: "Alguns vão morrer pelo caminho, mas estou disposto em 2018, seja o que Deus quiser, tentar jogar para a direita esse País [...]".

A campanha continuou, explicitamente, com ele afirmando que se diferencia dos outros políticos, que "apanha" há 28 anos em Brasília, e outras coisas mais. Uma brecha se criou, em um caminho sem retorno.

Vamos entender o que é a formatura da Aman e qual a sua relevância para o caso. Trata-se de um ritual de consagração dos quatro anos em que 380 jovens passam pelo conjunto de práticas e ações mais radical de socialização e inserção de uma vida fechada na instituição. É uma vitória cultural, tanto da instituição sobre os indivíduos quanto deles sobre sua tendência de ser "livres" (CASTRO, 1990). Nesse momento confirma-se que seus corpos e almas não são mais deles, bem como suas relações: sabem bem que suas esposas, filhos, amigos são e vão ser, para sempre, parte da "família militar" (CASTRO, 2018). Mas não é só isso. Nesse momento eles recebem o "espadim" de outro militar, que vai ser uma espécie de padrinho de cada um. Assim se monta a carreira, com mérito e com redes de relações. Um padrinho tem um padrinho, tem círculos próximos. Não é à toa que podemos dizer que a formatura das escolas e academias militares é o maior momento de autoidentificação que existe nas forças armadas. Esse momento é tão significativo que os presidentes da República estão lá. E, claro, o alto-comando, representando a linha toda. Além disso, nas escolas os militares estão com os contatos mais intensificados, sujeitos às influências de colegas e de um corpo de comandantes maior do que em unidades de tropa. Daí sua importância e centralidade.

Em 2017 e 2018, Bolsonaro fez uma peregrinação por todas as três academias (Academia da Força Aérea; Aman, do Exército; e Escola Naval, da Marinha). Tudo isso numa situação em que ele já era candidato. Aliás, é preciso ver certas dimensões simbólicas que estavam implícitas nesse ritual dali para frente. Vendo a formatura de 2017[142], notei algo bastante inusitado: Bolsonaro estava na primeira fileira do palanque reservado às autoridades (ao lado de seu filho, que estava filmando), alinhado aos comandantes da Marinha, do Exército e da Aeronáutica, e à esquerda dos generais mais graduados do alto-comando. Nos protocolos militares, quanto mais próximo da autoridade central, mais alta a hierarquia (LEIRNER, 2001). Estar na primeira fileira não é pouco. Mas digamos que isso foi algo "aleatório" (o que é muito difícil). Algo ainda me surpreendeu mais: ao lado de Bolsonaro estava o general Mourão, que viria ser seu vice depois de uma sucessão de sondagens que "não deram certo". Pois então, se há algo que é certo afirmar é que nesses protocolos militares nada é por acaso[143]. Tendo a acreditar que a candidatura de Mourão "de última hora" foi mais uma construção narrativa premeditada, assim como todas as falas de militares que dizem que a adesão ao bolsonarismo foi "por acaso" e "de última hora".

---

[142] Disponível em: https://www.youtube.com/watch?v=agDo5SfYPSE.

[143] Ver o caso narrado por Cristina Silva (2010, 31), sobre o aparecimento inusitado de um cão na formatura da Aman. Nos anos seguintes foi designado um soldado apenas para prever que tal situação não pudesse ocorrer novamente.

Não houve mais, por parte do Exército, qualquer constrangimento em assumir "para dentro" tal partidarismo. Evidentemente esses detalhes passaram longe dos olhos da maioria das pessoas, mas qualquer militar sabe o que isso significa. É preciso ressaltar também que a partir do fato de 2014, as PMs de vários estados do Brasil "copiaram" o modelo e transformaram Bolsonaro em "convidado de honra". Sabendo que os protocolos militares têm uma função central em suas vidas – trata-se do que eles entendem como a "resposta prospectiva e disciplinada frente aos imponderáveis da guerra" (LEIRNER, id.) –, do meu ponto de vista Bolsonaro não foi só mais um candidato qualquer com apoio de militares. Não é só alguém que atraiu simpatia de um segmento. Ele passou a ser uma peça central de um movimento que começou a ser realizado a partir de um consórcio de generais que tiveram as experiências junto aos grupos de pressão que vinham se formando desde o fim da ditadura, particularmente o Ternuma. E isso seguiu os passos "protocolares" e "teóricos" da aplicação de operações de uma forma de guerra particularmente nova, que é a chamada "guerra híbrida". Nesse sentido, a ideia geral deste capítulo é chamar a atenção para elementos que aparentemente não têm conexão clara entre si, mas que se juntaram em processos cognitivos de militares, que enfim tiveram uma participação proativa nos eventos que vemos ocorrer nesta década.

REFERÊNCIAS

ARNS, D. Paulo Evaristo. 1991. *Brasil: nunca mais*. São Paulo: Paz e Terra.

ATÁSSIO, Aline. 2009. *A Batalha pela Memória. Os militares e o golpe de 1964*. Dissertação de mestrado em Ciências Sociais. São Carlos: Universidade Federal de São Carlos

CASALI, Cláudio Tavares. Brasil, acima de tudo!. Disponível em http://www.cipqdt.eb.mil.br/download/trabalhos_cientificos/o_brado_brasil_acima_de_tudo.pdf . Acesso em: 25 out. 2018.

CASTRO, Celso. 1990. *O espírito militar*. Um antropólogo na Caserna. Rio de Janeiro, Zahar.

CASTRO, Celso. 2002. *A invenção do Exército Brasileiro*. Rio de Janeiro: Jorge Zahar editor.

CASTRO, Celso (Org). 2018. *A família militar no Brasil*. Rio de Janeiro: FGV.

CHIRIO, Maud. 2012. *A política nos quartéis*: revoltas e protestos de oficiais na ditadura militar brasileira. Rio de Janeiro: Zahar.

FREDERICI, Sandra Maria. 2003. *Instituição militar e política, uma abordagem antropológica (1964-1974)*. Dissertação (Mestrado em Ciências Humanas). São Carlos: Universidade Federal de São Carlos.

FROTA, Sylvio. 2006. *Ideais traídos*. Rio de Janeiro: Zahar.

LEIRNER, Piero. 2001. *O sistema da guerra. Uma leitura antropológica dos exércitos modernos*. Tese de doutorado em Antropologia Social. São Paulo: USP.

LUCAS, James. 1988. Storming Eagles: German Airborne Forces in World War Two. [S.l.]: Arms and Armour Press.

OLIVEIRA, Ana Amélia Penido. 2016. Notas sobre a

Academia Militar das Agulhas Negras atualmente: perfil dos cadetes e características formais e informais do processo de ensino. *Anais da IX Enabed*. Florianópolis: Abed.

SANTOS, Eduardo Heleno. 2009. *Extrema direita, volver! Memória, ideologia e política dos grupos formados por civis e militares da reserva*. Dissertação de mestrado apresentada ao Programa de Pós-Graduação em Ciência Política da Universidade Federal Fluminense. Rio de Janeiro: UFF.

SANTOS, Eduardo Heleno. 2018. Outro olhar sobre as Forças Armadas: os grupos de pressão política formados por militares da reserva. *Em Debate*, Belo Horizonte, v.10, n.1, p.39-45.

SILVA, Cristina Rodrigues. 2010. *A casa e o quartel: uma análise antropológica sobre o Exército e a família na Academia Militar das Agulhas Negras*. Dissertação (mestrado em Ciências Sociais). São Carlos: Universidade Federal de São Carlos.

SUPERANDO O LEGADO DA DITADURA MILITAR? A COMISSÃO DA VERDADE E OS LIMITES DO DEBATE POLÍTICO E LEGISLATIVO NO BRASIL

Janaína de Almeida Teles[144]

Na atualidade, os ecos traumáticos das ditaduras latino-americanas e os respectivos modos de lidar com esse passado vêm sendo objeto de análises por parte de militantes, historiadores e cientistas sociais, tendo em vista os retrocessos políticos e sociais observados e o retorno do "negacionismo" relativo à onda autoritária experimentada na região a partir dos anos 1960. No Brasil, a Comissão Nacional da Verdade (2012-2014) representou uma janela de oportunidades para se reinterpretar a abrangência da repressão brasileira durante o período e suas repercussões, o que tem demandado o aprofundamento da análise relativa a essa experiência no país.

O presente estudo esforça-se por analisar em que medida essa demanda se concretizou, tendo em vista a caracterização do processo de criação da Comissão Nacional da Verdade (CNV), considerado um momento particularmente oportuno para a compreensão de fatos de relevância histórica do país. Neste texto, investigam-se as especificidades do caso brasileiro, em que o bloqueio do testemunho, os mecanismos de denegação e de banaliza-

[144] Professora de História do Brasil da UEMG e pesquisadora associada do IEA-USP. Historiadora formada pela USP, possui mestrado e doutorado em História Social pela mesma instituição. É pós-doutora em História por esta mesma universidade e em Sociologia pela Unicamp, além de autora de diversos livros e artigos acadêmicos sobre a ditadura militar e seu legado no Brasil.

ção de conflitos impediram que a memória traumática se expressasse amplamente no espaço público, tanto em sua forma jurídica quanto em outros modos; o que contrasta com a experiência dos demais países do Cone Sul da América Latina.

Visando contribuir para o entendimento desse processo histórico, este texto procura traçar um panorama reflexivo sobre a instalação da Comissão da Verdade no Brasil, destacando o protagonismo dos atores políticos envolvidos, em especial o dos familiares de mortos e desaparecidos políticos. O presente trabalho analisa os debates desenvolvidos na sociedade civil e no Legislativo envolvendo a criação da CNV, de maneira a abordar as contribuições e limites constitutivos desse processo, os quais influenciaram decisivamente os resultados de suas atividades. Para tanto, o artigo beneficia-se de entrevistas e documentos inéditos ou pouco explorados e uma revisão abrangente da bibliografia existente sobre o assunto. É de se considerar que este texto faz parte de um estudo mais amplo, em desenvolvimento, sobre a CNV e as repercussões de suas investigações.

1. As disputas e controvérsias sobre a instalação da Comissão da Verdade

A transição democrática no Brasil ocorreu sem rupturas evidentes com seu passado ditatorial. A falta de responsabilização jurídica dos agentes de Estado que cometeram crimes de lesa-humanidade durante a ditadura traduziu-se na construção de uma versão oficial distorcida do passado recente, preservada, em grande medida, pelos governos democráticos que sucederam à promulgação da "Constituição Cidadã" de 1988. Ao longo desse processo, prevaleceram os discursos ancorados na "lógica da reconciliação", a qual buscou silenciar as demandas por justiça relativas aos crimes mencionados acima, em nome de uma suposta governabilidade. Com efeito, a transição democrática brasileira, caracterizada pela tutela militar, imprimiu suas marcas na constituição, assim como na condução das atividades da Comissão Nacional da Verdade.

Desde essa perspectiva, é de se ressaltar que a criação de uma comissão responsável por investigar os crimes cometidos pela ditadura era uma demanda antiga das entidades de direitos humanos no Brasil[145]. A partir de 2007, contudo, ampliaram-se as cobranças pela adoção de medidas necessárias à sua instalação. Essa demanda começou a ser debatida de maneira mais sistemática no seminário "Debate Sul Americano sobre Verdade e Responsabilidade em Crimes contra os Direitos Humanos", promovido no mês de maio daquele ano pelo Ministério Público Federal de São Paulo, com o apoio do Centro Internacional de Justiça de Transição (ICTJ) e da Secretaria de Estado de Direitos Humanos (SEDH). O evento contou com a presença de especialistas em direito internacional e justiça de transição, bem como de juristas, historiadores e ativistas, que, ao final, apresentaram a proposta de criação de uma comissão da verdade, conforme registrado na "Carta de São Paulo"[146].

---

[145] Ela remonta ao ano de 1975, quando familiares e deputados do grupo dos "Autênticos" do Movimento Democrático Brasileiro (MDB) – partido da "oposição consentida" pela ditadura militar – organizaram uma campanha em favor da criação de uma Comissão Parlamentar de Inquérito no Congresso Nacional, cf. TELES, (2005).

[146] Ver: http://www.mpf.mp.br/sp/sala-de-imprensa/noticias-sp/mpf-divulga-a-carta-de-sao-paulo. Participei deste seminário como coordenadora da mesa de debate "Brasil: a anistia de 1979 e a prescrição criminal".

Nesse período, consolida-se entre os familiares e ativistas dos direitos humanos a percepção de que a Comissão Especial de Mortos e Desaparecidos Políticos (CEMDP) não levaria adiante as investigações e buscas de remanescentes ósseos dos desaparecidos do período ditatorial. Com efeito, em outubro de 2003, havia sido instituída uma comissão interministerial composta pelos ministros da Justiça, da Defesa, da Casa Civil e dos Direitos Humanos, além do advogado-geral da União, em resposta aos protestos em face do recurso impetrado pelo governo Lula contra a sentença expedida pela juíza Solange Salgado, referente à Guerrilha do Araguaia. A sentença determinava a abertura dos arquivos militares e a pronta localização dos restos mortais dos desaparecidos do movimento guerrilheiro. Com a decisão do governo Lula de recorrer da sentença, a nova comissão foi instalada, assistida pelos comandantes da Marinha, do Exército e da Aeronáutica (ROTA, 2006), sem sucesso.

Assinado pelo advogado-geral da União, o recurso, apresentado ao Tribunal Regional Federal (TRF) da 1ª Região, em Brasília, reconhecia o direito dos familiares de localizar os restos mortais dos guerrilheiros e a obrigação da União de garanti-lo. Mas, de acordo com o texto, a juíza Salgado teria extrapolado o pedido feito pelos familiares, autores da ação ajuizada em 1982, cujo objetivo seria exclusivamente o de saber o paradeiro dos desaparecidos. Ou seja, os arquivos militares não deveriam ser disponibilizados à Justiça ou aos familiares. Na ocasião, o presidente da CEMDP, o advogado Luís Francisco Carvalho Filho, criticou duramente a decisão, classificando-a como "[...] tecnicamente incompreensível e politicamente lamentável" (Idem, ibidem).

Nesse contexto, a relação entre as duas instituições se caracterizou pela desconfiança e grande tensão. Parte significativa dos integrantes da CEMDP considerou a criação da nova comissão uma tentativa de esvaziar o trabalho realizado por ela. Chegou-se a cogitar a possibilidade de demissão coletiva, mas, em 2005, apenas Suzana K. Lisbôa renunciou ao cargo de representante dos familiares de mortos e desaparecidos na CEMDP. De acordo com o seu testemunho,

> [...] o governo Lula esvaziou a Comissão Especial e não cumpriu a promessa de abrir os arquivos da ditadura militar. O pouco poder que tínhamos nos foi retirado. Não havia condições de permanecer. O governo não abriu os arquivos, não esclareceu as mortes e desaparecimentos, ou seja, como morreram, onde foram enterrados e a autoria desses crimes. E não tomou nenhuma providência no sentido de punir os responsáveis por esses atos. Além disso, não esclareceu o episódio ocorrido na Base Aérea de Salvador, onde documentos do período militar apareceram queimados, o que deve ter ocorrido em vários outros locais [...]. Os familiares agendaram dois encontros com o presidente Lula, que foram cancelados na última hora. Em um desses encontros agendados, o presidente aceitou reunir-se com setenta pessoas... O fato é que a CEMDP não teve apoio para localizar os restos mortais dos desaparecidos ao longo dos dez anos em que atuei nela. A localização de alguns restos mortais ocorreu graças ao esforço dos familiares. O Estado matou essas pessoas e, até agora, coube aos familiares das vítimas apresentarem os indícios de onde podem estar enterradas (LISBÔA, 2005)[147].

[147] Cf. entrevista concedida por Suzana Keniger Lisbôa à autora. São Paulo, 23/07/2005. Arquivo da autora.

Diante desse cenário, os familiares se dividiram entre os que defendiam manter sua representação da CEMDP e os que preferiam retirá-la, a fim de explicitar o protesto contra as medidas do governo com vistas a dificultar o cumprimento da sentença da juíza Solange Salgado. Desse conflito surgiram a proposição de criação de uma comissão da verdade e a campanha "Desarquivando o Brasil", a qual elaborou um projeto de lei de informação[148], que serviu de referência para a elaboração do projeto da Lei de Acesso à Informação (LAI), apresentada pelo poder Executivo em 2011.

Pouco antes, durante os debates promovidos pela I Conferência Municipal/Encontro Regional de Direitos Humanos de Belo Horizonte[149], realizada em 2008, o Grupo Tortura Nunca Mais de Minas Gerais (GTNM-MG) defendeu a criação do eixo temático "Memória, Verdade e Justiça", ausente da pauta estabelecida no Caderno da XI Conferência Nacional de Direitos Humanos da SEDH-PR (SEDH-PR, 2008)[150], documento elaborado para subsidiar os debates preparatórios das etapas municipais, estaduais e distrital que a antecederam. Nesse contexto, Heloisa Greco, militante do GTNM-MG e coordenadora do painel sobre o "Direito à Memória e à Verdade" da III Conferência Estadual de Direitos Humanos, realizada em

---

[148] Cf. ALMEIDA, Criméia A. S. *et. al.* (2009), p. 43-46. Atuei como coordenadora da Campanha "Desarquivando a Ditadura" (2005) e do Dossiê Ditadura (2009).

[149] Esta corresponde à etapa preparatória da III Conferência Estadual de DH de Minas Gerais, cf. SOARES (2016), p. 99-100.

[150] Cf. SEDH-PR (2008). Esta ausência foi denunciada também na Conferência Municipal do Rio de Janeiro, cf. entrevista concedida por Maria Amélia de A. Teles à autora. São Paulo, 14/01/2020. Arquivo da autora.

setembro daquele ano, propôs a criação do eixo temático mencionado acima, incluído na etapa nacional, quando representantes dos familiares defenderam a instalação de uma comissão da verdade e justiça (TELES, 2020).

Em dezembro de 2008, representantes dos familiares participaram da mesa redonda a respeito do eixo temático número 7, "Memória, Verdade e Justiça", organizada pela XI Conferência Nacional, em Brasília, DF, na qual a proposta de criação da Comissão da Verdade ganhou ressonância, conforme o testemunho de Maria Amélia de A. Teles:

> Ao longo da discussão, nós, eu e Victória Grabois, reiteramos a defesa da proposta de criação de uma Comissão da Verdade e Justiça, pois entendíamos que a comissão deveria organizar as informações [sobre a ditadura] obtidas através de sua investigação com o objetivo de, ao final, enviá-las à justiça. Considerávamos também que a reparação simbólica era parte da justiça a que tínhamos direito, o que incluía reconhecer a memória dos mortos e desaparecidos e de seus familiares e, ainda, criar centros de referência para investigar a história e fomentar a cultura dos direitos humanos. Outro componente da mesa, o Paulo Abraão, discordou, argumentando que não poderíamos incluir o termo 'justiça', pois isso significaria uma interferência no funcionamento do poder Judiciário. Havia resistência à proposta, mas o movimento negro votou a favor do nosso projeto e, graças a esse apoio, conseguimos aprová-la. A votação do plenário ocorreu em bloco, tendo em vista que já era muito tarde, aprovando a proposta integralmente (Idem, ibidem).

Com efeito, as reivindicações dos familiares e dos movimentos de direitos humanos constam do Caderno de Deliberações da XI Conferência Nacional, conforme se pode ler no item 9, do eixo 7:

Constituir a Comissão Nacional de Verdade e Justiça, composta de forma plural, com maioria de representação dos movimentos socais e com a participação de familiares de mortos e desaparecidos políticos; com caráter público, transparente e prazo determinado para início e término dos trabalhos; com plenos poderes para a apuração dos crimes de lesa-humanidade e violação de direitos humanos cometidos durante a articulação para o golpe e a ditadura militar, devendo nominar e encaminhar aos órgãos competentes para a punição dos acusados por esses crimes e registrar e divulgar todos os seus procedimentos oficiais, a fim de garantir o esclarecimento circunstanciado de torturas, mortes e desaparecimentos [...] (XI CNDH, 2008, p. 154-155).

Em consonância com os debates estabelecidos na XI Conferência, o Caderno de Deliberações contemplou ainda as propostas de instalação de comissões da verdade sobre a escravidão negra, sobre os povos originários e sobre a repressão aos trabalhadores rurais no Brasil. E, por fim, propôs a realização de investigações sobre a atuação de segmentos sociais e instituições ao longo da ditadura militar, tais como os empresários, sindicalistas, militares, negros, políticos, o judiciário, as diversas igrejas existentes no país, entre outros (idem, ibidem, p. 155-156).

Pouco depois, em abril de 2009, a Comissão de Familiares de Mortos e Desaparecidos Políticos lançou o "Dossiê Ditadura: mortos e desaparecidos políticos no Brasil (1964-1985)", no qual apresentava a atualização de suas pesquisas realizadas ao longo do funcionamento da CEMDP, fazendo constar sua proposta de comissão da verdade:

> [...] espera-se dessas Comissões que sejam plurais, independentes e utilizem-se de procedimentos próximos aos

> judiciais [...]. Destacam-se, porém, o caráter público e transparente desses procedimentos extrajudiciais de reparação simbólica, onde, geralmente, se propicia o depoimento de testemunhas e confissões de acusados. Dessa forma, a investigação e recuperação dos fatos, mesmo que não acompanhada de punição, ocorrem de maneira muito mais profunda. Em diversas partes do mundo a rememoração do passado tem ocorrido de maneira indissociável das lutas por justiça. Salientamos, assim, a relação íntima e complementar entre memória e justiça [...] (ALMEIDA et.al., 2009, p. 50).

A proposição partia da constatação de que, "[...] a *Comissão Especial dos Mortos e Desaparecidos Políticos* e a *Comissão de Anistia*, ambas de caráter administrativo, têm poderes limitados de investigação sobre a atividade repressiva do Estado durante a ditadura militar", invertendo o ônus da prova, na medida em que cabia às vítimas a apresentação de indícios dos crimes cometidos pelo Estado. Somava-se a esse cenário injusto e adverso o fato de que essas comissões "[...] não obtiveram apoio dos diversos governos civis para implementar esta tarefa". Ademais, suas diligências e decisões, "[...] embora sejam consideradas públicas, não são acompanhadas de forma ampla, aberta e sistemática pela sociedade". Diante desse quadro, concluíram que essas instituições não poderiam ser consideradas *Comissões de Verdade e Responsabilização* (ALMEIDA et. al., 2009, p. 50).

A perspectiva dos familiares era a de que a recuperação factual através de uma rigorosa investigação exercida no âmbito de uma comissão da verdade contribuiria para o esclarecimento dos fatos, o estabelecimento da verdade e da responsabilidade individual, assim como da verdade global sobre aquele período histórico. Por meio de sua investigação, seria possível analisar as estruturas da repressão ilegal e o contexto mais amplo em que ocorreram essas violações aos direitos humanos. Sua contribuição principal seria, provavelmente, o acolhimento das narrativas das vítimas e sobreviventes da repressão estatal por parte da sociedade brasileira, contribuindo assim para o fortalecimento do Estado Democrático de Direito.

Partia-se de uma avaliação a respeito das possibilidades concretas de impulsionar mudanças institucionais, salientando que todas as experiências de instalação de comissões da verdade foram seguidas do descumprimento de suas recomendações por parte dos Estados. Não obstante, as comissões eram consideradas instrumentos capazes de despertar a atenção da opinião pública e, mais amplamente, da sociedade para o potencial do direito internacional dos direitos humanos em favor de mudanças significativas no âmbito nacional:

> A experiência sul-africana demonstra que mesmo quando há modificações institucionais e legislativas significativas [...] a investigação dos fatos pode não estar garantida. Apesar dessas limitações, as Comissões da Verdade são importantes instrumentos para efetivar a aplicação do Direito Internacional dos Direitos Humanos. Este atribui aos Estados a obrigação de garantir o direito à justiça, em sua concepção mais ampla e integral, incluindo a investigação dos fatos, a identificação e a sanção dos responsáveis, a reparação dos atingidos, o direito à verdade e à organização do aparato estatal de forma a assegurar a vigência dos direitos humanos (ALMEIDA et.al., 2009, p. 46).

Essa questão ganhou maior visibilidade quando do lançamento do III Programa Nacional de Direitos Humanos

(PNDH-3), instituído mediante decreto presidencial em dezembro de 2009, o qual atualizou versões anteriores e incorporou resoluções da XI Conferência mencionada antes. A diretriz 23 sobre o "Reconhecimento da memória e da verdade como Direito Humano da cidadania e dever do Estado" do eixo VI, "Direito à Memória e à Verdade" do PNDH-3, estabeleceu como objetivo "a apuração e o esclarecimento público das violações de Direitos Humanos praticadas no contexto da repressão política ocorrida no Brasil [...] e promover a reconciliação nacional" (SEDH/PR, 2010, p. 173).

O texto final elaborado pelo poder Executivo, porém, sofreu expressivas alterações, tendo sido retirados termos tais como "repressão ditatorial", "resistência popular à repressão", "responsabilização criminal sobre casos que envolvam atos relativos ao regime de 1964-1985" e, sobretudo, "justiça". O abrandamento discursivo do governo orientou-se no sentido de que as medidas de reparação deveriam ser diluídas em um período histórico mais amplo, sem a identificação direta da ditadura. As violações aos direitos humanos não deveriam ser caracterizadas como crimes contra a humanidade, nem ser punidas. O debate público foi direcionado para formulações mais vagas relativas às medidas a serem recomendadas e adotadas (QUINALHA , 2013).

O governo suprimiu, igualmente, do eixo VI do PNDH-3 as propostas relativas à criação de comissões da verdade sobre a escravidão negra, sobre a violência praticada contra os povos originários e sobre a repressão aos trabalhadores rurais, presentes no Caderno de Deliberação da XI Conferência Nacional, conforme mencionado antes (SEDH/PR, 2008, p. 156; 2010, p. 169-178). Desse modo, excluíram-se do debate público setores sociais reiteradamente marginalizados, inviabilizando um amplo processo de democratização no Brasil. Ademais, minimizou o impacto político e social da Comissão Nacional da Verdade, esvaziando seu potencial na promoção de transformações institucionais efetivas, da cultura dos direitos humanos, bem como da "capacidade de escuta" relativa aos traumas históricos do país.

Não obstante, o PNDH-3 apresentou na diretriz 24, do eixo VI, relativa à "promoção da memória histórica e da construção pública da verdade", a proposta de criação de uma comissão da verdade a respeito dos crimes da ditadura do Estado Novo (1937-1945). Esta, porém, foi ignorada, assim como aquelas que compõem a diretriz 25, que versa sobre "a modernização da legislação relacionada com a promoção do direito à memória e à verdade", sobretudo as que têm por objetivo "suprimir do ordenamento jurídico brasileiro [...] normas remanescentes dos períodos de exceção que afrontem os compromissos internacionais e preceitos constitucionais sobre Direitos Humanos" (SEDH/PR (2010), p. 175-177).

Paralelamente, a tramitação da petição dos familiares de desaparecidos da Guerrilha do Araguaia na Comissão Interamericana de Direitos Humanos (CIDH) da OEA assumiu contornos que viriam a influenciar decisivamente a proposta de criação da Comissão da Verdade no Brasil. Em outubro de 2008, atendendo a um pedido do Centro para a Justiça e o Direito Internacional (CEJIL) (responsável pelo trâmite da petição no sistema interamericano de direitos humanos), a CIDH realizou uma audiência temática, a fim de coletar informações sobre a efetivação de medidas de justiça de transição no país, intitulada "A

Lei de Anistia[151] como obstáculo à justiça no Brasil". A audiência contou com as presenças de procurador regional da República, Marlon Weichert, e do então presidente da Comissão de Anistia, Paulo Abrão, na qual restou esclarecido que a solução para o caso brasileiro não passava pela revogação da Lei de Anistia, mas por uma reinterpretação dos seus alcances que permitisse a responsabilização criminal de agentes estatais, em consonância com as obrigações internacionais de direitos humanos do Estado perante os instrumentos convencionais do sistema interamericano. No mês seguinte, a CIDH notificou o Estado brasileiro quanto às medidas indicadas no seu informe sobre o mérito do caso (BERNARDI, 2015, p. 452-153).

Tendo em vista o não cumprimento satisfatório dessas medidas, em março de 2009, a CIDH decidiu encaminhar o caso à Corte Interamericana de Direitos Humanos (Corte IDH), a qual alcançou grande repercussão no Brasil. Em julho do mesmo ano, os familiares apresentaram um memorial de requerimentos, no qual demandavam ao Estado brasileiro o cumprimento de quinze medidas, entre elas, a criação de uma comissão da verdade e a persecução penal de todos os autores e cúmplices de desaparecimen-

[151] Em 1979, o governo impôs a Lei de Anistia com o objetivo de conter a campanha pela "anistia ampla, geral e irrestrita" organizada pela sociedade civil, com vistas a contemplar todos os perseguidos políticos. A lei foi considerada "recíproca", equiparando a violência da tortura praticada pelos agentes do Estado à violência dos opositores da ditadura. Restrita e parcial, ela permitiu o retorno da maioria dos exilados ao Brasil. Os presos condenados por ações armadas não foram anistiados, mas suas penas foram reduzidas após a reformulação da Lei de Segurança Nacional (LSN), em 1978, tendo sido soltos em liberdade condicional. A interpretação hegemônica da lei protege os agentes do Estado ao considerar a tortura um ato "conexo" aos supostos crimes cometidos pelos perseguidos políticos, cf. TELES (2011).

tos forçados relativos à Guerrilha do Araguaia. Na resposta de novembro de 2009, o Estado solicitou que a Corte se declarasse incompetente para apreciar os fatos que não fossem de caráter permanente, exauridos antes da admissão de sua jurisdição por parte do Brasil, em 1998. Defendeu a inadmissibilidade do caso na Corte IDH e a falta de interesse processual dos peticionários, tendo em vista o não esgotamento dos recursos internos da ação ordinária de prestação do fato, ajuizada em 1982. Para o Estado, o julgamento da Arguição de Descumprimento de Preceito Fundamental (ADPF) 153, até então não apreciada pelo Supremo Tribunal Federal (STF), deveria ser o meio mais adequado para responder às demandas jurídicas do caso (BERNARDI, 2015, p. 453-454).

Pouco depois, em abril de 2010, o STF apreciou a ADPF 153, ajuizada pela Ordem dos Advogados do Brasil (OAB), na qual se contestava a validade do primeiro artigo da Lei de Anistia (6.683/79). De acordo com a arguição, o artigo considera "conexos" e perdoados os crimes "de qualquer natureza", relacionados aos "crimes políticos" praticados entre 1961 e 1979. Conforme sustentado pela referida ADPF, não houve conluio, comunhão de propósitos ou de objetivos entre os agentes do Estado, de um lado, e, de outro, os perseguidos políticos. Muito pelo contrário. Os atos de repressão aos chamados "subversivos" deveriam ser considerados "crimes comuns", sem qualquer relação com os "crimes políticos", tendo em vista que estes atentavam contra a ordem política vigente durante a ditadura militar. Em consonância com essa argumentação, concluía pela inaplicabilidade da anistia aos torturadores daquele período. O caso, porém, foi julgado improcedente por sete votos a dois, tendo sido vencedor o voto do relator do processo, o ministro Eros Grau, o qual ressaltou que não cabe ao Poder Judiciário rever *o acordo político* que resultou na anistia para *todos*, possibilitando a transição para a democracia.

Vale lembrar que, de acordo com o testemunho do ex-ministro da Defesa do governo Lula, Nelson Jobim, antes do julgamento, ele visitou todos os ministros do STF, apresentando-lhes um estudo contrário à interpretação defendida pela ADPF 153, de autoria do ex-ministro do Supremo, Sepúlveda Pertence (VALENTE, 2019). Segundo o testemunho do reconhecido jurista Fábio K. Comparato, autor da ADPF, no dia da deliberação sobre o tema, um dos ministros do STF o chamou de lado para dizer-lhe que, na véspera, todos os magistrados haviam participado de um jantar, que contou com a presença do presidente Lula e de uma autoridade militar, no qual foram pressionados a votar contra a interpretação da referida arguição (COMPARATO, 2010), mantendo-se a anistia para os torturadores.

2. O debate legislativo a respeito da criação da Comissão da Verdade

Um mês após a decisão do STF, o presidente Lula apresentou ao Congresso Nacional um anteprojeto de lei propondo a instalação da Comissão da Verdade, produzido pelo grupo de trabalho instituído para elaborar a proposta. Pouco antes, em outubro de 2009, o Núcleo de Estudos da Violência (NEV/USP) organizou a Conferência Internacional sobre o Direito à Verdade, na qual foram delineados os contornos do anteprojeto[152], levando-se em consi-

[152] O ministro Paulo Vannuchi (SEDH/PR) e Paulo S. Pinheiro foram escolhidos para compor o grupo, ver: https://nev.prp.usp.br/wp-con-

deração o fato de que a condenação do Estado brasileiro na Corte IDH da OEA, no caso relativo à Guerrilha do Araguaia, era uma questão de tempo.

Com efeito, em dezembro de 2010, a Corte IDH condenou o Estado brasileiro no referido caso ao decidir que as graves violações de direitos humanos cometidas pelos agentes do Estado durante a ditadura militar deveriam ser investigadas, julgadas e punidas. A Corte seguiu assim sua jurisprudência fixada de maneira emblemática nos casos Barrios Altos e Almonacid Arellano, respectivamente contra o Peru e o Chile. A Lei de Anistia foi considerada então incompatível com a Convenção Americana de Direitos Humanos e sem efeitos jurídicos. Essa decisão histórica contribuiu significativamente para desacreditar o mito sobre o acordo fundador da Nova República, supostamente celebrado por meio da Lei de Anistia (BERNARDI, 2015, p. 462).

Entre as recomendações formalizadas pela Corte IDH estavam a de instalar uma comissão da verdade e a outra versava sobre a edição de uma lei de informação que liberasse ao público a consulta aos documentos do Estado relativos ao período da ditadura militar. Essas recomendações influenciaram decisivamente o processo de instalação da CNV, conforme analisaremos a seguir.

O debate legislativo que antecedeu a aprovação da lei[153] caracterizou-se por uma série de disputas e controvérsias, mas, sobretudo, pela ausência de participação da sociedade civil, sobretudo dos familiares e sobreviventes da re-

---

tent/uploads/2015/01/down241.pdf. Acesso em: 12 jan. 2020. Ver também o Decreto n. 10, de 13/01/2010.

[153] Observe-se que o foco desta análise é contextualizar as disputas políticas em questão e seus protagonistas, e não o debate historiográfico a respeito dos usos do passado, cf. o texto de BAUER (2015).

pressão ditatorial. Na Câmara Federal, o debate se iniciou com a apresentação do requerimento para encaminhar a votação em regime de "urgência urgentíssima", assinado pela maioria dos líderes de partidos políticos em setembro de 2011. Tal como ao longo dos debates acerca da Lei dos Desaparecidos (Lei 9.140/95), a discussão foi marcada pela prevalência do "pragmatismo" e do "imediatismo", ancorados no discurso da "reconciliação nacional" característico do presidente Lula, conforme se pode observar na intervenção do então presidente da Câmara, o deputado Marco Maia, do Partido dos Trabalhadores (PT/RS), representante da "situação":

> Pelo que tenho ouvido do governo, há um acordo entre o Ministério da Defesa, o Ministério da Justiça e a Secretaria Especial dos Direitos Humanos, no sentido de aprovar a proposta da forma como ela veio, originalmente, para a Câmara. Que não é nem aquilo que gostaria de ver aprovado a Ministra dos Direitos Humanos, [...] os setores militares ou o Ministro da Defesa; e [...] o Ministro da Justiça. Mas é aquilo que efetivamente é possível ser votado e se ter um mínimo de acordo para a votação desta matéria, na perspectiva de que se possa avançar no tema [...], que é importante para o país, que resgata a memória, que tem um diálogo com setores importantes da sociedade brasileira (BRASIL, 2011, p. 74).

O deputado Paulo Teixeira, representante do PT/SP e importante articulador da proposta no Congresso Nacional, sublinhou os motivos pelos quais a aprovação do projeto do governo de instalação da Comissão da Verdade representaria um avanço na construção democrática experimentada no país:

> [...] essa comissão da verdade não tem poderes jurídicos, como não teve na Argentina, [...] no Chile, [e...] na África do Sul. É a comissão da *reconciliação*. É a chamada justiça de transição. [...] estamos votando um projeto histórico nesta noite e dando uma contribuição para se escrever um trecho da história brasileira que o Brasil não conhece – [que] não foi escrito –, sobre o qual vamos agora nos debruçar para *entregar ao país os esclarecimentos* daquele período e buscar *o paradeiro dos desaparecidos*, a fim de que suas famílias possam enterrá-los e fazer esse rito de passagem. É histórico! (BRASIL, 2011, p. 238-239. Destaques da autora).

Por outro lado, o deputado Chico Alencar (PSOL/RJ) – membro de um partido situado à esquerda do PT –, insistiu na necessidade de se ultrapassar os limites da política do consenso (RANCIÈRE, 1996) para garantir um debate mais profundo a respeito do projeto de lei e das emendas a serem apresentadas, embora tenha sido favorável ao pedido de rito de urgência:

> [...] nós somos a favor da Comissão da Verdade, da Justiça e da Memória, que já tarda; [...] E nós temos o direito irrenunciável, como Parlamentares – para além da decisão de Governo, do equilíbrio, do ministério [...] que abriu mão disso e chegou a um consenso –, de chegar ao nosso aqui, e, se não chegarmos, iremos ao voto. [...] não podemos abrir mão de discutir emendas. [...] insisto que fazer o debate sem discutir a abrangência do [...] período histórico dessa Comissão, que está larguíssimo; a composição, ou seja, o tamanho, o [número] dos seus membros, é fazer uma Comissão que pode frustrar a população. Queremos uma Comissão efetiva, forte [...] nós somos a favor da urgência, sem prejuízo da boa discussão, profunda, porque isso implica [...] o repúdio ao

> abominável ato da tortura como prática do terrorismo de Estado (BRASIL, 2011, p. 82 e 94).

Nelson Marquezelli, representante do Partido Trabalhista Brasileiro (PTB/SP) - um partido à direita do espectro político -, também se pronunciou contra o requerimento de urgência, fazendo ecoar as agressivas intervenções feitas pelo então deputado federal de ultradireita Jair Bolsonaro, do Partido Progressista (PP/RJ), ao sublinhar que levar a julgamento os agentes do Estado responsáveis pelos crimes do período ditatorial significaria uma afronta aos militares. O que, segundo ele, estava fora de questão. Seu discurso reverberava uma concepção falseadora da história, além de reiterar uma concepção dicotômica da política, característica da "teoria dos dois demônios"[154], conforme se pode verificar nas suas palavras:

> A anistia foi feita, *já é uma ferida cicatrizada*, já está na nossa Constituição, é uma cláusula pétrea. Nós não estamos tendo a visão da irresponsabilidade que estamos fazendo hoje, nesta noite. [...] Não é necessário rever uma anistia de mais de trinta anos, que *ambas as partes assinaram*. Vamos ter juízo. Vamos caminhar para frente. Chega de olhar no retrovisor. Meia dúzia de pessoas [...] querendo *vingança*, vai levar essa Casa e o País a um caminho sem fim (BRASIL, 2011, p. 101. Destaques da autora).

---

[154] Expressão argentina que equipara a violência empregada pelo Estado à exercida pelos grupos guerrilheiros e isenta diversos setores sociais das responsabilidades decorrentes do apoio à ditadura militar. Ver o prefácio publicado em 2006 na reedição do "Nunca Más" (1984), relatório da Comissão Nacional sobre o Desaparecimento de Pessoas (Conadep), no qual é apresentada uma autocrítica relativa ao tema, cf. CRENZEL (2008).

Por fim, o ex-guerrilheiro exilado em 1971, Alfredo Sirkis, expoente do Partido Verde (PV/RJ), pediu a palavra para justificar seu voto favorável ao requerimento de urgência no encaminhamento do projeto de criação da CNV, sugerindo conformidade com a lógica da "reconciliação" e a "teoria dos dois demônios". Para ele, a Comissão da Verdade teria o objetivo de

> [...] garantir o futuro do Brasil e não para ficar ajustando contas em relação ao passado. [...] Em 1964, uma quartelada pôs fim à [...] democracia e suscitou, através de sucessivos autogolpes, uma situação gravíssima de opressão e de ditadura. Dentro desse processo, embora de natureza diferente, *foram cometidos erros* não só *por parte daqueles que tomaram o poder*, [...] como também [...] *por aqueles* que, como eu, *resistiram à ditadura de armas na mão*. [...] é conveniente uma discussão séria, equilibrada, visando o futuro. [...] não se trata de estigmatizar a instituição militar que todos nós prezamos. Não se trata - e *sou contra - de rever a Lei de Anistia*, mas é fundamental que este país possa se debruçar sobre a sua história recente e entender como uma democracia como a implantada [...] em 1946, foi destruída a partir de 1964; como [...] ocorreram violações dos direitos humanos (BRASIL, 2011, p. 105. Destaques da autora).

Logo após sua intervenção, o requerimento de urgência foi colocado em votação, sendo aprovado com 351 votos favoráveis, 42 contrários e 11 abstenções (BRASIL, 2011, p. 110). A maioria dos deputados presentes concordou em não mais protelar a criação da CNV, mas o projeto de lei deveria ser analisado no mesmo dia, sem ampliação do tempo disponível para a reflexão a respeito.

Concluída a leitura do parecer do relator do projeto de lei, o então deputado Onyx Lorenzoni, representante do partido conservador Democratas (DEM/RS), pediu a palavra para sublinhar a necessidade de se respeitar o texto estabelecido pelas negociações feitas com as lideranças dos partidos políticos. Lorenzoni expôs o sentido das conversas realizadas pelo então ministro da Justiça, José Eduardo Cardozo, a ministra dos Direitos Humanos, Maria do Rosário, e o representante do ministro da Defesa, o ex-guerrilheiro do Araguaia, José Genoíno, ancoradas no modelo de "reconciliação nacional":

> Foi feito o acordo de que o Sr. Relator acataria integralmente a proposta feita pelo [Partido da Social Democracia Brasileira] PSDB, pelo DEM e por outros partidos. [...] que pressupunha [su]a incorporação no relatório e a imediata votação. Não estou entendendo por que isso não aconteceu (BRASIL, 2011, p. 156).

O presidente da Câmara Federal tomou a palavra para ressaltar que o texto modificado seria apresentado durante a defesa das emendas e abriu a palavra ao plenário. Deputados, tais como Arolde de Oliveira (DEM/RJ), justificaram o golpe de Estado de 1964 com o velho argumento de que este teria evitado a implantação do comunismo no Brasil, respaldado pelo apoio popular. Em consonância com outros oradores da ala conservadora da Câmara, trouxe novamente à tona a perspectiva da "teoria dos dois demônios":

> [...] a Nação brasileira delegou às Forças Armadas, a missão de repelir essa intenção [de implantação do comunismo]. Já houvera uma em 1935. De 1967 até 1975, houve o período de uma segunda [...], com financiamento externo da China e de Cuba [...], comandada por Fidel Castro e Che Guevara. [...] Esta Comissão da Verdade terá de levantar os dois lados; não pode ser uma

> balança de um prato só, que só vai avaliar um lado da questão (BRASIL, 2011, p. 166-167).

O representante do PT/MA Domingos Dutra, por sua vez, reiterou que o projeto de lei não tinha o sentido de "promover a vingança" – conforme o vocabulário dos partidários da ditadura militar –, associando o conhecimento do passado à efetivação da democracia. O deputado, contudo, não fez referência ao fato de que a proposta do governo tangenciava o enfrentamento de conflitos políticos históricos. Com efeito, o projeto estabelecia como objetivo da CNV a apuração de graves violações de direitos humanos cometidas entre 1946 e 1988, abrangendo o período democrático (1946-1964) e o ditatorial (1964-1988) (CNV/PR, 2014, p. 20). Desse modo, a proposta não estabelecia uma distinção clara em relação ao período ditatorial, negligenciando a recuperação factual, assim como a transmissão de memórias e experiências do período autoritário:

> Esse projeto visa esclarecer fatos e circunstâncias que levaram à violação de direitos humanos de milhares de brasileiros. [...] visa localizar espaços, onde se praticaram violência contra os direitos humanos. [...] estabelecer políticas públicas para que nunca mais, neste País, se use o aparelho do Estado de forma covarde, para eliminar brasileiros que lutam por direitos. [...] Esse projeto não visa abrir feridas; ao contrário, [...] visa sarar feridas de milhares de famílias brasileiras. [...] se nós quisermos reconstruir a cidadania neste País, temos de aprovar esse projeto. Não é normal prender ilegalmente, torturar ilegalmente. Mataram, esquartejaram, esconderam e não querem sequer que saibamos o que aconteceu? Isso não pode ocorrer (BRASIL, 2011, p. 168).

Ao final, o ex-prisioneiro político e deputado Ivan Valente, do Partido Socialismo e Liberdade (PSOL/SP), cedeu a palavra a Luiza Erundina, militante histórica da esquerda católica e representante do Partido Socialista Brasileiro (PSB/SP), que fez uma análise do parecer desde a perspectiva dos familiares de mortos e desaparecidos políticos:

> [...] Havia a perspectiva de que [o projeto] seria objeto de discussão em uma Comissão Especial. [...] para ensejar um debate mais aprofundado [...] para aperfeiçoar a proposta, porque ela tem limites muito fortes, [debilitando] a eficácia e efetividade em relação aos objetivos a que [Comissão] se propõe, como o [...] de trazer à memória os fatos daquele período, trazer à tona a verdade histórica [...], e não toca num objetivo [...] que é fazer justiça. [...] Tem que haver o compromisso de que [...] o que for apurado seja encaminhado [...] ao Ministério Público, para que os crimes comprovadamente identificados e investigados sejam, de fato, objeto de ação da Justiça. [...] Dois anos de funcionamento da Comissão é insuficiente para se chegar ao mínimo que se pretende [...]. Sete membros [...] para cumprir todos aqueles objetivos, não é razoável. [...] Admite-se que na composição da Comissão possa haver a participação de militares. Os familiares abriram mão de [...] integrar a Comissão. Em troca, exigem que não haja [...] militar na Comissão, porque ele está submetido a uma hierarquia e não terá autonomia e independência para agir de forma autônoma [...]. É preciso que haja autonomia financeira [...] e é preciso dar absoluta transparência [...] aos dados e às informações [...]. Devemos ter a responsabilidade de não aprovar algo que não terá eficácia, que não terá efetividade e que vai frustrar a opinião pública e, sobretudo, as vítimas da ditadura militar (BRASIL, 2011, p. 183-185).

Em seguida, o presidente da Câmara colocou em votação o requerimento de urgência, defendido pelo deputado Delegado Protógenes (PCdoB/SP), propondo o encerramento da discussão a respeito do projeto que permitiria iniciar a votação a respeito de seu mérito. Após a provação do rito de emergência, o líder do PT, o deputado Cândido Vaccarezza (PT/SP), apresentou o texto, conforme o acordo selado entre as lideranças partidárias, o qual incorporava duas emendas. A primeira emenda a ser lida foi a do Democratas, que dispunha sobre os critérios para definir quem *não poderia* participar da Comissão da Verdade, ou seja, quem não tivesse "condições de atuar com imparcialidade no exercício das competências da Comissão". Nesse caso, entenda-se: familiares e sobreviventes da repressão ditatorial. Logo depois, apresentou o texto da emenda ao artigo quarto, redigida pelo PSDB, que validava a iniciativa de indivíduos de testemunhar perante a Comissão da Verdade "para fins de esclarecimento da verdade (BRASIL, 2011, p. 193-197)".

Finalmente, o plenário da Câmara Federal votou a favor do parecer do relator, Edinho Araújo, do Partido do Movimento Democrático Brasileiro (PMDB-SP), aprovando as duas emendas mencionadas e uma terceira, que determinava o envio do acervo documental produzido pela CNV ao Arquivo Nacional, após o término de suas atividades. A despeito do fato de a liderança do PSOL ter votado contra o referido parecer, o projeto de lei foi aprovado. Em seguida, o ex-capitão do Exército Jair Bolsonaro, então representante do Partido Progressista (PP-RJ), – cujo ídolo é o coronel Carlos A. Brilhante Ustra, comandante do principal centro de tortura da ditadura militar – fez um pronunciamento em tom de ameaça, sugerindo que a então presidenta Dilma Rousseff e os deputados vinculados à esquerda não tinham interesse em trazer a público toda a verdade sobre o passado recente:

> [...] a Sra. Presidente Dilma está pensando o quê? Que com esse poder de busca e apreensão ela vai entrar no [Centro de Informação do Exército] CIE, no sistema de informação de outras forças [...] e vão [sic] apreender e acabou? [...] O que vocês têm a ganhar com isso? A Dilma vai ter o seu troco. Vai! Ela quer a Comissão da Verdade? Vai ter a tribuna da verdade aqui. E eu não tenho medo de processo de cassação, não! [...]. E o Parlamentar que não usa da palavra é um vendilhão. E eu não sou vendilhão, não. Não me afino com vocês. Covardes! [...] Fizeram curso em Cuba, na China, na Coreia, de guerrilha, de como torturar, de como sabotar, de terrorismo e vieram aqui ao Brasil falar que combatiam uma tal de ditadura. Isso é uma piada [...], é uma vergonha. Eu lamento que o meu Congresso esteja aprovando essa proposta, apunhalando [...] os militares das Forças Armadas! O que querem é prender militares, [...] cassar o posto e a patente de militares [...] (BRASIL, 2011, p. 171-172).

Sob os protestos de diversos deputados, o presidente da Câmara Federal encerrou a sessão tarde da noite. Em seguida, o projeto de lei foi remetido ao Senado Federal[155], cuja tramitação será analisada a seguir.

2.1 A votação do projeto de lei no Senado Federal

Antes da votação do projeto de lei ser realizada no Senado Federal, os familiares de mortos e desaparecidos políticos voltaram a insistir na necessidade de modificações no tex-

[155] O parecer do relator aprovou as emendas n. 12 e 23, rejeitando as de n. 1 a 11 e de n. 13 a 22. Cf. BRASIL (2011), p. 206, 243.

to, a fim de garantir autonomia e efetividade à Comissão da Verdade. As reivindicações apresentadas na audiência pública promovida pela Comissão de Direitos Humanos do Senado, em outubro de 2011, propunham a ampliação de mais dois anos para o prazo de funcionamento da comissão; a alteração do marco temporal da investigação, contemplando apenas o período de 1964 a 1988; a divulgação periódica de relatórios parciais; o aumento do número de comissionados; a exclusão da indicação de militares como membros da comissão; a extinção do sigilo a respeito dos fatos investigados; a substituição da expressão "reconciliação nacional" pela "promoção da consolidação da democracia" e a exclusão da referência à Lei da Anistia (PT no Senado, 2011).

Na ocasião, a representante da Comissão de Familiares, Suzana K. Lisbôa, assinalou o fato de que, desde o final da ditadura, apenas quatro remanescentes ósseos de desaparecidos políticos haviam sido identificados. E cobrou empenho do Estado brasileiro relativo a esta questão: "Nós queremos que nos entreguem os corpos, que nos digam onde estão, como foram mortos e quem os assassinou. Queremos, sim, que os culpados sejam penalizados (idem, ibidem)".

Poucos dias depois, no dia 26 de outubro, o parecer do ex-guerrilheiro e senador Aloysio Nunes Ferreira (PSDB/SP), relativo ao projeto de lei da Câmara número 88/11 foi encaminhado ao plenário em regime de urgência. O texto não contemplava as demandas dos familiares, reiterando o caráter "não jurisdicional e não persecutório da Comissão" com vistas a apurar graves violações de direitos humanos a fim de assegurar a sua não repetição, promover a "reconciliação nacional" e a consolidação democrática (BRASIL, DSF, 2011, p. 44.218).

O senador fez a defesa de seu parecer, sublinhando o fato de a proposta reforçar e assentar normas constitucionais estruturantes, tal como a da prevalência dos direitos humanos. Justificou a criação da CNV, ao considerar que grande parte dos abusos cometidos pelo regime autoritário de 1964 permanecem "envoltos em mistério". Nessa perspectiva, o trabalho da Comissão deveria lançar luz sobre o que está encoberto, concorrendo para a "construção da memória coletiva", a ser consolidada pela aprovação da Lei de Acesso à Informação e o decorrente aperfeiçoamento da "cultura de transparência institucional". Ferreira ressaltou que, em um primeiro momento, o material produzido e recebido pela Comissão da Verdade deveria permanecer em sigilo e ser divulgado somente após o término de suas atividades (BRASIL, DSF, 2011, p. 44.221).

O relator justificou o lapso temporal definido pela proposta (abrangendo o período de 1946 a 1988), ao ponderar que este decorria da absorção do período contemplado pela Lei de Anistia (1979) e pelo artigo quarto da Emenda Constitucional número 26 (1985), desconsiderando que tais referências normativas são anteriores à Constituição Federal de 1988. Não obstante, para ele "[...] a autoridade política da Comissão da Verdade somente ser[ia] consolidada se [esta] mantive[sse] o foco no regime militar" (idem, ibidem, p. 44.219).

Reiterou que a implementação da sentença da Corte IDH no tocante a possíveis juízos cíveis ou penais relativas ao caso "Guerrilha do Araguaia" caberia ao Poder Judiciário. Não obstante, sublinhou o trecho da decisão da Corte no qual se afirma que as atividades e informações recolhidas pela CNV, "[...] não substituem a obrigação do Estado de estabelecer a verdade e assegurar a determinação judicial de responsabilidades individuais, através dos processos judiciais penais" (idem, ibidem, p. 44.222).

Aloysio N. Ferreira ressaltou que a menção à observância da Lei de Anistia (1979) era desnecessária diante do caráter não jurisdicional e não persecutório da Comissão da Verdade. Não obstante, transferiu a referência à lei para o artigo 6 do projeto, o qual determina que a CNV "[...] poderá atuar de forma articulada e integrada com os demais órgãos públicos [...]" (idem, ibidem). Desse modo, o senador reproduziu e chancelou a polêmica interpretação da Lei de Anistia do STF, ao defender que esta teria beneficiado "ambos os lados". Ele considerou a figura jurídica dos "crimes conexos" desde a perspectiva do suposto pacto nacional, que teria inaugurado a Nova República, desconsiderando a análise estrita do texto da lei e a jurisprudência do direito comparado e do direito internacional dos direitos humanos[156]. Ademais, reafirmou a polêmica interpretação de que a anistia teria sido incorporada ao texto constitucional por meio da Emenda Constitucional número 26 (1985) (idem, ibidem, p. 44.229). Ferreira ressaltou, porém, ser inequívoco o "dever" dos servidores públicos e militares de colaborar com a Comissão da Verdade.

O parecer do relator revelou ainda uma abordagem de viés jurídico questionável quanto à isenção e à objetividade da Comissão da Verdade, as quais aparecem condicionadas à ausência de familiares e sobreviventes da

[156] Deisy Ventura denominou de "positivismo à la carte" a conduta prevalente na decisão do STF relativa à ADPF 153 que, tributário de sua própria lógica, convenientemente, esquiva-se da aplicação estrita do texto da lei ou de convenções internacionais quando lhe parece oportuno, cf. VENTURA (2011), p. 205-211.

repressão entre os seus membros. Esse viés reproduz traços da cultura jurídica predominante no Brasil (PÁDUA FERNANDES, 2016, p. 3-4), caracterizada por certo "provincianismo jurídico" (VENTURA, 2011, p. 204), em contraste com a recomendação da Comissão de Direitos Humanos das Nações Unidas, que estabelece a realização de amplos processos de consulta pública para a escolha dos integrantes da Comissão da Verdade (CDH/ONU, 2005). Ademais, o senador expressou uma abordagem distante dos debates da historiografia contemporânea, apelando para uma suposta neutralidade tecnocrática e apolítica da história, conforme se pode ler:

> A Comissão vai produzir a verdade oficial? Não. A Comissão há de trabalhar formulando boas questões, exercendo senso crítico, cotejando fontes em uma investigação isenta, objetiva, *e não na interpretação* que é sempre sujeita aos anacronismos de quem olha o passado à luz de suas convicções presentes. Fornecer os fatos, apurá-los para que cada um forme o seu juízo: esse é o objetivo da Comissão (BRASIL, DSF, 2011, p. 44.230. Destaques da autora).

Ao longo do seu pronunciamento, senadores de diversos partidos pediram a palavra para elogiar o parecer, sublinhando seu equilíbrio e responsabilidade, bem como seu papel na consolidação democrática. O representante do Partido Democrático Trabalhista (PDT/MT), senador Pedro Taques, porém, pediu a palavra para questionar o acordo das lideranças do Senado que definiu a aprovação do projeto de comissão da verdade sem debate e, sobretudo, a nomeação de militares na CNV defendida pelo relator:

> [...] existe paz sem justiça? [...] Neste momento histórico [...], as conversas que tivemos me convenceram

> da necessidade de aprovarmos este projeto agora, sem a possibilidade de emendas. Digo isso pensando nos familiares daqueles que foram torturados [... e] mortos pela ditadura. [...] Agora, nesse projeto [...] alguns pontos precisam ser levantados. [...] o número de membros dessa Comissão [...]; a possibilidade da Presidente, de forma unilateral, [escolher membros] sem ouvir a sociedade civil organizada, como ocorreu na África do Sul. [...] Quero defender aqui, que militares não possam participar dessa Comissão [...]. As Forças Armadas devem ser respeitadas. Agora, aqueles que cometem crimes se utilizando das Forças Armadas, não podem ser esquecidos. Não há justiça enquanto algumas pessoas não forem responsabilizadas. [...] tratados internacionais e julgamentos em cortes internacionais devem ser obedecidos (Brasil, DSF, 2011, p. 44.234-35).

O senador Sérgio Souza (PMDB/PR) também subiu à tribuna para questionar o acordo de lideranças que determinou o rito de urgência para a votação, alegando que o Senado perdia sua condição de Casa revisora ao aprovar esse tipo de negociação (BRASIL, DSF, 2011, p. 44.240). Após uma sequência de apartes elogiosos, o senador Randolfe Rodrigues, à época representante do PSOL/AP, fez uso da palavra para apresentar as reivindicações dos familiares. Rodrigues ponderou a respeito da necessidade de se rever a Lei de Anistia[157], concluindo, contudo, pela retirada das emendas que levavam em consideração as propostas de familiares e entidades de defesa dos direitos humanos:

> [...] talvez, não resolvamos [...] a Lei da Anistia com a Comissão Nacional da Verdade. [...] Há um projeto de lei que tramita, neste momento, na Comissão de Relações

[157] Cf. projeto de lei 573/11 (Câmara Federal). Ver tb. projeto de lei 237/13 (Senado) e ADPF 320/14, do PSOL.

> Exteriores e Defesa Nacional que revê a Lei da Anistia, porque [...] essa lei necessita ser revista. Quero acreditar na compreensão do Governo de que fará avançar esse projeto de lei [...]. Teríamos emendas [que] contemplam as preocupações apresentadas pelos familiares. [...] só que [...] neste momento da votação, a esta hora da noite, e com todos os problemas que poderemos ter em relação à sua possível aprovação, poderia representar [...] o que haveria de pior. O pior [...] é esse projeto voltar para a Câmara. [...] É esse o voto de confiança especial que daremos aqui, votando favoravelmente ao projeto [...] (BRASIL, DSF, 2011, p. 44.245).

Um dia após a aprovação da Lei de Acesso à Informação, o projeto de lei de criação da CNV foi aprovado por unanimidade, desconsiderando as demandas de familiares e setores da sociedade civil (BRASIL, DSF, 2011, p. 44.248). Pouco mais de seis meses depois, a Comissão Nacional da Verdade[158] foi instalada em prestigiada cerimônia que contou a presença de todos os ex-presidentes da República do período democrático. A CNV, porém, caracterizou-se pelos limites apontados ao longo desse célere e restrito debate legislativo. Seu funcionamento transcorreu em conformidade com o processo de (re)democratização, caracterizado pela *tutela militar*, presente ao longo da história republicana, sobretudo, a partir da década de 1930 (CARVALHO, 2019, p. 23-24).

3. Considerações finais

O Brasil levou 24 anos para instituir uma comissão da verdade com vistas a investigar as graves violações aos direi-

[158] Cf. Lei no. 12.528, de 18/11/2011. Disponível em: http://www.planalto.gov.br/ccivil_03/_Ato2011-2014/2011/Lei/L12528.htm. Acesso em: 15 jan. 2020.

tos humanos cometidas pelo Estado, durante a ditadura militar. Esse fato contrasta com a experiência da maioria dos países onde foram instaladas comissões desse tipo, as quais surgiram imediatamente após o fim de períodos autoritários ou de guerra. Essa distância temporal prejudicou a recuperação factual das violações, sobretudo no que diz respeito à localização dos remanescentes ósseos dos desaparecidos políticos[159]. E diluiu o impacto político e simbólico que a CNV poderia exercer sobre os familiares das vítimas, os sobreviventes e, mais amplamente, sobre a sociedade brasileira. Vicissitude que atenuou o papel a ser desempenhado pela Comissão da Verdade na constituição de uma memória social a respeito da violência estatal do período ditatorial.

A Comissão da Verdade foi instalada com enormes limitações, conforme analisamos acima. Desde o início, viu-se enredada em disputas políticas e metodológicas que refletiam o amplo arco ideológico de seus integrantes, a reduzida participação da sociedade e o temor dos envolvidos nos abusos da ditadura em face das possíveis consequências jurídicas das investigações da CNV. A Presidência da República, por seu turno, não regulamentou a lei que instituiu a Comissão, atrasando uma condução mais coerente das investigações. Além de não ter independência orçamentária, a CNV não dispôs de comissionados e de tempo suficientes para estabelecer uma rigorosa apuração dos abusos cometidos por uma ditadura de longa duração, cujo término ocorrera muitos anos antes e sem rupturas evidentes.

[159] A CNV encontrou apenas os restos mortais de Epaminondas Gomes de Oliveira (CNV, 2014, p. 614-621).

O debate e as pressões da sociedade relativas à transparência na condução de suas atividades levaram a CNV, gradualmente, a dar publicidade às audiências e aos relatórios parciais, ampliando o impacto de seu trabalho sobre a opinião pública, ainda que tardiamente. Vale lembrar, porém, que enquanto a Comissão da Verdade de São Paulo promoveu 941 testemunhos em audiências públicas ao longo de seu mandato, a CNV conduziu apenas 246 depoimentos públicos (HOLLANDA, 2018, p. 10).

Essa perspectiva situa a Comissão Nacional da Verdade na contramão da crescente valorização do testemunho observada desde o final da Segunda Guerra Mundial, a qual impôs um novo *status* à memória e às vítimas de violações de direitos humanos. A consistência dos testemunhos dos sobreviventes transformou seus relatos em provas dos crimes cometidos pelo nazifascismo. A "era do testemunho" colocou em evidência as atrocidades da guerra e das tiranias, suscitando reflexões sobre os limites da representação da "realidade" (ASSMAN, 2011, p. 361), assim como da objetividade na história (GINZBURG, 2007, p. 177-179) e na justiça (ROUSSEAUX; DUHALDE, 2015). Não obstante, "o fato em si", a verdade factual, existe (GUINSBURG, 2007, p. 229).

A função da Comissão da Verdade é apurar os fatos e apontar quais são reconhecidos pelo Estado, assim como a responsabilidade a eles imputada. Para os que sofreram graves violações dos seus direitos, a Comissão cria as condições de "remover a possibilidade da negação continuada" (HAYNER, 2010, p. 21) por parte dos perpetradores. Ademais, conforme sublinhou Priscila Hayner, uma comissão da verdade se compromete "[...] diretamente e amplamente com a população afetada, reunindo informações sobre suas experiências" (idem, ibidem, p. 11-12).

Com efeito, a divulgação das denúncias dos abusos cometidos pela ditadura militar brasileira teve um papel preponderante no seu desgaste político e na construção de uma memória da repressão empreendida no período, embora não tenha levado a uma ação política que propiciasse a livre narrativa do passado (TELES, 2015) - a exemplo do que ocorreu no Chile, no Uruguai e na Argentina - ou a efetiva busca pela justiça, tal como se observa neste último país.

Ressalte-se que o levantamento das vítimas fatais do período ditatorial feito pela CNV frustrou expectativas, na medida em que considerou apenas 434 casos160. A sondagem feita a respeito dos 8.350 indígenas (estimativa que envolve apenas dez povos originários) e dos 1.192 camponeses assassinados no período foi registrada no Anexo II do Relatório da CNV. Ademais, a Comissão não inventariou os casos de tortura de maneira sistemática, desconsiderando a estimativa de que entre 30 e 50 mil pessoas tenham sido presas somente nos primeiros meses após o golpe de 1964 (ALVES, 2005, p. 72; MOTTA, 2014, p. 26). A Comissão da Verdade subestimou a magnitude da violência empregada pela ditadura militar, assim como de seu legado e suas repercussões, o que se reflete na precária cidadania exercida no Brasil.

Nesse contexto, é possível afirmar que, na atualidade, são enormes as dificuldades para construir uma esfera pública onde as experiências traumáticas do passado recente possam ser compartilhadas e onde sejam debatidos

[160] Estimei este número em 453 casos, contabilizando os levantamentos feitos pelo Dossiê Ditadura (2009), pela CEV/SP Rubens Paiva e pela CNV.

os direitos negados às vítimas do terrorismo de Estado desse período. Esse contexto favoreceu o retorno do "negacionismo" histórico e da militarização da política no Brasil. Os limites impostos pela transição democrática tutelada à valorização das memórias e experiências do passado não favoreceram a constituição de uma consciência coletiva acerca da repressão ditatorial e do *status* de suas vítimas e sobreviventes.

Pouco mais de cinco anos após a conclusão dos trabalhos da Comissão Nacional da Verdade, o Brasil mantém-se como modelo de impunidade e atraso na promoção dos direitos humanos, da reconstituição factual dos crimes da ditadura e da justiça, conforme demonstra o recente relatório do Ministério Público Federal sobre os obstáculos ao processo de responsabilização criminal dos agentes públicos do período autoritário (MPF, 2019).

A despeito de alguns avanços obtidos ao longo dos trabalhos da CNV, o Brasil não conseguiu aproveitar a oportunidade para dar a máxima visibilidade aos testemunhos e fatos referentes à ditadura na esfera pública. Os mecanismos de denegação e bloqueio de uma ampla difusão dos fatos a respeito da ditadura militar e de processos de responsabilização dos agentes públicos do período continuam a impedir a realização de uma efetiva investigação, assim como de um debate abrangente sobre seu legado. Aqueles fatos, pertinentes a toda a sociedade, deveriam inscrever-se na memória pública, por meio da experiência transmitida pelo testemunho e pela investigação factual, incorporando-se à história do país.

Uma vez mais, o Brasil perdeu a oportunidade de gerar investigações que refletissem a magnitude da violência estatal do período, assim como de estabelecer rupturas significativas com as práticas e instituições remanescentes da ditadura militar. O país perdeu, igualmente, a oportunidade de dar visibilidade inédita aos traumas decorrentes da escravidão e do genocídio dos povos originários, a fim de efetivar direitos negados ao longo da história e aprofundar a cidadania por aqui exercida.

Com efeito, a experiência brasileira de (re)democratização contrasta com a de diversos países latino-americanos. O retorno dos militares ao centro da cena pública e os evidentes retrocessos políticos e sociais recentes indicam que a estratégia de não priorizar a defesa dos direitos humanos, a fim de garantir a manutenção de "acordos" pretéritos, fracassou. Os recentes acontecimentos da história brasileira revelam, sobretudo, que a construção democrática deve, necessariamente, incorrer no enfrentamento do legado da ditadura militar.

REFERÊNCIAS

ALMEIDA, Criméia A. S.*et. al. Dossiê Ditadura:* mortos e desaparecidos políticos no Brasil (1964-1985). São Paulo: Imprensa Oficial, 2009.

ASSMAN, Aleida. *Os espaços da recordação.* Formas e transformações da memória cultural. Campinas/SP: Edunicamp, 2011.

ALVES, Maria Helena Moreira. *Estado e oposição no Brasil (1964-1984).* 2ª. ed., Rio de Janeiro: Vozes, 2005.

BAUER, Carolina S. O debate legislativo sobre a criação da Comissão Nacional da Verdade e as múltiplas articulações e dimensões de temporalidade da ditadura civil-militar brasileira. *Revista Anos 90*, Porto Alegre, v. 22, n. 42, dez. 2015, p. 115-152.

BERNARDI, Bruno B. *O sistema interamericano de direitos humanos e justiça de transição*: impactos no Brasil, Peru, Colômbia e México. Ciência Política/USP, 2015.

BRASIL, Câmara dos Deputados. Sessão: 225.1.54.O, 21 set. 2011. Disponível em: http://www.camara.leg.br/internet/plenario/notas/extraord/2011/9/EN2109111830.pdfAcesso em: 20 dez. 2019.

_______. Senado Federal. *Diário do Senado Federal.* Brasília/DF, n. 181, 2011.

CARVALHO, José Murilo de. *Forças Armadas e política no Brasil.* São Paulo: Todavia, 2019.

COMISSÃO Nacional da Verdade/Presidência da República. *Relatório da Comissão Nacional da Verdade.* Brasília/DF: CNV/PR, 2014.

COMPARATO, Fábio Konder. "Nós nunca tivemos uma democracia": entrevista a Cecília Luedemann, Hamilton O. de Souza e Tatiana Merlino. *Caros Amigos*, ano XIV, n. 163, out. 2010, p. 12-16. Disponível em: https://

issuu.com/carosamigos/docs/pdfs_ca_163leitores. Acesso em: 2 mar. 2020.

COMISSÃO DE DIREITOS HUMANOS das Nações Unidas, "Conjunto de principios actualizado para la protección y la promoción de los derechos humanos mediante la lucha contra la impunidad", 8 fev. 2005. Disponível em: http://www.derechos.org/nizkor/impu/impuppos.html. Acesso em: 15 jan. 2020.

CRENZEL, Emílio. *La historia politica del Nunca Más:* la memoria de las desapariciones en la Argentina. Buenos Aires: Siglo XXI, 2008.

PT no Senado. Comissão da Verdade: sociedade civil cobra alterações, 18 out. 2011. Disponível em: https://ptnosenado.org.br/comissao-da-verdade-sociedade-civil-cobra-alteracoes/. Acesso em: 10 jan. 2020.

GINZBURG, Carlo. *Unus testis* – o extermínio de judeus e o princípio de realidade, em: *O fio e os rastros*. Morfologia e história. São Paulo: Companhia das Letras, 2007.

HAYNER, Priscilla. *Verdades Silenciadas:* la Justicia Transicional y el reto de las Comisiones de la Verdad. Madrid/Espanha: Siglo XXI, 2014.

HOLLANDA, Cristina B. Direitos Humanos e Democracia: A experiência das comissões da verdade no Brasil. *Revista Brasileira de Ciências Sociais*, vol. 33, n. 96, 2018.

LISBÔA, Suzana Keniger. Entrevista concedida a autora. São Paulo, 23 jul. 2005. Arquivo da autora.

MINISTÉRIO PÚBLICO FEDERAL. Da busca por restos mortais à responsabilização: o longo caminho das ações penais do MPF no campo da Justiça de Transição. Brasília/DF, MPF, 2019. Disponível em: http://www.justicadetransicao.mpf.mp.br/justica-criminal. Acesso em: 20 fev. 2020.

PÁDUA FERNANDES. As fontes de pesquisa sobre o

Poder Judiciário no relatório da Comissão Nacional da Verdade: problemas teóricos e metodológicos. São Paulo, *Revista Arquivo do Estado*, Ano 1, n. 2, 2016.

QUINALHA, Renan H. Com quantos lados se faz uma verdade? Notas sobre a Comissão Nacional da Verdade e a 'teoria dos dois demônios'. *Revista Jurídica da Presidência*. Brasília, v. 15, n. 105, fev.-mai. 2013.

RANCIÈRE, Jacques. dissenso". In: *A crise da razão*. São Paulo: Cia. das Letras, 1996, p. 367-382.

ROTTA, Vera. Governo institui três comissões relativas aos mortos e desaparecidos políticos. *Carta Maior*, 21 fev. 2006. Disponível em: https://www.cartamaior.com.br/?/Editoria/Direitos-Humanos/Governo-instituiu-tres-comissoes-relativas-aos-mortos-e-desaparecidos-politicos/5/9442. Acesso em: 9 fev. 2020.

ROUSSEAUX, Fabiana e DUHALDE, Eduardo L. *El ex detenido-desaparecido como testigo de los juicios por crímenes de lesa humanidad*, Buenos Aires: Fundación Eduardo L. Duhalde, 2015.

SÁ MOTTA, Rodrigo Patto. *As universidades e o regime militar.* Cultura política brasileira e modernização autoritária. Rio de Janeiro: Zahar, 2014.

SEDH/Presidência da República. *Caderno de Deliberações da XI Conferência Nacional dos Direitos Humanos.* Brasília-DF, 2008.

________. 11ª Conferência Nacional dos Direitos Humanos. Democracia, desenvolvimento e direitos humanos: superando as desigualdades. Brasília-DF, 2010.

SOARES, Alessandra G. *Atores e ideias na constituição do direito à memória e à verdade: análise da mudança política no PNDH.* São Carlos, doutorado em Ciência Política, UFSCar, 2016.

TELES, Edson Luís de Almeida. *Democracia e Estado de Exceção.* Transição e memória política no Brasil e África do Sul. São Paulo: Fap/Unifesp, 2015.

TELES, Janaína de Almeida. *Memórias dos cárceres da ditadura*: os testemunhos e as lutas dos presos políticos no Brasil. São Paulo, doutorado em História, USP, 2011.

_____. *Os herdeiros da memória*: os testemunhos e as lutas dos familiares de mortos e desaparecidos políticos no Brasil. São Paulo, mestrado em História, 2005.

TELES, Maria Amélia de A. Entrevista concedida à autora. São Paulo, 14 jan. 2020.

VALENTE, Rubens. Em vídeo, Jobim detalha como atuou para impedir a revisão da Lei de Anistia. FSP, 27 ago. 2019.

VENTURA, Deisy. A interpretação judicial da Lei de Anistia brasileira e o Direito Internacional. *Revista Anistia Política e Justiça de Transição*, n. 4. Brasília/DF, Ministério da Justiça, 2011, p. 196-226.

A COMISSÃO ESPECIAL SOBRE MORTOS E DESAPARECIDOS POLÍTICOS E A COMISSÃO DE ANISTIA NO PRIMEIRO ANO DO GOVERNO BOLSONARO

Caio Cateb[161], Carla Osmo[162], Paula Franco[163] e Pedro Benetti[164]

Introdução

Quando Jair Bolsonaro tomou posse como presidente do Brasil, em janeiro de 2019, as políticas do governo federal de reparação a pessoas atingidas por atos de exceção durante a ditadura haviam atravessado os governos de quatro presidentes da República. Nunca, porém, desde a sua adoção por leis editadas durante o governo Fernando Henrique Cardoso, esteve na presidência alguém com posição pública elogiosa à repressão política praticada naquele período. Antes da eleição em 2018, Bolsonaro já tinha defendido o assassinato de opositores políticos[165], homenageado

[161] Mestrando na Universidade de Lisboa, bacharel e licenciado em História pela Universidade de Brasília.

[162] Professora de Direito na Universidade Federal de São Paulo, doutora pela Faculdade de Direito da Universidade de São Paulo.

[163] Doutoranda em História pela Universidade de Brasília, mestra pelo Programa de Pós-Graduação em História da Universidade do Estado de Santa Catarina, é bolsista de doutorado, e este texto foi produzido com apoio da agência CNPq.

[164] Doutor em Ciência Política pelo Instituto de Estudos Sociais e Políticos da Universidade do Estado do Rio de Janeiro (Iesp-Uerj), pesquisador com bolsa de pós-doutorado no Núcleo de Estudos da Violência da Universidade de São Paulo (NEV-USP).

[165] BRAGON, Ranier. "Nos anos 90, Bolsonaro defendeu novo golpe militar e guerra". *Folha de São Paulo*, 3 de junho de 2018.

em discursos Carlos Alberto Brilhante Ustra[166], zombado da busca pelos restos mortais desaparecidos políticos[167] e cuspido em escultura que homenageia vítima da ditadura[168]. Seu plano de governo elogiava a ação das Forças Armadas em 1964, ano do golpe militar, opondo-se ao que denominou de "doutrinação ideológica de esquerda" voltada a desconstruir a imagem dessa instituição[169].

Embora as políticas de reparação sejam executadas por comissões ligadas à administração pública federal, a posição pessoal do chefe do Executivo, em tese, não poderia levar à supressão delas. Trata-se de órgãos regulamentados por leis, que servem ao cumprimento de obrigações geradas pela prática sistemática de violações graves de direitos humanos. Ainda assim, durante o primeiro ano do

---

[166] Ustra foi comandante do DOI-Codi de São Paulo durante período em que ocorreram, segundo o relatório da Comissão Nacional da Verdade, ao menos 45 mortes e desaparecimentos forçados por ação de agentes dessa unidade militar. É o único agente reconhecido judicialmente como torturador da ditadura no Brasil, por meio de decisão confirmada pelo Superior Tribunal de Justiça (Resp 1434498, 9 de dezembro de 2014). Bolsonaro dedicou o seu voto pelo *impeachment* da então presidenta Dilma Rousseff, em abril de 2016, à memória de Ustra (BARBA, Mariana Della; WENTZEL, Marina. "Discurso de Bolsonaro deixa ativistas 'estarrecidos' e leva OAB a pedir sua cassação". *BBC Brasil,* 20 de abril de 2016). Em participação no programa de televisão Roda Viva em julho de 2018, citou o livro de memórias de Ustra como seu livro de cabeceira (BERMUDEZ, Ana Carla. "10 vezes em que o clã Bolsonaro flertou com a ditadura militar". *UOL*, 31 de outubro de 2019).

[167] LOCATELLI, Piero. "PCdoB pede processo contra Bolsonaro por cartaz polêmico". *UOL Notícias*, 28 de maio de 2009.

[168] AVELINO, Chico Paiva. "O dia em que Bolsonaro cuspiu na estátua de Rubens Paiva". *Pragmatismo Político*, 24 de outubro de 2018.

[169] BOLSONARO, Jair. "O caminho da prosperidade: proposta de plano de governo", 2018.

governo de Bolsonaro, a imprensa noticiou diversos acontecimentos que indicam a ocorrência de transformações relevantes nas políticas de reparação.

Este capítulo visa a recuperar e discutir esses acontecimentos que foram objeto de divulgação pública. Tem-se a hipótese de que, no que diz respeito aos órgãos criados como resposta aos legados da ditadura, a estratégia da nova gestão não é de simples desmonte, mas sim de ocupação para construção de uma contranarrativa baseada na valorização do regime militar. Outro estudo desses mesmos autores apresenta e fundamenta de forma mais detida essa hipótese, para propor uma agenda de pesquisa voltada à sua verificação[170]. Neste capítulo, realiza-se uma primeira análise das medidas adotadas com relação aos órgãos responsáveis pelas políticas de reparação – Comissão Especial sobre Mortos e Desaparecidos Políticos (CEMDP) (seção 1) e Comissão de Anistia (seção 2) – no ano de 2019, utilizando-se, centralmente, fontes de imprensa e documentos oficiais disponíveis na internet[171]. Ao final, são apresentadas as conclusões preliminares a que se pode chegar com essa análise, e indicadas algumas pistas para aprofundamento da verificação da hipótese apresentada.

---

[170] BENETTI, Pedro; CATEB, Caio; FRANCO, Paula; OSMO, Carla. "As políticas de memória, verdade, justiça e reparação no primeiro ano do governo Bolsonaro: entre a negação e o desmonte".

[171] Os quatro autores deste capítulo trabalharam como pesquisadores na Comissão Nacional da Verdade, três deles foram também servidores na CEMDP e a outra, servidora na Comissão de Anistia. Além disso, seguem, de alguma forma, ligados à pauta, seja em suas atividades profissionais, como pesquisadores e/ou como militantes. De qualquer forma, todas as informações utilizadas neste estudo são públicas, e suas fontes, indicadas ao longo do texto, são acessíveis a qualquer pessoa interessada.

1. As modificações na Comissão Especial sobre Mortos e Desaparecidos Políticos

A CEMDP foi criada em 1995 pela Lei 9.140, com objetivo de reconhecer vítimas fatais da ditadura militar – o que possibilitava a requisição de atestados de óbito para famílias que, até então, não tinham um documento que oficializasse a morte –, e permitir que tais famílias requeressem indenização. No seu Anexo I constavam os nomes de 136 pessoas consideradas desaparecidas em razão da repressão ditatorial. A lista e a própria lei derivaram de um longo processo de reivindicação por parte de setores organizados da sociedade civil[172]. A Comissão ficou incumbida de apreciar e avaliar casos não contemplados no Anexo I a partir do requerimento das famílias interessadas[173], além de proceder esforços para localização de pessoas desaparecidas.

Inicialmente, a Comissão foi composta, em atenção ao disposto na lei que a criou, por Suzana Lisboa, viúva de Luiz Eurico Tejera Lisboa, que representava os familiares das pessoas referidas no Anexo I; Oswaldo Pereira Gomes, general que representava as Forças Armadas[174]; Pau-

---

[172] MEZAROBBA, Glenda Lorena. *Um acerto de contas com o futuro. A anistia e suas consequências – um estudo do caso brasileiro* (dissertação). Universidade de São Paulo, 2003. GALLO, Carlos Artur. *Para que não se esqueça, para que nunca mais aconteça: um estudo sobre a Comissão de Familiares de Mortos e Desaparecidos Políticos*. Jundiaí: Paco Editorial, 2014.

[173] O prazo previsto em lei para esse requerimento foi prorrogado duas vezes, pelas leis 10.536/2002 e 10.875/2004.

[174] Inicialmente, pela lei, um dos comissionados que comporiam a CEMDP deveria advir das Forças Armadas. Com a mudança da lei em 2004 pela Lei 10.875, adequou-se o texto registrando que tal representante deveria advir, na verdade, do Ministério da Defesa.

lo Gonet Branco, pelo Ministério Público Federal (MPF); Nilmário Miranda, da Comissão de Direitos Humanos da Câmara Federal. Os demais nomeados não ocupavam vagas ligadas a setores específicos: João Grandino Rodas, do Itamaraty; Eunice Paiva, esposa do deputado desaparecido Rubens Paiva; e Miguel Reale Júnior, jurista, primeiro presidente da Comissão.

Segundo a publicação *Direito à Memória e à Verdade*, lançada pela Secretaria Nacional dos Direitos Humanos do governo federal em 2007, entre 1995 e 2006 foram apreciados 339 casos, para além dos nomes constantes do Anexo I da Lei 9.140/1995[175]. Esse período é considerado como a primeira fase dos trabalhos da Comissão, marcada pela apreciação e eventual reconhecimento da responsabilidade do Estado por mortes ocorridas durante a ditadura. A partir de 2006, a CEMDP iniciaria uma segunda fase de suas atividades, voltada às buscas e identificações de pessoas desaparecidas[176].

Entre 2014 e 2019, a Comissão foi composta por: Diva Santana, irmã da desaparecida Dinaelza Santana Coqueiro, no posto de familiares de pessoas constantes do Anexo I; João Batista Fagundes, coronel da reserva no lugar destinado ao Ministério da Defesa; Paulo Pimenta, da Comissão de Direitos Humanos da Câmara Federal; e Ivan Cláudio Marx, representante do MPF. Nas vagas restantes, havia: Vera Paiva, professora universitária e filha do desaparecido Rubens Paiva; Rosa Cardoso, jurista e ex-integrante da Comissão Nacional da Verdade (CNV); e Eugênia Gonzaga, procuradora do MPF e responsável por

---

[175] BRASIL. *Direito à verdade e à memória*: Comissão Especial sobre Mortos e Desaparecidos Políticos. Brasília: Secretaria Especial dos Direitos Humanos, 2007.

[176] BRASIL. op. cit., p. 17.

presidir a Comissão. Exceto a representação do Ministério da Defesa, eram pessoas com alguma relação com a pauta, fosse ela muito próxima - como era o caso das familiares Diva e Vera - ou de experiência na atividade profissional - caso dos procuradores Ivan Marx e Eugênia Gonzaga.

Nesse período, destacam-se entre as atividades da Comissão: i) a parceria entre então Secretaria Nacional de Direitos Humanos[177], a Universidade Federal de São Paulo (Unifesp) e a Prefeitura de São Paulo para a oficialização do Grupo de Trabalho Perus (GTP), dedicado a analisar os remanescentes ósseos retirados na década de 1990 do Cemitério Dom Bosco, e que em 2018 levou à identificação de duas pessoas desaparecidas, Dimas Casemiro e Aluísio Palhano Pedreira Ferreira; ii) a adoção de procedimento para retificação das anotações relativas à causa da morte das pessoas reconhecidas como mortas ou desaparecidas, regulado pela Resolução da CEMDP 2/2017, em resposta a demandas de familiares de vítimas fatais da ditadura[178]; e iii) a realização do I Encontro Nacional de Familiares de Pessoas Mortas e Desaparecidas Políticas, em dezembro de 2018.

---

[177] Atual Ministério da Mulher, da Família e dos Direitos Humanos (MMFDH). É nesse órgão que se encontra a Coordenação que presta apoio administrativo à Comissão Especial.

[178] A resolução seguia recomendação do relatório final da Comissão Nacional da Verdade (CNV) (BRASIL. *Relatório/Comissão Nacional da Verdade*, 2014, p. 968). De acordo com ela, as retificações seriam feitas a partir do pedido das famílias à CEMDP, que iniciaria o trâmite. A partir dessa solicitação, a Comissão considerava a certidão de óbito cujo assento deveria ser corrigido e o Relatório Final da CNV para redigir o atestado com assento retificado. O atestado era assinado pela presidenta da Comissão Especial e enviado, posteriormente, aos cartórios de registros públicos para que uma nova certidão fosse emitida contendo as devidas alterações indicada no atestado.

Em publicação de 2014, o cientista político Carlos Artur Gallo fez uma leitura do momento da adoção da lei que criou a CEMDP em 1995 como um contexto político nacional aparentemente maduro para tratar da questão, embora ainda existissem "opiniões semelhantes às que haviam justificado o endurecimento da repressão"[179]. Com a posse do novo presidente, essas opiniões voltaram a ocupar o poder. No que diz respeito especificamente à CEMDP, o discurso levou alguns meses para se reverter em ações concretas, diferentemente do que se passou com a Comissão de Anistia, discutida pela próxima seção, que sofreu intervenções imediatas. No começo de 2019, a CEMDP – preservada sua composição e atividades – se posicionou na contramão dos discursos de Bolsonaro relacionados à ditadura. Mais tarde, viu parte de suas atividades prejudicas e, finalmente, sofreu uma reforma estrutural em sua composição e mandato.

Por ocasião da data do aniversário do golpe militar de 1964, Bolsonaro recomendou que se comemorasse o dia 31 de março, incluindo a efeméride na ordem do dia das Forças Armadas[180]. A CEMDP se contrapôs publicamente a essa orientação por meio de declaração de sua então presidente, que, assim como deputados, artistas e acadêmicos, afirmou encarar o acontecimento histórico como quebra de legalidade[181]. Além disso, a Comissão participou, junto com outras entidades, da organização da I Caminhada do Silêncio, chamada como repúdio ao golpe e às violações

---

[179] GALLO, Carlos Artur, op. cit., p. 55.

[180] A recomendação contradiz decisão anterior da então presidenta Dilma Rousseff, que havia retirado a data do calendário oficial do Exército em 2011.

[181] JORNAL GGN. "O 31 de março e os anseios da Nação Brasileira". *Jornal GGN*, 31 de março de 2019.

praticadas na ditadura e persistentes até o presente, na qual participaram cerca de 8 mil pessoas[182].

Pouco depois, em abril de 2019, foi publicado o Decreto Federal 9.759/2019, que determinou a extinção de diversos órgãos colegiados da administração pública federal. No ato de sua assinatura, o ministro da Casa Civil, Onyx Lorenzoni, afirmou que esses órgãos seriam responsáveis por uma "parafernalha de instruções normativas"[183] que atrapalharia a administração pública, além de gerar gastos desnecessários. Nove meses depois, uma reportagem viria a divulgar que o governo federal desconhecia o impacto econômico real da medida[184].

A CEMDP não foi mencionada nem atingida diretamente pelo decreto, uma vez que havia sido criada por lei. Contudo, suas atividades e projetos foram afetados. Na prática, foram encerrados os trabalhos do Grupo de Trabalho Araguaia (GTA)[185] e foi dissolvida a Equipe de Identificação de Mortos e Desaparecidos Políticos (EIMDP)[186], o que imobilizou trabalhos de busca e identificação da

---

[182] Caminhadas similares aconteceram simultaneamente em outras cidades brasileiras, como Salvador, Niterói etc.

[183] COSTA, Rodolfo. "Bolsonaro assina 'revogaço' e decreto para extinguir conselhos federais". *Correio Brasiliense*, 11 de abril de 2019.

[184] FERNANDES, Marcella. "Ministério dos Direitos Humanos desconhece valor total da economia com o fim dos colegiados". *HuffPost Brasil*, 13 de janeiro de 2020.

[185] Apesar de a CEMDP não integrar o GTA, suas atividades eram importantes para mandato da Comissão, de localização e identificação de vítimas de desaparecimento forçado durante a ditadura.

[186] A EIMDP foi instituída pela Resolução 3 da CEMDP, de 8 de novembro de 2018, com compromisso de reunir uma gama interdisciplinar de profissionais que poderiam ser chamados a contribuir com os trabalhos de busca, localização e identificação abarcados pela CEMDP "[...] mediante colaboração eventual, contratação ou outra forma de ajuste prevista na legislação administrativa [...]".

Comissão. Quanto ao GTP, embora em um primeiro momento tenha sido noticiado que também seria atingido,[187] suas atividades não foram interrompidas, segundo nota do Ministério, porque o grupo funcionava por força de acordo que seria renovado em breve[188]. Nesse caso, o trabalho de identificação das ossadas é objeto de conciliação judicial em ação civil pública, acompanhada pelo Tribunal Regional Federal da 3ª Região (TRF3).

Mesmo assim, declaração da chefe da pasta do MMFDH, Damares Alves, colocou em dúvida a legitimidade das atividades de atribuição do GTP, afirmando "Tenho informações que não posso comprovar, de que já foi enviado pedaço de osso de cachorro para analisar"[189] – o que seria refutado em nota do MMFDH, publicada apenas quinze dias depois[190]. Mais recentemente, no fim de 2019, o governo federal propôs a retirada dos remanescentes ósseos que estão sob a guarda da Unifesp, para enviá-los ao Instituto de Pesquisa de DNA Forense da Polícia Civil do Distrito Federal, em Brasília. A justificativa apresentada, mais uma vez, foi de economia pública. Apreciada em audiência de conciliação no TRF3, a proposta da União foi rejeitada pela Unifesp, pela Prefeitura de São Paulo, pelo MPF e pelos familiares de pessoas desaparecidas[191].

---

[187] GODOY, Marcelo. "Bolsonaro encerra grupo de trabalho de ossadas de Perus". *O Estado de São Paulo*, 22 de abril de 2019.

[188] BRASIL. MMFDH. "Nota sobre a continuidade do Grupo de Trabalho Perus", 22 de abril de 2019.

[189] METRÓPOLES, "Damares sobre cemitério de Perus: 'Não dá para viver de cadáveres". *Metrópoles*, 22 de maio de 2019.

[190] BRASIL. MMFDH, "Ministério reafirma importância do Grupo de Trabalho Perus (GTP), 7 de junho de 2019.

[191] BRASIL. Assessoria de Comunicação Social do TRF3. "Audiência rejeita a transferência pra Brasília do trabalho de identificação das ossadas de Perus". *Justiça Federal*, 10 de dezembro de 2019.

Bolsonaro mais uma vez fez declaração que atravessava a competência da CEMDP ao atacar verbalmente o presidente da Ordem dos Advogados do Brasil (OAB) em 29 de julho de 2019.192 Afirmou que "Um dia, se o presidente da OAB quiser saber como é que o pai dele desapareceu no período militar, eu conto. Ele não vai querer ouvir a verdade. Eu conto para ele"[193]. O presidente da OAB, Felipe Santa Cruz, é filho do desaparecido, em 1974, Fernando de Santa Cruz Oliveira. Novamente, a então presidente da CEMDP incidiu no debate público gerado em oposição ao presidente, agora solicitando informações com relação ao afirmado por Bolsonaro. Em meio ao impacto provocado por suas declarações, Bolsonaro veio a público sugerir que a responsabilidade pelo desaparecimento de Santa Cruz seria da organização de oposição à ditadura à qual o militante pertencia.

Naquele momento, a CEMDP já realizava há alguns meses a retificação da causa da morte em atestados de óbito, quando requerido por familiares de mortos e desaparecidos políticos.[194] Uma das famílias a fazer a solicitação

---

[192] A afirmação se deu em meio a críticas de Bolsonaro à atuação da OAB no caso referente à defesa legal de Adélio Bispo, que o feriu com facada durante a campanha presidencial. A OAB entrou com mandado de segurança em favor do advogado do acusado para que não precisasse revelar quem pagava seus honorários (O GLOBO, "Da facada em Bolsonaro à internação, relembre o caso e Adélio Bispo", *O Globo,* 31 de julho de 2019).

[193] VALADARES, João." Família de Fernando Santa Cruz vai a PGR cobrar explicações de Bolsonaro". *Folha de São Paulo*, 29 de julho de 2019.

[194] Conforme relatório publicizado por Eugênia Gonzaga quando da sua exoneração, a primeira família que recebeu a certidão retificada foi a do diplomata José Jobim, em setembro de 2018. Até a data de saída de Gonzaga da presidência da CEMDP, 33 atestados foram assinados, relativos a 38 solicitações de famílias interessadas em obter o

foi a Santa Cruz, e o documento, que havia sido assinado pela presidente da CEMDP dias antes das declarações de Bolsonaro sobre o desaparecimento, foi levado a conhecimento da família e da imprensa em meio às polêmicas geradas por essas declarações.

Em aparente represália, em 1º de agosto de 2019 foram publicadas mudanças significativas na Comissão, entre elas a troca da presidente da CEMDP, Eugênia Gonzaga, por Marco Vinícius de Carvalho, assessor da ministra Damares Alves e filiado ao PSL, o mesmo partido de Bolsonaro até aquele período. A jurista Rosa Cardoso foi substituída por Wesley Maretti, coronel reformado do Exército que proferiu exaltações ao coronel Brilhante Ustra[195]. O coronel reformado João Batista Fagundes, que ocupava a representação do Ministério da Defesa, foi substituído por Vital Lima dos Santos, tenente-coronel e assessor do chefe de gabinete do ministro da Defesa. Por fim, o deputado Paulo Pimenta, da Comissão de Direitos Humanos da Câmara dos Deputados, foi substituído pelo deputado do PSL Filipe Ribeiro, conhecido por ter comemorado o golpe de 1964[196]. Considerando a nova composição "in-

---

documento retificado. Desse universo de 33 atestados, doze deram ensejo a certidões retificadas, três foram indeferidas e doze estavam em processo de avaliação pelos cartórios.O relatório pode ser encontrado na íntegra na matéria MERLINO, Tatiana. "Entrevista: 'a impunidade do passado garante a impunidade do presente', diz ex-presidente da Comissão de Mortos e Desaparecidos Políticos". *The Intercept Brasil*, 15 de agosto de 2019.

[195] LORRAN, Tácio. "Crítico ao STF, novo integrante da CEMDP exalta Ustra". *Metrópoles*, 1º de agosto de 2018.

[196] LELLIS, Leonardo. "Bolsonaro coloca deputado do PSL em comissão sobre desaparecidos políticos". *Veja*, 1º de agosto de 2019.

compatível com as finalidades da CEMDP"[197], o MPF ingressou com ação judicial para anular as nomeações.

Aos poucos, ao longo de 2019, apareceram indicações sobre as direções que tomariam as políticas de Estado relativas ao desaparecimento de pessoas. Em evento na Câmara dos Deputados, em março de 2019, por ocasião da instituição da Política Nacional de Buscas de Pessoas Desaparecidas (Lei 13.812), a ministra Damares Alves apontou para a intenção de acabar com as buscas de desaparecidos da ditadura: "Desculpa, senhores, não dá para viver hoje de cadáveres. Queremos otimizar essa Comissão de Mortos e Desaparecidos para que ela busque desaparecidos no Brasil, mas desaparecidos hoje"[198]. Na mesma linha, em dezembro de 2019, a Portaria 3.136 do MMFDH estabeleceu um novo regimento interno para o Ministério, substituindo o setor responsável por prestar o apoio à CEMDP – a Coordenação-Geral de Direito à Memória e à Verdade – pela Coordenação-Geral de Desaparecidos (CGD), sem o uso de "político" ou "forçado" para qualificar o desaparecimento. Ao descrever a competência da coordenação, a Portaria fala em "pessoas desaparecidas", o que aparentemente abarca qualquer tipo de situação em que não se conheça a localização da pessoa. Com isso, perde-se não apenas o foco especial nos desaparecimentos praticados durante a ditadura, que era o adotado pela

---

[197] BRASIL. ASSESSORIA DE COMUNICAÇÃO E INFORMAÇÃO DA PFDC. "MPF pede à Justiça anulação do decreto que alterou composição da Comissão sobre Mortos e Desaparecidos Políticos". *MPF*, 1º de outubro de 2019.

[198] METRÓPOLES, "Damares sobre cemitério de Perus: 'Não dá para viver de cadáveres'". *Metrópoles*, 22 de maio de 2019. Disponível em: https://www.metropoles.com/brasil/politica-br/damares-sobre-cemiterio-de-perus-nao-dapara-viver-de-cadaveres.

CEMDP, mas também a particularidade do desaparecimento forçado, cuja gravidade específica decorre da participação e responsabilidade do Estado na sua prática[199].

Em seguida, em 14 de janeiro de 2020, a própria Comissão editou resolução (4/2020) com transformações em seu regimento. Entre as alterações mais significativas estão a vinculação da busca por pessoas desaparecidas à manifestação de interesse pela família e a revogação da resolução sobre retificação de assentos de óbito. Ambas as modificações parecem ir na contramão do dever do Estado de, de ofício, investigar os desaparecimentos forçados, esclarecer a verdade e devolver os restos mortais às famílias[200]. Junto com as alterações nas atividades da Comissão, chegou à mídia a perspectiva de que a CEMDP finalizaria seus trabalhos ainda no ano de 2020. Em entrevista concedida uma semana após a publicação do novo regimento, o então presidente da Comissão, Marco Vinicius de Carvalho, afirmou que pretende entregar um relatório final dos trabalhos da CEMDP como "questão de reconciliação", não sendo possível "ficar eternamente batendo nessa mesma tecla"[201].

---

[199] Conforme a definição adotada pela Convenção Internacional para a Proteção de Todas as Pessoas contra o Desaparecimento Forçado, ratificada pelo Brasil em 2010 e objeto de decreto presidencial de promulgação em 2016, "entende-se por 'desaparecimento forçado' a prisão, a detenção, o sequestro ou qualquer outra forma de privação de liberdade que seja perpetrada por agentes do Estado ou por pessoas ou grupos de pessoas agindo com a autorização, apoio ou aquiescência do Estado, e a subsequente recusa em admitir a privação de liberdade ou a ocultação do destino ou do paradeiro da pessoa desaparecida, privando-a assim da proteção da lei".

[200] V. ORGANIZAÇÃO DOS ESTADOS AMERICANOS. Comissão Interamericana de Direitos Humanos. *The right to truth in the Americas*. Doc. OEA/Ser.L/V/II.152, 13 ago. 2014, p. 29-31.

[201] GOMES, Karina. "Comissão de Mortos e Desaparecidos pode aca-

2. As modificações na Comissão de Anistia[202]

A Comissão de Anistia (CA) foi criada em 2001, vinculada ao Ministério da Justiça (MJ), para oferecer reparação a pessoas atingidas por atos de perseguição política. De início, teve como foco requerimentos de compensação econômica. A partir de 2007, passou a adotar uma concepção de reparação integral mais alinhada com o entendimento que vem se consolidando no direito internacional dos direitos humanos, conforme o qual, em casos de violações graves de direitos humanos, as indenizações individuais são insuficientes para reparar a integralidade dos danos[203].

---

bar em 2020". *DW Brasil,* 22 de janeiro de 2020.

[202] Para os eventos anteriores a 2019, utilizamos como fonte o levantamento de notícias feito pela ONG Instituto de Estudos da Religião (Iser) em documento apresentado à Comissão Interamericana de Direitos Humanos (Iser. "Relatório sobre a situação do Brasil acerca da Memória, Verdade, Justiça e Reparação pelos crimes da ditadura de 1964", 2 de novembro de 2018). Agradecemos a Rita Miranda Sipahi, ex-conselheira da Comissão de Anistia, por dialogar conosco a respeito dos eventos relatados nesta seção, contribuindo para esclarecermos a sucessão dos acontecimentos.

[203] Sobre a jurisprudência da Corte Interamericana de Direitos Humanos nesse sentido, v. PASQUALUCCI, Jo. M. The practice and procedure of the Inter-American Court of Human Rights. Cambridge: Cambridge University Press, 2013, p. 191. Uma resolução da Assembleia Geral da ONU sobre o tema igualmente incorpora a ideia de que as vítimas de violações graves de direitos humanos devem receber reparação integral, especificando que esta pode adotar as formas de restituição, compensação, reabilitação, satisfação e garantias de não repetição (ORGANIZAÇÃO DAS NAÇÕES UNIDAS. Resolution adopted by the General Assembly n. 60/147. Basic Principles and Guidelines on the Right to a Remedy and Reparation for Victims of Gross Violations of International Human Rights Law and Serious Violations of International Humanitarian Law, 21 de março de 2006). Segundo estudo do Escritório do Alto Comissariado da ONU para os direitos humanos sobre programas

Assim, a CA passou a realizar atos de reparação simbólica e a implementar políticas de memória e projetos educativos. Iniciou a construção de um espaço de memória em pareceria com a Universidade Federal de Minas Gerais, o Memorial da Anistia Política. Criou ainda um projeto de reparação psíquica, o Clínicas do Testemunho.

Embora tivesse embasamento constitucional (artigo 8º do Ato das Disposições Constitucionais Transitórias), legal (Lei 10.559/2002) e de direito internacional para a execução das políticas de reparação, a CA seguiu enfrentando resistência em segmentos que qualificavam as indenizações como "bolsa ditadura", "farra" ou "indústria de indenizações", como se proporcionassem um enriquecimento sem causa aos antigos perseguidos políticos. Além disso, as suas ações, que foram além do pagamento de indenizações individuais, visando a uma reparação simbólica e coletiva, nem sempre foram bem compreendidas. A

---

de reparação, é recomendável a criação de programas complexos, que distribuam benefícios de diferentes tipos, de diversas formas. Há justificativas relevantes para que esses programas adotem, além de indenizações, reparações simbólicas (pedidos de desculpas, mudanças de nomes de espaços públicos, criação de museus e outros lugares de memória), de forma individual e coletiva. De acordo com o documento, dessa maneira o programa alcançaria um número maior de vítimas – inclusive pessoas que não foram vítimas – e ofereceria resposta a um número maior de danos e necessidades, além de contribuir com a elaboração do passado traumático (ORGANIZAÇÃO DAS NAÇÕES UNIDAS. Escritório do Alto Comissariado das Nações Unidas para os Direitos Humanos. Rule-of-law tools for post-conflict states. Reparations programmes. Doc. HR/PUB/08/1, 2008). Sobre as justificativas para a adoção, pela Comissão de Anistia, de medidas de reparação simbólica dentro do escopo de seu programa de reparação, v. ABRÃO, Paulo; TORELLY, Marcelo. Justiça de transição no Brasil: a dimensão da reparação. In: Revista Anistia Política e Justiça de Transição, n. 3. Brasília: Ministério da Justiça, 2010, p. 108-139.

ideia de que essas políticas configurariam um dispêndio injustificado de recursos públicos ganhou força na esfera pública com o governo atual[204], apesar de as primeiras intervenções formais relevantes na CA serem anteriores.

A primeira delas aconteceu em 31 de agosto de 2016, após o *impeachment* da ex-presidenta Dilma Rousseff, quando portarias do ministro da Justiça e Cidadania exoneraram sete membros[205] e nomearam dezenove novas pessoas para compor o conselho da Comissão.[206] Em nota pública, a sociedade civil que milita nessa pauta apontou que uma mudança dessa natureza nunca tinha ocorrido na Comissão. Antes disso, as exonerações apenas aconteceram a pedido da própria pessoa desligada, e as substituições haviam sido gradativas e com prévia oitiva da sociedade civil. A substituição numerosa na composição, segundo a nota pública, prejudicaria a memória e a *expertise* na interpretação da legislação e tomada de decisão pela Comissão[207]. Em seguida, a Consultoria Jurídica do MJ passou a assessorar o ministro para revisão das decisões tomadas pelo conselho da CA, levando à reversão de decisões concessivas de reparação208. A revisão direta pelo ministro do mérito das decisões do conselho foi vista

---

[204] V. BRASÍLIA, Olavo Soares. "O que o governo Bolsonaro fez para acabar com a 'bolsa-ditadura'". *Gazeta do Povo*, 22 de julho de 2019.

[205] Foram exonerados pela Portaria 792/2016 Ana Maria Guedes, Carolina de Campos Melo, José Carlos Moreira da Silva Filho, Manoel Severino Moraes de Almeida, Márcia Elayne Berbich Moraes, Prudente José Silveira Mello e Virginius Lianza da Franca.

[206] Portaria 790, de 31 de agosto de 2016.

[207] PONTE JORNALISMO, "Defensores de direitos humanos repudiam intervenção de Temer na Comissão de Anistia", 3 de setembro de 2016.

[208] ODARA, Norma, "Sob ameaça, Comissão da Anistia sofre intervenção do governo Temer". *Brasil de Fato*, 29 de setembro de 2017.

como uma interferência indevida na autonomia da CA, porque esse é o órgão criado por lei para apreciar tecnicamente os pedidos de reparação[209].

Posteriormente, com a nova composição, em junho de 2018, o conselho da CA decidiu não mais realizar o pedido de desculpas, ritual antes adotado como medida de reparação simbólica a cada vez que dava procedência a um pedido de reparação. Entre os conselheiros que votaram contra a continuidade do pedido de desculpas, alguns argumentaram que, como a decisão final era do ministro, não cabia ao conselho da Comissão realizar o pedido de desculpas; se fosse revertida a concessão da anistia, o pedido de desculpas poderia servir de fundamento para impugnações judiciais contra a decisão do ministro. Outros afirmaram simplesmente ser indevido um pedido de desculpas[210]. Segundo a ex-conselheira Rita Sipahi, "Era comum ouvirmos dos(as) anistiados(as) ser aquele momento [do pedido de desculpas] o mais importante de todo o processo"[211]. Ainda na gestão do presidente Temer, deixou-se de dar continuidade a outros projetos de reparação simbólica, como o Clínicas do Testemunho[212], embora esses projetos não fossem explicitamente atacados

---

[209] BRASIL. MPF. "PFDC solicita ao Ministério da Justiça e Segurança Pública informações sobre o funcionamento da Comissão de Anistia". *Informativo PFDC*, 30 de novembro de 2017.

[210] ÉBOLI, Evandro. "Governo Temer suspende pedido de desculpas às vítimas da ditadura", Gazeta do Povo, 11 de junho de 2018.

[211] SIPAHI, Rita. "Carta à Ministra Damares Alves", 17 de maio de 2019, p. 6. In: LEMES, Conceição. "Em carta a Damares, ex-presa política denuncia destruição deliberada da Comissão de Anistia pelo governo Bolsonaro e deixa órgão; leia íntegra". *Viomundo*, 28 de maio de 2019.

[212] BRASIL. MPF. "MPF ajuíza ação para garantir a continuidade da Rede Clínicas do Testemunho no RS e em SC", 21 de dezembro de 2017.

em declarações públicas de membros do governo, como seriam na gestão do presidente Bolsonaro.

No primeiro dia do novo governo, 1º de janeiro de 2019, foi publicada medida provisória sobre a organização básica da Administração Pública Federal, que transferiu a CA, antes vinculada ao MJ, para o MMFDH, pasta comandada pela ministra Damares Alves[213]. Não foi apresentada justificativa técnica ou jurídica para a transferência, e esta gerou questionamentos com referência à preservação das condições de funcionamento, inclusive dos servidores, e espaço de armazenamento do acervo[214]. O novo portal da Comissão na internet, no *site* do MMFDH[215], não traz publicações anteriores com informações sobre ações e projetos da CA, tampouco estão ali os livros eletrônicos editados pela Comissão e disponibilizados para livre acesso, com estudos brasileiros e traduções de artigos de referência sobre justiça de transição.

A ministra do MMFDH desde o início do governo fez declarações públicas que tomavam como um dado a prática de irregularidades pelas gestões anteriores da CA. Destacou que as ações realizadas e indenizações concedidas seriam investigadas. Sem apresentar informações concretas sobre esses procedimentos ou evidências que fundamentassem a conclusão sobre as supostas irregularidades, declarou que "Muita coisa estranha aconteceu nesta Comissão"[216]. Pouco depois, anunciou a realização

---

[213] Artigo 70 da Medida Provisória 870/2019. V. MIGALHAS, "Novo governo fixa competências do ministério da Mulher, da Família e dos Direitos Humanos", 2 de janeiro de 2019.

[214] V. SIPAHI, Rita, op. cit.

[215] Disponível em: https://www.mdh.gov.br/comissaodeanistia

[216] LEMES, Conceição. "Procuradora Deborah Duprat: esta Comissão de Anistia, com militares, nós não vamos aceitar". *Viomundo*, 15 de

de uma auditoria nas reparações concedidas a perseguidos políticos[217]. Além disso, questionou se era função da CA realizar os projetos, especialmente as ações educativas e publicações que promoveu: "Gente, é muito dinheiro desperdiçado. Milhares de volumes de livros, DVDs e revistas"[218]. Segundo a ministra, ao construir os projetos, a Comissão teria fugido de sua finalidade[219].

Em 27 de março de 2019, a CA sofreu nova alteração substancial, por meio de portarias do MMFDH. A Portaria 377 dispensou treze integrantes, e a Portaria 378 da mesma data apresentou a nova composição do conselho da Comissão, com sete novos membros. De acordo com investigação levada a efeito pelo MPF, que resultou no ajuizamento de ação civil pública[220], as pessoas designadas são agentes de carreira ou têm histórico e postura pública incompatíveis com o exercício dessa função. João Henrique de Freitas, nomeado como presidente da Comissão, havia sido por sete anos assessor parlamentar de um dos filhos do presidente da República. Ademais, Freitas foi autor de ações judiciais para anular reparações concedidas pela Comissão para camponeses vítimas de tortura no contexto da repressão à Guerrilha do Araguaia e para a família do guerrilheiro Carlos Lamarca. Nessas ações teriam sido veiculadas ofensas aos perseguidos políticos, e

---

abril de 2019.

[217] URIBE, Gustavo. "Damares anuncia auditoria em reparações concedidas a anistiados políticos". *Folha de São Paulo*, 26 de março de 2019.

[218] DORIA, Gabriela. "Damares faz visita surpresa à Comissão da Anistia". *Plenonews*, 13 de fevereiro de 2019.

[219] BRASIL. MMFDH. "Ministra rejeita 101 pedidos de anistia", 3 de maio de 2019.

[220] BRASIL. MPF. Ação Civil Pública. Petição Inicial, 3 de maio de 2019.

as políticas de reparação da CA teriam sido qualificadas por Freitas como imorais e ilegais.

Entre os demais nomeados como integrantes da Comissão de Anistia, estava o general da reserva Luiz Eduardo da Rocha Paiva, segundo divulgado na imprensa, defensor de Brilhante Ustra, e autor do prefácio de uma das edições do seu livro *A verdade sufocada*[221]. Rocha Paiva teria sido, ainda, um dos maiores opositores públicos entre os militares à CNV. Em entrevista à jornalista Miriam Leitão, colocou em dúvida se a ex-presidenta Dilma Rousseff foi torturada[222], qualificou as reparações concedidas pelo Estado brasileiro como "bolsa ditadura" e rejeitou a ideia de que as Forças Armadas deveriam pedir perdão pelas violações praticadas durante a ditadura[223].

Segundo a investigação do MPF, além de Rocha Paiva, pelo menos três dos nomeados para a CA são militares das Forças Armadas e um da Polícia Militar – Cláudio Casali, Diógenes Soares, Dionei Tonet e Sérgio Paulo Costa. Outro, Joanisval Gonçalves, especialista na área de inteligência, segurança nacional, defesa e direito militar, tinha condecorações militares e carreira com passagem pela Agência Brasileira de Inteligência e pela Polícia Civil do Distrito Federal. Adicionalmente, o MPF apurou que as pessoas nomeadas não tinham registro de qualquer atuação em prol dos direitos humanos ou produção intelectual correlata ao campo de atuação da CA[224].

---

[221] BR POLÍTICO. "Prefacista do livro de Ustra na Comissão de Anistia", 27 de março de 2019.

[222] PIVA, Juliana Dal; ABBUD, Bruno. "General que duvidou de tortura a Dilma é indicado para Comissão de Anistia pela ministra Damares Alves". *O Globo*, 27 de março de 2019.

[223] BRASIL. MPF. Ação Civil Pública. Petição Inicial, 3 de maio de 2019.

[224] BRASIL. MPF. Ação Civil Pública. Petição Inicial, 3 de maio de

Na mesma data das portarias que alteraram a composição da CA, outra portaria (376/2019) aprovou um novo regimento interno para a Comissão. Entre as principais mudanças promovidas, reduziu-se o número mínimo de membros do conselho, de vinte para nove membros, aumentou-se o número de representantes do Ministério da Defesa, de um para dois, e se eliminou a possibilidade de recurso interno na Comissão[225]. Com isso, ao mesmo tempo, possibilitou-se a ampliação do poder dos militares na CA e restringiram-se os espaços dos requerentes de anistia para defesa de seus interesses. O MPF divulgou nota alertando sobre os riscos de a forte presença militar na Comissão "gerar visão distorcida nesse processo integral de resgate da memória oficial"[226], e ajuizou ação civil pública buscando revogar as nomeações[227].

Em 17 de maio de 2019, a ex-presa política Rita Sipahi, representante dos anistiados e anistiandos na Comissão desde 2009, pediu o seu desligamento do órgão. Em carta que justificava o pedido de exoneração, Sipahi destacou que as pessoas nomeadas para o conselho tinham vínculo com a história da repressão e concepções alinhadas às dos agentes da ditadura, o que, para os requerentes de anistia presentes na sessão de avaliação de seus pedidos, significava um retorno ao passado de violência. Sipahi justificou seu desligamento dizendo que, no papel de representante

---

2019.

225 BRASIL. MPF. Ação Civil Pública. Petição Inicial, 3 de maio de 2019.

226 LEMES, Conceição. "Procuradora Deborah Duprat: esta Comissão de Anistia, com militares, nós não vamos aceitar". Viomundo, 15 de abril de 2019.

227 BRASIL. MPF. "MPF aciona Justiça e questiona nomeação de membros para a Comissão de Anistia", 6 de maio de 2019.

dos anistiandos e anistiados, caberia a ela interagir com a Comissão enquanto existisse uma atuação pautada pelos princípios constitucionais. Embora a representação tenha sido reconhecida pelo atual governo, a mediação estava prejudicada pela falta de compromisso do órgão com a Constituição, a transparência e os direitos humanos[228].

Em agosto de 2019, em visita ao local das obras de construção do Memorial da Anistia, a ministra Damares Alves anunciou que essas seriam descontinuadas: "Esta obra não vai ser entregue para a sociedade como memorial. Podemos encontrar outro destino para este prédio". De acordo com ela, "Esta não é a resposta que os anistiados querem. A memória já está preservada"[229]. Em resposta a questionamento do MPF, Damares complementou que não teria qualquer dever de investir recursos no Memorial, e que a construção deste seria "contraditória nos seus termos", pois anistia "significa esquecimento"[230]. O MPF ajuizou ação civil pública buscando uma determinação judicial de retomada das obras, de maneira a garantir a implementação do Memorial[231].

Assim, a descontinuação dos projetos de reparação simbólica e coletiva, inclusive ações educativas voltadas à memória e repúdio das violações de direitos humanos praticadas durante a ditadura, foi acompanhada de um

[228] LEMES, Conceição. "Em carta a Damares, ex-presa política denuncia destruição deliberada da Comissão de Anistia pelo governo Bolsonaro e deixa órgão; leia íntegra". *Viomundo*, 28 de maio de 2019.

[229] FIUZA, Patricia; ALVIM, Carlos Eduardo. "'Não vai ser um Memorial da Anistia. Podemos encontrar outro destino para este prédio', diz Damares em visita a BH". *G1*, 13 de agosto de 2019.

[230] CUNHA, Magali. "Damares Alves, a ministra evangélica que promove amnésia social". *Carta Capital*, 18 de setembro de 2019.

[231] BRASIL. MPF. "MPF entra na Justiça para obrigar União a concluir construção do Memorial da Anistia Política", 1º de outubro de 2019.

esforço de deslegitimação, com acusações contra a idoneidade da atuação pregressa da Comissão somadas a um discurso de apelo público de transparência e economia de recursos. Paralelamente, o novo Conselho, com presença relevante de militares e pessoas sem histórico de atuação com direitos humanos, algumas com posições públicas de defesa da perseguição política praticada na ditadura, modificou a forma de apreciação dos requerimentos de reparação individual ainda pendentes.

Já no início da sua gestão, a ministra Damares Alves declarou que "A gente tem que começar a pensar em ir fechando a comissão"[232]. Na prática, passaram a ser adotados entendimentos mais restritivos com relação às situações em que é cabida a reparação. Em artigo de opinião sobre os trabalhos da Comissão, João Henrique Nascimento de Freitas, na posição de presidente do colegiado, afirmou que a "renovação expressiva na composição de seus membros" geraria eficiência ao trabalho da Comissão e destacou o objetivo de encerrar as atividades do órgão[233]. Victor Neiva, que atuou como representante dos anistian-

---

[232] AMADO, Guilherme. "Damares vai negar pedidos de Lula e Dilma na Comissão de Anistia: 'Dedinho não é perseguição política'". Época, 31 de janeiro de 2019.

[233] "Apesar de todos os esforços de agentes que carregam ideologias da chamada 'esquerda radical, revolucionária e revanchista', que integram partidos políticos e até mesmo ocupam funções de destaque na estrutura republicana, e buscam, ainda, impor à sociedade o pensamento único que conspira contra o espírito de qualquer anistia, seguiremos firmes! O desafio será superado e o resultado apresentado, pois a comissão não deve perpetuar-se."
"O governo Jair Bolsonaro (PSL) vai resgatar o Brasil com a moralidade que a administração pública merece!" (FREITAS, João Henrique Nascimento de. "Uma Comissão de Anistia sem ideologias". Folha de São Paulo, 19 de setembro de 2019).

dos e anistiados na CA depois da saída de Rita Sipahi até outubro de 2019, quando foi desligado pela ministra[234], declarou que há cinismo no colegiado da Comissão em sua composição atual, e que a orientação é negar em massa os pedidos[235]. Conforme divulgado no fim de 2019, 85% dos pedidos de anistia apreciados no primeiro ano do governo Bolsonaro foram indeferidos[236].

Foi noticiado que passou a predominar uma jurisprudência restritiva quanto ao que se considera ação política reparável. Além disso, a Comissão passou a rejeitar pedidos de pessoas que integraram organizações de oposição à ditadura. Em ao menos um processo, a solicitante de anistia teria sido qualificada como terrorista na sessão que apreciava seu pedido de reparação. O conselheiro general Rocha Paiva, que, segundo noticiado, leva às sessões da CA o livro de Brilhante Ustra, teria afirmado ser justificada a perseguição que a requerente sofreu durante a ditadura: "Se era da AP [Ação Popular], tem que ser investigada como pertencente a uma organização terrorista das mais violentas"[237] – como se o que estivesse em julga-

---

[234] Segundo divulgado, Neiva foi desligado com base em parecer assinado pela presidência da Comissão que afirmava que os membros da Comissão não poderiam atuar em processos na justiça em temas relacionados à anistia. V. LEITÃO, Mateus. "Damares dispensa conselheiro da Comissão de Anistia que representava os anistiados". *G1*, 18 de outubro de 2019.

[235] COLLETA, Ricardo Della. "Orientação na Comissão de Anistia é negar pedidos em massa, diz conselheiro do órgão". *Folha de São Paulo*, 12 de setembro de 2019.

[236] COLUNA DO ESTADÃO. "Sob Damares, Comissão da Anistia nega 85% dos pedidos". *Estadão*, 16 de dezembro de 2019.

[237] MARCHAO, Talita. "Sob Bolsonaro, Comissão muda critérios e vítima vira terrorista". *Uol*, 10 de agosto de 2019; YAHOO NOTÍCIAS. "General criticado por Bolsonaro leva livro de Ustra às sessões da Co-

mento fosse a conduta da antiga militante, e não a ação do Estado que a perseguiu[238].

3. Conclusão

A análise preliminar dos acontecimentos que marcaram as políticas de reparação no primeiro ano da gestão de Jair Bolsonaro mostra que há importantes pontos em comum nas estratégias adotadas na CEMDP e na CA, embora as mudanças formais tenham tido início um pouco depois no primeiro caso. As duas comissões enfrentaram uma substituição generalizada dos membros dos respectivos conselhos, em que pessoas com histórias pessoais e experiência profissional próxima à pauta deram lugar a pessoas ligadas às Forças Armadas, com posições públicas favoráveis à ditadura e à repressão política, ou, ao menos, alinhadas politicamente com o presidente da República. Ao menos no caso da CA, há notícia da incorporação em deliberações oficiais da narrativa de defesa da repressão e relativização das violações.

Além disso, em ambos os casos, declarações da ministra Damares Alves e de integrantes das comissões nas novas composições vão no sentido de acusar as gestões anteriores de ações irregulares e dispêndio injustificado de recursos, sem que existam investigações concluídas que apontem para isso. As mudanças regimentais igualmente indicam um desacordo com as práticas anteriores. Concepções aceitas tanto entre estudiosos da justiça de transição quanto no âmbito das organizações internacionais de direitos humanos, como as de reparação integral e dos

---

missão de Anistia". *Yahoo Notícias*, 6 de outubro de 2019.

238 GODOY, Marcelo. "A ameaça de um general à Lei de Anistia". *O Estado de São Paulo*, 16 de setembro de 2019.

deveres do Estado em decorrência da prática do desaparecimento forçado, são ignoradas, como se não existissem, e as políticas que davam concretude a elas são deslegitimadas. Assumir como ilegítimos os procedimentos adotados parece ser, também, uma forma de tirar o valor da memória construída a partir do trabalho das comissões.

É ainda um aspecto comum a ideia, veiculada por esses mesmos atores, de que as comissões devem concluir com brevidade o trabalho e deixar de existir, como se se tratasse de um tema superado. Parte relevante dos trabalhos já foi descontinuada. Passa-se a mensagem de que o legado autoritário é irrelevante e que, portanto, não se justifica o dispêndio de recursos para enfrentá-lo. No caso da CEMDP, essas medidas parecem ser acompanhadas da tentativa de construir uma política para desaparecimentos que desconsidere a relevância daqueles praticados durante a ditadura e neutralize a responsabilidade do Estado inerente ao desaparecimento forçado. O desmonte, porém, não exclui a possibilidade de simultâneo uso dos órgãos para reverter as políticas e fazer prevalecer uma perspectiva negacionista.

Esta é uma análise preliminar, que merece aprofundamento diante da nossa hipótese, de que haveria uma estratégia por parte do governo de construção de uma contranarrativa sobre a ditadura fazendo uso das comissões de reparação. Essa investigação poderia ser levada adiante, por exemplo, com o estudo das mudanças de entendimentos nas decisões da CA e variações nos índices de indeferimento; de eventuais transformações de tese nas deliberações e processos julgados pela CEMDP; das consequências da transferência da CA para o MMFDH; das alterações nas estruturas internas de servidores, orçamento e modos de operação; do que foi feito de cada projeto e linhas de ação; das comunicações oficiais das comissões e Ministério, em resposta a interpelações de órgãos de controle nacionais (Ministério Público, Judiciário, Congresso Nacional) e de órgãos internacionais de proteção dos direitos humanos; da possível criação de dificuldades de forma mais silenciosa, com atrasos e omissões. Também é fundamental para esse aprofundamento o acompanhamento das medidas futuramente adotadas pelo governo com relação a tais órgãos. De qualquer maneira, parece possível afirmar que no primeiro ano do governo Bolsonaro não apenas discursos, mas também ações concretas se deram no sentido de reverter as políticas de reparação em seu avesso.

REFERÊNCIAS

ABRÃO, Paulo; TORELLY, Marcelo. Justiça de transição no Brasil: a dimensão da reparação. In: *Revista Anistia Política e Justiça de Transição*, n. 3. Brasília: Ministério da Justiça, 2010.

AMADO, Guilherme. Damares vai negar pedidos de Lula e Dilma na Comissão de Anistia: 'Dedinho não é perseguição política'. Época, 31 de janeiro de 2019. Disponível em: https://epoca.globo.com/guilherme-amado/damares-vai-negar-pedidos-de-lula-dilma-na-comissao-da-anistia-dedinho-nao-perseguicao-politica-23415638

AVELINO, Chico Paiva. O dia em que Bolsonaro cuspiu na estátua de Rubens Paiva. *Pragmatismo Político*, 24 de outubro de 2018. Disponível em: https://www.pragmatismopolitico.com.br/2018/10/bolsonaro-cuspiu-estatua-rubens-paiva.html

BARBA, Mariana Della; WENTZEL, Marina. Discurso de Bolsonaro deixa ativistas 'estarrecidos' e leva OAB a pedir sua cassação. *BBC Brasil*, 20 de abril de 2016. Disponível em: https://www.bbc.com/portuguese/noticias/2016/04/160415_bolsonaro_ongs_oab_mdb

BENETTI, Pedro; CATEB, Caio; FRANCO, Paula; OSMO, Carla. As políticas de memória, verdade, justiça e reparação no primeiro ano do governo Bolsonaro: entre a negação e o desmonte, submetido à publicação.

BERMUDEZ, Ana Carla. 10 vezes em que o clã Bolsonaro flertou com a ditadura militar. *UOL*, 31 de outubro de 2019. Disponível em: https://noticias.uol.com.br/politica/ultimas-noticias/2019/10/31/10-vezes-em-que-o-cla-bolsonaro-flertou-com-a-ditadura-militar.htm.

BOLSONARO, Jair. O caminho da prosperidade: proposta de plano de governo, 2018. Disponível em:

http://divulgacandcontas.tse.jus.br/candidaturas/oficial/2018/BR/BR/2022802018/280000614517/proposta_1534284632231.pdf

BR POLÍTICO. Prefacista do livro de Ustra na Comissão de Anistia. *BR Político*, 27 de março de 2019. Disponível em: https://brpolitico.com.br/noticias/prefacista-do-livro-de-ustra-na-comissao-de-anistia/.

BRAGON, Ranier. Nos anos 90, Bolsonaro defendeu novo golpe militar e guerra. *Folha de São Paulo,* 3 de junho de 2018. Disponível em: https://www1.folha.uol.com.br/poder/2018/06/nos-anos-90-bolsonaro-defendeu-novo-golpe-militar-e-guerra.shtml.

BRASIL. Secretaria Especial dos Direitos Humanos. Comissão Especial sobre Mortos e Desaparecidos Políticos. *Direito à verdade e à memória*: Comissão Especial sobre Mortos e Desaparecidos Políticos. Brasília: Secretaria Especial dos Direitos Humanos, 2007.

BRASIL. Superior Tribunal de Justiça. Recurso Especial n. 1.434.498/SP. Recorrente: Carlos Alberto Brilhante Ustra. Recorridos: César Augusto Teles e outros. Relatora: Ministra Nancy Andrighi. Redator para o acórdão: Ministro Paulo de Tarso Sanseverino, Brasília, Distrito Federal, 9 de dezembro de 2014.

BRASIL. CNV. *Relatório / Comissão Nacional da Verdade*, v. 1. Brasília: CNV, 2014.

BRASIL. MPF. "MPF ajuíza ação para garantir a continuidade da Rede Clínicas do Testemunho no RS e em SC", 21 de dezembro de 2017. Disponível em: http://www.mpf.mp.br/rs/sala-de-imprensa/noticias-rs/mpf-rs-ajuiza-acao-para-garantir-a-continuidade-da-rede-clinicas-do-testemunho-no-rs-e-em-sc.

BRASIL. CEMDP. Resolução 2, de 29 de novembro

de 2017. Disponível em: http://www.in.gov.br/materia/-/asset_publisher/Kujrw0TZC2Mb/content/id/887777/do1-2017-12-11-resolucao-n-2-de-29-de-novembro-de-2017-887773.

BRASIL. MPF. PFDC solicita ao Ministério da Justiça e Segurança Pública informações sobre o funcionamento da Comissão de Anistia. Informativo PFDC, 30 de novembro de 2017. Disponível em: http://pfdc.pgr.mpf.mp.br/informativos/edicoes-2017/novembro/pfdc-solicita-ao-ministerio-da-justica-e-seguranca-publica-informacoes-sobre-o-funcionamento-da-comissao-de-anistia-1/.

BRASIL. CEMDP. Resolução 3, de 8 de novembro de 2018. Disponível em: http://www.in.gov.br/materia/-/asset_publisher/Kujrw0TZC2Mb/content/id/52501259/do2-2018-11-29-resolucao-n-3-de-8-de-novembro-de-2018-52501072

BRASIL. MMFDH. Nota sobre a continuidade do Grupo de Trabalho Perus. 22 de abril de 2019. Disponível em: https://www.mdh.gov.br/todas-as-noticias/2019/abril/nota-sobre-a-continuidade-do-grupo-de-trabalho-perus.

BRASIL. MMFDH. Ministra rejeita 101 pedidos de anistia, 3 de maio de 2019. Disponível em: https://www.mdh.gov.br/todas-as-noticias/2019/maio/ministra-rejeita-101-pedidos-de-anistia.

BRASIL. MPF. Ação Civil Pública. Petição Inicial, 3 de maio de 2019. Disponível em: http://www.mpf.mp.br/df/sala-de-imprensa/docs/peticao-acp-portaria-da-damares.

BRASIL. MPF. MPF aciona Justiça e questiona nomeação de membros para a Comissão de Anistia, 6 de maio de 2019. Disponível em: http://www.mpf.mp.br/df/sala-de-imprensa/noticias-df/mpf-aciona-justica-e-questiona-a-nomeacao-de-membros-para-a-comissao-de-anistia.

BRASIL. MMFDH. Ministério reafirma importância do Grupo de Trabalho Perus (GTP), 7 de junho de 2019. Disponível em: https://www.mdh.gov.br/todas-as-noticias/2019/junho/ministerio-reafirma-importancia-do-grupo-de-trabalho-perus-gtp.

BRASIL. MPF. MPF entra na Justiça para obrigar União a concluir construção do Memorial da Anistia Política, 1º de outubro de 2019. Disponível em: http://pfdc.pgr.mpf.mp.br/informativos/edicoes-2019/outubro/mpf-entra-na-justica-para-obrigar-uniao-a-concluir-construcao-do-memorial-da-anistia-politica.

BRASIL. CEMDP. Resolução 4, de 14 de janeiro de 2020. Disponível em: http://www.in.gov.br/web/dou/-/resolucao-n-4-de-14-de-janeiro-de-2020-238315255.

BRASIL. Assessoria de Comunicação E Informação da PFDC. MPF pede à Justiça anulação do decreto que alterou composição da Comissão sobre Mortos e Desaparecidos Políticos. *Ministério Público Federal*, 1º de outubro de 2019. Disponível em: http://www.mpf.mp.br/rj/sala-de-imprensa/noticias-rj/mpf-pede-a-justica-anulacao-do-decreto-que-alterou-composicao-da-comissao-sobre-mortos-e-desaparecidos-politicos.

BRASIL. Assessoria de Comunicação Social do TRF3. Audiência rejeita a transferência pra Brasília do trabalho de identificação das ossadas dc Perus. *Justiça Federal,* 10 de dezembro de 2019. Disponível em: http://web.trf3.jus.br/noticias/Noticias/Noticia/Exibir/388919.

BRASÍLIA, Olavo Soares. O que o governo Bolsonaro fez para acabar com a 'bolsa-ditadura'. *Gazeta do Povo*, 22 de julho de 2019. Disponível em: https://www.gazetadopovo.com.br/republica/bolsa-ditadura-o-que-bolsonaro-fez-para-acabar/.

COLLETA, Ricardo Della. Orientação na Comissão de Anistia é negar pedidos em massa, diz conselheiro do órgão. *Folha de São Paulo*, 12 de setembro de 2019. Disponível em: https://www1.folha.uol.com.br/poder/2019/09/orientacao-na-comissao-de-anistia-e-negar-pedidos-em--massa-diz-conselheiro-do-orgao.shtml.

COLUNA DO ESTADÃO. Sob Damares, Comissão da Anistia nega 85% dos pedidos. *Estadão*, 16 de dezembro de 2019. Disponível em: https://politica.estadao.com.br/blogs/coluna-do-estadao/sob-damares-comissao-da-anistia-nega-85-dos-pedidos/.

COSTA, Rodolfo. Bolsonaro assina 'revogaço' e decreto para extinguir conselhos federais. *Correio Brasiliense,* 11 de abril de 2019. Disponível em: https://www.correiobraziliense.com.br/app/noticia/politica/2019/04/11/interna_politica,748933/bolsonaroassina-revogaco-e-decreto-para-extinguir-conselhos-federais.shtml.

CUNHA, Magali. Damares Alves, a ministra evangélica que promove amnésia social. *Carta Capital*, 18 de setembro de 2019. Disponível em: https://www.cartacapital.com.br/blogs/dialogos-da-fe/damares-alves-a-ministra--evangelica-que-promove-amnesia-social/.

DORIA, Gabriela. Damares faz visita surpresa à Comissão da Anistia. *Plenonews,* 13 de fevereiro de 2019. Disponível em: https://pleno.news/brasil/damares-faz-visita-surpresa-a-comissao-da-anistia.html.

ÉBOLI, Evandro. Governo Temer suspende pedido de desculpas às vítimas da ditadura, *Gazeta do Povo,* 11 de junho de 2018. Disponível em: https://www.gazetadopovo.com.br/politica/republica/governo-temer-suspende--pedido-de-desculpas-as-vitimas-da-ditadura-13klbj0uqdjr0ni19mc8dbi0w/.

FERNANDES, Marcella. Ministério dos Direitos Humanos desconhece valor total da economia com o fim dos colegiados. *HuffPost Brasil*, 13 de janeiro de 2020. Disponível em: https://www.huffpostbrasil.com/entry/conselhos-direitos-humanos-dinheiro_br_5e18accec5b-650c621ddc8ec.

FIUZA, Patricia; ALVIM, Carlos Eduardo. 'Não vai ser um Memorial da Anistia. Podemos encontrar outro destino para este prédio', diz Damares em visita a BH. *G1*, 13 de agosto de 2019. Disponível em: https://g1.globo.com/mg/minas-gerais/noticia/2019/08/13/nao-vai-ser-um-memorial-da-anistia-podemos-encontrar-outro-destino-para-este-predio-diz-damares-em-visita-a-bh.ghtml.

FREITAS, João Henrique Nascimento de. Uma Comissão de Anistia sem ideologias. *Folha de São Paulo,* 19 de setembro de 2019. Disponível em: https://www1.folha.uol.com.br/opiniao/2019/09/uma-comissao-de-anistia-sem-ideologias.shtml.

GALLO, Calo Artur. *Para que não se esqueça, para que nunca mais aconteça: um estudo sobre a Comissão de Familiares de Mortos e Desaparecidos Políticos.* Jundiaí: Paco Editorial, 2014.

GODOY, Marcelo. Bolsonaro encerra grupo de trabalho de ossadas de Perus. *O Estado de São Paulo*, 22 de abril de 2019. Disponível em: https://politica.estadao.com.br/noticias/geral,bolsonaro-encerra-grupo-de-trabalho-de-ossadas-deperus,70002799008.

GODOY, Marcelo. A ameaça de um general à Lei de Anistia. *O Estado de São Paulo*, 16 de setembro de 2019. Disponível em: https://politica.estadao.com.br/noticias/geral,a-ameaca-de-um-general-a-lei-de-anistia,70003012774.

GOMES, Karina. Comissão de Mortos e Desaparecidos pode acabar em 2020, 22 de janeiro de 2020. *DW Brasil*, Disponível em: https://www.dw.com/pt-br/comiss%-C3%A3o-de-mortos-e-desaparecidos-pode-acabar-em--2020/a-52104312.

GONZAGA, Eugênia Augusta. Relatório Final da Presidência da Comissão Especial, 9 de agosto de 2019. Disponível: https://theintercept.com/document/2019/08/14/relatorio-final/.

ISER. Relatório sobre a situação do Brasil acerca da Memória, Verdade, Justiça e Reparação pelos crimes da ditadura de 1964, 2 de novembro de 2018. Disponível em: http://www.iser.org.br/site/wp-content/uploads/2018/11/Relatório-ISER-MVJ.CIDH-11.2018-1-1.pdf.

JORNAL GGN. O 31 de março e os anseios da Nação Brasileira, 31 de março de 2019. Disponível em: https://jornalggn.com.br/politica/o-31-de-marco-e-os-anseios--da-nacao-brasileira/.

LEITÃO, Mateus. Damares dispensa conselheiro da Comissão de Anistia que representava os anistiados. *G1*, 18 de outubro de 2019. Disponível em: https://g1.globo.com/politica/blog/matheus-leitao/post/2019/10/18/damares-dispensa-conselheiro-da-comissao-de-anistia--que-representava-os-anistiados.ghtml.

LELLIS, Leonardo. Bolsonaro coloca deputado do PSL em comissão sobre desaparecidos políticos. *Veja*, 1º de agosto de 2019. Disponível em: https://veja.abril.com.br/politica/bolsonaro-coloca-deputado-do-psl-em-comissao-sobre-desaparecidos-politicos/.

LEMES, Conceição. Procuradora Deborah Duprat: Esta Comissão de Anistia, com militares, nós não vamos aceitar. *Viomundo*, 15 de abril de 2019. Disponível em:

https://www.viomundo.com.br/denuncias/procuradora-deborah-duprat-esta-comissao-de-anistia-com-militares-nos-nao-vamos-aceitar.html.

LEMES, Conceição. Em carta a Damares, ex-presa política denuncia destruição deliberada da Comissão de Anistia pelo governo Bolsonaro e deixa órgão; leia íntegra. *Viomundo*, 28 de maio de 2019. Disponível em: https://www.viomundo.com.br/denuncias/em-carta-a-damares-ex-presa-politica-denuncia-destruicao-deliberada-da-comissao-de-anistia-pelo-governo-bolsonaro-e-deixa-orgao-leia-integra.html.

LOCATELLI, Piero. PCdoB pede processo contra Bolsonaro por cartaz polêmico. *UOL Notícias*, 28 de maio de 2009. Disponível em: https://noticias.uol.com.br/politica/2009/05/28/ult5773u1291.jhtm.

LORRAN, Tácio. Crítico ao STF, novo integrante da CEMDP exalta Ustra. *Metrópoles*, 1º de agosto de 2018. Disponível em: https://www.metropoles.com/brasil/politica-br/divulgador-de-fake-news-novo-integrante-da-cemdp-exalta-ustra.

MARCHAO, Talita. Sob Bolsonaro, Comissão muda critérios e vítima vira terrorista. *Uol*, 10 de agosto de 2019. Disponível em: https://noticias.uol.com.br/politica/ultimas-noticias/2019/08/10/anistiando-terrorista-e-decisao-com-base-em-infancia-militar-as-decisoes.htm.

MERLINO, Tatiana. Entrevista: 'a impunidade do passado garante a impunidade do presente', diz ex-presidente da Comissão de Mortos e Desaparecidos Políticos. *The Intercept Brasil*, 15 de agosto de 2019. Disponível em: https://theintercept.com/2019/08/14/entrevista-eugenia-gonzaga-comissao-mortos-desaparecidos/.

METRÓPOLES, Damares sobre cemitério de Perus:

'Não dá para viver de cadáveres". *Metrópoles*, 22 de maio de 2019. Disponível em: https://www.metropoles.com/brasil/politica-br/damares-sobre-cemiterio-de-perus--nao-da-para-viver-de-cadaveres.

MEZAROBBA, Glenda. *Um acerto de contas com o futuro: a anistia e suas consequências – um estudo do caso brasileiro*. Dissertação de mestrado. Faculdade de Filosofia, Letras e Ciências Humanas da Universidade de São Paulo, São Paulo, 2003.

MIGALHAS, Novo governo fixa competências do ministério da Mulher, da Família e dos Direitos Humanos, 2 de janeiro de 2019. Disponível em: https://www.migalhas.com.br/Quentes/17,MI293636,11049-Novo+governo+fixa+competencias+do+ministerio+da+Mulher+da+Familia+e.

O GLOBO, Da facada em Bolsonaro à internação, relembre o caso e Adélio Bispo, *O Globo*, 31 de julho de 2019. Disponível em: https://oglobo.globo.com/brasil/da-facada-em-bolsonaro-internacao-relembre-caso-de-adelio-bispo-23845190.

ODARA, Norma, "Sob ameaça, Comissão da Anistia sofre intervenção do governo Temer" Brasil de Fato, 29 de Setembro de 2017. Disponível em: https://www.brasildefato.com.br/2017/09/29/sob-ameaca-comissao-da-anistia-sofre-intervencao-do-governo-temer/.

ORGANIZAÇÃO das Nações Unidas. Resolution adopted by the General Assembly n. 60/147. *Basic Principles and Guidelines on the Right to a Remedy and Reparation for Victims of Gross Violations of International Human Rights Law and Serious Violations of International Humanitarian Law*. Doc. A/RES/60/147, 21 de março de 2006.

ORGANIZAÇÃO das Nações Unidas. Escritório do

Alto Comissariado das Nações Unidas para os Direitos Humanos. *Rule-of-law tools for post-conflict states. Reparations programmes.* Doc. HR/PUB/08/1, 2008.

ORGANIZAÇÃO dos Estados Americanos. Comissão Interamericana de Direitos Humanos. *The right to truth in the Americas.* Doc. OEA/Ser.L/V/II.152, 13 de agosto de 2014.

PASQUALUCCI, Jo. M. *The practice and procedure of the Inter-American Court of Human Rights.* Cambridge: Cambridge University Press, 2013

PIVA, Juliana Dal; ABBUD, Bruno. General que duvidou de tortura a Dilma é indicado para Comissão de Anistia pela ministra Damares Alves. *O Globo,* 27 de março de 2019. Disponível em: https://oglobo.globo.com/brasil/general-que-duvidou-de-tortura-dilma-indicado-para-comissao-de-anistia-pela-ministra-damares-alves-23554740.

PONTE Jornalismo, Defensores de direitos humanos repudiam intervenção de Temer na Comissão de Anistia, 3 de setembro de 2016. Disponível em: https://ponte.org/governo-temer-intervem-na-comissao-da-anistia/.

URIBE, Gustavo. Damares anuncia auditoria em reparações concedidas a anistiados políticos. Folha de São Paulo, 26 de março de 2019. Disponível em: https://www1.folha.uol.com.br/poder/2019/03/damares-anuncia-auditoria-em-reparacoes-concedidas-a-anistiados-politicos.shtml.

SIPAHI, Rita. Carta à Ministra Damares Alves, 17 de maio de 2019, p. 6. In: LEMES, Conceição. Em carta a Damares, ex-presa política denuncia destruição deliberada da Comissão de Anistia pelo governo Bolsonaro e deixa órgão; leia íntegra. *Viomundo*, 28 de maio de 2019. Disponível em: https://www.viomundo.com.br/denuncias/

em-carta-a-damares-ex-presa-politica-denuncia-destruicao-deliberada-da-comissao-de-anistia-pelo-governo-bolsonaro-e-deixa-orgao-leia-integra.html.

URIBE, Gustavo. Damares anuncia auditoria em reparações concedidas a anistiados políticos. *Folha de São Paulo*, 26 de março de 2019. Disponível em: https://www1.folha.uol.com.br/poder/2019/03/damares-anuncia-auditoria-em-reparacoes-concedidas-a-anistiados-politicos.shtml.

VALADARES, João. Família de Fernando Santa Cruz vai a PGR cobrar explicações de Bolsonaro. *Folha de São Paulo*, 29 de julho de 2019. Disponível em: https://www1.folha.uol.com.br/poder/2019/07/familia-de-fernando-santa-cruz-vai-a-pgr-cobrar-explicacoes-de-bolsonaro.shtml.

YAHOO Notícias. General criticado por Bolsonaro leva livro de Ustra às sessões da Comissão de Anistia. *Yahoo Notícias*, 6 de outubro de 2019. Disponível em: https://br.noticias.yahoo.com/general-leva-livro-de-ustra-a-comissao-anistia-161244610.html.

PARTE III

VIOLÊNCIA DE ESTADO E RACISMO EM DOIS MOMENTOS DAS LUTAS E POLÍTICAS DE MEMÓRIA NO BRASIL

Lucas Pedretti[239]

Introdução

Quatrocentos e trinta e quatro. Segundo dados oficiais do Instituto de Segurança Pública (ISP) do Rio de Janeiro, esse foi o número de mortes cometidas por policiais em supostos confrontos – "autos de resistência" – no estado, somente no primeiro trimestre de 2019[240]. Quatrocentos e trinta e quatro também foi o número de pessoas mortas pela Polícia Militar de São Paulo ao longo do ano de 1982, segundo um artigo do cientista político Paulo Sérgio Pinheiro para a *Folha de São Paulo* de março de 1983[241]. Finalmente, 434 é o número de indivíduos reconhecidos pela Comissão Nacional da Verdade (CNV) como mor-

[239] Graduado e mestre em História pela Pontifícia Universidade Católica do Rio de Janeiro (PUC-Rio) e doutorando em Sociologia pelo Instituto de Estudos Sociais e Políticos da Universidade Estadual do Rio de Janeiro (Iesp/Uerj). Foi pesquisador da Comissão Estadual da Verdade do Rio de Janeiro. Atualmente é professor de História no ensino básico na rede pública.

[240] *O Estado de São Paulo*, "Com 434 mortes, letalidade policial no Rio no 1º trimestre de 2019 é a maior em 21 anos", 14 de maio de 2019.

[241] PINHEIRO, Paulo Sérgio. "O governo democrático e as mortes da polícia". *Folha de São Paulo,* 30 de março de 1983. Citado em MARQUES, Adalton José. *Humanizar e expandir: uma genealogia da segurança pública em São Paulo.* Tese de doutorado apresentada ao Programa de Pós-Graduação em Antropologia Social da Universidade Federal de São Carlos (UFSCar), 2017.

tos ou desaparecidos da última ditadura brasileira (1964-1985)[242]. Este não é, evidentemente, um artigo de numerologia, mas a coincidência chama atenção. Menos por imaginar que esse número tenha qualquer significado em si, e mais pelas questões que vêm à tona quando colocamos os dados em perspectiva – e aqui levantarei duas.

Em primeiro lugar, como compreender que a CNV indicou 434 mortos e desaparecidos na ditadura se somente em um ano, em São Paulo, ainda na vigência do regime, a Polícia Militar do estado matou precisamente esse número de pessoas? Essa pergunta exige uma reflexão sobre o que faz com que um indivíduo vitimado pela violência de Estado durante aquele período seja compreendido como uma *vítima da ditadura*. A passagem de uma condição para a outra é menos óbvia do que pode parecer à primeira vista. Em segundo, trata-se de colocar em questão as noções de *ditadura* e *democracia,* se nesta, em três meses, em um único estado da federação, a polícia mata o mesmo número de pessoas que são oficialmente reconhecidas como vítimas daquela. Para enfrentar essa discussão, é preciso colocar sob exame fronteiras políticas e temporais tidas como definitivas.

Para pensar sobre esses pontos, o texto pretende analisar debates que ocorreram em dois momentos-chaves da construção das memórias sobre a ditadura no país. O primeiro se trata do início dessa construção: são as discussões sobre a anistia, em fins dos anos 1970. O segundo é a última iniciativa levada adiante pelo Estado para lidar com a temática: a Comissão Nacional da Verdade, cujos trabalhos se desenvolveram entre 2012 e 2014. Pretende-

[242] COMISSÃO NACIONAL DA VERDADE. *Relatório Final - v. 3.* Brasília: Comissão Nacional da Verdade, 2014.

-se discutir como em ambos os momentos houve tensões em torno dos sentidos conferidos a bandeiras centrais dessas lutas e políticas, tais como "anistia", "direitos humanos", "vítimas" e "verdade". Mais precisamente, o objetivo é analisar tentativas de se *colorir* essas categorias[243],– ou seja, de inscrever nessas bandeiras a dimensão da raça e do racismo.

A escolha por levantar esse tema em específico não é fortuita: o Brasil vivenciou ao longo de mais de três séculos a experiência da escravidão, durante a qual milhões de mulheres e homens sequestrados do continente africano foram submetidos à condição de trabalhadores escravizados, primeiro na América Portuguesa e, em seguida, no Império do Brasil. Hoje, esse mesmo país, formalmente uma república e um regime democrático, pratica um genocídio contra sua população jovem, negra e moradora de favelas e periferias, ancorado num racismo institucional que estrutura e molda nossas relações sociais e nossas instituições. Nesse sentido, parte-se aqui de um pressuposto politicamente orientado, que informa essa tentativa de contribuir para um balanço dos cinco anos da entrega do relatório final da CNV, qual seja, o de que as lutas e as políticas voltadas para combater a violência estatal no país não podem prescindir de um olhar específico para a dimensão racial das violações aos direitos humanos cometidas em todos os períodos da nossa história.

---

[243] A expressão é da jurista Thula Pires, que produziu um relatório de pesquisa sobre ditadura e racismo para a Comissão da Verdade do Rio de Janeiro. Ver: PIRES, Thula. *Colorindo memórias e redefinindo olhares:* ditadura militar e racismo no Rio de Janeiro. Rio de Janeiro: Comissão da Verdade do Rio, 2015. Disponível em: https://bit.ly/2SxL0dE. Acesso em: 12 jul. 2019.

Ampla, geral e irrestrita?

A partir de meados dos anos 1970, a atuação do Movimento Feminino pela Anistia (MFA) e dos Comitês Brasileiros pela Anistia (CBAs) levou o tema das violações de direitos humanos da ditadura para o debate público, fazendo emergir a discussão sobre a concessão de uma anistia aos militantes presos e exilados. Da parte do governo, o esforço era por identificá-los como "terroristas", sem reconhecer que estavam aprisionados por sua atuação de oposição política ao regime. Por sua vez, os movimentos de luta pela anistia buscavam reafirmar publicamente a condição de presos políticos desses militantes. Nesse quadro, havia duas propostas de anistia: a dos CBAs e da sociedade civil organizada, apresentada como uma anistia "ampla, geral e irrestrita", e a da ditadura, que excluía os condenados pelos chamados "crimes de sangue".

A despeito da mobilização social e pressão política capitaneadas pelos CBAs, a lei de anistia aprovada em 1979 foi aquela proposta pelo regime. Evidentemente, os movimentos sociais entenderam que se tratava de uma anistia parcial e que sua demanda não havia sido atendida. As principais críticas e denúncias sobre a lei apontavam em duas direções: 1) a lei anistiava os agentes do regime que haviam praticado graves violações de direitos humanos, tais como as torturas, as execuções sumárias e os desaparecimentos forçados; e, 2) a lei não se aplicava a vários dos militantes que permaneciam presos, em razão dos supostos "crimes de sangue" cometidos[244].

---

[244] Sobre todo esse processo, ver: MONTENEGRO, Antonio; RODERGHERO, Carla & ARAÚJO, Maria Paula. *Marcas da memória*: história oral da anistia no Brasil. Recife: Ed. Universitária da UFPE, 2012; GRECO, Heloisa. *Dimensões fundacionais da luta pela anistia.*

A imagem dos conflitos em torno da anistia que passou para a história limita-se a essas duas dimensões: o projeto da sociedade civil de um lado e o da ditadura de outro. Contudo, quando se observa o processo não pelo seu fim, mas desde o seu início, pode-se perceber que nos debates realizados dentro dos CBAs havia perspectivas distintas acerca de quais deveriam ser os objetivos dos Comitês. Em outras palavras, o alcance, o sentido e a abrangência da bandeira da anistia não estavam dados desde o início do processo de luta. Dentre as concepções sobre o significado da anistia "ampla, geral e irrestrita", aquela que provavelmente carregava maior radicalidade era a do Movimento Negro Unificado Contra a Discriminação Racial (MNUCDR).

Quando foi realizado o I Congresso Nacional da Anistia, entre 2 e 5 de novembro de 1978, em São Paulo, o MNUCDR apresentou a proposta de criação de uma comissão de trabalho dos negros, nos moldes das outras comissões constituídas para levar adiante os debates no encontro. Para defender a proposição, o movimento argumentou que "o problema racial é sempre diluído nas discussões mais gerais por que passa a sociedade", sendo "de fundamental importância que nossos problemas sejam discutidos enquanto problemas específicos, pela sociedade em geral"[245]. A comissão efetivamente foi criada,

---

Tese (Doutorado) em História, Universidade Federal de Minas Gerais, 2003; LEMOS, Renato Luís do Couto Neto e. *Ditadura, anistia e transição política no Brasil*. Rio de Janeiro: Consequência, 2018; FICO, Carlos. "A negociação parlamentar da anistia de 1979 e o chamado 'perdão aos torturadores'". In: *Revista Anistia Política e Justiça de Transição*, n. 4, jul./dez. 2010.

[245] Documento pesquisado no portal Memorial da Anistia. Fundo "Anistia", série "CBA – Comitê Brasileiro Pela Anistia". Disponível em: https://bit.ly/2Yg3X9Z. Acesso em: 5 jul. 2019.

ao lado das comissões de: atingidos, familiares de presos e ex-presos políticos, familiares de mortos e desaparecidos políticos, familiares de exilados e banidos, aposentados e cassados, instituições científicas, advogados, artistas, estudantes, jornalistas, mulheres, operários, parlamentares e candidatos, professores, profissionais liberais e profissionais de saúde[246].

O MNUCDR levou, ainda, uma tese mais geral para o Congresso, em que aprofundava a discussão proposta. O documento buscava caracterizar o "aparato policial do Estado no processo de dominação do Negro"[247], e para tanto traçava um histórico de como haviam se estabelecido as relações "do Negro com o mundo Branco" no Brasil. De início, afirmava que a "primeira forma de resistência do Negro à escravidão foi a revolta nas senzalas", mas que elas foram rapidamente reprimidas. Para escapar a essa violência, foram criados os quilombos. E "a cada quilombo, que surgia, a repressão sofisticava-se", de modo que "os quilombolas foram as primeiras vítimas das perseguições políticas do país". O documento seguia discutindo que as principais lutas dos negros teriam ocorrido no século XIX, com o surgimento das lutas abolicionistas. O longo caminho até a abolição teria configurado "o primeiro processo de distensão lenta, gradual e segura".

Dando continuidade à argumentação, o MNUCDR apontava que nas primeiras décadas do século XX havia surgido novas formas associativas dos negros, invariavelmente reprimidas pelas polícias. Mas "os setores do-

---

246 GRECO, Heloisa. op. cit.

247 Documento pesquisado no portal Memorial da Anistia. Teria o título do Documento do MNU? Fundo "Anistia", série "CBA - Comitê Brasileiro Pela Anistia". Disponível em: https://bit.ly/2Yg3X9Z. Acesso em: 5 jul. 2019.

minantes da sociedade já não perseguiam o escravo. As classes médias não lutavam contra a abolição. Sem 'Dono', que justificasse sua opressão, os negros eram perseguidos como marginais, como desempregados, como baguncei-ros". Por isso, "desde então, ser negro passou a ser vergonha para o indivíduo e um perigo para a sociedade. E a perseguição policial ao negro já não era mais um fato político, uma contraposição às suas lutas por direitos, mas uma perseguição comum".

Então o documento debatia "a participação do Negro no processo de produção", a fim de demonstrar que "a população negra [...] compõe cerca de 75 milhões de brasileiros marginalizados do campo sócio-econômico-político". Portanto, "a questão que se coloca para o governo é como manter a maioria negra alijada das conquistas conseguidas pelos trabalhadores" e "como manter-nos desorganizados, divididos e inconscientes das causas que geram nossa miséria". Com isso, a tese do MNUCDR caminhava para seu último tópico, intitulado "A Polícia, o Preso Comum e o processo de transformação do Preso Comum em Preso Político". No trecho, o movimento apontava algumas das formas de violência estatal existentes naquele momento contra a população negra: espancamentos na rua, detenções arbitrárias, condenações por crimes não cometidos, batidas policiais de madrugada em favelas e em bairros de trabalhadores, assassinatos e a destruição psicológica e organizativa dos negros. Isso porque "para a polícia todo negro é um criminoso em potencial". O documento mencionava ainda o sistema penitenciário, caracterizando-o como "uma parte importante para a manutenção do tipo de sociedade em que vivemos. Ele funciona como uma espécie de lixo social", marcado por "formas variadas de torturas (físicas ou psicológicas)". Assim, o documento chegava à sua conclusão definitiva:

> A forma do indivíduo expressar a sua oposição em relação à situação atual, varia de acordo com o seu nível de consciência. Se o indivíduo tem claro as causas que geram a sua condição de dominado ou explorado; ele se organizará em um grupo político ou terá uma atuação organizada. Quando ele não tem essa consciência, a sua ação se dá ao nível individual. Daí o assalto ao patrimônio privado.
>
> Nos dois casos a ação do indivíduo expressa uma posição política; diferenciando apenas nas formas de ação, uma coletiva a outra individual. O Estado reprime em ambos os casos. Agora quando o indivíduo participa de uma luta política por uma sociedade mais justa ou pratica o assalto contra a propriedade privada, e uma das formas é o assalto a bancos, é considerado Preso Político. No entanto quando a ação se dá ao nível individual, o elemento que o pratica, é considerado Preso Comum, da qual discordamos e caracterizamos também como preso político.
>
> É nesse sentido que o nosso posicionamento no Congresso Nacional pela Anistia, com relação a esse tipo específico denominado Preso Comum, é de exigirmos que o tratamento seja o mesmo dispensado aos Presos Políticos.
>
> [...]
>
> Nós, os negros, compreendemos que a materialização da Anistia – Ampla Geral e Irrestrita, não atingirá os presos políticos negros.
>
> [...]
>
> É por isso que exigimos e conclamamos a todos os presentes neste Congresso a lutarem por:

> Pela revisão dos processos e penas de todos os Presos Comuns!
>
> Por melhores condições carcerárias!
>
> Por mais prisões abertas e efetiva reintegração dos presidiários na sociedade!
>
> Pelo fim da Opressão policial!
>
> Por mais trabalhos para os negros e melhores condições de vida!
>
> Pela liberdade de organização e expressão!
>
> Pela Anistia Ampla, Geral e Irrestrita!

Em síntese, a estratégia do MNUCDR era discutir o caráter igualmente *político* daquilo que se entendia por uma violência *comum*. Para tanto, promovia um duplo movimento. Por um lado, inscrevia as lutas da anistia e da abertura numa temporalidade mais larga de lutas levadas adiante pelos negros em outros períodos históricos, ao caracterizar os quilombolas como os primeiros perseguidos políticos e afirmar que a abolição foi a primeira distensão "lenta, gradual e segura". Por outro lado, buscava explicar a criminalidade tida como comum pela chave das desigualdades socioeconômicas e raciais, politizando as ações que levam os indivíduos a serem presos.

Segundo Heloísa Greco, a comissão de negros aprovou uma série de resoluções de denúncia à violência policial e institucional a partir da tese do MNUCDR[248]. No entanto, no documento final do encontro, intitulado "Resumo das Resoluções do Congresso Nacional pela Anistia"[249],

[248] GRECO, Heloisa, op. cit.

[249] Documento pesquisado no portal Memorial da Anistia. Fundo

os debates levantados pelo Movimento Negro Unificado contra a Discriminação Racial não estavam presentes. O documento se centrava nas demandas relativas aos exilados, aos mortos e desaparecidos e aos presos políticos, estes compreendidos em sentido mais estrito que aquele apresentado pelo MNUCDR. As resoluções debatidas na comissão de negros eram mencionadas apenas no último item do documento, onde se afirmava que as resoluções aprovadas por comissões específicas constariam dos anais do congresso. Ao lado da comissão de negros eram listadas as comissões de saúde, mulheres, advogados, profissionais liberais, estudantes, professores, igreja, jornalistas, operários, artistas, parlamentares, presos, mortos e desaparecidos, cassados, universidade e exilados.

No ano seguinte aconteceria o II Congresso Nacional da Anistia, em novembro de 1979, já depois da aprovação da lei. Novamente, o MNUCDR esteve presente e apresentou uma carta ao Congresso, na qual se pode ler:

> Considerando que grande parcela da população brasileira – negra em sua maioria – vive um processo de marginalização progressiva e que os movimentos populares têm, atualmente, como principal ponto de mobilização os problemas relacionados com o seu dia a dia – desemprego, más condições de habitação e saúde, impossibilidade de acesso à educação, custo de vida, repressão policial – vemos como sendo importante a incorporação desta situação pelas forças de oposição, a fim de que se viabilize o avanço da luta contra o regime. Só através disso é que será possível sustentar a campanha pelo desmantelamento do aparelho repressivo, pelo julgamento dos torturadores, pela responsabilidade do regime, pelos

---

"Anistia", série "CBA – Comitê Brasileiro Pela Anistia". Disponível em: https://bit.ly/2Yg3X9Z. Acesso em: 5 jul. 2019.

> mortos e desaparecidos, pela volta de TODOS os presos, banidos e exilados e pela reintegração efetiva dos atingidos por atos de exceção.
>
> Apesar de toda luta que vem se desenvolvendo no país, nota-se que seu entendimento ainda não se dá ao nível de abranger a repressão que atinge a população como um todo [...][250].

O centro da proposta era o mesmo: inscrever a repressão que atingia "a população como um todo" nas lutas travadas em torno da bandeira da anistia. Dessa vez, porém, a tese apontava com mais ênfase para uma dimensão interna aos próprios movimentos pela anistia, ao afirmar que "só através disso" esses movimentos teriam capacidade de sustentar sua luta. No documento final do II Congresso, o tema teve mais destaque que no ano anterior:

> Começa a delinear-se uma nova conjuntura. A irresistível marcha histórica dos movimentos sociais obriga a ditadura a redirecionar sua política repressiva. A repressão, agora, amplia e se generaliza, e se volta especialmente contra o movimento operário e popular dos grandes centros, contra as reivindicações dos trabalhadores, contra a greve, contra os sindicatos combativos, contra as oposições sindicais. Os trabalhadores da cidade e do campo, os movimentos populares, já não têm mais dúvidas de quem são seus inimigos principais, o patrão e a polícia, o dono da terra e o governo. E as lutas populares por melhores condições de vida transformam-se, assim, na luta contra a repressão, repressão que tenta impedir os trabalhadores e o povo de se expressarem, de reivindicarem, de se organizarem. A luta contra a repressão – que é a luta cen-

[250] Documento pesquisado no portal Memorial da Anistia. Fundo "Anistia", série "CBA – Comitê Brasileiro Pela Anistia". Disponível em: https://bit.ly/2Yg3X9Z. Acesso em: 5 jul. 2019.

> tral de todos os movimentos de anistia – dá-se agora em novas trincheiras e encontra novos aliados. A conquista da anistia ampla, geral e irrestrita passa agora, também, pelas portas das fábricas, pelas favelas e pelos campos. [...] Novas tarefas acrescentam-se aos movimentos e aos militantes da anistia, tarefas impostas pelas exigências da luta dos movimentos populares contra a repressão e a violência. Violência que não é esporádica, nem episódica, nem casual. Violência que, à sombra da repressão política se abate cotidianamente sobre os moradores das favelas e dos bairros pobres, sobre os trabalhadores, os camponeses, os negros, os índios. Violência que transforma cada viatura policial num carro fúnebre em potencial, cada delegacia numa câmara de tortura. Violência que espanca, prende, arrebenta e mata os trabalhadores[251].

O tom do documento guarda relação evidente com a conjuntura vivida após a aprovação da lei e a ameaça de esvaziamento dos CBAs. Com isso, a aposta política, como demonstra Heloísa Greco[252], era a de aproximar as lutas pela anistia com a dos assim chamados "novos movimentos sociais", especialmente os de caráter popular. Por isso a afirmação de que "a luta contra a repressão dá-se agora em novas trincheiras e encontra novos aliados". No entanto, dois aspectos da formulação do documento chamam atenção. Em primeiro lugar, pode-se vislumbrar um argumento que até hoje aparece recorrentemente: a ideia de que "a repressão, *agora,* amplia e se generaliza" (grifo meu). Fica claro que se trata de uma percepção distinta

[251] Citado em GRECO, Heloisa, op. cit. O documento original também pode ser acessado no portal Memorial da Anistia. Fundo "Anistia", série "CBA – Comitê Brasileiro Pela Anistia". Disponível em: https://bit.ly/2Yg3X9Z. Acesso em: 5 jul. 2019

[252] GRECO, Heloisa, op. cit.

daquela levada pelo MNUCDR, segundo a qual a repressão *sempre* foi preferencialmente voltada para os negros. O segundo aspecto é a ideia de que se fala, ali, de uma "violência que, à sombra da repressão política se abate cotidianamente sobre os moradores das favelas e dos bairros pobres [...]" (grifo meu). Ou seja, tampouco aqui o documento do Congresso dá conta de assumir a perspectiva do MNUCDR em sua completude. A formulação dá centralidade à violência vivida nesses espaços da cidade, mas recusa a caracterização da violência "cotidianamente vivida" como uma violência *política*.

Após a realização do II Congresso, os CBAs efetivamente passaram por um processo de esvaziamento, e a despeito de terem se mantido ativos no início dos anos 1980, em alguns anos seus militantes já estavam dedicados a outras causas – ligadas ou não à temática das violações de direitos humanos da ditadura. Mas não há dúvidas de que o contexto de debates acerca da anistia se configurou como um momento fundamental para a constituição da imagem que historicamente se consolidou acerca de quem foram os sujeitos alvos da violência do Estado ditatorial – fundamentalmente os presos, exilados, mortos e desaparecidos em razão de uma oposição política *strictu sensu* ao regime[253].

Ao fim e ao cabo, foi derrotada a proposta do MNUCDR de equivaler a violência que se voltou contra os opositores políticos da ditadura e aquela que, por meio do mesmo aparato repressivo, se voltava contra negros e moradores de favelas e periferias. Consequentemente, o

[253] Sobre o processo por meio do qual *casos* individuais sistematizados e listados pelos movimentos sociais acabam por se tornar a própria imagem do conjunto das *vítimas da ditadura*, ver AZEVEDO, Desirée. *Ausências incorporadas*: etnografia entre familiares de mortos e desaparecidos políticos no Brasil. São Paulo: Editora Unifesp, 2018.

que se percebe é que a palavra de ordem da anistia "ampla, geral e irrestrita", na forma como foi majoritariamente compreendida pelos CBAs, também tinha suas restrições e seus limites.

A Comissão Nacional da Verdade frente a outros sujeitos, tempos históricos e verdades

A lei de anistia de 1979 foi o primeiro momento de um processo lento, limitado e contraditório de medidas e políticas estatais voltadas para lidar com o legado da violência ditatorial no país. Como momentos-chave dessa história, pode-se mencionar ainda a Constituição de 1988, a Lei 9.140 de 1995 e a consequente criação da Comissão Especial sobre Mortos e Desaparecidos Políticos (CEMDP), as inúmeras comissões estaduais de reparação, a criação da Comissão de Anistia em 2002 e a constituição da Comissão Nacional da Verdade em 2012. Inúmeros textos e reflexões dão conta dessas iniciativas, e não pretende-se aqui retomar essa história, de modo que pularemos do início para o fim dessa história[254].

[254] Sobre a Comissão Especial sobre Mortos e Desaparecidos Políticos, ver: CANO, Ignacio & FERREIRA, Patrícia Salvão. The reparations program in Brazil. In: DE GREIFF, Pablo. (org.). *The handbook of reparations*. Oxford e Nova York: Oxford University Press, 2006. Sobre a Comissão de Anistia, ver: MEZAROBBA, Glenda. *Um acerto de contas com o futuro*: a anistia e suas consequências – um estudo do caso brasileiro. Dissertação (mestrado) em Ciência Política na Faculdade de Filosofia, Letras e Ciências Humanas da Universidade de São Paulo, 2003. Sobre a Comissão Nacional da Verdade, ver: BUARQUE, Cristina. Direitos Humanos e Democracia: a experiência das comissões da verdade no Brasil. In: *Revista Brasileira de Ciência Política*, v. 33, n. 96, 2018. Para reflexões mais gerais sobre o sentido e o caráter dessas políticas, ver: TELES, Edson. *Democracia e Estado de exceção*: transição e memória política no Brasil e na África do Sul. São Paulo:

Cumpre ressaltar, porém, que esse é um processo marcado pela produção de diferentes camadas de memória e esquecimento. É verdade que essas políticas não tiveram a capacidade de construir uma memória de repúdio à ditadura que se espraiasse por toda a sociedade. Ao contrário da Argentina, por exemplo, onde as políticas voltadas para lidar com o legado do passado ditatorial ajudaram a produzir uma memória que se tornou dominante, gerando debates até mesmo sobre um suposto "excesso de memória", aqui tais medidas sempre encontraram resistências diversas de amplos setores. Assim, se a percepção crítica da ditadura não se tornou hegemônica no conjunto da sociedade, fato é que a memória carregada por essas políticas hegemonizou os discursos e narrativas sobre o passado ditatorial no Brasil. Ou seja, foram iniciativas que ajudaram a cristalizar aquela imagem das *vítimas da ditadura*[255]

Editora Fap-Unifesp, 2015 e BAUER, Caroline Silveira. *Quanta verdade o Brasil suportará?Uma análise das políticas de memória e de reparação implementadas no Brasil em relação à ditadura civil-militar*. In: *Dimensões*, v. 32, 2014, p. 148-169.

[255] Importa notar, como destaca a cientista política Glenda Mezarobba (2008), que a palavra "vítima" não está presente nos principais diplomas legais existentes para lidar com a questão no país. Na lei que criou a CNV, posterior à análise de Mezarobba, o termo aparece, mas com pouca centralidade. Para além disso, ainda seguindo a autora, deve-se ter em conta que tal categoria é rejeitada por vários dos militantes alvos de distintas formas da violência estatal durante a ditadura, que se caracterizam de outras maneiras – enquanto "resistentes", por exemplo. No entanto, aqui se trata menos de uma reflexão sobre a categoria propriamente dita, e mais sobre uma certa concepção sobre quem teriam sido os sujeitos e grupos vitimados, que é aquela reivindicada pelos movimentos sociais e cristalizada nas políticas estatais. Ver: MEZAROBBA, Glenda. *O preço do esquecimento*: as reparações pagas às vítimas do regime militar (uma comparação entre Brasil, Argentina e Chile). Tese (Doutorado) em Ciência Política na Faculdade de Filo-

moldada nos debates sobre a anistia. Mas, para além disso, apesar de seus limites, tais políticas foram as primeiras e únicas experiências de reconhecimento do Estado brasileiro com relação a violências promovidas por seus agentes no passado, de modo que ajudaram a consolidar uma certa ideia daquele período como metonímia para a violência de Estado no país. Em síntese, essas limitadas políticas de memória tiveram como consequência a produção de silêncios de duas ordens. De um lado, reforçou-se o esquecimento sobre outras vítimas do Estado no período ditatorial. De outro lado, alçou a ditadura de 1964 ao lugar de paradigma da violência estatal da história brasileira.

Quando, com a Comissão Nacional da Verdade, os debates sobre as violações de direitos humanos da ditadura atingiram um lugar inédito no debate público e na agenda governamental, esses dois pontos se tornaram ainda mais evidentes. Assim, entre os anos de 2012 e 2014, do mesmo modo que ocorreu com o MNUCDR disputando o sentido da bandeira da "anistia", novos atores sociais e políticos buscaram apresentar perspectivas mais amplas sobre qual deveria ser o alcance da "verdade" a ser investigada e revelada pela comissão.

No que diz respeito ao perfil das vítimas, ganhou força o debate sobre como diversos sujeitos e grupos sociais foram vitimados por distintas formas de violações de direitos no período, mas nem por isso foram historicamente inscritos no rol de *vítimas da ditadura*. Nesse processo, as discussões que ganharam maior amplitude diziam respeito a três temáticas específicas: os povos indígenas, os trabalhadores do campo e a população LGBT. A atuação conjunta de movimentos sociais e pesquisadores garantiu

---

sofia, Letras e Ciências Humanas da Universidade de São Paulo, 2008.

que essas três questões fossem inseridas no relatório final da Comissão Nacional da Verdade, ainda que no seu segundo volume, que não foi assinado pela totalidade dos membros, mas sim composto de textos autorais - aspecto que gerou muitas críticas.

Mas, para além dessas, outro conjunto de críticas se voltou para os gritantes silêncios do documento. Tendo trabalhado em um contexto em que os movimentos de familiares e vítimas de violência policial estavam produzindo inúmeras denúncias sobre o genocídio da população jovem, negra e periférica, a CNV simplesmente não abordou a violência a partir de um recorte territorial ou racial[256]. Frente a essa ausência, o Movimento Independente Mães de Maio afirmou que as "histórias do povo negro, indígena e periférico passam em branco" no documento final produzido pelo órgão, e que

> [...] os resultados práticos das comissões da verdade sobre a ditadura, apesar do sincero esforço de alguns de seus integrantes para ir além dos limites predeterminados pelos "donos" do poder de turno - inclusive no âmbito da questão indígena -, não deixaram de reproduzir essa lógica silenciadora[257].

Em chave semelhante, uma liderança da Favela da Rocinha, Antonio Xaolin, escreveu em artigo publicado no portal *Favela 247*·

---

[256] Apenas a título de exemplo, segundo dados do Instituto de Segurança Pública do Rio de Janeiro, entre 2012 e 2014, período de existência da Comissão, as polícias do Rio de Janeiro praticaram 1.419 "autos de resistência".

[257] SILVA, Debora Maria da; DARA, Danilo. "Mães e familiares de vítimas do Estado: a luta autônoma de quem sente na pele a violência policial". In: *Bala perdida*: A violência policial no Brasil e os desafios para sua superação. São Paulo: Boitempo, 2015, p. 84.

> Não consta na literatura da repressão política ou divulgado na mídia o nome de algum morador/estudante/líder/sindicalista da favela que desapareceu ou foi torturado, mas a Comissão Nacional da Verdade também não procurou saber.
>
> […]
>
> A Comissão Nacional da Verdade que já havia fechado os olhos para a favela fechou o relatório, entregou-o ao governo, não entrou no morro e não questionou seus moradores. Talvez porque não quis, talvez por puro preconceito, ou aos olhos da política de verdade a favela ainda é invisível. Saberemos? A história da favela mais uma vez passa ao largo do espectro político nacional[258].

Ambas as críticas evidenciam que, dentre os silêncios da Comissão Nacional da Verdade, um dos mais gritantes dizia respeito precisamente à discussão sobre as violações de direitos humanos da população negra e de moradores de favelas e periferias. No entanto, chama atenção que no acervo da CNV, hoje disponível para consulta no Arquivo Nacional, é possível localizar um documento intitulado "Resultado de levantamento de dados sobre a temática 'a repressão aos negros durante a ditadura' elaborado por pesquisadoras da Comissão Nacional da Verdade"[259]. Trata-se de um texto de treze páginas em caráter preliminar, mas que revela um importante e dedicado esforço de pesquisa e sistematização de resultados por parte de pesquisadoras da Comissão, cujos nomes não são identificados.

---

[258] Citado em: PEDRETTI, Lucas. "Memórias morro acima: a ditadura nas favelas cariocas e as comissões da verdade". In: *Anais do II Seminário Internacional em Memória Social*, 2016.

[259] Arquivo Nacional, Fundo Comissão Nacional da Verdade, notação: BR_RJANRIO_CNV_0_VDH_00092_000522_2015_14.

A análise se centra em arquivos do Serviço Nacional de Informações (SNI) e do Centro de Informações da Aeronáutica (CISA) localizados no Arquivo Nacional, que são produtos do monitoramento desses órgãos aos movimentos e associações culturais antirracistas ao longo da década de 1970.

O texto busca demonstrar a partir dos documentos como "a ditadura agiu no cerceamento da cultura negra e das manifestações políticas e sociais dos variados grupos negros que se organizaram pelos direitos humanos". Afirma que "eventos culturais também foram monitorados pelos órgãos de segurança", citando especificamente os bailes de música *soul* que foram alvos da repressão ditatorial em diversos estados. Enfatiza que "a comunicação interna da comunidade negra era objeto de interesse dos órgãos de inteligência", o que pode ser comprovado pela quantidade significativa de publicações, jornais e panfletos de associações culturais negras que foram apreendidos pelas forças de segurança do regime. Por fim, o relatório mobiliza o testemunho dado por um ex-preso político à CNV para levantar a temática dos esquadrões da morte e de como suas vítimas preferenciais eram negros e pobres.

Da leitura do documento, é possível afirmar que um aprofundamento da pesquisa poderia revelar fatos pouco conhecidos e debatidos. Mas esse aprofundamento não foi realizado, e a única citação à temática foi feita no texto "A resistência da sociedade civil às graves violações de direitos humanos", do segundo volume do relatório, com apenas um parágrafo mencionando o surgimento do Movimento Negro Unificado (MNU) na Bahia em 1978[260].

---

260 COMISSÃO NACIONAL DA VERDADE. *Relatório Final - v. 2.* Brasília: Comissão Nacional da Verdade, 2014.

Ou seja, a CNV resistiu a pressões internas e externas de ampliar seu escopo de investigação para incluir a violência cometida contra a população negra na ditadura[261]. Interessa-nos pouco, para os fins do presente texto, quais foram os meandros dos debates internos à Comissão que levaram à exclusão desse tema do relatório. Importa notar, isso sim, que se trata de uma inequívoca expressão dos limites que nossas instituições carregam – mesmo aquelas assentadas sobre um discurso dos direitos humanos – quando se trata de debates sobre o racismo estrutural de nossa sociedade.

Por sua vez, o silêncio da CNV com relação à violência promovida pelo Estado em outros períodos históricos ficou evidente na medida em que surgiram iniciativas que mobilizavam o mesmo vocabulário da Comissão para colocar sob exame outros momentos de violações de direitos humanos. Estamos falando, aqui, das demandas pela criação de uma comissão da memória, verdade e justiça para as vítimas do Estado durante o período democrático e de uma comissão nacional da verdade sobre a escravidão. Neste texto, não se pretende avançar na direção de uma análise aprofundada dos trabalhos e resultados dessas iniciativas. No entanto, ao descrever brevemente alguns aspectos dessas experiências, objetiva-se destacar o contraste entre os efeitos institucionais e públicos das comissões da verdade para investigar os crimes da ditadura e suas congêneres voltadas para outros períodos históricos.

A proposta de uma comissão da verdade para investigar os crimes cometidos por agentes estatais no período democrático foi apresentada para a então presidenta da

[261] As comissões estaduais da verdade de São Paulo e do Rio de Janeiro deram conta de incluir a temática em seus relatórios.

República Dilma Rousseff em uma carta aberta enviada pelo Movimento Independente Mães de Maio[262]. Dentre as demandas listadas, havia o seguinte ponto:

> Nós requerimos também à Presidência da República e ao Ministério da Justiça os primeiros encaminhamentos para a Criação de uma Comissão da Memória, Verdade e Justiça para as vítimas de agentes do estado durante o período democrático. No Brasil, nos últimos anos, têm morrido assassinadas cerca de 48 mil pessoas anualmente, segundo estudos recentes publicados pela ONU e divulgados pelo próprio Ministério da Justiça Brasileiro. Boa parte dessas mortes e desaparecimentos são cometidos por agentes do estado em pleno cumprimento de suas obrigações, que deveriam ser garantir o direito à vida e à liberdade de ir e vir em paz de todos os cidadãos. A exemplo dos esforços recentes que têm sido feitos sobre a Ditadura Civil-Militar brasileira (1964-1988), é preciso se avançar no Direito à Memória, à Verdade e à Justiça das vítimas do período democrático (também conforme recomendação do PNDH-3).

A carta trazia, ainda, outra cobrança:

> Por fim, exigimos também a Criação de uma Comissão da Anistia para os Presos, Perseguidos, Mortos e Desaparecidos Políticos por agentes do estado durante o período democrático. A exemplo do que foi instituído, no âmbito do Ministério da Justiça, em relação aos familiares e vítimas da Ditadura Civil-Militar, é preciso se avançar no mesmo sentido quanto aos Presos, Perseguidos, Mortos e Desaparecidos Políticos da Democracia. Além das taxas de homicídio de países em guerra, temos atualmente no Brasil mais de 500 Mil pessoas presas, segundo o De-

[262] Carta das Mães de Maio à presidenta Dilma Rousseff, 23 de julho de 2012. Disponível em: https://bit.ly/32JzfWd. Acesso em: 22 jul. 2019.

partamento Penitenciário Nacional (Depen). Há ainda inúmeras pessoas perseguidas políticas, ameaçadas de morte ou mesmo desaparecidas – como o nosso companheiro Paulo Alexandre Gomes, um dos desaparecidos dos Crimes de Maio de 2006 que exatamente hoje estaria completando 30 anos de idade. O estado precisa assegurar o Direito à Verdade e à Justiça para todos esses cidadãos e seus familiares.

Nem uma Comissão Nacional da Verdade, nem, tampouco, uma Comissão de Anistia para as vítimas do Estado da democracia foram instituídas em âmbito federal. Ainda assim, a partir da atuação de movimentos de familiares e vítimas de violência policial, houve tentativas de estabelecer comissões da verdade da democracia vinculadas ao Poder Legislativo em São Paulo e no Rio de Janeiro, as quais contaram com o apoio de assessores destacados pela Comissão de Anistia e pela Comissão Especial sobre Mortos e Desaparecidos Políticos. Em São Paulo, o mandato do deputado estadual Adriano Diogo (PT) instituiu um órgão como este em fevereiro de 2015. No Rio, a criação ocorreu em dezembro do mesmo ano, por meio do mandato do deputado estadual Marcelo Freixo (PSOL).

Ambas eram subcomissões vinculadas às Comissões de Direitos Humanos das respectivas casas legislativas, e seus atos de criação prescindiram de projetos de lei e até mesmo de debates no plenário das casas. Assim, eram institucionalidades muito limitadas, com escassa estrutura e poucas prerrogativas. Apesar de terem sido criadas em razão da pressão dos movimentos sociais de familiares de vítimas da violência do Estado, a condução dos trabalhos em ambos os casos foi marcada por tensões permanentes entre os mandatos parlamentares e esses movimentos. Em síntese, com recursos de investigação limitados e articulação política frágil, seus resultados foram tímidos. No Rio de Janeiro, um relatório chegou a ser publicado[263], mas, a despeito da inequívoca qualidade da pesquisa apresentada no material, o saldo político da experiência foi pequeno.

Quanto ao debate sobre os crimes da escravidão, as iniciativas de comissões da verdade foram capitaneadas pela Ordem dos Advogados do Brasil (OAB), em diálogo com entidades do movimento negro. Em 2014, o Conselho Federal da OAB aprovou a criação da Comissão Nacional da Verdade da Escravidão Negra no Brasil (CNVENB). Em seu ato de criação, a OAB mencionou uma série de normativas internacionais e nacionais para justificar a criação do órgão, argumentando sempre a partir da dupla temporalidade dos crimes da escravidão e de seus efeitos no presente[264]. De maneira semelhante ao que fez o Movimento Independente Mães de Maio, a OAB chegou a enviar um ofício à presidenta Dilma solicitando a criação de um ente congênere no âmbito do Executivo federal, o que também não ocorreu[265]. De todo modo, foram criadas comissões semelhantes em seccionais da OAB em vários estados, tais como Espírito Santo, Rio de Janeiro, Minas Gerais, Bahia, Pará, São Paulo, Amazonas e Paraná[266].

---

263 COMISSÃO DE DIREITOS HUMANOS DA ALERJ. *Resumo executivo do Relatório Final da Subcomissão da Verdade na Democracia* – Mães de Acari. Rio de Janeiro, 2018. Disponível em: https://bit.ly/2YlNnFG. Acesso em: 15 jul. de 2019.

264 ORDEM DOS ADVOGADOS DO BRASIL. *Metodologia da Comissão Nacional da Verdade sobre a Escravidão Negra no Brasil*. Brasília, 2015. Disponível em: https://bit.ly/2JZ8Nz4. Acesso em: 22 jul. 2019.

265 PINHEIRO, Márcia Leitão. "Uma Comissão da Verdade no Brasil: escravidão, multiculturalismo, história e memória. In: *Civitas*, Porto Alegre, v. 18, n. 3, p. 683-698, set.-dez. 2018.

266 Idem, p. 686.

A Comissão de Direitos Humanos e Minorias da Câmara dos Deputados chegou a realizar uma audiência pública sobre a CNVENB em setembro de 2015. Na fala de Humberto Adami, presidente do colegiado, há trecho que merece destaque:

> Há um segmento da população brasileira que não consegue entender a necessidade das ações em benefício da população afrodescendente. Então, nós vamos ajudar essas pessoas a entenderem o horror que foi a escravidão negra no Brasil, o verdadeiro holocausto e por que a necessidade de ação afirmativa como princípio de reparação histórica. Outros segmentos já foram reparados, a exemplo, claro, dos judeus, que têm sido reparados por conta do holocausto, do Terceiro Reich. A população afrodescendente viveu e vive no Brasil um horror de mais de 350 anos, cujas repercussões estão hoje instaladas na sociedade brasileira, com grande repercussão. Há um silêncio coletivo sobre esse trauma que a população brasileira tem, que se traduz no racismo do cotidiano, do dia a dia, mas que é tão naturalizado que um segmento da população não consegue enxergar[267].

Interessa notar que Adami coloca a ausência de reparação pela escravidão frente a uma outra experiência histórica de violência que foi, essa sim, objeto de políticas públicas. No entanto, no lugar de fazer referência ao caso da ditadura brasileira, o advogado radicaliza o argumento apontando para o Holocausto.

As Comissões da Verdade da Escravidão Negra tiveram mais capacidade de incidir no debate público do que

---

[267] Notas taquigráficas de audiência pública da Comissão de Direitos Humanos e Minorias da Câmara dos Deputados realizada em 30 de setembro de 2015. Disponível em: https://bit.ly/2JVAxF5. Acesso em: 22 jul. 2019.

as voltadas para investigar os crimes da democracia. A título de exemplo, vale mencionar que a Comissão Estadual da Verdade da Escravidão Negra da OAB/RJ, ao lado da Comissão de Igualdade Racial da entidade, teve papel importante na formulação de uma denúncia ao Ministério Público Federal (MPF) sobre da Fazenda Santa Eufrásia, na cidade de Vassouras (RJ), na qual havia um circuito "turístico" que permitia aos visitantes serem servidos por pessoas negras vestidas como escravas[268]. Como resultado da atuação conjunta da comissão com outras entidades, a fazenda teve de assinar um Termo de Ajustamento de Conduta com uma série de medidas de reparação com relação ao caso. No termo, uma das primeiras justificativas apresentadas pelo MPF é precisamente o conteúdo do relatório parcial da Comissão Estadual da Verdade da Escravidão Negra da OAB/RJ[269]. Ainda assim, nem a CNVENB, nem as estaduais ocuparam lugar semelhante ao que a Comissão Nacional da Verdade ocupou no debate público e na agenda governamental.

Conclusão

Duas foram as questões propostas no início deste texto. A primeira dizia respeito à imagem consolidada sobre quem são as *vítimas da ditadura*. A segunda guardava relação com a construção de rupturas temporais e políticas radicais entre o passado ditatorial e o presente democrático no Brasil.

A análise das disputas em torno da bandeira e dos sentidos da anistia e do alcance das investigações da Comissão

---

[268] *The Intercept Brasil*, "Turistas podem ser escravocratas por um dia em fazenda 'sem racismo'", 6 de dezembro de 2016.

[269] O termo está disponível em: https://bit.ly/2LCskc6. Acesso em: 20 jul. 2019.

Nacional da Verdade aponta para a percepção de que as *vítimas*, como afirma Azevedo, são menos uma "condição existente em uma realidade histórica dada (e que poderia ser dela objetivamente auferida)" e mais "uma categoria produzida em (e produtora de) um campo social"[270]. Em outras palavras, citando a antropóloga argentina Virginia Vecchioli, as *vítimas* existem na medida em que os atores lhes dão existência social[271]. Isso não significa, evidentemente, que o sofrimento dos sujeitos e grupos vitimados não seja real, mas somente que o lugar social ocupado por eles guarda relação com dimensões outras que não a profundidade do dano sofrido[272].

Observando o início e o final do processo de lutas e políticas de memória sobre a ditadura, pode-se ver que a conformação de uma concepção sobre quem deveriam ser os beneficiados pela anistia "ampla, geral e irrestrita" ajudou a consolidar uma imagem dos sujeitos que posteriormente deveriam ser beneficiados pelas políticas que se seguiram. Tal imagem manteve-se relativamente vigente até os trabalhos da CNV, quando outros atores voltaram a colocá-la sob exame crítico, apontando para a cisão existente entre as violências efetivamente sofridas no passado ditatorial e o tipo de reconhecimento público e estatal

---

270 A autora fala especificamente sobre a categoria de desaparecimento forçado, mas sua percepção pode ser ampliada para as *vítimas* em geral. Ver: AZEVEDO, Desirée. op. cit., p. 149.

271 VECCHIOLI, Virginia. "Políticas de la memoria y formas de clasificación social ¿Quiénes son las 'Víctimas del Terrorismo de Estado' en la Argentina?" In: GRPPO, Bruno; FLIER, Patricia (orgs.). *La imposibilidad del Olvido*. Recorridos de la Memoria en Argentina, Chile y Uruguay. La Plata. Ed. Al Margen. 2001.

272 DRULIOLLE, Vincent. "Recovering Historical Memory: a struggle against silence and forgetting? The politics of Victimhood in Spain". In: *International Journal of Transitional Justice*, 2015, 9, 316-335.

recebido pelos distintos perfis de vítimas. Ao observar a distância entre a proposta da anistia do Movimento Negro Unificado Contra a Discriminação Racial e a que foi majoritariamente encampada pelos CBAs, bem como as lutas pela ampliação do escopo de investigação da Comissão Nacional da Verdade e o que foi efetivamente seu Relatório Final, fica claro que se trata da mesma distância entre o enquadramento ou não daqueles 434 mortos pela polícia militar de São Paulo em 1982 como *vítimas da ditadura.*

Quanto ao segundo ponto, as comissões da verdade da democracia e da escravidão negra colocaram em xeque a própria temporalidade construída no curso das lutas e das políticas de memória sobre a ditadura. Colocaram em jogo noções mais largas acerca da violência de Estado no Brasil, inscrevendo-a numa temporalidade que se inicia na escravização de mulheres e homens africanos e persiste até os dias de hoje, e na qual o tempo da ditadura é apenas mais um capítulo dessa longa história.

Para pensar sobre essa dimensão, vale refletir a partir dos argumentos do historiador belga Berber Bevernage, que tem um olhar crítico para os mecanismos da assim chamada "justiça de transição" – que inclui as comissões da verdade. Segundo ele, tais políticas operam com cortes temporais radicais, plasmando em um certo tempo histórico o paradigma da violência. Esse tipo de construção é extremamente eficaz para os regimes políticos pós-transicionais, pois ajuda a construir a ideia de que o futuro é o tempo da paz. Levado ao extremo, o argumento traz um perigo incontornável: se o "passado é mal", pode-se pensar que o "mal é passado", ou ao menos que "ele é anacrônico e vai se tornar passado logo"[273]. Nessa chave, pode-se com-

[273] BEVERNAGE, Berber. The past is evil/evil is past: on retrospective

preender como 434 mortos e desaparecidos oficialmente reconhecidos como vítimas de uma ditadura de mais de duas décadas podem ser objeto de uma relativa atenção estatal e pública, enquanto 434 assassinatos cometidos pelas polícias em um estado, em um trimestre, aparecem como plenamente justificados e legitimados. Efetivamente, o que os movimentos de familiares e vítimas de violência policial e o movimento negro fizeram foi levar adiante uma reapropriação de um mesmo vocabulário para explicitar os limites da iniciativa oficial da Comissão Nacional da Verdade. Nessa chave, colocaram em evidência a impossibilidade de se tomar a ditadura de 1964 como o paradigma único da violência do Estado no Brasil.

As duas questões trabalhadas são indícios de alguns dos limites da experiência das lutas e políticas de memória levadas a cabo no Brasil ao longo das últimas décadas. O encerramento do ciclo político no qual essas formas de lidar com o passado se desenvolveram traz consigo, de maneira muito explícita e brutal, o esgotamento dessas próprias lutas e políticas, na medida em que por ora vence o discurso apologético à ditadura, enunciado desde a cadeira da Presidência da República e com significativo apoio em setores da sociedade. Nesse sentido, um balanço do que foi essa experiência implica a reflexão sobre como essa bandeira deve ser moldada daqui para frente. Espera-se que os breves apontamentos aqui feitos possam contribuir nos debates sobre como repensar o campo de lutas por memória, verdade, justiça e reparação, ampliando-o em duas direções igualmente necessárias: alargando nossa concepção acerca de quem foram as vítimas da ditadura e

---

politics, philosophy of history, and temporal manichaeism. *History and Theory*, v. 54, out 2015.

encarando o período de 1964-1985 na chave de uma longa temporalidade e nos marcos de uma história em que a violência do Estado é a regra, não a exceção.

REFERÊNCIAS

AZEVEDO, Desirée. *Ausências incorporadas*: etnografia entre familiares de mortos e desaparecidos políticos no Brasil. São Paulo: Editora Unifesp, 2018.

BAUER, Caroline Silveira. Quanta verdade o Brasil suportará? Uma análise das políticas de memória e de reparação implementadas no Brasil em relação à ditadura civil-militar. In: *Dimensões*, v. 32, 2014, p. 148-169.

BEVERNAGE, Berber. The past is evil/evil is past: on retrospective politics, philosophy of history, and temporal manichaeism. *History and Theory*, v. 54, out 2015.

BUARQUE, Cristina. Direitos humanos e democracia: a experiência das comissões da verdade no Brasil. In: *Revista Brasileira de Ciência Política*, v. 33, n. 96, 2018.

CANO, Ignacio; FERREIRA, Patrícia Salvão. The reparations program in Brazil. In: DE GREIFF, Pablo. (org.). *The handbook of reparations*. Oxford & New York: Oxford University Press, 2006.

COMISSÃO de Direitos Humanos da ALERJ. *Resumo executivo do Relatório Final da Subcomissão da Verdade na Democracia - Mães de Acari*. Rio de Janeiro, 2018. Disponível em: https://bit.ly/2YlNnFG. Acesso em: 15 jul. 2019.

COMISSÃO Nacional da Verdade. *Relatório Final* - v. 2. Brasília: Comissão Nacional da Verdade, 2014.

____. *Relatório Final* - v. 3. Brasília: Comissão Nacional da Verdade, 2014.

DRULIOLLE, Vincent. Recovering Historical Memory: a struggle against silence and forgetting? The politics of Victimhood in Spain. In: *International Journal of Transitional Justice*, 2015, 9, 316-335.

FICO, Carlos. A negociação parlamentar da anistia de 1979 e o chamado "perdão aos torturadores". In: *Revista*

Anistia Política e Justiça de Transição, n. 4, jul./dez. 2010.

LEMOS, Renato Luís do Couto Neto e. *Ditadura, anistia e transição política no Brasil*. Rio de Janeiro: Consequência, 2018.

MARQUES, Adalton José. *Humanizar e expandir*: uma genealogia da segurança pública em São Paulo. Tese (doutorado) apresentada ao Programa de Pós-Graduação em Antropologia Social da Universidade Federal de São Carlos (UFSCar), 2017.

MEZAROBBA, Glenda. *Um acerto de contas com o futuro*: a anistia e suas consequências – um estudo do caso brasileiro. Dissertação (mestrado) em Ciência Política na Faculdade de Filosofia, Letras e Ciências Humanas da Universidade de São Paulo, 2003.

____. *O preço do esquecimento*: as reparações pagas às vítimas do regime militar (uma comparação entre Brasil, Argentina e Chile). Tese (doutorado) em Ciência Política na Faculdade de Filosofia, Letras e Ciências Humanas da Universidade de São Paulo, 2008.

MONTENEGRO, Antonio; RODERGHERO, Carla; ARAÚJO, Maria Paula. *Marcas da memória*: história oral da anistia no Brasil. Recife: Editora Universitária da UFPE, 2012.

ORDEM dos Advogados do Brasil. *Metodologia da Comissão Nacional da Verdade sobre a Escravidão Negra no Brasil*. Brasília, 2015. Disponível em: https://bit.ly/2JZ8Nz4. Acesso em: 22 jul. 2019.

PEDRETTI, Lucas. Memórias morro acima: a ditadura nas favelas cariocas e as comissões da verdade. In: *Anais do II Seminário Internacional em Memória Social*, 2016.

PINHEIRO, Márcia Leitão. Uma Comissão da Verdade no Brasil: escravidão, multiculturalismo, história e memória. In: *Civitas*, Porto Alegre, v. 18, n. 3, p. 683-698, set.--dez. 2018.

PIRES, Thula. *Colorindo memórias e redefinindo olhares*: ditadura militar e racismo no Rio de Janeiro. Rio de Janeiro: Comissão da Verdade do Rio, 2015. Disponível em: https://bit.ly/2SxL0dE. Acesso em: 12 jul. 2019.

SILVA, Debora Maria da; DARA, Danilo. Mães e familiares de vítimas do Estado: a luta autônoma de quem sente na pele a violência policial. In: *Bala Perdida*: a violência policial no Brasil e os desafios para sua superação. São Paulo: Boitempo, 2015.

TELES, Edson. *Democracia e Estado de exceção*: transição e memória política no Brasil e na África do Sul. São Paulo: Editora Fap-Unifesp, 2015

VECCHIOLI, Virginia. Políticas de la memoria y formas de classificación social ¿Quiénes son las "Víctimas del Terrorismo de Estado"en la Argentina? In: GRPPO, Bruno & FLIER, Patricia (orgs.). *La imposibilidad del Olvido*. Recorridos de la Memoria en Argentina, Chile y Uruguay. La Plata. Ed. Al Margen. 2001.

"QUANDO GANHAMOS PERDEMOS? E QUANDO PERDEMOS PODEMOS GANHAR?" REFLEXÕES SOBRE PERDAS, GANHOS E PERSPECTIVAS DO MOVIMENTO NEGRO BRASILEIRO, QUARENTA ANOS DEPOIS DA LEI DA ANISTIA

Amauri Mendes Pereira[274]

> Já não há mais razão para chamar as lembranças e mostrá-las ao povo em maio.
>
> Em maio sopram ventos desatados por mãos de mando, que turvam o sentido do que sonhamos.
>
> Em maio uma tal senhora Liberdade se alvoroça e desce às praças das bocas entreabertas e começa:
>
> "Outrora, nas senzalas, os senhores..." Mas a Liberdade que desce à praça nos meados de maio
>
> pedindo rumores é uma senhora esquálida, seca, desvalida, e nada sabe de nossa vida.
>
> A Liberdade que sei é uma menina sem jeito,
>
> vem montada no ombro dos moleques ou se esconde no peito, em fogo, dos que jamais irão à praça.
>
> Na praça, a Esperança se encolhe ante o grito "Ó bendita Liberdade!"
>
> E esta sorri, e se orgulha, de verdade, do muito que tem feito...
>
> **Oswaldo de Camargo, "Em maio"**

[274] É militante do movimento negro desde o início dos anos 1970. Foi presidente do IPCN e diretor da Associação Brasileira de Pesquisadores Negras e Negros. Atualmente é professor do DTPE-IE-UFRRJ.

A ideia, neste artigo, é abordar as amplas mudanças nas visões e práticas sociais com relação ao racismo e o antirracismo. Apontar que o movimento negro brasileiro tem sido o motor e a ponta de lança dessas transformações e questionar caminhos e jeitos como "tudo aconteceu" no processo de redemocratização pós-anistia e na Nova República. São inegáveis as conquistas de espaços institucionais e políticos, assim como de diversos segmentos da sociedade que se alertaram para a recorrência do preconceito e discriminação raciais e sua relação direta com o abismo de desigualdades sociais. Não se trata, também, de renegar, mas de problematizar tais conquistas, e olhar para frente em função de ideias e ações, ou de maneiras e dimensões que podem ser alcançadas por outros caminhos e jeitos. Como alguém que vivenciou esse processo por dentro, aprendi que as lutas sociais se fazem do jeito que dá e nas condições que se apresentam, ainda que se esforcem em aprimoramentos teóricos e estratégicos. Minha questão, apontada já em 2012, são as perdas e ganhos decorrentes da institucionalização da luta contra o racismo (PEREIRA, 2012). E como isso tem a ver com o fato de que, semelhante ao que ocorrera no início dos anos 1980, a militância negra precisava "pegar ou largar" oportunidades, nas circunstâncias impostas pela cultura do racismo – que impregna setores conservadores, mas também amplos segmentos entre os mais progressistas. E que a cultura do racismo pressionada pelo antirracismo e pelo desgaste da ideia de democracia racial ressignificou o velho racismo institucional, criando a ilusão de que eram consistentes as conquistas do movimento negro e o avanço do nível de consciência social sobre o racismo.

Por isso é preciso pensar que quando ganhamos, perdemos: conquistamos a institucionalidade, mas não a efetiva capacidade de dialogar com a grande maioria negra. E se quisermos ir mais longe, vamos precisar aprender: política mesmo, só quando as massas entram na história.

Situando a questão

> [...] a agenda que Durban impõe vai muito além das propostas de cotas que vão monopolizando e polarizando o debate da questão racial no Brasil. Embora sejam um dos efeitos positivos da Conferência, as cotas podem reduzir e obscurecer a amplitude e diversidade dos temas a serem enfrentados para o combate ao racismo e à discriminação racial na sociedade brasileira. O que Durban ressalta e advoga é a necessidade de uma intervenção decisiva nas condições de vida das populações historicamente discriminadas. [...] o desafio de eliminação do fosso histórico que separa essas populações dos demais grupos, o qual não pode ser enfrentado com a mera adoção de cotas para o ensino universitário. Precisa-se delas e de muito mais.
>
> Sueli Carneiro, "A batalha de Durban", Estudos Feministas 209-1/2002.

A geração que retomou o novo impulso do movimento negro nos anos 1970 só ganhou. Lutamos contra a ditadura e ganhamos a Constituição Cidadã. Colocamos em xeque a ideia de democracia racial até alcançarmos a era das ações afirmativas – sem dúvida, processos bem-sucedidos do ponto de vista institucional. Aqui, o ponto de partida é o meu olhar sobre a experiência de construção de entidades negras[275], de esforços de articulação, mobilização e de organização coletiva de eventos, compartilhada por um amplo universo de militantes, no estado do Rio de Janeiro. Hoje são conhecidas as semelhanças de situações vivenciadas por essa militância em todas as regiões brasileiras, apesar de evidentes jeitos e tons, conforme peculiaridades locais e regionais. Por isso, mesmo partindo de uma vivência regional, é possível falar de movimento negro brasileiro. E então, se essa geração só ganhou, por que a fragorosa derrota em outubro de 2018?

Um olhar sobre a formação do movimento negro nos anos 1970

> [...] esta consciência insurgente [do movimento negro] ensaia manifestar-se como a coagulação de uma perspectiva crítica que em alto grau de reflexividade faz a crítica radical das políticas de representação racial como instrumentos de consolidação hegemônica nas artes e nos discursos eruditos ou competentes. Posta em ação nos movimentos sociais negros ou em peças de intervenção discursiva estratégica, essa emergência talvez concorra para a aurora de um novo dia no qual o "sol da liberdade" brilhe para todos

[275] Poucos grupos negros eram legalizados, com diretoria e associados, reuniões e realizações regulares, ocupando espaços conhecidos. Era militante quem chegava para as reuniões e processos de articulação, mobilização e organização coletivos. Eram incontáveis. A diversidade de características, de localidades, de perspectivas, mostrava a riqueza do movimento negro – era isso que se queria! Preciosa a conceituação de Joel Rufino dos Santos: Movimento Negro em sentido amplo e em sentido estrito. Ver "O movimento negro e a crise brasileira". In: *Rev. Política e Administração*. n. 2 jul/set-1985, RJ.

Osmundo de Araujo Pinho, "Movimento negro e a crítica das representações raciais".

Tem sangue retinto, pisado, por trás do herói emoldurado,

mulheres, caboclos, mulatos, eu quero um Brasil que não está no retrato.

Samba enredo da escola de samba Mangueira - Rio de Janeiro, 2019.

Em 1973, o que sobrara de militância estudantil na Universidade Federal do Rio de Janeiro (UFRJ) tentava realizar uma olimpíada universitária. Coube-me um papel saliente na organização, pois cursava o quinto semestre na Escola de Educação Física e Desportos, me arvorei representante e assumi tarefas nas comissões de elaboração de regulamentos, de articulação de campos, quadras e outros espaços junto à direção da escola, além de "interessar" colegas para treinarem-ajudarem times e atletas de outras unidades, o que eu mesmo já assumira na Faculdade de Direito.

Foi importante vivenciar a "sacada" de militantes antigos, que haviam escapado da repressão: suprimidos os CAs, a organização e representação de estudantes de cada curso para a olimpíada seria responsabilidade de atléticas. Representantes das atléticas comporiam a comissão de organização. Além de manter ligada a rede de militante do movimento estudantil e sua condição de referência em seus cursos, as atividades mantinham uma vivência universitária para além do academicismo das salas de aula e a circulação de informações políticas. A formação acadêmica não era um obstáculo à formação política, cercada de todos os medos e cuidados - era fundamental resistir[276]!

---

[276] Alguns eram ligados a grupos políticos clandestinos (eu jamais

Ainda assim, aquele contexto político, apesar de nos tornarmos um grupo de amigos[277], me era insuficiente, porque desde a adolescência eu estava envolvido com a capoeira e outras práticas culturais demais instigantes. O episódio de discriminação racial "na lata"(!) que sofri de uma autoridade na escola foi decisivo: comentando-o (entre agonias, raiva e incompreensões) com colegas, descobri que isso era comum (e sempre doloroso) em vivências dos(as) poucos(as) negros(as) da UFRJ. Daí para o impulso do que fazer foi rápido: a partir de 1974 estava firme e forte mergulhado no movimento negro.

A vivacidade das reuniões, as histórias de vida e dramas pessoais – havia momentos em que as reuniões viravam terapia coletiva – decorrentes de pobreza e experiências de racismo, mas também de muitos bons humores, memórias de resistência, gargalhadas, esperanças e a sensação de participar de algo inteiramente novo e mais desafiador, ainda que questionado por familiares, vizinhos e até mesmo por amizades da esquerda. Havia consciência do terror da ditadura: das prisões, tortura, das arbitrariedades e covardias, mas o medo era menor – "*a ditadura não se preocupava conosco*" (depois soubemos que era ilusório!).

Yedo Ferreira era o "grande timoneiro": o mais experiente politicamente e nas dinâmicas de organização ele

---

soube quais), tinham formação política ideológica e se esforçavam por oferecer as mesmas oportunidades aos e às demais. Nomes: Carlitos e Serginho, da Engenharia; Felipe, da Matemática; Ronaldo, da Medicina; Marize, da Comunicação; Roberto Houaiis, da Arquitetura; Hamilton, da Faculdade de Direito; Marquinhos Ula Ula, da Economia... Citoessas pessoas para ver se as reencontro, me perdi completamente daquele grupo!

[277] A reunião do sábado, 24 de novembro de 1973, terminou na minha casa, na comemoração do primeiro aniversário de minha filha Diana.

redigira e sabia os caminhos para registrar os estatutos, tinha bom manejo nos diferentes contextos de reuniões, pois era militante do Partido Comunista, telegrafista nos Correios, colocado "em disponibilidade" – uma forma amena de repressão, que "encostava" o servidor, mas retirava todas as vantagens auferidas ao longo da vida profissional, através de cargos, funções, cursos, comissões... Seu direcionamento era certeiro: além de leituras formativas (nossas reuniões priorizavam bibliotecas públicas no centro do Rio de Janeiro) e discussões de praxe nas reuniões da Sociedade de Intercâmbio Brasil-África (Sinba); logo chegamos junto ao Afoxé Filhos de Gandhy, onde passei a dar aulas de capoeira e a articular capoeiristas para a roda da festa semanal dos Gandhy, aos sábados. Logo passamos a participar (como membros do grupo de representantes do Gandhy) da Federação de Blocos Carnavalescos do Rio de Janeiro e em eventos do mundo do samba, em espaços comuns de velhas guardas, de alas de baianas e de baterias.

É evidente que a vida profissional não conseguia ser prioridade: a virada dos anos 1970 para os 1980 exigiu muitos esforços para se manter um mundo negro militante envolvendo grupos e pessoas afins com as ideias de questionar o mito da democracia racial, de testemunhar o valor do negro e a necessidade de enfrentar o racismo em toda oportunidade, e em espaços públicos. Muitas vezes isso ocorria em eventos pela anistia ampla, geral e irrestrita nos espaços democráticos e progressistas, que se recusavam a incorporar a pauta da luta contra o racismo.

Já há narrativas importantes sobre as reuniões no Centro de Estudos Afro-Asiáticos (CEAA) – marco da criação do movimento negro no Rio de Janeiro –, onde se encontraram jovens negros e negras de várias localidades do Rio de Janeiro, que depois fundaram a Sinba e o Instituto de Pesquisas das Culturas Negras (IPCN)[278].

Aqui, estou tentando compor uma visão mais ampla da formação e gradual ampliação de um conjunto de pessoas com afinidades decorrentes de experiências raciais, de ideias, de expectativas. Havia quem já participasse de grupos negros ou discussões sobre o problema do racismo, outras pessoas agregavam diferentes experiências e surpresas com a própria ideia de se criar entidades negras para lutar contra o racismo. Pareceu-me útil expor minha trajetória pessoal, porque (hoje há pesquisas que confirmam[279]) era comum haver relatos semelhantes em todas as regiões: discriminação em escolas, emprego e em outros espaços sociais, cujo impacto e esforço de entender desviavam a pessoa de sua vida "normal", e a traziam para esse novo contexto em formação.

Nosso mundo negro era diverso demais: além das reuniões e eventos (palestras, exposições artísticas, festas) do que aos poucos passou a ser conhecido como movimento negro, muitos participavam nos contextos das manifestações culturais negras ou em grupos comunitários, quase sempre em regiões de pobreza, de maioria negra, mas também havia gente de classe média. Um bom exemplo: a partir de um grupo de jovens negros que organizava o Baile do Shaft, no Renascença Clube[280], aquela embrioná-

[278] A Sinba foi criada em setembro de 1974. O IPCN, em 8 de julho de 1975.

[279] Um bom exemplo: ALBERTI, Verena; PEREIRA, Amilcar Araujo. Movimento negro e "democracia social" no Brasil: entrevistas com lideranças do movimento negro. Rio de Janeiro: CPDOC, 2005. Disponível em: https://bibliotecadigital.fgv.br/dspace/bitstream/handle/10438/6829/1504.pdf?sequence=1&isAllowed=y.

[280] "O passado africano" era um áudio-visual projetado nos bailes do

ria visão militante se ligou a outro mundo negro que se desenvolvia em paralelo, no início dos anos 1970 – os Encontros de Blacks, amplo movimento que galvanizou adolescentes e jovens (grande maioria de negros) de subúrbios da cidade do Rio de Janeiro e da Baixada Fluminense, tomando enormes proporções, entre 1971 e 1976, quando adquiriu ampla visibilidade, graças a um artigo da jornalista Lena Frias[281]. A partir daquele período o movimento Black Power passou a sofrer mais do que as investidas policiais, que sempre ocorriam, interpelando participantes, com ofensas, revistas humilhantes e prisões arbitrárias.

> Uma cidade de cultura própria desenvolve-se dentro do Rio. Uma cidade que cresce e assume características muito específicas. Cidade que o Rio, de modo geral, desconhece ou ignora. [...] Uma cidade cujos habitantes se intitulam a si mesmos de *blacks* ou de *browns*; cujo hino é uma canção de James Brown [...]; cuja bíblia é [o filme] *Wattstax*, a contrapartida negra de Woodstok [sic]; cuja linguagem incorporou palavras como *brother* e *white* [...] cujo lema é *I am somebody*; cujo modelo é o negro americano, cujos gestos copiam, embora sobre a cópia já se criem originalidades (FRIAS, 1976).

Paulina Alberto (2005) analisa esse contexto cultural e as perseguições de órgãos de informação e repressão da ditadura militar, até ser desbaratado por manobras de variado

---

"Rena" e em outros "bailes Black". Uma visão apologética de reinos e impérios no "continente africano ancestral". É fácil imaginar o impacto daquela África sobre o orgulho e a emulação identitária de jovens negros. Fora concebido e produzido por Carlos Alberto Medeiros e Dom Filó. O primeiro se tornou fundador da Sinba, em 1974, e do IPCN, em 1975.

281 FRIAS, Lena. "Black Rio: o orgulho (importado) de ser negro no Brasil". *Jornal do Brasil*, Caderno B, p. 17, julho de 1976.

tipo (policiais, de mídia, da maioria da intelectualidade – de esquerda e de direita – "formadora de opinião")[282].

Consciência negra *versus* institucionalidade

> Bom, mas tive que dizer também de nossos erros, da irresponsabilidade e dos equívocos conciliadores da única experiência de chegada ao poder pelas forças de esquerda e de sua incompreensível opção em não enfrentar o oligopólio da grande mídia, uma das principais responsáveis pela nossa derrota. Falei das divisões da classe, da estupidez da esquerda em não reconhecer o potencial revolucionário das lutas negras, periféricas, feministas e LGBTs, do corporativismo e do peleguismo dos sindicatos, da leniência das igrejas e da mesquinhez, da covardia e da hipocrisia dos grupos que se autoflagelavam em disputas internas nos partidos, sindicatos e movimentos. Minhas costas doíam. E a consciência também.
>
> Encerrei a conversa.
>
> Douglas Belchior.

As articulações e a convivência eram facilitadas pela existência do IPCN e sua sede própria na região central da cidade, aberta todas as tardes e noites, cujo quadro social era composto por gente de quase todos os outros grupos e entidades negras. Um dos grupos (remanescentes da Sinba) produzia jornais e boletins com certa regularidade e manteve uma banca da Imprensa Negra na Cinelândia, dos finais dos anos 1970 até meados dos anos 1990.

---

[282] QUANDO O RIO ERA BLACK: SOUL MUSIC NO BRASIL DOS ANOS 70, de Paulina L. Alberto. In: *História: Questões & Debates*, Curitiba, volume 63, n. 2, p. 41-89, jul./dez. 2015. Editora UFPR. Disponível em: file:///C:/Users/CLIENTE/Downloads/46702-178228-1-PB.pdf.

Eram inevitáveis e benfazejas as interações do "mundo negro" do Rio de Janeiro com as articulações e eventos políticos que demandavam a "anistia ampla, geral e irrestrita" e a volta das pessoas exiladas, a livre organização de partidos políticos, a retomada do sindicalismo e de associações profissionais. Era um mundo atraente demais: ampla cobertura de mídia, exposição de vozes contidas a ferro e fogo, histórias, eventos e literatura altamente mobilizadores sobre as lutas e sobre o período da "resistência democrática"! Não era fácil à incipiente militância negra resistir ao magnetismo daquele contexto. Apesar disso, até o final dos anos 1980 foi possível manter certo nível de participação em eventos e reuniões, em visitas a festas e outras atividades junto às manifestações culturais, nos esforços de construção de espaços de diálogos em favelas e outros espaços de maioria negra. E, principalmente, no cotidiano árduo de manutenção, planejamento, organização realização de eventos, em grupos e entidades do movimento negro.

Foi um prodígio o nível de unidade alcançada internamente e em relações com a chamada sociedade civil:

- Em 1980 e 1981 foi criado um comitê antiapartaide, articulando partidos políticos, o sindicalismo, o movimento comunitário, o CEAA-Ucam e órgãos universitários da UERJ (onde foi realizado um amplo seminário) e da PUC-Rio - designávamos como "setores democráticos e antirracistas"[283];

- Ao longo de 1980, foi realizado no IPCN, com respaldo e participação do conjunto do movimento negro,

[283] Sobre o Comitê Antiapartaide, ver: Saturnino Braga, P. R. *A rede de ativismo transnacional contra o* apartheid *na África do sul.* Funag. Brasília. 2011.

um **ciclo de debates**: partidos políticos, religiões, feminismo, sindicalismo, movimento comunitário, justiça, saúde, educação – **e questão racial**. Mais de trinta mesas de debates, a cada sexta-feira à noite, com casa sempre lotada;

– Foi aquele ritmo de mobilização perene que nos permitiu realizar uma manifestação de envergadura, em 1º de outubro de 1982, 24 horas depois da foto estampada no jornal do Brasil: *"Todos negros amarrados uns aos outros pelo pescoço, por policiais militares, como no tempo da escravidão"*[284]. Depois da noite e madrugada de reunião permanente e preparação de faixas e cartazes, e de um dia de intensa mobilização, à tarde realizamos uma concentração na Cinelândia, seguida de caminhada até a Secretaria de Segurança, na Rua da Relação – em frente ao Dops. Depois de muito barulho, uma comissão foi recebida pelo secretário, que se comprometeu a investigar e puniu exemplarmente os policiais – inclusive com a expulsão do oficial comandante da patrulha;

– Aquele nível de unidade permitiu a criação do Comitê Pró-Diretas contra o Racismo. Nossa participação foi plena no processo de organização e mobilização da Campanha das Diretas-1984: compusemos a coordenação-geral do comitê estadual, o comando das atividades públicas de mobilização, e tivemos voz em todos os eventos coletivos[285];

– Foi árduo, mas ações do Negro na Rua resistiram ao longo da década de 1980: **militância negra em calçadões de subúrbios e da Baixada Fluminense e a imprensa negra botando banca!**;

[284] Foto do jornalista Luiz Morrier, do *Jornal do Brasil*. A foto lhe rendeu o prêmio Esso de jornalismo de 1983.

[285] Há vários registros desses eventos, testemunhando a participação do movimento negro, em vídeos da CULTNE, YouTube, e na mídia impressa e televisiva da época.

- Realizamos, em 1981, o 1º Encontro de Imprensa Negra (no Rio de Janeiro, em São Paulo, na Bahia, em Minas Gerais e Rio Grande do Sul) e a criação da Cooperativa Mista de Comunicação e Imprensa Alternativa (Coomcimpra)[286];

- Foram realizados quatro encontros estaduais de entidades negras (1983 e 1986 em Nova Iguaçu;

- Em 1989, no Gres. Império Serrano, em Madureira – e, em 1991, na Uerj);

- Foi criado o Conselho de Entidades Negras do Interior do Rio de Janeiro (Cenierj), que realizava encontros semestrais, sempre em municípios diferentes;

- No Rio de Janeiro foi realizado o 1º Encontro Nacional de Mulheres Negras, na cidade de Valença;

- A militância negra do Rio de Janeiro realizou a Marcha Contra a Farsa da Abolição, em 11 de maio de 1988. Organizada pelos comitês do movimento negro, em diversas regiões da capital e da Baixada Fluminense, Niterói e São Gonçalo;

Esses exemplos de realizações, ao mesmo tempo se esforçavam na ampliação da luta contra o racismo junto à sociedade civil e primavam pela unidade interna baseada no associativismo e na ampla participação de processos organizativos – quem chegava tinha voz e voto! Assim vinha sendo construída a ideia de consciência negra junto à grande maioria negra. E isso fortalecia a tendência a reivindicações de espaços, reconhecimento e legitimação política e institucional, que foi se tornando uma bandeira

[286] Algumas publicações: *O movimento negro e as eleições*; os *Cadernos de descolonização da nossa história: Zumbi, João Cândido e os dias de hoje*; *Falar de Amilcar Cabral é falar das lutas do Povo*; *A vez do negro na Igreja*, de Dom José Maria Pires – arcebispo de Alagoas; e os jornais *Koisa de Crioulo*, Sinba, Frente Negra.

mais forte a tremular no seio daquela militância. Nos anos 1980 surgiram os primeiros órgãos "*do negro*", ou "*contra o racismo*", em governos e em setores da sociedade civil.

No final dos anos 1980 aquela tendência coincidiu com o incremento da cooperação internacional que pegou em cheio os movimentos sociais – entre eles o movimento negro! A argúcia do capitalismo reinventou, hipertrofiou e disseminou o chamado terceiro setor, no bojo de vertiginosas transformações na conjuntura mundial "depois da queda"[287].

Ganhamos? Perdemos?

> Quem não tem água pra beber, nem cozinhar seu
> de-comer, nem pra lavar,
>
> não vai viver chutando o balde.
> Quem já sofreu e aprendeu leva na manha como eu
> e faz um samba igual ao meu, que o povo aplaude.
>
> Não vale a pena ser juiz,
>
> com tanta fraude minando o centro do país e os arrabaldes.
> Como dizia Seu Aldir da Garibaldi,
>
> "quem não aguenta batidão vai de Vivaldi".
> Ou faz um samba igual ao meu,
> que o povo aplaude.
>
> **Nei Lopes, "Chutando o balde"**

[287] Referência a um importante seminário das *hostes* de esquerda, perplexas com as consequências políticas e ideológicas da queda do muro de Berlim, e com obsolescência do regime e da unidade territorial soviética. BLACKBURN, Robin (Org). *Depois da queda*: o fracasso do comunismo e o futuro do socialismo. 2 ed. Rio de Janeiro: Paz e Terra, 1992.

A partir do chamado processo de redemocratização – anistia, volta de pessoas exiladas, retomada de partidos políticos e eleições diretas – muita gente bem informada incorporou como pressuposto (um mantra) a visão de que autoritarismo e alienação, tortura e assassinatos em prisões, deformações na consciência social e vícios nas relações institucionais são legados da ditadura. Quero argumentar que isso pode valer para muita gente, principalmente para as classes médias e setores intelectualizados da sociedade. Pode-se alegar que tudo isso se agravou com a ditadura, mas de jeito nenhum começou com ela.

Elitismo e racismo são legados de séculos de opressão escravista e de uma abolição conduzida com maestria e conveniência, sucedida por uma política pública colossal de substituição populacional através da imigração europeia, que se baseava na crença da inferioridade biológica da população brasileira – mestiça de negros, indígenas e brancos – e da necessidade de civilizar euroetnocentricamente a nação. Esse era o papel assumido pelo Estado republicano. Além, evidentemente, de zelar pela rearrumação das prerrogativas econômicas e institucionais das classes e raça dominantes, no que José Honório Rodrigues chamou de "modernização conservadora".

Hoje há uma massa crítica formidável sobre as doutrinas do racismo científico, que assolou o Ocidente europeu e se esparramou pelos súditos coloniais em toda parte do mundo. Difícil encontrar (nos primórdios da república, como ainda hoje) intelectuais (incluindo educadores, políticos, profissionais de nível superior etc.) brasileiros isentos de racialismo-racismo-racialização. Basta rever atentamente algumas das obras mais influentes, obras do chamado pensamento social brasileiro: é flagrante o delito!

A partir dos anos 1980 – alertados pelas demandas do movimento negro brasileiro – no Brasil, pesquisadores e pesquisadoras "destamparam a fossa": Giralda Seyferth, Marisa Correia, Carlos Vainer, Andreas Hofbauer, Kabengele Munanga, entre outros[288], mostraram a epidemia racialista-racista que contaminou profundamente a construção do Estado nacional, as ideias de identidade e de "caráter nacional brasileiro", assim como as políticas públicas de educação, saúde, saneamento, habitação, segurança pública, desde a aurora do Estado republicano.

O chamado racismo institucional – um conjunto amplo de práticas baseadas em hábitos e visões arraigadas sobre o negro no imaginário social desde os tempos da escravidão, reforçadas e atualizadas por estereótipos – e o elitismo/classismo valiam para criminalizar a pobreza, estigmatizar características físicas e culturais e perpetuar o *status quo*.

Do meu ponto de vista a ditadura, nos seus pouco mais de dez anos de "fechamento total" – de 1968 a 1979 – pouco fez para agravar tudo isso. A partir de meados dos anos 1970 a "distenção lenta-gradual-segura" e o colapso final propiciaram a setores progressistas que disputassem eleições, assumissem governos e mandatos parlamentares, e contivessem a repressão ao sindicalismo e a outros movimentos sociais.

Mas, assim como a instauração da república, a *Nova República*[289], remodernização política e institucional nos

---

[288] Vale a pena ver CARDOSO, Lourenço. *Branquitude acrítica e crítica*: a supremacia racial e o branco anti-racista. Rev. latinoam. cienc. soc. niñez juv 8(1): 607-630, 2010. Disponível em: http://www.umanizales.edu.co/revistacinde/index.html, uma visão aguda, que atualiza a extraordinária massa crítica sobre o fenômeno da branquitude.

[289] Termo amplamente utilizado para designar o ambiente político-

anos 1980, em que pese bem conduzidas negociações que legaram a chamada Constituição Cidadã[290], manteve os alicerces do conservadorismo. Os poderes econômicos e as prerrogativas cartoriais e patrimonialistas, os impérios de mídia, as corporações do judiciário e de outros setores de Estado. No que toca à violência policial - questão crônica, hoje intensificada - com exceção do governo Brizola no Rio de Janeiro, onde mais houve esforços consistentes para implantar uma política de segurança considerando os direitos humanos? Conforme dados disponíveis em variadas fontes de pesquisa, em toda parte mantiveram-se repressão, tortura, assassinatos em instituições carcerárias - e criminalização, brutalidade, "esculacho", desrespeito e descaso em áreas da pobreza.

Ganhamos a institucionalidade: o movimento negro ganhou legislação, "reconhecimento" da sociedade civil, da política, da "alta" cultura, visibilidade e audiência; galgamos aos poucos espaços em governos, em mandatos e assessorias parlamentares, no sindicalismo, em partidos políticos etc. Confrontamos com êxito o mito da democracia racial, inclusive na educação, em currículos e práticas pedagógicas, em esquemas de mídia e até nas escrevivências e cantações oriundas dos recônditos da consciência social:

-institucional que reinaugurou a gestão civil do Estado nacional, a partir da eleição de Tancredo Neves.

[290] A nova constituição, assim como o escopo das negociações e jeitos que a modelaram, precisam ser vistas com reservas: a letra da lei foi cumprida a contento? Em políticas educacionais, de saúde, de segurança, de habitação e saneamento, de reordenamento fundiário, por exemplo? Vale a pena ver a respeito: FERES JÚNIOR, João e AUGUSTO CAMPOS Luiz. Ação afirmativa no Brasil: multiculturalismo ou justiça social? Lua Nova no. 99. São Paulo, set./dez. 2016. Disponível em: https://doi.org/10.1590/0102-6445257-293/99.

Um sorriso negro, um abraço negro, traz felicidade,

Negro sem emprego fica sem sossego, negro é a raiz da liberdade!

Adilson Reis dos Santos, Jair Carvalho, Jorge Philomeno Ribeiro

Mas perdemos, porque nos distanciamos de valores e referenciais que, de fato, importam, na diversidade de cada local, região e contextos peculiares de nossa gente e suas culturalidades e simbolismos. Pior ainda, porque pensávamos (muitas e muitos continuam pensando) que era inevitável e só essa forma era certa – nossos saberes, nossos níveis de consciência racial, social e política eram elevados e precisávamos levá-los bancariamente (como diria Paulo Freire), arrogantemente e autoritariamente ao nosso povo, para conscientizá-lo.

Perdemos, assim, o enraizamento, a regularidade-proximidade-intimidade-confiabilidade dos contatos e diálogos nos jeitos, linguagens, referenciações da vida social, que se construía lenta e consistentemente entre agentes culturais e políticos, geracionais e conjunturais[291]. A militância negra aderiu, ou nos deixamos seduzir, ou ficamos presos, no mesmo contexto e com as mesmas limitações do mundo da política institucional: distante da grande maioria negra, em termos de linguagem, de jeitos em olhares e corporalidade, em valores e referenciais históricos, simbólicos, estéticos...

[291]Por exemplo: em 1980, as cenas finais do vídeo "Frente Negra Brasileira" foram filmadas no alto da Serrinha, histórica comunidade de Vaz Lobo, RJ, onde nasceu o Gres Império Serrano – verdadeiro desfile da juventude imperiana, todos fantasiados e vibrando com a gravação, num lindo domingo ensolarado. Tudo articulado por Arandir do Santos, o "Careca", passista famoso do Império e principal articulador da primeira escola de samba mirim do Rio de Janeiro, o Gresm Império do Futuro.

Até o final dos anos 1980 havia uma tendência à busca recíproca de mais proximidade entre as pessoas que enalteciam o "valor do negro" e valorizavam a cultura negra e aqueles que vivenciavam o cotidiano de manifestações culturais, de atividades comunitárias e outros espaços organizativos (bailes, esportes, excursões etc.) – daí a capilaridade inicial da ideia de consciência negra. A militância negra, que não era vista como política, se esforçava na aproximação e para ajuda em realizações. Jorge Aragão comemorava: "*Podemos sorrir, nada mais nos impede, não dá pra fugir dessa coisa de pele, sentida por nós, desatando nós... Foi bom insistir, compor e ouvir resiste quem pode à força do nosso pagode*"

Podemos ganhar?

[...] *por benção de Mãe Oxum,*

essa sanguinolência toda que jorra na favela por cem anos a fio, filetes e ximbicas, tem sido muito menos da certeza da morte

e muito mais da verdade da possibilidade da vida.

Deley de Acary

A hora é letal! Cantar como manda a lei na hora certa

marchar para o sol nascente e dar as costas sem temer o chicote quem for real.

Lia Vieira

Através de memórias e análises, apresento as seguintes problematizações:

1 – A anistia representou uma coisa para a intelectualidade politizada e outra, muito diferente, para a grande maioria da sociedade – maioria negra;

2 – As distâncias culturais (de hábitos, de referenciais históricos, simbólicos, estéticos, de linguagem, de postura), ao longo desses quarenta anos, quase não se alteraram, apesar de tantas conquistas etc. A redemocratização, portanto, e de fato, jamais foi efetivamente inclusiva: se do conservadorismo não se espera bom senso, diálogo ou argumentação razoável, vale a pena insistir no diálogo com os setores progressistas e com pensadores sociais: é notória a acomodação epistemológica ao se estudar, identificar e combater os poderes e valores opressivos a partir dos mesmos modelos, referenciais analíticos e aprimoramentos teóricos e literários euroetnocentrados – insuficientes! Será que **política** se mostra exclusivamente ao "mundo" teórico e "consciente-politizado"? E que interpretações só dizem respeito (e se dirigem) a esse âmbito e contexto?;

3 – Com a anistia e a "redemocratização" houve espaço para apresentação de demandas. O movimento negro e demais movimentos sociais ganharam a institucionalidade (para muita gente foi cooptação mesmo), e perdemos, e nos perdemos, das maneiras mais consistentes e efetivas de formação de quadros e de preparo da militância, assim como nos perdemos dos caminhos e jeitos que vinham construindo um movimento negro e uma luta contra o racismo muito mais próximos e referenciados na vivência cotidiana dos setores e espaços de pobreza de maioria negra;

4 – E agora que (os setores progressistas) perdemos? Atentos e atentas ao que aconteceu na "redemocratização" e na sequência da Nova República, temos a oportunidade de construir efetivamente o que – com as sempre honrosas exceções – nunca foi construído antes. Em grande parte devido à distância cultural entre "elites" intelectualizadas e "massas".

E aí, como ferir de morte o desvalor do negro longa e imprevidentemente construído em sintonia com as ideias de raça, que ainda contaminam o imaginário social de todas as classes? Esse imenso problema político-ideológico-cultural, ao contrário de alertar pensadores, teóricos e estrategistas progressistas, no sentido de repensarem referenciais, estratégias e ações, se esgueira no voluntarismo de muitas pessoas, que pretendem "conquistar as massas", "fazer suas cabeças", "educá-las", "virar votos"[292].

Sem dúvida que as grandes maiorias foram vítimas, também, do fascismo, do terror e dos legados da ditadura. Como, porém, isso é pensado em espaços de vivência muito mais referenciados em atenções e ações descoladas do "mundo da política institucional"?

Será culturalista ("fechada" em prazeres, estética, simbolismos) ou político-cultural a consolidação da capoeira como "esporte nacional", das escolas de samba, dos blocos afro e das manifestações culturais de matrizes africanas em todos os rincões deste país?

Arrisco dizer que podem ser o que quiserem, conforme os interesses e compromissos de suas lideranças.

O mesmo vale para as incontáveis organizações e grupos negros de variado tipo, tenham ou não conquistado a institucionalidade; para os grupos de consciência negra e de Agentes de Pastorais Negros (APN) em todas as regiões; para os ministérios e pastorais de combate ao racismo em denominações do cristianismo protestante; as secretarias de combate ao racismo no sindicalismo e em partidos políticos; para os conselhos e coordenadorias do negro ou de promoção da igualdade racial, que se multi-

[292] Expressão arrogante e insensata muito comum entre o eleitorado progressista no segundo turno das eleições de 2018.

plicaram durante os governos progressistas. É preciso reabrir e reconstruir caminhos.

Que papéis e que níveis de responsabilidades assumirão, perante a grande maioria negra e perante a sociedade brasileira?

Estamos prontos para reconhecer que ganhamos, mas que tudo foi insuficiente? E por isso perdemos?

Joel Rufino dos Santos (1985) ensinou: no contexto da crise brasileira vigora uma "chantagem do maquiavelismo ocidental", que "hierarquizando as ações sociais, estigmatiza como alienadas ou inferiores as não explicitamente políticas, e como inconsequentes as que parecem não acumular energia política" SANTOS, 1985, p. 304).[293].

Identificando a complexidade do quadro brasileiro que tenho aludido, esse autor, que pagou caro por sua participação na luta armada contra a ditadura, estimula a militância do movimento negro a situar-se no epicentro da crise brasileira, mas a visualizá-la (e suas saídas) desde fora do "campo de força" dos referenciais euroetnicocêntricos hegemônicos. Se colocando, no ângulo de visão da cultura negra brasileira, o "núcleo pesado" da cultura popular.

Evidente que, desde então, muita coisa mudou. Mas face às perdas atuais (ainda mais porque pensávamos haver só ganhos), e perante os esforços necessários para "dar a volta por cima", como não considerar a potência e a clarividência de seu pensamento:

> Tal esforço começa por corrigir a definição de Movimento Negro, ele não é visto mais como vanguarda politizada, em cuja órbita gire o conjunto da dinâmica negra. O Movimento Negro já não tem centro fixo, nem objetivos te-

[293] "O movimento negro e a crise brasileira". In: *Rev. Política e Administração.* n 2, jul/set, 1985, RJ.

leológicos. Não se trata, portanto, de dar resposta política-ideológica à crise brasileira. Isso seria permanecer, ainda, dentro do espectro "maquiavélico da civilização ocidental". Mas de contrapor ao conjunto de concepções político-ideológicas a disposição, um outro conjunto estruturado sobre outros sentidos, princípios e valores (idem, 306).

MULHERES: SUBVERSIVAS, VADIAS, PUTAS, PERIGOSAS, TRESLOUCADAS?

> *Às minhas companheiras que nunca mais verei. Tiveram suas vidas ceifadas*
>
> *Antes de chegar aos 30 anos de idade por lutarem pela liberdade e pela democracia. Hoje se encontram na lista de desaparecidas políticas. Não só as relações sociais de classe mas também as relações de gênero assim como as relações étnico-raciais tiveram influência em nosso passado e continuam no presente... Que as gerações futuras possam viver os tempos de dizer e os tempos de escutar! E continuarem a nossa história!*[294]
>
> Maria Amélia de Almeida Teles[295]

Introdução

Merece destaque a importância de trazer por meio dessa publicação o tema "verdade e gênero", no momento de recrudescimento da misoginia, sexismo, da LGBTfobia, do racismo e do moralismo exacerbado, que defende uma família abstrata, assexuada, sem desejos e vontades, sem cor, opaca e destituída de vivências num contexto social e

---

[294] A epígrafe é de minha autoria, e a expressão faz parte do título do livro *Tempos de dizer, tempos de escutar:* testemunhos de mulheres no Brasil e na Argentina, TEGA, Danielle. São Paulo: Intermeios, 2019.

[295] Militante feminista e de direitos humanos, integrante da União de Mulheres de São Paulo e da Coordenação de Promotoras Legais Populares, da Comissão de Familiares de Mortos e Desaparecidos Políticos. Foi assessora e coordenadora da Comissão da Verdade do Estado de São Paulo "Rubens Paiva".

histórico. Já se passaram anos da entrega do relatório da Comissão Nacional da Verdade (CNV), ao governo federal, em dezembro de 2014, quando do seu término legal de funcionamento. Foi uma comissão de estado, legalmente constituída e, por isso, os governantes deveriam tratar de suas recomendações como parte da construção do Estado Democrático de Direito e do compromisso com a cidadania social e política.

Mas, ao contrário, não houve praticamente nenhuma repercussão de seus resultados. O relatório final foi engavetado, sem explicações, e o que é pior, sem encaminhamento de nenhuma de suas recomendações. Até hoje há gente que pensa que ainda está em funcionamento a CNV. O Estado brasileiro e seus governantes não foram capazes de trazer fatos contundentes ali descritos, mobilizar a opinião pública e envolvê-la na responsabilidade de impedir a continuidade de fatos criminosos, violações de direitos humanos, crimes de lesa-humanidade, sem apurar as circunstâncias e os seus responsáveis. Seus conteúdos acompanhados de testemunhos oculares da história se perderam ou se tornaram quase invisíveis. As vozes das vítimas sobreviventes, hoje pessoas velhas ou que já morreram, levadas ao público, com sacrifício, ao exporem sua dor, sua intimidade, seu testemunho, sua fragilidade frente à truculência de um Estado autoritário, foram mais uma vez silenciadas, caladas pelo medo, pelo sofrimento, pela negligência de um Estado que se nega a reconhecer a sua própria história. Parece que nada foi aproveitado no sentido de frear a violência de Estado.

Neste artigo devo destacar a participação de mulheres que se opuseram à ditadura militar. Trazer o contexto da época, a importância da atuação de mulheres que naquele momento foram capazes de romper com práticas e subjetividades impregnadas pelo patriarcado sexista e racista. Se houve pouca repercussão do relatório da CNV, menos ainda da participação das mulheres que são vistas ainda hoje como coadjuvantes de um cenário onde os protagonistas deveriam ter sido homens, barbudos, revolucionários e corajosos. A abordagem das questões de gênero é pensada a partir da categoria de análise das relações sociais de poder, e indica, portanto, que as desigualdades entre mulheres e homens são construções sociais e históricas. Não são diferenças biológicas as responsáveis pela discriminação histórica contra as mulheres.

A Comissão da Verdade (2012-2014) foi o resultado de uma luta perseverante de familiares de mortos e desaparecidos políticos da época da ditadura militar (1964-1985). Nenhum governo democrático brasileiro, pós-ditadura, sequer tomou a iniciativa de reproduzir o gesto de diversos chefes de Estado dos países vizinhos que fizeram da Comissão da Verdade um instrumento legal de apuração dos crimes dos regimes autoritários vigentes nas décadas de 1970 na nossa região. O desaparecimento forçado e o assassinato de opositores e opositoras à ditadura não foram suficientes para convencer que o Brasil precisava esclarecer, investigar tais crimes e punir os agentes públicos responsáveis sob pena de não realizar o processo democrático e retroceder de maneira perversa a história.

No Brasil, a Comissão da Verdade só foi aprovada após condenação do Estado brasileiro pela Corte Interamericana de Direitos Humanos no Caso Gomes Lund e Outros, conhecido como *Caso Araguaia,* cuja sentença foi publicada em 14 de dezembro de 2010.

O fato de a CNV ter sido instalada de forma bastante tardia prejudicou, sem dúvida, o seu funcionamento e os resultados. Várias vítimas sobreviventes, assim como seus algozes, já estavam sem condições de prestar testemunho por estarem muito idosos, adoecidos ou por já terem falecido. Por outro lado, a CNV não teve acesso a documentos. Não houve abertura dos arquivos militares, o que impediu o conhecimento de informações imprescindíveis para as investigações.

A luta dos familiares e da sociedade deve ter continuidade nas próximas gerações. Parece que mais uma vez a *consigna* das mães da Plaza de Mayo se renova: "não há democracia com cadáveres insepultos". Um país que não conhece a verdade, não conhece sua história, está fadado a ser refém do autoritarismo, de *fake news* e dos desmandos arbitrários. O povo não se torna dono do seu próprio destino. A verdade protege a democracia e torna o povo protagonista de sua história.

A CNV realizou audiências públicas e, ao final, produziu o relatório com informações e recomendações. Foi entregue à Presidência da República em 10 de dezembro de 2014 para, em seguida, ser engavetado. Seguiu-se um silêncio absurdo a respeito do seu conteúdo. As 29 recomendações[296] ali contidas foram colocadas de escanteio. Nenhu-

[296] As 29 recomendações são: 1. reconhecimento, pelas Forças Armadas, de sua responsabilidade institucional pela ocorrência de graves violações de direitos humanos durante a ditadura militar (1964 a 1985); 2. determinação da responsabilidade jurídica (criminal, civil e administrativa) dos agentes públicos que causaram graves violações de direitos humanos ocorridas no período investigado; 3. proposição, pela administração pública, de medidas administrativas e judiciais contra agentes públicos autores de atos que geraram a condenação do Estado em decorrência da prática de graves violações de direitos humanos; 4. proibição da realização de eventos oficiais em comemoração ao golpe militar de 1964; 5. Reformulação dos concursos de ingresso e dos processos de avaliação contínua nas Forças Armadas e na área de segurança pública, para valorizar

ma autoridade ou mídia comentou a respeito. Nenhuma das recomendações teve cogitada sua implementação.

---

o conhecimento sobre os preceitos inerentes à democracia e aos direitos humanos; 6. modificação do conteúdo curricular das academias militares e policiais, para promoção da democracia e dos direitos humanos; 7. retificação da causa de morte a pessoas mortas em decorrência de graves violações de direitos humanos; 8. retificação de informações na Rede de Integração Nacional de Informações de Segurança Pública, Justiça e Fiscalização (Rede Infoseg) e, de forma geral, nos registros públicos; 9. criação de mecanismos de prevenção e combate à tortura; 10. desvinculação dos institutos médicos legais e órgãos de perícia criminal, das secretarias de segurança pública e das polícias civis;11. fortalecimento das defensorias públicas; 12. dignificação do sistema prisional e do tratamento dado ao preso; 13. instituição legal de ouvidorias externas no sistema penitenciário e nos órgãos a ele relacionados; 14. Fortalecimento de conselhos da comunidade para acompanhamento dos estabelecimentos penais; 15. Garantia de atendimento médico e psicossocial permanente às vítimas de graves violações de direitos humanos; 16. Promoção dos valores democráticos e dos direitos humanos na educação; 17. apoio à instituição e ao funcionamento de órgão de proteção e promoção dos direitos humanos; 18. revogação da Lei de Segurança Nacional; 19. aperfeiçoamento da legislação brasileira para tipificação das figuras penais correspondentes aos crimes contra a humanidade e ao crime de desaparecimento forçado; 20. desmilitarização das polícias militares estaduais; 21. extinção da Justiça Militar estadual; 22. exclusão de civis da jurisdição da Justiça Militar federal; 23. supressão, na legislação, de referências discriminatórias das homossexualidades; 24. alteração da legislação processual penal para eliminação da figura do auto de resistência à prisão; 25. introdução da audiência de custódia, para prevenção da prática da tortura e de prisão ilegal; 26. estabelecimento de órgão permanente com atribuição de dar seguimento às ações e recomendações da CNV; 27. prosseguimento das atividades voltadas à localização, identificação e entrega aos familiares ou pessoas legitimadas, para sepultamento digno, dos restos mortais dos desaparecidos políticos; 28. preservação da memória das graves violações de direitos humanos; 29. prosseguimento e fortalecimento da política de localização e abertura dos arquivos da ditadura militar. Fonte: Portal Brasil, www.brasil.gov.br/governo/2014/12. Consultado em: 27 jun. 2019.

Das 29 recomendações, nenhuma está voltada diretamente às questões das mulheres, da população negra e indígena, que, de fato, não tiveram visibilidade durante os trabalhos de investigação, particularmente com relação às desigualdades de gênero e de raça.

No entanto, a CNV e a Comissão da Verdade "Rubens Paiva" da Assembleia Legislativa do Estado de São Paulo trataram, ainda que de forma tímida, do assunto. A CNV abordou no capítulo 10, sob o título: "Violência sexual, violência de gênero e violência contra crianças e adolescentes", nas páginas 399 a 426. A Comissão "Rubens Paiva" tratou do tema no capítulo "Verdade e Gênero".

Nenhuma dessas comissões, tanto a nacional como a estadual, usou um método holístico de investigação e análise, sob uma perspectiva interseccional, de gênero, classe e raça, capaz de contextualizar a construção dos movimentos sociais de resistência e de desvelar o sexismo, a misoginia, o racismo, a pobreza e a exploração das classes trabalhadoras. O resultado é que a participação dos segmentos sociais pouco visíveis ainda nos dias de hoje se encontra dispersa nos diversos capítulos ou mesmo não aparece, por não ter sido investigada ou porque foi desprezada por ser considerada sem importância histórica ou política. A Comissão da Verdade repete a dívida histórica com os segmentos oprimidos da população brasileira. Daí a necessidade de investigar e registrar as diversas experiências de participação das mulheres sob a ditadura.

A ruptura de práticas patriarcais dentro e fora de casa...

As décadas dos anos de 1960 e 1970 foram marcadas por iniciativas das mulheres no sentido de produzir ruptura de práticas e subjetividades femininas, como o desejo de terem direito sobre seus próprios corpos, de decidir sobre eles, de terem liberdade e prazer sexual, de desconstruir a ideia de que a maternidade é o seu destino natural. A descoberta da pílula anticoncepcional, em 1960, possibilitou ter relações sexuais sem medo de engravidar. Muito embora a contracepção fosse de responsabilidade exclusiva das mulheres.

As mulheres que se rebelaram contra a ditadura se posicionaram contra a virgindade e a heterossexualidade compulsórias. Muitas delas foram de fato donas de si e livres para lutarem por outra sociedade. De alguma forma tiveram de romper com práticas patriarcais dentro e fora de casa.

As militantes sequestradas pelos órgãos de repressão política foram submetidas, além das todas as violências comuns a qualquer preso do período, às torturas sexuais. A prática de violência sexual, estupro e outros abusos sexuais foi amplamente utilizada contra essas militantes, tamanho o ódio especial que os torturadores tinham com relação às mulheres que lutavam contra a ditadura. As guerrilheiras e militantes políticas foram, pelo menos, duas vezes subversivas, ao enfrentar à ditadura misógina e a sociedade patriarcal que impregna sua ideologia na constituição das instituições como família, igreja, escola, trabalho, cultura, política e demais áreas da vida. O patriarcado também se manteve em organizações políticas revolucionárias de esquerda.

As guerrilheiras foram alvo da violência sexual, como forma de vingança e demonstração de poder por parte dos agentes de Estado que atuavam nos DOI-Codis, Dops e nas casas clandestinas de extermínio. Havia uma ideia generalizada no meio da repressão de que as mulheres de esquerda, por serem independentes, decididas e por não cumprirem o papel esperado de "submissas e inseguras", eram então, consideradas promíscuas sexualmente. Supostamente queriam superar os homens nas atividades políticas e militares, o que as tornava mais fanáticas, mais agressivas e irracionais. Eram muito perigosas, segundo eles.

As desigualdades históricas entre homens e mulheres foram reelaboradas e aprofundadas pela ditadura, que não admitia mulheres desenvolvendo ações não condizentes com os estereótipos femininos de submissão, dependência e falta de iniciativa. Nesse sentido, o Estado autoritário direcionou uma violência a elas por serem simplesmente mulheres, gerando distintas consequências e sequelas, afetando a sociedade como um todo.

As mulheres, provavelmente, foram o segmento social que mais se modificou nas décadas de 1960 e 1970. Tiveram experiências bastante inovadoras na vida cotidiana, no mercado de trabalho, com a redução do número de filhos. De forma acelerada precisaram obter maior escolaridade, o que transformou suas relações com os homens e com outras mulheres. A dinâmica de suas vidas e do trabalho mudou muito. Foram vários os fatores que contribuíram para essa mudança tão radical. O aceleramento da expansão do capitalismo, o crescimento do parque industrial (a ditadura militar tinha pretensão de que o Brasil se tornasse a maior potência industrial do mundo), a negação da reforma agrária e a expulsão da população do campo foram motivos suficientes para o deslocamento rápido da população rural para as áreas urbanas. Isso trouxe mudanças, e as mulheres foram as mais afetadas. Sem suas famílias por perto, com novas relações sociais propiciadas pelo espaço urbano, obtiveram uma relativa independência, ainda que de forma compulsória.

Os centros urbanos cresceram rapidamente sem infraestrutura adequada, sem condições de moradia, com o aumento das favelas, dos cortiços e o inchaço das periferias. A expansão do mercado de trabalho e o achatamento salarial levaram as mulheres a buscarem trabalho remunerado mesmo em condições bastante desvantajosas. Havia um controle sobre as trabalhadoras dentro das empresas, o cerceamento de direitos e, o que elas mais reclamavam, a proibição de ir ao banheiro e o assédio sexual por parte de seus chefes, entre outras situações de violência a que eram submetidas.

Com uma situação de vida e trabalho radicalmente mudada, sem a infraestrutura necessária, sem creches e outros equipamentos sociais, como restaurantes e lavanderias populares, as mulheres passaram a reduzir o número de filhos e a se dedicar mais à profissionalização. A divisão sexual do trabalho as levava a ter que trabalhar em dobro, com salários pela metade.

Por sua vez, os feminismos agitavam o mundo na chamada onda libertária, com propostas de igualdade de direitos, do direito ao próprio corpo, da politização do espaço privado, pois se passou a entender que o pessoal é também político, o direito ao prazer sexual, o direito de escolha. Enquanto movimento social, no Brasil, o feminismo vai aparecer em público somente em 1975 – quando a ONU declara aquele ano como o "Ano Internacional da Mulher". De maneira tímida e quase sem pronunciar a palavra "feminismo", as mulheres vão começar a ir às ruas em busca de apoio popular para suas bandeiras: anistia, creche e pelo congelamento dos preços dos alimentos. O jornal feminista *Brasil Mulher* lança seu primeiro número em outubro daquele ano, no mesmo mês em que é assassinado, no DOI-Codi/SP, Vladimir Herzog, diretor do departamento de jornalismo da TV Cultura.

Ditadura dos corpos: esterilização das mulheres!

Foram as feministas que denunciaram a imposição do controle da natalidade à população brasileira, afetando de forma brutal os corpos das mulheres. Por meio de esterilizações femininas em massa e experimentações com substâncias reprovadas nos países europeus, como o Depo-Provera[297].

O governo militar assumiu uma postura ambígua: do ponto de vista oficial, mantinha-se numa política do não intervencionismo na vida reprodutiva. Na prática, abria caminhos, com subsídios e facilidades substanciais para ações antinatalistas, com acordos entre as secretarias de Saúde e a Bemfam nos diversos estados brasileiros, priorizando a aplicação massiva de meios contraceptivos, ainda em fase experimental, junto à população, especialmente nas negras. O país passou a ter altos índices de esterilização feminina. Em Pernambuco, 18, 9% das mulheres entre 15 e 44 anos estavam esterilizadas por meio de ligadura de trompas. Em Manaus, 33% das mulheres tiveram as trompas ligadas. Estavam excluídas desses cálculos as mulheres esterilizadas em decorrência de abortos inseguros ou pelo uso inadequado do dispositivo intrauterino (DIU). Chegou-se a uma situação absurda de reduzir drasticamente a natalidade em áreas de baixíssima densidade demográfica, como a Amazônia[298].

---

[297] Anticoncepcional injetável, com duração prolongada de três meses (SERRUYA, 1987).

[298] TELES, Maria Amélia de Almeida. *Breve história do feminismo no Brasil e outros ensaios*. São Paulo: Alameda, 2017, p.217 e 218.

Mulheres: assunto censurado!

A misoginia e a forte censura andaram juntas. Houve, de maneira especial, a censura para os assuntos referentes às mulheres, sob alegação da defesa da família, da moral e dos bons costumes. A revista *Realidade*[299], número 10, de janeiro de 1967, foi totalmente censurada por divulgar uma pesquisa sobre o que pensava a mulher brasileira. Entrevistaram 1.200 mulheres sobre assuntos tais como sexualidade, casamento, maternidade, parto e religiosidade. O motivo da proibição total foi, segundo Carlos Azevedo[300], jornalista da revista, a reportagem: "Assista um parto até o fim" com uma foto de mulher que acabava de ter seu bebê. Era uma foto em que a mãe estava de costas e, portanto, não havia nenhuma exposição dos órgãos genitais da parturiente, aparecia apenas a cabecinha do bebê. A ditadura proibia a publicação que trazia opinião das mulheres sobre a necessidade de se ter divórcio no Brasil, liberdade sexual e direito ao orgasmo.

O *Jornal Movimento*[301], número 45, do ano de 1976, foi totalmente censurado por tratar da situação das mulheres

[299] *Realidade* foi uma revista brasileira lançada pela editora Abril em 1966. Circulou até janeiro de 1976. Apresentava características inovadoras para a época, com matérias em primeira pessoa, fotos que deixavam perceber a existência do fotógrafo e *design* gráfico pouco tradicional. Destacou-se também por suas grandes reportagens, permitindo que o repórter "vivesse" a matéria por um mês ou mais, até a publicação. Ver mais em: https//pt.wikipedia.org.wiki/Realidade_revista. Consultado em: 9 jul. 2019.

[300] Depoimento prestado por Carlos Azevedo à Comissão da Verdade do Estado de São Paulo "Rubens Paiva", em 3 de outubro de 2013, na Assembleia Legislativa do Estado de São Paulo, dentro de uma série de audiências sobre imprensa clandestina e alternativa.

[301] O jornal *Movimento* foi um periódico brasileiro. Teve seu primeiro exemplar lançado no dia 7 de julho de 1975, época que coincide com

no mercado de trabalho: com salários menores do que os dos homens, sem creches para seus filhos, sujeitas à submissão e ao assédio sexual.

Cassandra Rios (1932-2002), escritora de contos eróticos, foi a primeira mulher *best-seller* (chegou a vender 1 milhão de exemplares de publicações de sua autoria). Teve a sua editora proibida de funcionar em 1976, por ordem do Ministro da Justiça Armando Falcão. Ela foi a autora mais censurada na ditadura, por ser mulher, escritora e lésbica[302].

Já as prostitutas foram alvo das mais diversas arbitrariedades por parte de policiais, militares e agentes públicos vinculados ao aparato repressivo. Foram vítimas, inclusive, de sequestros e prisões, torturas e assassinatos com a complacência do Estado[303]. Lourdes Barreto, 71 anos de idade e 53 anos de exercício da prostituição à época da entrevista (2013), é uma das lideranças do movimento de profissionais do sexo, preside o Grupo de Mulheres Prostitutas do Pará e denunciou, em matéria assinada pelo jornalista Evandro Éboli, no jornal *O Globo*, em 21 de setembro de 2013, que "a zona do meretrício (com cerca de 2 mil prostitutas) foi fechada pelos militares em 1971. O local foi invadido e lacrado por agentes da Marinha, da Aeronáutica e da Polícia Federal". Na mesma matéria, a travesti Safira Bengell, cujo nome de nascimento é João Alberto Souza, denunciou o quanto foi perseguida, presa

---

a presidência do general Ernesto Geisel. Entre jornalistas e deputados, se fixou como uma oportunidade para o debate e a oposição da ditadura, que completava onze anos no ano de 1975.

302 Cf. Documentário *Cassandra Rios:* a Safo de Perdizes!, KORICH, Hanna (2013).

303 Cf. OLIVAR, José Miguel Nieto, antropólogo colombiano que fez a pesquisa nomeada *Devir Puta,* na UFRGS e na Unicamp, e um dos únicos que estuda a relação da ditadura com as prostitutas.

e torturada: "Tínhamos que fazer sexo com os carcereiros e policiais para recebermos um pouco de água".

Militantes políticas, subversivas, putas e "desnaturadas"!

> *[...] me espanta a capacidade que se tem de sobreviver ao horror ...*

Houve mulheres que entraram nas organizações de esquerda clandestina e militaram nas mais de quarenta organizações políticas revolucionárias e de resistência. Houve mulheres que pertenceram aos movimentos guerrilheiros urbanos e rurais. Outras tantas participaram de ações políticas como distribuir panfletos, integraram a imprensa clandestina, sustentaram a infraestrutura dos chamados "aparelhos", casas onde viviam os revolucionários e onde funcionavam a imprensa e demais atividades, como reuniões, conferências etc.

Essas organizações políticas foram atingidas duramente pela repressão, tiveram suas direções eliminadas. Mesmo aquelas que não participaram da luta armada sofreram o extermínio de suas direções.

O projeto Brasil: Nunca Mais analisou os casos de 7.367 militantes processados pela Justiça Militar, dos quais 12% eram mulheres. O Estado-Maior do Exército fez um levantamento de presos políticos que se encontravam nos quartéis e chegou a um total de mais de quinhentos militantes. Desse total, 56% eram estudantes, com idade média de 23 anos, 26% eram mulheres. Na Guerrilha do Araguaia, ocorrida no sul do Pará, entre 1972 e 1975, teve setenta guerrilheiros desaparecidos, sendo que 17% eram mulheres. Dessas guerrilheiras do Araguaia, talvez chegasse a 30% o índice de mulheres negras. Ao que consta, seria o movimento guerrilheiro em que mais mulheres negras participaram. Dado relevante, sequer apontado por nenhuma comissão da verdade.

Assassinatos de mulheres: violência sexual, estupro, abortamento forçado e corpos ocultados

As mulheres, ao resistirem aos desmandos da ditadura, romperam com os estereótipos e criaram, conscientes ou não, condições subjetivas e objetivas para que as gerações futuras não mais fossem submetidas ao patriarcado, à misoginia e ao racismo. Pelo menos tentaram. A repressão política e seus integrantes não toleravam tamanha audácia. Vingavam-se da rebeldia das mulheres. Acreditavam ser elas piores do que os homens e odiavam vê-las altivas, inclusive nas atividades da luta armada que eles entendiam ser "coisa de homens". Tinham "verdadeiro pavor" de enfrentá-las. Foi a expressão usada em seu depoimento na Comissão da Verdade, pelo coronel reformado do Exército, Paulo Malhães (1938-2014), um dos principais torturadores e matadores da época e integrante do Centro de Informações do Exército (CIE), o órgão incumbido dos serviços de informação, repressão e extermínio de militantes da oposição. Ali se decidia quem deveria morrer.

Por ódio às mulheres, sentiam-se totalmente autorizados a estuprar e cometer outros crimes contra elas. Isso fazia parte da estratégia política do Estado para eliminar "subversivos perigosos", expressão publicada na mídia, em 2018 (quase quatro anos depois do término da Comissão Nacional da Verdade), quando foi revelado um documento da CIA sobre uma conversa do ditador Geisel com o chefe do Serviço Nacional de Informações (SNI), general

João B. Figueiredo, na qual está explicita a ordem de matar dada pelo então ditador[304].

É uma dor que não cabe na História!

Em 2018, num dos encontros de estudantes e pesquisadores de Direito, participantes do grupo de pesquisa Direito, Discriminação de Gênero e Igualdade, da Faculdade de Direito da PUC-SP, sob a coordenação das professoras Silvia Pimentel, Mônica de Melo e Beatriz Pereira, tive oportunidade de dar um depoimento sobre o estupro que sofri nas dependências do DOI-Codi/SP, em janeiro de 1973. O texto que segue é parte do depoimento que mais adiante se transformou num artigo para uma publicação desse grupo de pesquisas[305]:

---

[304] O documento foi localizado pelo pesquisador de Relações Internacionais da Fundação Getúlio Vargas Matias Spektor. Para ele, "é a evidência mais direta do envolvimento da cúpula do regime (Médici, Geisel e Figueiredo) com a política de assassinatos". "Este é o documento secreto mais perturbador que já li em vinte anos de pesquisa", afirmou Spektor. No memorando, o diretor da CIA escreveu que o general Milton Tavares "enfatizou que o Brasil não pode ignorar a ameaça subversiva e terrorista e disse que métodos extralegais devem continuar a ser empregados contra subversivos perigosos. A este respeito, o general Milton disse que cerca de 104 pessoas nessa categoria foram sumariamente executadas pela CIE durante os anos anteriores (1973), aproximadamente. Figueiredo apoiou essa política e insistiu em sua continuidade". Na reunião, Geisel pediu para pensar durante o fim de semana para decidir se continuava ou não com a "política". Em 1º de abril, o memorando informou que o presidente disse ao general Figueiredo que a "política deveria continuar". No entanto, Geisel orientou que "apenas subversivos perigosos fossem executados". Ele e Figueiredo concordaram que todas as execuções deveriam ser então aprovadas por Figueiredo (jornal *O Globo*, de 14/05/2018, em matéria de Juliana Dal Piva, sob o título "Memorando da CIA mostra que Geisel soube e autorizou execuções de presos políticos").

[305] Ver o livro de Pimentel, Silvia, Beatriz Pereira e Mônica de Melo (organizadoras): *Estupro*: perspectiva de gênero, interseccionalidade

Falar dos estupros sofridos contra nós, mulheres, no DOI-Codi e outros centros de tortura e extermínio a quem interessa? Quem se interessa em nos escutar? Quem se interessa pela nossa história? Algumas de nós já morreram, outras se encontram velhas. Hoje quando me lembro de tudo que passei e de tantas outras companheiras que também foram submetidas à violência sexual, me surpreende o fato de que eu, sendo feminista há mais de meio século e que sempre me dispus a ir às ruas, denunciar a invisibilidade da violência contra as mulheres, só ter denunciado publicamente e que sempre me dispus a ir às ruas, denunciar a invisibilidade da violência contra as mulheres, só ter denunciado publicamente as violências a que fui submetida na Comissão da Verdade, exatamente no dia 8 de março de 2013, numa audiência pública na Assembleia Legislativa do Estado de São Paulo. Mesmo assim de forma tímida, sem conseguir detalhar as diversas violências sexuais que cometeram contra mim. Denunciei as torturas a que fui submetida, durante audiência, na Auditoria Militar de São Paulo, em julho de 1973. Mas falei de torturas de uma forma genérica sem descrevê-las, o que na época já era um ato de coragem, dizer ao juiz que foi torturada, o que ele explicitamente não queria ouvir e muito menos registrar. E se o fazia, era de forma muito sucinta, economizando as palavras e reduzindo ao máximo os impactos negativos que, por ventura, pudessem chegar à opinião pública.

Quando saí da prisão, tive um encontro com um companheiro da organização política a qual pertencia que me pediu um relato sobre tudo que passei no DOI-Codi/SP. Quando falei da violência sexual a que fui submetida, ele de imediato me falou: "...não toque nesse assun-

e interdisciplinaridade. Rio de Janeiro: Editora Lumen Juris, 2018, p.185-201.

to. Isso pode pegar mal para você, vão dizer que foi você quem provocou e não vão acreditar nas denúncias muito importantes, que você deve fazer, como, por exemplo, o assassinato do Danielli"[306]. Claro que um assassinato é de tamanha gravidade que não se pode deixar de denunciá-lo. Eu denunciei sempre o assassinato de Danielli sob torturas, no DOI-Codi/SP, do qual sou testemunha ocular. Jamais poderia me furtar de falar sobre isso. Mas por que não falar das torturas e, principalmente, da violência sexual a que fui submetida? São violações que me atingiram também diretamente no meu corpo, na minha intimidade e que até hoje me fazem mal só de lembrar delas. E só muito recentemente comecei a falar da violência sexual sofrida por mim no DOI-Codi. E isto hoje me incomoda também. Não há quase espaço público para se colocar as questões das violações sexuais sofridas, uma vez que há tantas violências atuais, cotidianas, que ocorrem no nosso país e que pedem urgência nas denúncias e soluções imediatas. Afinal, o Brasil é um país historicamente violento. O Estado brasileiro estruturou-se por meio do racismo e do sexismo, o que foi feito com o emprego brutal da violência incusive com a prática do estupro. Cerca de 61 mil pessoas são assassinadas anualmente no Brasil, cuja maioria é negra e jovem; nosso país ocupa o 5º lugar no *ranking* de assassinatos de mulheres e são cerca de 50 mil estupros denunciados a cada ano. Toda violência está imbricada em relações de poder, de dominação e exploração. A violência é a própria expressão do poder, e a violência contra as mulheres é a expressão patriarcal, sexista e racista do poder. Portanto falar da violência sexual a que fui submetida e das demais torturas sofridas, há quase meio

[306] Carlos Nicolau Danielli (1929-1972) foi morto sob torturas no DOI-Codi/SP, sob o comando do então major do Exército Carlos Alberto Brilhante Ustra, assassinato do qual sou uma das testemunhas oculares.

século atrás, é uma questão tão atual, que deveria estar tão presente nas agendas políticas de direitos humanos. Parte da sociedade se recusa a escutar e acolher as denúncias de tortura e muito menos quando se trata de violência sexual. Só espero que daqui a 100 anos, quando se falar desse período, lembrem-se de falar que houve muitas mulheres estupradas nas dependências do aparato repressivo da ditadura militar e que sequer foram ouvidas em sua dor. Houve silêncio em relação às crianças sequestradas, banidas e adotadas de maneira clandestina e irregular. E todo silêncio dificulta o enfrentamento da violência e reforça a perpetuação dos crimes[307].

Só queria saber: qual o nome do "oficial do dia" da Oban que me estuprou?

Eugênia Zerbini tinha 16 anos de idade quando sua mãe foi levada para a Oban (DOI-Codi/SP) e ali ficou presa por um tempo. Eugênia, ainda adolescente, trazia uma história de defesa da democracia que vinha de sua família. Era filha do general Zerbini (1908-1982), cassado em 1964, por ser contrário ao golpe militar, e de Therezinha Zerbini (1928-2015), uma mulher reconhecida internacionalmente por sua luta em defesa da anistia política. No dia 13 de fevereiro de 1970, numa sexta-feira, por volta das 15 horas, depois de voltar do colégio, Eugênia foi até o DOI para levar roupas e material de higiene para sua mãe. Ao chegar, de imediato se dirigiu ao guarda e pediu para falar com o "oficial do dia", conforme orientação dada pelo seu pai. Passados alguns instantes, chegou o "oficial do dia" que a conduziu para uma sala e a fechou tão logo ela

[307] Idem, p. 185-201.

entrou. Puxou sua roupa para baixo, a encostou na mesa e ali mesmo a estuprou.

> Por que não gritei? Gritar na Operação Bandeirante (como era chamado o DOI-Codi, em São Paulo)? E o medo de que me desse um murro e me arrebentasse os dentes? Tinha me preparado para ver sangue, ouvir gritos, mas isso eu nunca imaginei. Quando acabou (o estupro), ele abriu a porta. De repente, vi que estava na porta para a rua. Eu nem olhei para trás. Nem queria saber como cheguei naquela porta. Queria ir embora, ficar longe daquilo[308].

Na Comissão da Verdade do Estado de São Paulo "Rubens Paiva", Eugênia Zerbini, em seu depoimento feito 43 anos depois do ocorrido, falou que nunca disse a ninguém sobre o acontecido, nem a seu pai, nem a sua mãe, nem a sua avó. Só naquele momento, em 2013, revelou sobre o estupro sofrido, em entrevista à revista *Brasileiros*, com a jornalista Luiza Vilaméa (setembro de 2013). Na Comissão da Verdade "Rubens Paiva" fez um pedido: "Só queria saber quem era o oficial do dia, naquele fatídico dia 13 de fevereiro de 1970, e que estaria no plantão, por volta das 15 horas, no DOI-Codi/SP (Oban)". Queria que ele fosse identificado e seu nome divulgado. Mas essa resposta nunca foi obtida. Os militares não abriram os arquivos da ditadura e sequer entregaram a lista dos funcionários dos DOI-Codi's.

O estupro de Inês Etienne Romeu (1942-2015)

Inês foi dirigente da Vanguarda Popular Revolucionária (VPR) quando foi presa em São Paulo, em 5 de maio de 1971, pelo então delegado de polícia do Dops-SP, Sér-

[308] Entrevista à revista *Brasileiros*, de 18 de setembro de 2013.

gio Paranhos Fleury, que a entregou ao CIE e, depois de submetida às torturas, foi levada para a "Casa da Morte" (como ficou conhecido o centro de extermínio de militantes políticos, localizado em Petrópolis, Rio de Janeiro, e do qual Inês foi a única sobrevivente).

Em 1981, deu um depoimento ao semanário *Pasquim*, número 607, de 12 a 18 de janeiro, em que conseguiu relatar o estupro sofrido e outras violências sexuais:

> [...] Fui conduzida para uma casa [...] em Petrópolis [...] O dr. Roberto, um dos mais brutais torturadores, arrastou-me pelo chão, segurando-me pelos cabelos. Depois, tentou me estrangular e só largou quando perdi os sentidos. Esbofetearam-me e deram-me pancadas na cabeça. [...] Fui várias vezes espancada e levava choques na cabeça, nos pés, nas mãos e nos seios. A certa altura, o dr. Roberto me disse que eles não queriam mais informação alguma: estavam praticando o mais puro sadismo, pois eu já havia sido condenada à morte, e ele, dr. Roberto, decidira que ela seria a mais lenta e cruel possível, tal o ódio que sentia pelos "terroristas". [...] Alguns dias depois, [...] apareceu dr. Texeira, oferecendo-me uma saída 'humana': o suicídio. [...] Aceitei e pedi o revólver, pois já não suportava mais. Entretanto o dr. Teixeira queria que o meu suicídio fosse público. Propôs-me então que eu me atirasse embaixo de um ônibus, como eu já fizera. [...] No momento em que deveria atirar-me sob as rodas de um ônibus, agachei-me e segurei a perna de um deles, chorando e gritando. [...] Por não ter me matado, fui violentamente castigada: uma semana de choques elétricos, banhos gelados de madrugada, 'telefones', palmatórias. Espancaram-me no rosto até eu ficar desfigurada. [...] o 'Márcio' invadia minha cela para 'examinar' meu ânus e verificar se o 'Camarão" havia praticado sodomia comigo. Esse mesmo 'Márcio'

> obrigou-me a segurar seu pênis, enquanto se contorcia obscenamente. Durante esse período fui estuprada duas vezes pelo 'Camarão' e era obrigada a limpar a cozinha completamente nua, ouvindo gracejos e obscenidades, os mais grosseiros [...][309].

Mais de quatro décadas se passaram daqueles acontecimentos. O coronel reformado do Exército, Paulo Malhães (1937-2014), prestou depoimento à Comissão da Verdade, em 25 de março de 2014. O Ministério Público Federal do Rio de Janeiro, ao pedir o cumprimento da ordem judicial de busca e apreensão, na casa do coronel já falecido Paulo Malhães (1937-2014)[310], viabilizou concretamente a descoberta da verdadeira identidade de "Camarão", o militar Antônio Waneir Pinheiro Lima. Pertencia à Brigada de Paraquedistas e foi recrutado para atuar na repressão política, sob o comando do coronel do Exército, Paulo Malhães.

Confirmada a identidade do estuprador, o MPF-RJ propôs, em 2016, a ação penal na Vara da Justiça Federal, em Petrópolis, Rio de Janeiro, conforme consta no relatório do MPF-RJ, de 2017:

---

309 Este trecho do depoimento consta na publicação "Direito à Memória e à Verdade /Luta/Substantivo Feminino/Mulheres torturadas, desaparecidas e mortas na resistência à ditadura", p. 105.

310 Paulo Malhães era coronel reformado do Exército e foi um dos mais atuantes agentes da repressão política da ditadura militar. Pertencia ao Centro de Informação do Exército e era um dos responsáveis pelo centro de extermínio de opositores políticos, que ficou conhecido como "Casa da Morte", localizada em Petrópolis, RJ, onde Ines Etienne permaneceu por mais de noventa dias. Ele deu depoimento na CNV em 25 de março de 2014, no qual ele admitiu tortura, assassinato e ocultamento de cadáveres. Em 25 de abril foi assassinado na baixada fluminense, no sítio onde vivia.

Na ação penal proposta na Justiça Federal de Petrópolis, verifica-se estarem presentes todos os elementos estabelecidos no precedente internacional para a caracterização do fato imputado como delito de lesa-humanidade.

Com efeito:

a) A conduta imputada ao denunciado é uma das mais graves violências que uma mulher pode sofrer, ofendendo diretamente sua dignidade, sua liberdade, sua honra e sua integridade física e moral;

b) O ato foi cometido contra uma vítima civil. Ainda que a vítima Inês Etienne Romeu tivesse participado da resistência armada ao regime, como integrante da VPR, no momento do cometimento do crime estava ela sequestrada em centro clandestino de torturas, incomunicável, privada de quaisquer direitos constitucionais, torturada e fortemente machucada. Dessa forma, aplica-se inteiramente a proteção do direito internacional voltada a salvaguardar a integridade física e moral das pessoas colocadas fora de combate, por doença, ferimentos, detenção ou qualquer outra causa;

c) O ato foi cometido por motivos discriminatórios, em razão da ideologia política de oposição ao regime ditatorial, adotada pela vítima, e ainda pelo fato de ser ela mulher.

O documento do MPF-RJ menciona também o relatório da Comissão Nacional da Verdade que confirma a prática sistêmica do estupro e de outras violências sexuais em mulheres e homens que integravam a resistência política, nos centros de tortura e extermínio, mantidos pela ditadura militar. E conclui: "Por tratar-se de crime de lesa-humanidade, a punibilidade do estupro, objeto da ação penal ajuizada em Petrópolis, não está, contudo, sujeita às regras do direito interno aplicáveis aos crimes comuns."

No ano seguinte, exatamente no Dia Internacional da Mulher, 8 de março de 2017, foi publicada a decisão da Justiça Federal, em Petrópolis, que **considerou improcedente** a denúncia do Ministério Público Federal (MPF) contra Antônio Waneir Pinheiro Lima, conhecido como "Camarão", pelo estupro da ex-presa política Inês Etienne Romeu.

O juiz Alcir Luiz Lopes Coelho usou como justificativa a Lei nº 6.683/1979 (Lei da Anistia), para "crimes políticos ou conexo com estes" entre 1961 e 1979) e um decreto de 1895, afirmando que anistia, uma vez concedida, é irrevogável e assumida como direito adquirido. O juiz diz: "[...] O denunciado é acusado de ter cometido, entre 01/06/1971 a 20/07/1971, crimes relacionados com crimes políticos ou praticados por motivação política [...]".

O magistrado considerou o crime prescrito e anistiado. Fez uma defesa da anistia ao afirmar que desrespeitá-la "ofende a dignidade humana" e concluiu que o crime estaria prescrito. Ele ressaltou que "a lei penal não retroagirá, salvo para beneficiar o réu" e que, no caso, a denúncia faz o oposto, retroagindo para "prejudicar o acusado".

O juiz ainda alegou que não há provas documentais dos fatos, apenas reportagens, entrevistas, "sentenças proferidas por tribunais de organismos estrangeiros" e que a depoente prestou queixa apenas oito anos após o ocorrido. É bom lembrar que Inês ficou nove anos e alguns meses presa e só alcançou a liberdade em 1979, quando, então, conseguiu a publicação de tudo que lhe aconteceu, inclusive o estupro.

O juiz justificou sua decisão sob alegação de que Inês foi condenada na época da ditadura e citou o filósofo de discurso conservador Olavo de Carvalho. "Ninguém é contra os 'direitos humanos', desde que sejam direitos humanos de verdade, compartilhados por todos os membros da sociedade, e não meros pretextos para dar vantagens a minorias selecionadas que servem aos interesses globalistas".

Sergio Suiama, um dos autores da denúncia e procurador da República no Rio de Janeiro, classificou a decisão como "o terceiro estupro de Inês Etienne Romeu", destacando que a "lamentável sentença" foi publicada no Dia Internacional da Mulher e que o estupro dela não foi investigado até 2013. E sustenta que "a decisão judicial ignora ou desqualifica todas as provas obtidas", inclusive a palavra da vítima, "dizendo que o fato só foi relatado após oito anos do ocorrido, como se fosse possível à vítima ir a uma delegacia de polícia em 1971 registrar queixa contra os militares que a violentaram e torturaram". A única certeza do magistrado voltou-se contra vítima, qualificada por ele como uma terrorista perigosa. Sobre a citação de Olavo de Carvalho, o procurador diz que "como se trata de uma ação penal por crime de estupro, imagina-se que a 'vantagem' à 'minoria selecionada' seja o direito de todas as mulheres de não sofrerem violência sexual". O MPF-RJ recorreu da sentença.

Um caso de abortamento forçado

> A greve de Contagem (MG) foi a primeira e, de certa forma, foi uma surpresa para a ditadura militar. Foi deflagrada no dia 16 de abril de 1968 pelos metalúrgicos da Siderúrgica Belgo-Mineira. Esses trabalhadores foram acompanhados por outros de outras empresas como a Mannesmann, a Mafersa, a RCA Victor, a Acesita e tantas mais. A liderança que conduziu a greve com muito

sucesso e que, até hoje, quase nunca é lembrada foi uma mulher, Conceição Imaculada de Oliveira, 18. Algum tempo depois, ela foi presa, grávida.

> A repressão não se esqueceu da Conceição, secretária do Sindicato de Metalúrgicos a que o ministro Passarinho (Coronel do Exército Jarbas Passarinho que àquela época era ministro do Trabalho) queria encontrar na época da mobilização da massa operária. Presa grávida, foi submetida a um aborto criminoso em uma sala comum do DOPS de Belo Horizonte (MG), na presença dos demais presos políticos e dos policiais.[...] para assistir [...] à cirurgia, praticada sem anestesia, sem nenhum cuidado higiênico e inclusive sem os instrumentos cirúrgicos necessários para uma operação.
>
> Quando, impotente, a vítima gritava, os torturadores faziam um alarido histérico e sádico, gritavam de alegria, diziam palavrões aos indignados espectadores mantidos sob ameaças dos fuzis[311].

Alguém discutiu esse fato na Comissão da Verdade? Alguma instituição se preocupou em tomar alguma providência quanto a essa denúncia que foi publicada num jornal carioca de grande circulação, na época da brutal repressão, um ano após a edição do Ato Institucional número 5?

Como podemos ver, com exceção do Ministério Público Federal, por meio do Grupo de Trabalho "Justiça de Transição",[312] que fez algo, ao tentar processar o acusado

---

[311] O trecho transcrito foi publicado no *Jornal Tribuna de Imprensa*, Rio de Janeiro em 6 de dezembro de 1969. Esse texto está publicado no ensaio "Violações dos direitos humanos das mulheres na ditadura", no livro *Breve história do Feminismo no Brasil e outros ensaios*, TELES, Maria Amélia de Almeida, p.211.

[312] O Grupo de Trabalho (GT) "Justiça de Transição" do Ministério Público Federal foi criado em março de 2012 com o objetivo de pro-

de estupro no caso da Inês Etienne Romeu (1942-2015). E nos demais casos, que são incontáveis, não se toma nenhuma medida e se deixa cair no silêncio?

Destaco aqui a decisão do Tribunal Regional da Justiça Federal do Rio de Janeiro com relação ao caso da Inês Etienne. O recurso sobre o caso apresentado pelo MPF àquele Tribunal foi julgado em 13 de agosto de 2019[313], quando então foi acolhida a denúncia contra Antônio Waneir Pinheiro de Lima, por maioria de votos. Portanto Antônio Waneir Pinheiro de Lima, codinome "Camarão", finalmente virou réu, e o estupro, nesse caso, **foi considerado crime contra a humanidade.** Sem dúvida, uma vitória.

Uso de animais vivos nas sessões de tortura e na morte da guerrilheira

A repressão, ao combater as mulheres da esquerda, tratou-as com requintes de crueldade, e os torturadores faziam questão de afirmar que os interrogatórios eram feitos sob "rigorosa metodologia científica". "Aqui só morre quem a gente decidir pela morte", diziam eles. Usaram diversos métodos de tortura, inclusive a introdução de animais, insetos e objetos na vagina e/ou ânus. O relatório final da CNV constata que:

> [...] presos políticos foram expostos aos mais variados tipos de animais, como cachorros, ratos, jacarés, cobras, baratas, que eram lançados contra o torturado ou mesmo introduzidos em alguma parte de seu corpo. Especificamente em relação aos camundongos, o torturador

---

mover a investigação e persecução penal das graves violações de Direitos Humanos cometidas durante a ditadura militar.

313 Ver em: noticias.uol.com.br, 14 de agosto de 2019, "Militar vira réu na Justiça por crimes na Casa da Morte", por Alex Tajra, São Paulo.

> Lourival Gaeta (1927-1997), que atuou no DOI-Codi do II Exército, em São Paulo, durante a década de [19]70, explicava sua destrutividade uma vez introduzidos nos corpos de suas vítimas, como argumento de que este animal não sabe andar pra trás[314].

Informações dadas à CNV por testemunha ocular e profissional (torturadora) do DOI-Codi, cuja identidade foi mantida em sigilo, indicam que a presa política Sônia Maria Lopes de Moraes Angel Jones, de 27 anos de idade, foi torturada e introduziram um rato em sua vagina, o que a levou à morte. Os responsáveis pelas atrocidades vividas por Sonia, assim como sua morte, seriam o chefe de interrogatórios, Lourival Gaeta[315], que atuava no DOI-Codi/SP, e os integrantes de sua equipe. Acaso foi tomada alguma providência com relação a esse caso abominável? Até agora, que eu saiba, nada foi feito.

Madre Maurina (1926-2011) teria sido torturada e estuprada. Em consequência disso, ela teria ficado grávida e por ser religiosa, teria tido o filho, criado em um orfanato. Esse fato, como muitos outros, não foi devidamente apurado.

Ao terminar este texto, me deparo com entrevista da brasileira,Karen Keilt, no jornal *Folha de São Paulo*, de 6 de julho de 2019, de 66 anos de idade, torturada e estuprada durante a ditadura, em 1976, quando teria sido presa, juntamente com seu marido, por policiais do Departamento Estadual de Investigações Criminais (Deic), em São Paulo. Ela chegou a prestar depoimento à CNV, em 2013.

---

[314] Relatório da CNV, Brasil, 2014, vol. I, p. 373-374.

[315] Lourival Gaeta (1927-1997) era delegado do Dops de São Paulo e integrou-se à equipe de torturadores da Operação Bandeirante ou DOI-Codi/SP. Era conhecido também por "Mangabeira".

Quando serão reparados esses crimes?

As iniciativas legais de reparação pelos danos causados às pessoas submetidas à repressão política da época não atenderam as questões enfrentadas pelas mulheres e por outros segmentos que também foram submetidos à truculência do Estado brasileiro, como o estupro praticado por agentes públicos.

Não há dúvida de que as histórias recentes de nosso país confirmam a atuação perversa do patriarcado enquanto ideologia do Estado. Se não se conta a história das mulheres, não se conta a história política do país.

Não dá para ignorar tamanha violência de Estado que não chega sequer a ser nomeada, e muito menos identificada. Sob pena de que viveremos permanentemente sob ameaças de torturas, assassinatos, desaparecimento forçado, sequestros e estupros. Os casos ocorridos na ditadura (1964-1985) não deverão ser mais uma página virada. A dívida social para com as mulheres brasileiras deverá ser cobrada pelas gerações futuras.

REFERÊNCIAS

COMISSÃO Nacional da Verdade. *Relatório da Comissão Nacional da Verdade*. Brasília: Casa Civil, 10 dez. 2014.

COMISSÃO da Verdade do Estado de São Paulo "Rubens Paiva". *Relatório da Comissão da Verdade do Estado de São Paulo "Rubens Paiva"*, São Paulo, mar. 2015.

COMISSÃO da Verdade do Estado de São Paulo "Rubens Paiva". *Infância Roubada*: crianças atingidas pela Ditadura Militar no Brasil. São Paulo:Alesp, 2014.

TELES, Maria Amélia de Almeida. Estupro e crimes sexuais na Ditadura Militar (1964-1985). In: PIMENTEL, Silvia, PEREIRA, Beatriz e MELO, Mônica. *Estupro*: perspectiva de gênero, interseccionalidade e interdisciplinaridade. São Paulo: 2018, p. 185-201.

_____. *Breve história do feminismo no Brasil e outros ensaios*. São Paulo: Alameda, 2017.

_____ e LEITE, Rosalina Santa Cruz. *Da guerrilha à imprensa feminista*: a construção do feminismo pós-luta armada no Brasil (1975-1980). São Paulo: Intermeios, 2013.

OLIVAR, José Miguel Nieto. *Devir puta*: políticas da prostituição nas experiências de quatro mulheres militantes. Rio de Janeiro: Eduerj, 2013.

PIMENTEL, Silvia (coord.), PEREIRA, Beatriz e MELO, Mônica (orgs). *Estupro*: perspectiva de gênero, interseccionalidade e interdisciplinaridade. São Paulo: J. Lumen Juris Direito, 2018.

PAIVA, Cláudia et alli. *Crimes sexuais e justiça de transição na América Latina* – Judicialização e Arquivos. Florianópolis: Tribo da Ilha, 2016.

SERRUYA, Suzanne. *Ligação de trompas*: opressão e esperança. [1987?]. Texto mimeografado.

HOMOSSEXUALIDADES E A COMISSÃO NACIONAL DA VERDADE: UM TESTEMUNHO SOBRE A MILITÂNCIA LGBTQ+ E AS ESQUERDAS BRASILEIRAS

James N. Green[316]

A inclusão de um capítulo no relatório final da Comissão Nacional da Verdade (CNV) sobre as homossexualidades e a repressão durante a ditadura militar[317] bem como a inclusão de material sobre repressão às pessoas LGBTQ+ nos relatórios das comissões da verdade do estado de São Paulo "Rubens Paiva"[318] e do Rio de Janeiro[319] são de grande importância. Pela primeira vez na história das mais de 45 comissões da verdade e reconciliação formadas ao longo das últimas décadas em diversos países, como parte do processo de justiça de transição, a questão do tratamento dado a lésbicas, *gays*, bissexuais e pessoas trans (LGBT+) em regimes autoritários foi abordada nestes relatórios brasileiros.

Neste artigo, vou documentar o complicado processo que levou à publicação do capítulo sobre homossexualida-

[316] James N. Green ocupa a cátedra de Carlos Manuel de Céspedes em História da América Latina na Brown University. É autor ou organizador de doze livros sobre a história do Brasil.

[317] GREEN, James N.; QUINALHA, Renan. "Ditadura e homossexualidades" em BRASIL. COMISSÃO NACIONAL DA VERDADE. *Relatório da Comissão Nacional da Verdade*; vol. 2, Textos temáticos. Brasília: CNV, 2014, p. 289-302.

[318] "Ditadura e homossexualidades: iniciativas da Comissão da Verdade do Estado de São Paulo "Rubens Paiva", tomo I, parte 2, São Paulo: Assembleia Legislativa do Estado de São Paulo, 2015.

[319] GREEN, James N.; QUINALHA, Renan. "Homossexualidades, repressão e resistência durante a ditadura," em *Comissão da Verdade do Rio de Janeiro, Relatório.* Rio de Janeiro: Comissão da Verdade do Rio, 2015, p. 151-61.

des no relatório final da CNV. Também vou relatar como publicamos o livro *Ditadura e homossexualidades: repressão, resistência e a busca da verdade*, que organizei com Renan Quinalha[320]. Como um pesquisador do Brasil contemporâneo, que escreve sobre as histórias sociais e políticas das homossexualidades, do movimento LGBT+ e da ditadura militar, entendo que essa narrativa, construída por uma pessoa que participou da produção dos relatórios, é apenas uma das múltiplas leituras possíveis para o entendimento desse processo.

Espero que este trabalho contribua para um debate em curso sobre os resquícios da LGBTfobia, que ainda permeiam alguns setores das esquerdas brasileiras e outras forças progressistas. Ao mesmo tempo, que também documente as maneiras pelas quais o movimento LGBT+ nos últimos quarenta anos contribuiu significativamente para a transformação de atitudes na sociedade sobre relações sexuais e românticas entre pessoas do mesmo sexo e as maneiras diferentes pelas quais as pessoas constroem e expressam sua identidade de gênero.

Eu acho que essa discussão é particularmente importante em um momento em que as forças de direita estão empreendendo uma ofensiva contra todos os ganhos que o movimento LGBT+ alcançou nas últimas quatro décadas. A esse respeito, a unidade das esquerdas e outras forças progressistas em sua defesa dos direitos LGBT+ é fundamental para deter tal ataque.

Mas, primeiro, uma nota pessoal. Cheguei ao Brasil em 1976, depois de ter participado, por três anos, nos Esta-

---

[320] GREEN, James N.; QUINALHA Renan. *Ditadura e homossexualidades:* repressão, resistência e a busca da verdade. São Carlos: Editora da Universidade Federal de São Carlos, 2014.

dos Unidos, de várias atividades da ala esquerda do movimento LGBT+ e também junto a pequenos grupos de brasileiros e seus aliados em campanhas contra a tortura e a repressão no Brasil. Quase por acidente, acabei militando na Convergência Socialista[321], onde formei a Facção Homossexual, o primeiro grupo organizado de *gays* e lésbicas em um partido político na América Latina. Também fui membro-fundador do Somos: Grupo de Afirmação Homossexual, a primeira organização política de *gays* e lésbicas no Brasil, liderando as forças de esquerda dentro desse grupo no período de 1979 a 1981[322]. Anos depois, minha participação nos trabalhos da Comissão Nacional da Verdade em 2013 e 2014 foi apenas mais uma das muitas atividades de apoio às forças progressistas no Brasil nas últimas quatro décadas, que aumentaram em intensidade com o golpe parlamentar de 2016 contra a presidenta Dilma Rousseff e em posteriores articulações internacionais contra o crescimento da extrema direita brasileira.

Durante o processo de abertura política da década de 1970, a ideia de incluir as reivindicações do incipiente "movimento homossexual" – como nos chamávamos na época – nas mobilizações contra a ditadura militar encontrou considerável resistência entre as organizações das esquerdas brasileiras. Em diferentes programas políticos que os grupos das esquerdas propuseram para o Brasil nos anos

---

[321] Em 1974, quatro exilados brasileiros, que haviam se tornado partidários trotskistas da Quarta Internacional, formaram a Liga Operária, que em 1978 tornou-se a Convergência Socialista (CS). O CS, por sua vez, juntou-se a outras forças de esquerda para formar o Partido Socialista dos Trabalhadores (Unificado) em 1992.

[322] GREEN, James N. "'Abaixo a repressão, mais amor e mais tesão': uma memória sobre a ditadura e o movimento de *gays* e lésbicas de São Paulo na época da abertura", *Revista Acervo*, 27:1 (jan./jun. 2014), p. 53-82.

1970, os movimentos emergentes das mulheres, dos negros e dos povos indígenas foram denominados "minorias" e, às vezes, com o medo de alienar possíveis apoiadores, os homossexuais foram relegados para o *status* dos "etc.". Ao mesmo tempo, outros grupos de esquerda, como a Convergência Socialista ou o Partido dos Trabalhadores, quiseram especificar seu apoio programático aos diferentes grupos sociais que começaram a reivindicar direitos democráticos e criticar a repressão ou a marginalização social.

Ao lembrar daqueles tempos, quando nosso movimento estava na defesa contra uma sociedade extremamente hostil, incluindo grande parte das esquerdas, e comparando aquele momento com as mobilizações de Ele Não em 2018, fico impressionado com o quanto as esquerdas mudaram desde o crepúsculo da ditadura. Observando de longe as inúmeras declarações daqueles que publicamente manifestaram sua oposição a Bolsonaro, é notável como ele é sistematicamente chamado de homofóbico, misógino e racista. De certa forma, a candidatura e a presidência de Bolsonaro e seus ataques contra tudo o que foi conquistado durante as mobilizações contra a ditadura e na consolidação da democracia colocou o "etc." no centro do palco político. Se essas declarações das esquerdas contra o governo atual são sinceras ou meramente formais é irrelevante. O fato é que o movimento que iniciamos há quarenta anos e todos aqueles que contribuíram para expandir os direitos das pessoas LGBT+ de mil maneiras diferentes ao longo dos anos transformaram a sociedade brasileira. E provocaram uma resposta violenta por parte daqueles ameaçados por essas mudanças. De fato, fizemos uma revolução, e agora as forças contrarrevolucionárias estão tentando derrubar todas as nossas conquistas.

O caminho que me levou a escrever, junto com Renan Quinalha, o capítulo sobre homossexualidade para a CNV não foi curto e direto, mas vale a pena contar essa para ilustrar como as redes de amizade e os encontros acidentais podem produzir resultados inesperados. Em 2012 iniciei um projeto para digitalizar, indexar e disponibilizar ao público documentos do governo dos Estados Unidos produzidos durante o período da ditadura militar, que ficou conhecida como Opening the Archives (Abertura dos Arquivos)[323]. Minha inspiração inicial veio das pesquisas que realizei nos Arquivos Nacionais dos Estados Unidos II, localizadas em College Park, Maryland, em 2003, para o livro *Apesar de vocês: a oposição à ditadura militar nos Estados Unidos, 1964-85*[324]. Naquela época, eu estava procurando documentos para determinar quanto os oficiais do Departamento de Estado dos Estados Unidos sabiam sobre tortura e repressão no Brasil, como parte de contar uma história maior sobre as campanhas organizadas por brasileiros e seus aliados nos Estados Unidos contra a ditadura militar, especialmente no período entre 1969 e 1974, no auge da repressão.

Enquanto folheava milhares de documentos do governo dos Estados Unidos para encontrar relatórios ou memorandos sobre tortura no Brasil, li centenas de relatórios produzidos pela embaixada norte-americana ou pelos consulados sobre dezenas de outros assuntos: o movimento estudantil, o sindicalismo, os povos indígenas e a Igreja Católica. Embora essa informação não tenha relação com

[323] Veja: https://repository.library.brown.edu/studio/collections/id_644/.

[324] GREEN, James N. *Apesar de vocês:* oposição à ditadura militar nos EUA, 1964-85. São Paulo: Companhia das Letras, 2009.

meu foco de pesquisa, comecei a copiar documentos a 15 centavos de dólar por página. Foi fascinante ler relatos sobre o movimento estudantil no Rio, o ativismo sindical em São Paulo ou a atuação da Igreja Católica no Recife. No final do meu tempo no arquivo eu tinha gasto mil dólares ou mais em fotocópias e tinha várias caixas de documentos. Acumulei muito mais material do que eu precisava para o meu livro, mas resolvi guardar esses documentos para futuros projetos de pesquisa.

Em 2013, recebi um *e-mail* do pró-reitor da Brown University sobre pequenos subsídios para novos projetos de pesquisa. Na época, participava do Conselho Consultivo do projeto Memórias Reveladas, do Arquivo Nacional do Brasil, e fazia parte de um subcomitê de arquivos sobre a ditadura no exterior. Aproveitando a possibilidade de um financiamento modesto, a minha ideia inicial era de contratar dois estudantes para digitalizar alguns documentos em Washington, como um projeto-piloto para eventualmente conseguir recursos maiores. Assim, seria possível disponibilizar mais documentos para pesquisadores no Brasil, que muitas vezes não tinham as condições para vir aos Estados Unidos e fazer pesquisa.

Durante uma viagem ao Brasil, entrei em contato com Sidney Munhoz, professor de história da Universidade Estadual de Maringá (UEM), que era outro membro do subcomitê e pesquisava as relações entre Estados Unidos e Brasil. Ele estava extremamente animado com o projeto. Com recursos de Brown e da UEM, dez estudantes norte-americanos e dois brasileiros passaram dois meses nos arquivos. O resultado foi de 10 mil documentos postados no *site*.

Enquanto trabalhava nesse projeto, eu estava acompanhando de perto o processo de formação da CNV, e fiquei satisfeito com o fato de Paulo Sérgio Pinheiro, que havia sido professor visitante na Brown University, haver sido indicado como um dos comissionados. Eu me ofereci para colaborar com a CNV em pesquisas e encontrar documentos que pudessem ser úteis para seus esforços.

Em agosto de 2013 visitei a CNV em Brasília. Em uma conversa de jantar com Paulo Sérgio Pinheiro, a ex-secretária de Direitos Humanos e duas outras comissionadas, Maria Rita Kehl, psicanalista e escritora, e Rosa Cardoso, ex-advogada de Dilma Rousseff, Rosa me perguntou o que eu esperava dos trabalhos da Comissão. Lembro-me de ter afirmado que, embora o foco devesse ser o paradeiro dos desaparecidos e a criação das condições para que agentes do Estado envolvidos na tortura e outras graves violações dos direitos humanos fossem levados à Justiça, julguei que o escopo do trabalho da Comissão deveria ser muito mais amplo. "A repressão da ditadura não foi apenas contra a esquerda, sindicalistas, camponeses e outros opositores do regime", argumentei. "A falta de democracia, o uso da tortura como meio de silenciar a oposição, a censura e a ausência do Estado de Direito contribuíram para eliminar qualquer possibilidade de surgimento de novos movimentos sociais". Eu insisti que, se o Ato Institucional número 5 (AI-5) não tivesse sido decretado no final de 1968, as condições sociais e políticas eram tais que eu tenho quase certeza de que um movimento LGBT+ teria surgido no Brasil em 1969 ou 1970, algo que eu havia argumentado em meu primeiro livro, *Além do Carnaval*[325]. Eu propus que a Comissão examinasse a situação dos indígenas e dos movimentos LGBT+, das mulheres e dos negros e suas re-

[325] GREEN, James N. *Além do carnaval:* a homossexualidade no Brasil do século XX, 2 ed. São Paulo: Editora da Unesp, 2019.

lações com a repressão durante o regime militar. Também me ofereci para preparar um relatório sobre a homossexualidade e a ditadura.

Na mesma época, Rafael Freitas, que estava trabalhando em seu mestrado na PUC-SP, entrou em contato comigo para falar sobre sua pesquisa que analisava a atuação do delegado Wilson Richetti, que mandou prender milhares de homens gays, travestis, prostitutas e outros no centro de São Paulo em 1980. Essas medidas provocaram a primeira manifestação do movimento homossexual no centro de São Paulo em junho de 1980, quando entre oitocentas e mil pessoas protestaram contra a repressão policial. Rafael queria apresentar a documentação sobre o caso à Comissão da Verdade do Estado de São Paulo "Rubens Paiva" e estava enfrentando resistência por parte de pessoas que trabalhavam com a Comissão e que só queriam se concentrar no destino de militantes esquerdistas mortos ou desaparecidos[326]. Felizmente, Renan Quinalha, que eu encontrara recentemente em uma conferência da Associação de Estudos Latino-Americanos (Lasa) em Washington, e que trabalhava como funcionário da comissão paulista, concordou em ajudá-lo a apresentar seu trabalho.

A ideia que saiu do encontro em Brasília de escrever algo sobre a repressão dos homossexuais durante a ditadura, as frustrações que Rafael viveu ao tentar discutir a repressão de pessoas LGBT durante a ditadura com pessoas trabalhando com a Comissão da Verdade de São Paulo e uma nova amizade com Renan convergiram em um plano para produzir o capítulo do relatório final da CNV.

---

[326] FREITAS, Rafael, "As rondas policiais de combate à homossexualidade na cidade de São Paulo – (1976-1982)" em GREEN, James N.; QUINALHA, Renan H., org. *Ditadura e homossexualidades:* repressão, resistência e a busca da verdade. São Carlos: Editora da Universidade Federal de São Carlos, 2014, p. 149-175.

Para dizer a verdade, fiquei bastante cauteloso sobre o sucesso que teríamos em inserir um capítulo sobre a homossexualidade no relatório final. Algumas pessoas envolvidas no trabalho da Comissão Nacional da Verdade mantinham a mesma perspectiva daquelas da Comissão do Estado de São Paulo que não foram receptivas para abordar a questão da repressão contra as pessoas LGBT durante a ditadura. Apesar de uma conexão pessoal com Paulo Sérgio Pinheiro, que permaneceu fiel à sua promessa de apoiar a proposta até o final, e o apoio de Glenda Mezarobba, que estava trabalhando com ele e estava muito comprometida em discutir a questão das mulheres e a ditadura, eu já tinha experiência suficiente com as esquerdas para saber que muitos pensavam que a questão dos direitos democráticos para os homossexuais era uma "questão secundária", ou mesmo algo que não deveria ser parte de uma agenda progressista, radical ou socialista.

Em 1975, como membro da União de 28 de Junho, um coletivo de *gays* socialistas, que atuava em São Francisco, enfrentamos um boicote de grupos maoístas que não queriam deixar o nosso coletivo participar em um comício em Oakland, Califórnia, festejando o 1º de maio. Tive uma experiência mais positiva no Brasil quando, em 1978, a liderança da Convergência Socialista apoiou a formação da Facção Homossexual, que tinha um duplo propósito de educar as pessoas dentro da organização e participar com uma perspectiva de esquerda no emergente movimento LGBT+. Ainda assim, existia dentro da organização, entre alguns líderes e militantes, a noção de que os direitos das pessoas LGBT+ eram menos importantes ou poderiam afastar trabalhadores ou outros setores que a Convergência Socialista queria recrutar. Implicava que o trabalho da facção não era prioritário como o da militância de outras áreas de atividades da organização. Em 1994, durante a segunda campanha presidencial de Lula, William Aguiar, que liderou o trabalho LGBT+ dentro do Partido dos Trabalhadores, expressou sua frustração com setores do PT que eram hostis ao seu trabalho. Por exemplo, a autorização para imprimir material de campanha direcionada à comunidade LGBT veio no último minuto, dias antes do fim da campanha, dificultando a divulgação do programa do PT sobre questões relacionadas às pessoas LGBT+ em São Paulo ou em outras partes do país[327].

A CNV também enfrentava inúmeros problemas internos sobre como conduzir seu trabalho, o escopo de suas atividades e o produto final. Com todas essas considerações em mente, Renan e eu elaboramos uma estratégia quádrupla. Ele organizaria um evento público da Comissão da Verdade de São Paulo para novembro de 2013. Ele e eu escreveríamos um capítulo para o relatório final da CNV. Decidimos também produzir um livro sobre o tema, convidando estudiosos que já vinham trabalhando temas afins a contribuírem com diferentes capítulos, que consistiria em um tipo de pesquisa coletiva do estado de arte sobre o tema das homossexualidades e a ditadura. Finalmente, organizaríamos um grande evento público no Memorial da Resistência, bem na efeméride dos cinquenta anos do golpe de 1964, para divulgar o nosso trabalho antes da preparação do relatório final, caso alguma força dentro da CNV tentasse bloquear a publicação do nosso capítulo.

---

[327] AGUIAR, William. "Carta de William Aguiar, Coordenador da Seção Nacional de *Gays* e Lésbicas para a Coordenação da Campanha Lula para Presidente," São Paulo, 5 de setembro de 1994. Arquivos do autor.

A nossa primeira meta, a 98º audiência pública da Comissão da Verdade do Estado de São Paulo "Rubens Paiva", com o tema "Ditadura e homossexualidade: resistência do movimento LGBT", ocorreu no dia 26 de novembro de 2013, no auditório Teotônio Vilela, da Assembleia Legislativa. Dado o apoio incondicional do deputado estadual Adriano Diogo, presidente da Comissão da Verdade, além da assessoria de Amélia Teles, uma destemida feminista e combatente intransigente pelos direitos humanos[328], não enfrentamos obstáculos burocráticos ou logísticos na organização do encontro.

Até certo ponto, o evento legitimou todo o resto do nosso trabalho. Diogo abriu a reunião falando sobre a importância dos direitos LGBT+ como parte do programa geral de esquerda e sua relação com a consolidação da democracia. Amélia Teles falou sobre o papel específico que as lésbicas desempenharam no movimento feminista e como a luta pelos direitos LGBT+ era central para uma nova maneira de pensar a agenda dos direitos humanos. Marisa Fernandes, uma antiga militante do movimento de lésbicas e feministas, relatou em primeira pessoa e como pesquisadora das formas de operar de um poder repressor que perseguiu as sexualidades dissidentes durante a ditadura[329]. Na minha palestra, citei o brasilianista Ben Cowan, que mostrou que, nos discursos anticomunistas da extrema direita que derrubou o governo democrático

[328] Ver capítulo escrito por Amelinha Teles sobre gênero e verdade neste livro.

[329] Veja: FERNANDES, Marisa, "Lésbicas e a ditadura militar: uma luta contra a opressão e a invisibilidade" em GREEN, James N.; QUINALHA, Renan H., org. *Ditadura e homossexualidades:* repressão, resistência e a busca da verdade. São Carlos: Editora da Universidade Federal de São Carlos, 2014, p. 125-148.

de João Goulart em 1964, havia uma constante referência à noção que a homossexualidade fazia parte da subversão que se espalhava pelo país[330]. Infelizmente, durante a ditadura, grandes setores das esquerdas compartilhavam as mesmas noções moralistas e homofóbicas que marginalizavam os militantes com desejos homoeróticos. Mas enfatizei que era necessário diferenciar o atraso da esquerda sobre esta questão e o poder do Estado para reprimir os homossexuais e usar a censura para evitar um debate sério sobre o tema[331].

Renan Quinalha também comentou sobre vários aspectos das maneiras pelas quais as pessoas LGBT+ encaravam a discriminação e a repressão no Brasil durante os anos 1960 e 1970.

O evento energizou nossa determinação de publicar um livro e garantir que um capítulo fosse incluído no relatório final da CNV. A Comissão de São Paulo também elaborou uma série de recomendações que foram incluídas no seu relatório final, que foi lançado em 2015. São propostas importantes e vale a pena enumerá-las:

1.Criminalizar a homolesbotransfobia;

2. Aprovação de lei garantindo a livre identidade de gênero;

3. Construção de lugares de memória dos segmentos LGBT ligados à repressão e à resistência durante a ditadura;

---

[330] COWAN, Benjamin, *Securing Sex:* Morality and Repression in the Making of Cold War Brazil. Chapell Hill: University of North Carolina Press, 2016.

[331] Ver: https://www.youtube.com/watch?time_continue=246&v=9kLSQ1fNlfo.

4. Pedidos de desculpas oficiais do Estado pelas violências, cassações e expurgos cometidos contra homossexuais em ato público construído junto ao movimento LGBT+;

5. Reparação às pessoas LGBT+ perseguidas e prejudicadas pelas violências do Estado;

6. Convocação dos agentes públicos mencionados para prestarem esclarecimentos sobre os fatos narrados no presente relatório;

6. Revogação da denominação de Dr. José Wilson Richetti dada à Delegacia Seccional de Polícia Centro, do departamento das Delegacias Regionais de Polícia da Grande São Paulo pela Lei 7076 de 30/04/1991;

7. Suprimir, nas leis, referências discriminatórias das homossexualidades: um exemplo é o artigo 235 do Código Penal Militar, de 1969, do qual se deve excluir a referência a homossexualidade no dispositivo que estabelece ser crime "praticar, ou permitir o militar que com ele se pratique ato libidinoso, homossexual ou não, em lugar sujeito a administração militar".

Algumas dessas propostas já foram implementadas, parcialmente ou plenamente. No dia 28 de outubro de 2015, o Supremo Tribunal Federal (STF) tirou as palavras "pederastas" e "homossexuais" do artigo 235 do Código Penal Militar, mas manteve a punição de pessoas envolvidas em relação homoerótica nas Forças Armadas[332]. Nas vésperas do afastamento da presidenta Dilma Rousseff no dia 28 de abril de 2018, ela assinou um decreto que permitiu a transexuais e travestis usarem seu nome social em todos

[332] Ver: http://www.stf.jus.br/portal/cms/verNoticiaDetalhe.asp?idConteudo=302782.

os órgãos públicos, autarquias e empresas estatais federais, valendo para funcionários e usuários[333]. Dois anos depois o STF confirmava que as pessoas trans podem alterar seu registro civil sem cirurgia ou autorização judicial. Com a decisão, a alteração do nome e sexo passa a ser feita diretamente no cartório. No dia 13 de junho de 2019, o STF determinou, por votação de oito a três, que a discriminação por orientação sexual e identidade de gênero seja considerada crime e a conduta seja punida pela Lei de Racismo (7716/89), que prevê crimes de discriminação ou preconceito por "raça, cor, etnia, religião e procedência nacional"[334].

Outras medidas, como a reparação às pessoas LGBT perseguidas e prejudicadas pelas violências do Estado durante a ditadura, não foram implementadas e, dado o clima político atual, é improvável que sejam realizadas em futuro próximo.

Uma segunda audiência pública realizada no dia 29 de março de 2014 pela Comissão Nacional da Verdade com a Comissão da Verdade do Estado de São Paulo "Rubens Paiva" em parceria com o Memorial da Resistência contava com a presença, na mesa de abertura, de Marcelo Araújo, secretário da Cultura de São Paulo, Eloísa Arruda, secretária de Justiça de São Paulo, Paulo Sérgio Pinheiro, membro da CNV, e Adriano Diogo, presidente da Comissão de Verdade de São Paulo.

Em um auditório lotado, vários colaboradores do já mencionados livro *Ditadura e homossexualidades* apresen-

---

[333] Ver: http://www.planalto.gov.br/ccivil_03/_Ato2015-2018/2016/Decreto/D8727.htm.

[334] Agência Brasil, 13 de junho de 2019. Disponível em: http://agenciabrasil.ebc.com.br/geral/noticia/2019-06/supremo-decide-criminalizar-homofobia-como-forma-de-racismo.

taram parte de suas pesquisas. Benjamin Cowan, atualmente professor na Universidade da Califórnia, em São Diego, analisou os discursos homofóbicos das Forças Armadas durante a ditadura militar, argumentando que a associação entre homossexualidade e subversão foi uma das justificativas ideológicas para as políticas do Estado que reprimiram as pessoas LGBT+ durante o regime militar[335]. Em sua apresentação, Marisa Fernandes discutiu a repressão em curso contra as lésbicas e focou no caso da autora Cassandra Rios, que teve que lidar com a censura de dezenas de livros que tratavam de romance e sexualidade entre mulheres[336]. Rafael Freitas destacou as medidas tomadas por Richetti em 1980 para "limpar" o centro de São Paulo de travestis, *gays*, lésbicas e prostitutas[337]. Jorge Caê Rodrigues, professor no Instituto Federal de Educação, apresentou sua pesquisa sobre Lampião da Esquina, a mais importante publicação *gay* da primeira onda do movimento LGBT+ no final dos anos 1970 e início dos anos 1980[338]. Renan Quinalha enfatizava a importância de incluir um recorte LGBT no trabalho de memória e verdade com relação aos crimes da ditadu-

---

335 Veja: COWAN, Benjamin. "Um perigo cor-de-rosa: homossexualidade, ideologia, e 'subversão' no regime militar", em GREEN, James N.; QUINALHA, Renan H., org. *Ditadura e homossexualidades:* repressão, resistência e a busca da verdade. São Carlos: Editora da Universidade Federal de São Carlos, 2014, p. 27-52.

336 Ver: https://www.youtube.com/watch?v=7fbuav8NDf4.

337 Veja: FREITAS, Rafael Freitas, "Amor, Feijão, Abaixo o Camburão: imprensa, violência e trottoir em São Paulo (1976 - 1983)" dissertação de mestrado, Departamento de História da PUC-SP, 2014.

338 Veja: RODRIGUES, Jorge Câe, "Um Lampião iluminando esquinas escuras da ditadura", em GREEN, James N.; QUINALHA, Renan, org. *Ditadura e homossexualidades:* repressão, resistência e a busca da verdade. São Carlos: Editora da Universidade Federal de São Carlos, 2014, p. 83-124.

ra, algo que não ocorrera até esse momento das comissões da verdade. Ele também insistiu na necessidade de ampliar as categorias de vítimas da ditadura quando analisamos os efeitos do regime autoritário na sociedade brasileira[339]. Rita de Cassia Colaço Rodrigues, uma antiga militante do movimento LGBT+ e historiadora, analisou o sistema de censura, o sistema de Justiça e a ausência de um Estado de direitos durante a ditadura e o seu impacto na cultura e liberdade de expressão[340].

Uma série de problemas internos da CNV levou à extensão de seu mandato até dezembro de 2014, imediatamente após as eleições presidenciais. Dentro da Comissão, houve um debate sobre a natureza do relatório final: deveria focar exclusivamente nas violações graves de direitos humanos – tortura, mortes e desaparecimento de opositores – ou incluiria a pesquisa de grupos ligados à Comissão que trabalharam em outras questões, como mulheres, negros, indígenas, camponeses e homossexuais. O compromisso final foi um relatório de três volumes. O primeiro volume focado em órgãos e procedimentos da repressão política, a participação do Estado brasileiro em graves violações no exterior, a aliança repressiva no Cone Sul e a Operação Condor, detenções ilegais e arbitrárias, tortura, violência sexual, violência de gênero e violência

[339] Veja: QUINALHA, Renan. "A questão LGBT no trabalho de memória e justiça após a ditadura brasileira", em GREEN, James N.; QUINALHA, Renan H., org. *Ditadura e homossexualidades:* repressão, resistência e a busca da verdade. São Carlos: Editora da Universidade Federal de São Carlos, 2014, p. 245-272.

[340] Veja: RODRIGUES, Rita de Cassia Colaço, "De Denner a Chrysóstomo: as homossexualidades na ditadura – 1972 a 1983", em GREEN, James N.; QUINALHA, Renan H., org. *Ditadura e homossexualidades:* repressão, resistência e a busca da verdade. São Carlos: Editora da Universidade Federal de São Carlos, 2014, p. 201-244.

contra crianças e adolescentes, execuções e mortes decorrentes de tortura, desaparecimentos forçados e a autoria das graves violações de direitos humanos entre outros relacionados assuntos[341] O volume três também contém extensa documentação sobre os mortos e desaparecidos[342].

O segundo volume de "textos temáticos" incluiu capítulos sobre diversos assuntos relacionados às violações de direitos humanos: no meio militar, dos trabalhadores, dos camponeses, nas igrejas cristãs, dos povos indígenas e na universidade. Também houve um capítulo sobre civis que colaboraram com a ditadura e a resistência da sociedade civil às graves violações de direitos humanos. O capítulo sobre homossexualidades e a ditadura apareceu nesse volume[343].

Havia uma orientação da Comissão para não publicar nenhum dos conteúdos do relatório final antes de 10 de dezembro de 2014, o Dia Internacional dos Direitos Humanos, quando os resultados de dois anos e meio de trabalho seriam apresentados ao público e à presidenta Dilma. Em um movimento preventivo para garantir que ninguém retirasse o capítulo sobre homossexualidades do relatório no último minuto, algo que ainda poderia acontecer pelo que sentíamos das disputas em curso, nós o incluímos no livro *Ditadura e homossexualidades*, que lançamos (apropriadamente) na Biblioteca Mário de Andrade, no centro

341 BRASIL. COMISSÃO NACIONAL DA VERDADE. *Relatório da Comissão Nacional da Verdade*, vol. 1. Brasília: CNV, 2014.

342 BRASIL. COMISSÃO NACIONAL DA VERDADE. *Relatório da Comissão Nacional da Verdade*; vol. 3, Mortos e desaparecidos políticos. Brasília: CNV, 2014.

343 GREEN, James N.; QUINALHA, Renan. "Ditadura e homossexualidades" em BRASIL. COMISSÃO NACIONAL DA VERDADE. *Relatório da Comissão Nacional da Verdade*; vol. 2, Textos temáticos. Brasília: CNV, 2014, p. 289-302.

de São Paulo, em 27 de novembro de 2014, quase duas semanas antes da apresentação do relatório oficial da CNV. Embora isso possa ter causado tensões na Comissão, estudiosos que pesquisam seu funcionamento e resultados ainda não têm informações completas sobre a dinâmica interna da entidade. De qualquer maneira, o lançamento do livro com o capítulo, que foi incluído no relatório final da CNV, foi um sucesso estrondoso.

Vale a pena citar o parágrafo inicial do capítulo, pois esclarece um mal-entendido que algumas pessoas tinham sobre a natureza da repressão aos homossexuais durante o regime militar.

> A discriminação contra lésbicas, *gays*, bissexuais, travestis, transexuais e transgêneros (LGBT) não surgiu durante a ditadura. Suas origens remontam a períodos muito anteriores da história brasileira. A homofobia esteve sempre embutida em diversas esferas e manifestações da cultura em nosso país: nos discursos médico-legais, que consideravam a homossexualidade uma doença; nos discursos religiosos, que condenavam o ato homossexual como pecado; em visões criminológicas conservadoras, que tratavam homossexuais como um perigo social; e em valores tradicionais que desqualificavam e estigmatizavam pessoas que não se comportavam de acordo com os padrões de gênero prevalentes, sendo vistas como anormais, instáveis e degeneradas, caracterizando a homossexualidade como um atentado contra a família[344].

O capítulo segue argumentando que

> [...] a eliminação de direitos democráticos e de liberdades públicas desencadeada pelo golpe de 1964, com a instauração de um regime autoritário e repressor, adiou

[344] Ibidem, 289.

> as possibilidades da constituição de um movimento dessa natureza no Brasil, adiando-se a emergência de atores políticos que pautavam esses temas na cena pública.[345]

Continuou insistindo que "a ditadura reforçou o poder da polícia, a censura sobre diversas esferas da vida e as arbitrariedades da repressão estatal, instituindo uma notória permissividade para a prática de graves violações dos direitos humanos de pessoas LGBT"[346].

Com base em quase trinta anos de pesquisa sobre a homossexualidade no Brasil do século XX, bem como o trabalho dos nove colaboradores do livro *Ditadura e homossexualidades*, o capítulo descreve as diversas maneiras pelas quais a ditadura militar limitou as possibilidades de organização política, permitiu discriminação no trabalho, censurava temas ligados à (homo)sexualidade e manteve um aparato repressivo que visava cidadãos comuns por supostamente violar morais e bons costumes. Terminou com uma série de recomendações muito semelhantes às propostas pela Comissão da Verdade de São Paulo em seu relatório de 2015. Entre eles, como mencionado anteriormente, o STF reconheceu que a LGBTfobia é crime. Apenas uma questão relacionada ao tópico do capítulo foi incluída no conjunto geral de recomendações da CNV: supressão, na legislação, de referências discriminatórias à homossexualidade, o que aconteceu com relação ao já referido Código Penal Militar pelo STF.

---

345 Ibidem.

346 Em sua tese de doutorado, Renan H. Quinalha avança estes argumentos. Veja: QUINALHA, Renan. "Contra a moral e os bons costumes: a política sexual da ditadura brasileira (1964-1988). Instituto de Relações Internacionais, Universidade de São Paulo, 2017.

O que podemos aprender com essa experiência? Primeiro, enquanto havia resistência entre algumas forças progressistas em abraçar seriamente as demandas do movimento LGBT+ por plena igualdade e pelo fim de todas as formas de discriminação, houve apoio significativo (tanto passivo quanto ativo) para os esforços de trazer essa discussão para os trabalhos da CNV, como um dos vários mecanismos de justiça transicional. Aliados dentro da Comissão eram essenciais para o nosso sucesso, mas, mais importante, o movimento em si e todos os seus esforços nos últimos quarenta anos tiveram um papel mais decisivo. Há quatro décadas, como líder da esquerda do movimento LGBT+, confesso que permaneci meio defensivo com relação àqueles que resistiram às nossas exigências. Isso não é mais o caso.

A essência revolucionária do movimento LGBT+ desde a sua criação tem sido a ideia de sair e diretamente afirmar a sexualidade e identidade de alguém e forçar a sociedade a se adaptar e mudar. Isso agora acontece em Brasil todos os dias em todos os lugares. Apesar de retrocesso impulsionado pela direita, as organizações LGBT+ continuam a lutar, cada dia mais figuras públicas saem do armário e as paradas continuam a reunir milhões de pessoas. Apesar das intenções daqueles atualmente no poder, não vamos voltar para o passado. Estamos certos, sabemos disso e vamos vencer.

REFERÊNCIAS

AGUIAR, William. "Carta de William Aguiar, Coordenador da Seção Nacional de Gays e Lésbicas para a Coordenação da Campanha Lula para Presidente," São Paulo, 5 de setembro de 1994. Arquivos do autor

BRASIL. COMISSÃO NACIONAL DA VERDADE. Relatório da Comissão Nacional da Verdade, vols. 1, 2 e 3. Brasília: CNV, 2014.

COWAN, Benjamin, Securing Sex: Morality and Repression in the Making of Cold War Brazil. Chapell Hill: University of North Carolina Press, 2016

GREEN, James N. "'Abaixo a repressão, mais amor e mais tesão': uma memória sobre a ditadura e o movimento de gays e lésbicas de São Paulo na época da abertura," Revista Acervo, 27:1 (jan./junho 2014): 53-82.

______. Apesar de vocês: Oposição à ditadura militar nos EUA, 1964-85. São Paulo: Companhia das Letras, 2009.

______. Além do Carnaval: a homossexualidade no Brasil do século XX, 2 edição, São Paulo: Editora da UNESP, 2019.

GREEN, James N. e QUINALHA, Renan. "Ditadura e homossexualidades" em BRASIL. COMISSÃO NACIONAL DA VERDADE. Relatório da Comissão Nacional da Verdade; vol. 2, Textos temáticos. Brasília: CNV, 2014, p. 289-302

GREEN, James N. e QUINALHA, Renan. "Ditadura e Homossexualidades: Iniciativas da Comissão da Verdade do Estado de São Paulo "Rubens Paiva" Tomo I, Parte 2, São Paulo: Assembleia Legislativa do Estado de São Paulo, 2015.

GREEN, James N. e QUINALHA, Renan. "Homossexualidades, repressão e resistência durante a ditadura," em Comissão da Verdade do Rio de Janeiro, Relatório. Rio de Janeiro: Comissão da Verdade do Rio, 2015, 151-61.

GREEN, James N. e QUINALHA Renan (orgs). Ditadura e homossexualidades: repressão, resistência e a busca da verdade. São Carlos: Editora da Universidade Federal de São Carlos, 2014.

QUINALHA, Renan. Contra a moral e os bons costumes: a política sexual da ditadura brasileira (1964-1988). Instituto de Relações Internacionais, Universidade de São Paulo, 2017.

ETNOCÍDIO BOLSONARISTA: ESTUDO SOBRE OS CRIMES CONTRA PESSOAS E POVOS INDÍGENAS PÓS-COMISSÃO NACIONAL DA VERDADE

Celeste Ciccarone[347] e Danilo Paiva Ramos[348]

1. Introdução: sobre o campo de guerra

Dos tempos do regime militar para o cenário atual, passando pela redemocratização do país e pela Constituição de 1988 (CF 1988), não há dúvida sobre a intensificação da luta dos povos indígenas na conquista e reconhecimento de seus direitos, no seu protagonismo político e das mulheres na autoria da fala. Nesses cenários, as narrativas sobre as violências praticadas contra os coletivos indígenas no Brasil transitam do Relatório Figueiredo, que se expressa como um *falar sobre eles*, ao *falar com eles* sobre suas memórias das violências durante o regime militar registradas de forma colaborativa pela Comissão Nacional da Verdade (CNV) no período da redemocratização e ao

[347] Docente de Antropologia no Departamento de Ciências Sociais e na Pós-Graduação em Geografia da Universidade Federal do Espírito Santo (Ufes). Pesquisa no campo da Etnologia os seguintes temas: xamanismo, mulheres, cosmopolíticas, dinâmicas territoriais e conflitos socioambientais, incluindo remoções forçadas no regime militar no Brasil, regularização de terras indígenas e quilombolas. Coordena a Licenciatura Intercultural Tupinikim e Guarani e o Projeto Saberes Indígenas na Escola.

[348] Professor adjunto do Departamento de Antropologia e Etnologia da Universidade Federal da Bahia (UFBA) e membro efetivo do Programa de Pós-Graduação em Antropologia da UFBA (PPGA-UFBA). Desenvolve pesquisas em etnologia indígena, com ênfase em estudos sobre xamanismo, discurso, vida ritual, arte verbal e saúde indígena.

falar por eles mesmos sobre as múltiplas agressões sofridas há 519 anos, como herança colonial persistente, e na atual investida bolsonarista.

Clastres (2004) define o etnocídio como a destruição sistemática de modos de vida e pensamento de povos diferentes daqueles que empreendem essa destruição (p. 79). Nesse sentido, é possível tomar como etnocídio o confronto atual entre os quadros do regime bolsonarista e os povos indígenas. Desde a campanha eleitoral o anúncio desse confronto tem legitimando agressões, intimidações, matanças e ataques de várias ordens a ameríndios em várias partes do Brasil. Tais ataques visam a implementar uma política de expropriação das terras indígenas, e consolidam o posicionamento de atores anti-indígenas num *campo de guerra* interagencial marcado pela intensificação de discursos e ações intolerantes e violentas de negação de direitos e de privação da vida e de seus meios. Tais atores questionam o pertencimento dos coletivos indígenas às terras e buscam efetivar a mercantilização das mesmas nos projetos de um Estado gerido pelo agronegócio.

Conforme aponta S. Schavelzon (2016), se os modos de existência e resistência dos coletivos indígenas mostram, de um outro lugar, abertura para mundos relacionais e cosmopolíticos, ou seja, de uma proposta política que não pode mais ser pensada sem o cosmos (STENGERS, 2005; LATOUR, 2004; DE LA CADENA, 2010), sua maior visibilidade ocorre nas lutas pelo território e pela vida. Os discursos de autoria indígena enunciados nas mobilizações dirigem-se a diferentes setores da sociedade nacional e configuram-se como denúncias de intermináveis práticas de violências e de violações de direitos garantidos constitucionalmente desde a redemocratização do país.

Durante as manifestações, pinturas, adornos corporais, uso de armas tradicionais, danças, cantos e a própria autoidentificação como *guerreiros e guerreiras indígenas* são índices que apontam para a significação das mobilizações políticas como expressões de enfrentamento do inimigo. Buscando a defesa explícita de outras perspectivas de mundos e modos de vidas, esses discursos chamam atenção e garantem a obtenção de apoio de grupos não indígenas específicos, como ambientalistas, intelectuais, juristas, jornalista, dentre outros.

O presente trabalho propõe-se a desvendar filiações e mudanças entre os regimes autoritários nas conexões entre crimes contra os povos e pessoas indígenas e formas de enfrentamento e resistência por meio da análise dos posicionamentos e agenciamentos discursivos. Busca-se refletir sobre as formas de luta possíveis no atual regime, como brechas abertas no contexto "democrático" pelos povos atingidos e pela CNV. Questiona-se em particular em que medida a não incorporação pelo Estado brasileiro e sociedade civil abrangente das recomendações da CNV relaciona-se à crescente onda de violência contra pessoas indígenas. A análise do discurso intolerante de Bolsonaro (2018-2019) e da narrativa do relatório da CNV sobre o caráter sistêmico do genocídio nos regimes autoritários no Brasil (1946-1988) permite entender em que medida a negação da diferença pode fazer com que o Estado estruture aparelhos de repressão para intimidar, silenciar, perseguir e aniquilar qualquer oposição ou pressão representada pelos movimentos indígenas e seus apoiadores. Como contraponto, a análise de discursos e ações de coletivos e movimentos políticos delineiam um modo indígena de posicionamento no *campo de guerra*, com sujeitos situados de modo a expandir a força de resistência, contraposição e ataque.

1. Necrodiscursividade bolsonarista

Durante o período de campanha e ao longo dos primeiros meses do mandato presidencial, as falas de Jair Bolsonaro sobre as terras indígenas tornaram-se constantes. À revelia da Constituição Federal de 1988, Terras Indígenas (TIs) e povos indígenas são sempre associados à proposta de governo do uso das TIs para a mineração e para empreendimentos agrícolas.

No dia 30 de novembro de 2018, o governo Temer comprometeu-se a fortalecer medidas de preservação ambiental previstas pelo Acordo de Paris, celebrado entre Brasil, Rússia, Índia, China e África do Sul. Enquanto participava de evento em Cachoeira Paulista, o presidente eleito, J. Bolsonaro, respondeu a uma pergunta sobre a ação do governo Temer posicionando-se contrário ao Acordo de Paris e associando a figura dos índios à de animais que não poderiam mais viver em zoológicos. Em sua fala, ganha relevo também a pressão externa pelas demarcações que, dadas as determinações da ONU, poderiam representar um risco à integridade nacional[349]. A matéria

---

[349] **Discurso 1 (D1). Índios presos em zoológicos:** "Sobre o Acordo de Paris, nos últimos 20 anos, eu sempre notei uma pressão externa - e que foi acolhida pelo Brasil - no tocante, por exemplo, a cada vez mais demarcar terra para índio, demarcar terra para reservas ambientais, entre outros acordos que no meu entender foram nocivos para o Brasil. Ninguém quer maltratar o índio. Agora, veja, na Bolívia temos um índio presidente. Por que no Brasil temos que mantê-los reclusos em reservas, como se fossem animais em zoológico? [...] Índio é ser humano igualzinho a nós. Querem o que nós queremos, e não podemos usar o índio, que está em situação inferior a nós, para demarcar essa enormidade de terras, que no meu entender poderão ser, sim, de

do G1 que comenta a fala recupera também um comentário similar do então deputado federal J. Bolsonaro de 2014 ao jornal *O Globo*, **D2.** "Índio não fala a nossa língua, não tem dinheiro, é um pobre coitado, tem que ser integrado à sociedade, não criado em zoológicos milionários" (MIDIAMAX, 2014).

Apesar do intervalo de tempo que separa os dois enunciados, é possível perceber a repetição de um modo de composição discursiva. Ambas as falas abordam o tema das TIs como uma riqueza nacional em disputa por agentes internos (índios e não índios) e por agentes externos (ONU e estrangeiros). A conjunção do território com o sujeito "índios" é também a expressão da ruptura de um contrato social anterior aos últimos vinte anos, ou seja, o contrato social estabelecido pela ditadura militar. Assim, a Constituição Federal de 1988, ao consolidar o processo de demarcações de TIs e de reservas ambientais, atenderia não às necessidades democráticas do país, mas sim à pressão externa e ao interesse separatista da ONU.

A figura dos índios, uma coletividade singular e impessoal - o índio -, é apresentada a partir de atributos negativos como, "não falar a nossa língua", "não ter dinheiro" em D2, o que vai caracterizando esses diferentes internos como arredios à adesão a valores nacionais, como a língua portuguesa e o dinheiro. A não integração à sociedade nacional seria, por isso, algo que os tornaria não só maus cumpridores do contrato social, mas também animais criados em zoológicos. A objetificação do Outro que se apresenta de modo tônico nesse discurso de 2014, é ate-

---

acordo com a determinação da ONU, novos países no futuro. Justifica, por exemplo, ter a reserva ianomâmi, duas vezes o tamanho do estado do Rio de Janeiro, para talvez 9 mil índios? Não se justifica isso aí". (Jair Bolsonaro, G1, Cachoeira Paulista) (Equipe Huffpost, 2018).

nuada na fala presidencial através da transformação do recurso metafórico em uma comparação posta por meio da interrogação em 2018. De inimigos diretos dos "brasileiros" (D2), os índios passam a ser sujeitos passivos, submissos à manipulação da ONU (D1). Essa se revela como o agente manipulador que, ao fomentar a ruptura com o contrato social de integração nacional da ditadura militar, de não demarcação de TIs e reservas ambientais, faz com que os índios permaneçam inferiores, desintegrados, impedidos de tornar-se "iguais" ou mesmo "presidentes", como no caso da Bolívia. Como mostra Clastres (2004), "na América do Sul, os matadores de índios levam ao máximo a posição do outro como diferença: o índio selvagem não é um ser humano, mas um simples animal" (p. 79).

Por meio da aspectualização e da moralização discursivas, a xenofobia e o ódio vão se colocando como as paixões malevolentes contrapostas ao amor à pátria (Pessoa de Barros, no prelo). A manipulação/pressão estrangeira e a passividade/animalidade/desintegração dos índios são avaliadas e sancionadas para que possa ser reestabelecido o contrato social da Ditadura Militar. Antes da CF 1988, um processo de integração do território nacional e dos "índios" encontrava-se em curso e livre da "pressão externa". A temporalidade de "nos últimos vinte anos" aponta para a fragmentação e desintegração do território nacional, apresentada através das figuras dos "índios criados em zoológicos" (D1) que têm sua forma intensa em D2 como "índios criados em zoológicos milionários".

A continuidade com esse "tempo da CF 88" é avaliada como maléfica, como expressão do medo por significar potencialmente a fragmentação do território nacional e o surgimento de "novos países no futuro". O risco é, então, a transformação de "zoológicos milionários" em "novos países", o que geraria o empobrecimento dos brasileiros por passarem a um estado de disjunção com relação à riqueza das TIs. Antipatriotas, os índios figuram nesses discursos como não humanos que, apenas deixando suas identidades (língua, pobreza, terra, costumes) poderão integrar-se como brasileiros. O tema da animalidade é associado também à imoralidade dos índios por não falarem a "nossa língua" e por não permitirem a exploração da riqueza das TIs por brasileiros. Visando ao restabelecimento do contrato social da ditadura, o sujeito preconceituoso estabelece como condição da integração a negação da constituição de si como diferente, uma condição para a adesão à paixão benevolente do patriotismo e à conjunção com os valores da humanidade, igualdade, riqueza e bondade.

Os discursos do período eleitoral e dos primeiros meses de governo, ao apresentarem a figura dos índios como manipulados por agencialidades estrangeiras, parecem atenuar a figurativização das pessoas indígenas como "diferentes", cujo comportamento de não adesão à língua e promoção da riqueza nacional os colocaria na posição de inimigos a serem combatidos (D2).

Projetando sua imagem como presidente em 2019, o deputado federal J. Bolsonaro constrói a figura de um sujeito da ação capaz de agir não só contra a demarcação (D1), mas também para a des/demarcação de terras: **D3.** "Em 2019 vamos desmarcar [a reserva indígena] Raposa Serra do Sol. Vamos dar fuzil e armas a todos os fazendeiros". (Jair Bolsonaro - Survival Brasil, 2019). Num tempo inicial onde há terras demarcadas e limites para as fazendas, coloca-se o objetivo da ampliação das fazendas e término da reserva. A reserva indígena Raposa Serra do Sol, cujo processo de demarcação fora julgado pelo Supremo Tribunal Federal (STF) em 2013, apresenta metonimicamente o que poderá ser feito com as demais reservas indígenas. Da mesma forma, o ano de 2019, o primeiro da gestão presidencial coloca-se como uma prévia de processos em que presidente e fazendeiros comporão um "nós" coletivo contraposto ao "eles", "indígenas", ONGs, indigenistas. Armar os fazendeiros marca um acontecimento intenso que os dota dos instrumentos e da autorização para aniquilar os índios.

Apesar do confronto ser entre fazendeiros armados e índios desarmados, o conflito surge como uma guerra onde a aniquilação do inimigo faz com que os proprietários de terra vitoriosos entrem em conjunção com os valores da coragem e valentia. O espaço das fazendas ampliadas (latifúndios) é também aquele da ausência da reserva e da morte/inexistência dos indígenas. Impedir a ampliação das fazendas é algo visto como imoral, odioso e sancionável com a morte, construída não como assassinato autorizado, mas como a vitória sobre o inimigo. Por meio da intimidação, o genocídio articula um não-poder, não-fazer a um dever fazer.

Se em D1 e D2 a desumanização e a objetificação das pessoas indígenas surgem com a animalização, em D3 os indígenas são "mortos declarados" e, por isso, não têm mais por que estar em conjunção com a reserva indígena. O discurso é construído como uma ameaça não só às pessoas indígenas, mas também ao Estado que, no lugar de dar armas aos fazendeiros, demarca as reservas e/ou trata os conflitos por meio do julgamento no STF e não por meio do genocídio. A operação discursiva enfatiza a coragem, a grandeza e a força do futuro presidente sobre um fundo de covardia, pequenez e fraqueza do STF e da ordem democrática. Num momento pré-eleitoral, a antecipação do fazer genocida discursivizada potencializa a força e o impacto do sujeito da ação e, assim, do enunciador e de seus simpatizantes.

Desse modo, as declarações feitas à imprensa, ao público de internet (*lives*), a empresários e aos próprios indígenas apresentam-se como construções enunciativas preconceituosas que permitem entender essas falas como variantes de um discurso intolerante. Configura-se uma prática discursiva que se torna capaz de *influenciar* grupos sociais a ações de violência contra pessoas indígenas. Trata-se de um discurso intolerante, cuja agência e eficácia parecem situar os contornos do que poderíamos chamar de *necrodiscursividade*, a capacidade do enunciador de um dado discurso político de influenciar, por meio de manipulação retórica, agenciamentos que levam enunciatários a julgamentos e ações visando o ódio, a violência e até mesmo a aniquilação do Outro/Diferente.

1. Omissão e violência direta do Estado - CNV

O relatório do Grupo de Trabalho da CNV sobre graves violações de direitos humanos no campo ou contra indígenas teve por objetivo apurar as violações contra os povos indígenas no período de 1946 a 1988 e buscar mostrar seu caráter sistêmico que resultaram de omissão e violência direta do Estado. Nesse período, o GT estima que 8.350 indígenas tenham sido mortos pela ação direta ou omissão de agentes governamentais, mas que o número real seja muito superior (p. 204-205). Em sua conclusão, o relatório sustenta que o caráter sistêmico das violações de direito atendia ao objetivo comum de ação contra os indígenas e indigenistas tidos como opositores do Estado e de suas políticas estruturais (p. 251).

O intervalo "democrático" entre os regimes autoritários, consideradas suas devidas especificidades, parece não ter conseguido garantir a interrupção das violações dos direitos dos povos indígenas ainda vulneráveis frente à pactuação de múltiplos interesses expressos pelas bancadas parlamentares conservadoras (ruralista, da bala e evangélica) a constituir-se como filiações construídas pelo Estado. Se o discurso intolerante de Bolsonaro toma a CF 1988 como ruptura no contrato social do regime militar marcado pela integração dos índios e colonização das TIs, as recomendações da CNV visam ao restabelecimento do pacto democrático (contrato social) rompido pelo Estado durante a ditadura militar que instaurou um "estado de exceção".

O reconhecimento e o pedido de desculpas para os povos indígenas pelo esbulho de suas terras e violações graves de direitos humanos promovidas direta ou indiretamente tornam-se os primeiros atos cognoscentes e morais para dar início ao processo de reparação. "Reconhecer" coloca o ato de "fazer a sociedade saber" como fundamental. Campanhas nacionais de informação à população, fundos de fomento à pesquisa sobre esses crimes, a inclusão da temática das violações de direitos humanos de 1946 a 1988 no currículo oficial da rede de ensino, a sistematização do Arquivo Nacional, a instalação de uma Comissão Nacional Indígena da Verdade são todas recomendações que evidenciam a necessidade de reverter o *apagamento* da memória do genocídio.

No discurso intolerante de Bolsonaro, é possível perceber a operação de recuperação por pressuposição, de uma narração do "tempo antes de 1988" em que torturas, assassinatos, prisões, remoções, epidemias induzidas, laudos de aculturação e massacres são omitidos e/ou atenuados (FIORIN, 2017, p. 159). Por outro lado, no discurso da CNV, o Estado coloca-se como o sujeito da ação do período de 1946 a 1988, contraposto aos povos indígenas que seriam aqueles a sofrer com as graves violações de direitos humanos. A larga extensão temporal e espacial das violências praticadas diretamente pelo Estado as evidencia como regidas pela lógica do exercício, dada a recorrência, organização e atuação constante de aparatos repressores como a política rural indigenista e as cadeias, a normatização da integração, remoção e negação de direitos territoriais por meio do Estatuto do Índio de 1973 e da Funai, e a desestruturação do sistema de saúde indígena. Apesar de atos de exceção, as ações genocidas do Estado durante o período de 1946 a 1988 devem ser reconhecidas por esse sujeito como sistêmicas, intencionais e não eventuais. Mesmo instituindo esse dever reconhecer, constata-se já a pouca competência do Estado em reconhecer sua responsabilidade pelo genocídio, já que ao longo do largo período de tempo tal capacidade ocorreu apenas nos casos dos Paraná (1998) e Akrãtikatejê (2002), por remoções forçadas, e na designação de genocídio pelo procurador Jader Figueiredo (1967) e pelo ministro da Justiça Jarbas Passarinho (anos 1980) sobre o caso dos Yanomami, e do Ministério Público do Paraná sobre o caso dos Xetá (p. 205).

O tempo das violações do Estado é dividido cronologicamente no período anterior ao regime militar (1946-1967), no período da intensificação da violência diretamente praticada pelo Estado com o AI-5 e com o Estatuto do Índio de 1973 (1968-1988), no período de interrupção de tal violência com a CF 1988 (1988-2012) e no curto período da avaliação e julgamento das graves violações de direitos humanos contra indígenas (2012-2014). Ao tempo atual (da narração) projeta-se o tempo do reconhecimento do Estado de seus crimes, da implementação de ações reparadoras e de tornar tais crimes conhecidos e entendidos pela sociedade civil abrangente. O esbulho das terras indígenas para a colonização e/ou abertura de estradas constitui o foco das ações de violação do Estado, cujas práticas de remoção, tortura, prisão e omissão permitem a implementação da política de colonização dirigida do governo Getúlio Vargas, e a implementação de grandes obras públicas e empreendimentos agropecuários ao longo do regime militar. O território brasileiro é percebido pelo Estado como desintegrado e dividido entre terras não indígenas produtivas e terras indígenas ricas, fechadas e não produtivas. O Estado movimenta-se então em direção a essas TIs e aos indígenas para abri-las e retirar seus detentores por direito.

O fortalecimento da política de atenção à saúde indígena, a desintrusão e regularização das TIs e a recuperação ambiental das terras esbulhadas são recomendações que pretendem fazer o Estado garantir condições mínimas para a permanência e/ou retorno dos indígenas expropriados a suas terras e modos de vida. A desestruturação do sistema de atenção à saúde indígena ao longo dos anos 1970 foi uma das principais estratégias genocidas do Estado. Como mostra a CNV, as epidemias de sarampo, malária, varíola, dentre outras, que mataram milhares de indígenas, permitiram ao regime militar a produção de "vazios demográficos" que autorizavam a colonização de terras, a abertura de estradas e a mineração. No discurso intolerante de Bolsonaro, a pouca densidade demográfica nas TIs torna-se um dos temas de comprovação da necessidade urgente de "uso para os brasileiros"[350]. Durante a ditadura, a colonização agropecuária teve um impacto devastador sobre os biomas das TIs, e impossibilita até hoje a caça, a coleta, a agricultura e a pesca tradicionais em muitas áreas. A omissão, e mesmo promoção, do Estado ditatorial à intrusão das TIs por garimpeiros, posseiros e grileiros resultou tanto em conflitos territoriais quanto na proliferação de doenças letais para os indígenas. No discurso de Bolsonaro (D3), a desdemarcação da TI Raposa Serra do Sol dá-se pela recuperação da prática do regime da ditadura com o incentivo ao conflito armado (dar armas) e à intrusão da TI.

O relatório da CNV mostra como houve a transformação da forma de adjetivar os índios, passando de "defensores das fronteiras" a "inimigos virtuais internos". Situados nas fronteiras, no caminho de projeto de desenvolvimento ou por estarem em terras ricas em minérios, os índios (inimigos internos) são passíveis de influência estrangeira (inimigos externos). É com um discurso de guerra ao inimigo que o Estado justifica as violações de direitos que tornam o indigenismo do Estado uma prática de punição, confronto e negação do ser dos "indígenas traidores". Essa ideologia da guerra atenua o impacto das mortes em massa, pois se produz o efeito de sentido da defesa do território, do desenvolvimento, do enriquecimento (milagre

[350] **D4.** "Mais de 15% do território nacional é demarcado como terra indígena e quilombola. Menos de 1 milhão de pessoas vivem nesses lugares isolados do Brasil de verdade, exploradas e manipuladas por ONGs. Vamos juntos integrar esses cidadãos e valorizar a todos os brasileiros". (Jair Bolsonaro, G1, 2 jan. 2019).

econômico) e do combate ao perigo representado pelo inimigo (2014, p. 211).

No início dos anos de 1970, a repercussão internacional das denúncias de violações de direitos humanos dos indígenas exerce pressão externa sobre o regime militar, que, face à condenação de suas práticas, passa a monitorar e perseguir lideranças indígenas e apoiadores, fazendo da questão indígena uma questão de ameaça à segurança nacional. No lugar de reconhecer suas práticas de violação, o Estado imputa a inimigos internos e externos a responsabilidade da acentuação da repressão. Num sentido próximo, o discurso de Bolsonaro opera um combate aos "inimigos": ONU, ONGs e mídia internacional representam risco à segurança e ao desenvolvimento do país, além de "trabalharem contra" os índios ao manipulá-los visando suas terras e riquezas.

O relatório da CNV descreve também o processo de oficialização de um sistema punitivo e repressor que gera a estruturação institucionalizada da repressão e monitoramento de pessoas indígenas e de seus apoiadores (2014, p. 239). O AI-5 consolida as bases para a figurativização dos indígenas como "inimigos virtuais internos", cujo perigo devia ser combatido com punições, morte e encarceramento. O monitoramento de lideranças indígenas, de apoiadores como o CIMI passa a ser feito pela SNI; torturas e encarceramento pela Polícia Rural Indigenista e a negação de entrada nas TIs e certidões negativas pela Funai. As prisões e remoções forçadas em/de territórios indígenas, como no caso dos Krenak (CORRÊA, 2003), dos Guarani e Tupinikim (CICCARONE, 2018), e os troncos para tortura[351] são figuras que apontam para o caráter

[351] Remete-se às imagens gravadas por Jesco von Puttkamer no filme

não eventual e constante dessa "cultura de repressão" cujo foco incide em silenciar a luta por direitos humanos que se contrapunha ao desenvolvimentismo do Estado (idem).

A negação/aniquilação da diferença gera o encobrimento das críticas de opositores taxados como subversivos e/ou agitadores. As prisões e monitoramento de lideranças indígenas levam também a uma interrupção na reciprocidade entre apoiadores (missionários, pesquisadores, indigenistas da Funai) – externos – e indígenas. Assim, o aparelho repressivo do Estado retira a liberdade e a vida daqueles que se opõem à integração e desenvolvimento viabilizado por práticas genocidas. Uma intensa axiologização divide os atores entre o bem (eu) e o mau (outros), e justifica as violações como a expurgação do mau, uma batalha contra o inimigo. O Estado dotado do poder-punir e da competência de estabelecer a punição faz da intimidação (monitoramento, aprisionamento, tortura e assassinatos) o recurso persuasivo mais importante para atenuar as denúncias e a pressão internacional. O relatório da CNV mostra também como o discurso do Estado opera por meio de uma história espacializada, com os indígenas posicionando-se "fora" e como "obstáculos" aos agentes "internos" a promover o desenvolvimento.

A negação da diferença representada pelos indígenas e seus "modos de ser" faz com que a Funai, um operador do Estado, tenha a competência para "emancipar" e considerar coletivos indígenas como "aculturados" e, assim, referendar a perda dos direitos territoriais dos mesmos em favor da apropriação de tais territórios pelo Estado (CNV,

---

Arara (1970), sobre a cerimônia de formatura da Guarda Rural Indígena, encontrado no Museu do Índio (Funai-RJ) em 2012, por Marcelo Zelic, vice-presidente do grupo Tortura Nunca Mais e coordenador do projeto Armazém da Memória.

2015, p. 252). O relatório da CNV nomeia esse procedimento "desindianização", um conjunto de procedimentos normatizados pelo Estatuto do Índio de 1973 visando à descaracterização dos indígenas como sujeitos de direito. Imbuindo a Funai e o aparato jurídico da competência de avaliar e diferenciar aqueles que seriam indígenas, passíveis de tutela, e aqueles que seriam "aculturados", o Estado buscava acelerar a assimilação cultural, estabelecida como inevitável, e intensificar a integração de terras e pessoas indígenas. O acesso às TIs pelos agentes do Estado é assim acelerado por meio da triagem baseada em "critérios de indianidade". O acesso à terra e a direitos específicos passa a ser objeto de avaliação e sanção por um sujeito motivado pela colonização das TIs. Essa aceleração da assimilação cultural é vista pela CNV como um programa etnocida (2014, p. 213). Conforme mostra Clastres (2004), "o etnocida [...] admite a relatividade do mal na diferença: os outros são maus, mas pode-se melhorá-los obrigando-os a se transformar até que se tornem, se possível, idênticos ao modelo que lhes é imposto" (p. 79).

O impacto genocida das frentes de atração foi também potencializado pelo desmonte das políticas e órgãos de assistência à saúde indígena. A diminuição dos recursos e a saída da Funai do Serviço de Unidades de Sanitárias Aéreas (Susa) e das Unidades de Atendimento Especial (UAE) reduzem a capacidade de intervenção do órgão indigenista nas epidemias de alta letalidade muitas vezes causadas pelos próprios servidores. Novamente, a CNV procura mostrar que, apesar dos episódios de desassistência e morte massivas por epidemias denunciarem a omissão e o descaso, o desmonte da Saúde Indígena deve ser visto como uma ação intencional e sistêmica com foco na produção dos "vazios demográficos" para a liberação das TIs para a colonização e obras estratégicas.

A "liberação das terras" envolve assim ações diretas de negação da vida e do modo de ser das pessoas indígenas, cujos operadores (Funai, polícia rural indígena etc.) revelam a condensação de um saber-fazer por meio de aparelhos de repressão que atuaram livres da pressão da sociedade civil ou dos organismos internacionais. Ao mesmo tempo em que agiam para expulsar os habitantes indígenas, os órgãos oficiais produziam narrativas e documentos (certidões negativas) da inexistência de indígenas nas regiões de interesse do Estado. Expulsão e extermínio associavam-se como práticas genocidas para gerar o apagamento da identidade e da presença do Outro. Face a essa prática intencional do Estado de apagamento da realidade, a CNV apresenta trechos de depoimentos onde as falas de pessoas indígenas vítimas das ações genocidas do Estado vão permitindo a rememoração e o entendimento para o julgamento e a dar sentido às inúmeras certidões negativas expedidas pela Funai.

A anistia e a reparação coletiva aos povos indígenas impõem o reconhecimento do Estado de seus "atos de exceção", fazendo saber que o regime ditatorial, motivado por fins políticos e de colonização, perseguiu e "puniu por transferência de localidade" grupos indígenas (2014, p. 254). Há assim o entendimento de que a regra estaria no respeito às TIs e na proteção dos direitos humanos e coletivos, tendo sido o período ditatorial uma interrupção na continuidade e uma ruptura com a tradição do Estado (Colônia, Império e República) de considerar os índios como defensores do território brasileiro (p. 211). Seguindo o texto:

> O regime militar opera uma inversão na tradição histórica brasileira: os índios, que na Colônia, no Império e na República foram vistos e empregados na conquista e na defesa do território brasileiro, são agora entendidos como um risco à segurança e à nacionalidade (idem).

A figura do Estado é assim cindida em duas, havendo um "Estado cumpridor" dos direitos e um "Estado violador", que, ainda que imponha sistemática e continuamente o genocídio das populações indígenas, é visto como aquém da "identidade verdadeira" do Estado brasileiro, aquela do respeito às TIs e aos povos indígenas. Seguindo o relatório, as graves violações do Estado "perduram até a promulgação da Constituição de 1988, e muitos de seus efeitos permanecem até os dias atuais, apontando a necessidade de completar o processo de justiça transicional aos povos indígenas, ainda em curso no Brasil" (p. 252). Assim, há uma atenuação na violência direta do Estado e, no lugar de violações, passam a haver apenas os efeitos das violações que devem ser progressivamente reparados por meio da justiça de transição e de medidas como a "reparação por todas as terras indígenas esbulhadas" (idem). Produz-se um efeito de sentido de que o Estado democrático – pós-CF88 – é cumpridor dos direitos, atenuador dos efeitos das violações e, potencialmente, assegura o processo de justiça transicional. Não se concebe a imagem de um Estado a um só tempo democrático, violador de direitos e descomprometido com a justiça de transição. Não se prevê dispositivos legais que sancionem e inibam o Estado de voltar a cometer graves e sistemáticas violações de direitos dos povos indígenas, já que as recomendações enfocam o reconhecimento, a reparação, a pesquisa, a apuração e a difusão de informações sobre violações de direitos e fortalecimento de políticas públicas.

Se o discurso revolucionário da ditadura opera a partir da narrativa da aquisição do poder, como uma vitória sobre os inimigos (Goulart-comunistas), o discurso da CNV coloca-se como uma narrativa do desapossamento, em que os indígenas são expropriados de suas terras pelo Estado que se vale de diferentes meios (remoção, desindianização, omissão, tortura, assassinatos) para apossar-se das TIs e de suas riquezas. Desse modo, aproximando o discurso intolerante de Bolsonaro àquele dos regimes autoritários, é possível entender que a operação de negação da diferença visa a fazer com que os indígenas percam as características próprias (modo de vida, terra) para serem um todo homogêneo de indígenas integrados, assimilados e/ou inexistentes (mortos) (FIORIN, 1988, p. 39). A negação dos princípios democráticos remete-nos a uma genealogia ancestral e mais recente da *necropolítica* praticada contra os povos indígenas pelo regime militar, em que a violência e as violações de direitos são postas em prática para:

> [...] a destruição máxima de pessoas e da criação de "mundos de morte", formas únicas de existência social, nas quais vastas populações são submetidas a condições de vida que lhes conferem o *status* de "mortos-vivos" onde as formas de soberania impõem a "instrumentalização da existência humana e a destruição material de corpos humanos e populações" (MBEMBE, 2016, p. 146).

É contra tal operação de negação e apagamento da diferença que fortalecem-se e intensificam-se com o bolsonarismo ascendente as falas indígenas que denunciam e apontam caminhos de contraposição aos discursos intolerantes e às práticas de violação de direitos coletivos e contra pessoas indígenas.

1. As violências e as falas dos povos indígenas

Através de levantamentos em vários meios de comunicação[352] no período de outubro de 2018, após o resultado da eleição presidencial, até o mês de junho de 2019, distintos coletivos e lideranças indígenas produziram enunciados diretamente relacionados com a sequência exponencial de episódios de violência sofrida nestes primeiros tempos da investida bolsonarista.

Divulgados de forma direta e indireta por setores e grupos de apoio da sociedade civil organizada, os relatos de autoria indígena e outros colaborativos sobre os efeitos das agressões aos coletivos, pessoas e ao seu modo de vida sistematicamente agenciam proposições e se consolidam em práticas de luta cosmopolítica. Nesse sentido, constituem-se como atos de fala contextualizada e pragmática, como *enunciados performativos* (AUSTIN, 1965) que, quando proferidos, realizam e se vinculam a uma *ação*, além de seu efeito denunciativo.

4.1. Sobre os casos de violência: primeiros apontamentos

No intuito de situar o contexto e as condições de emergência dos enunciados indígenas, foi produzido um quadro ilustrativo dos episódios de violência ocorridos no intervalo de tempo selecionado, discriminados por: a) período

[352] Além de pesquisas em sites como ISA, CIMI, CEDEFES, Racismo Ambiental, Brasil de Fato, Carta Maior, Survival International, De olho nos Ruralistas, Jornal GGN, e paginas de informações regionais, buscou-se priorizar o acesso a noticias divulgadas nas redes sociais (Facebook e Twitter) e por organizações e pessoas indígenas com significativa inserção e expressão na divulgação *on-line* de comunicados, como APIB, Comissão Yvy Rupa, Mídia Índia, Sonia Guajajara, Joênia Wapixana, Ailton Krenak, entre outros.

(mês); b) terra e povo indígena atingido; c) município e estado; e d) tipo de violência (em anexo). Apesar da impressionante quantidade de agressões contabilizadas (44 casos), ainda é cauteloso considerar a existência de episódios que não foram levantados em tempo e/ou não chegaram a ser noticiados. Emergem como constantes práticas de violência os ataques às pessoas - ameaças, intimidações, atentados ao patrimônio - invasões de terra, desmatamentos, incêndios, violações institucionais, criminalização, omissões e intervenção *a posteriori*. Todavia, ainda que sobressaia nos meios de comunicação um ou outro episódio, trata-se, de fato, de ações concomitantes e sistemáticas de violência múltipla contra pessoas, patrimônio e de violações institucionais.

Percebe-se que, no período considerado, há uma intensificação e diversificação das formas de violência cometidas contra pessoas indígenas em diversas partes do país. Garimpeiros, madeireiros, posseiros e latifundiários invadem terras indígenas, ameaçam pessoas de morte e estão relacionados diretamente à morte de lideranças indígenas. A violência policial no confronto com as manifestações indígenas, a criminalização de lideranças e a ligação de policiais a grupos de extermínio de pessoas indígenas mostram a potencialização de um aparato repressor Estatal rearticulado nos âmbitos local e regional para práticas de violência, violação de direitos e genocídio de modo semelhante à Polícia Rural Indígena. A desestruturação do Sistema de Saúde Indígena e os casos de omissões de socorro e atendimento vão mostrando a rearticulação do aparato sistêmico de negação do acesso à atenção à saúde. A não observância dos protocolos de consulta da Convenção 169 da OIT, a paralisação de processos contra empresas violadoras de direitos e o uso abusivo do critério do Marco Temporal apontam para um realinhamento jurídico contrário à efetivação de direitos indígenas.

Se é evidente a persistente concentração de ataques a coletivos indígenas em regiões do país com notórias investidas dos setores do agronegócio e da mineração, como no caso dos Guarani Kaiowá e Nhandeva, no Mato Grosso do Sul, e Yanomami, em Roraima, ao mesmo tempo, outros estados da federação vêm ganhando destaque pela intensificação, expansão e diversificação das agressões contra indígenas que, em seu conjunto, desvendam o aumento das práticas de etnocídio e genocídio em andamento (PALMQUIST, 2018, p. 100).

4.2. Das palavras – ação dos povos indígenas: um guia político

Os textos de autoria indígena, produzidos em vários formatos, constituem potentes instrumentos de luta e controle social no campo de guerra delineado no primeiro período da investida bolsonarista. As perspectivas indígenas sobre os acontecimentos que afetam e violentam os coletivos e as pessoas, e suas reivindicações na língua dos brancos graças à escrita como modalidade interativa (MACEDO, 2009) ganham fortes repercussões em âmbito nacional e internacional.

Constituindo um *guia político das discussões realizadas desde as aldeias até Brasília*, conforme suas premissas, o Documento Final do XV Acampamento Terra Livre (ATL)[353], assinado pela Articulação dos Povos Indígenas

---

[353]VER: https://mobilizacaonacionalindigena.wordpress.com/2019/04/26/documento-final-do-xv-acampamento-terra-livre/. Acesso em: 15 ago. 2019.

do Brasil (Apib) e a Mobilização Nacional Indígena (MNI) teve ampla divulgação nas redes sociais e na imprensa. Estruturado em enunciados denunciativos e propositivos, o texto constitui uma declaração de renovada e ostensiva resistência dos coletivos indígenas às violências que se perpetuam desde os tempos coloniais. O *ato de re-lembrar* faz-se na luta contínua contra o etnocídio, o apagamento da memória e a impunidade e atualiza-se nas reivindicações junto às instâncias do Estado brasileiro e de forma propositiva para além dele.

O documento situa o cenário da investida bolsonarista na imagem-força da *produção da terra arrasada*, dos efeitos das práticas de guerra de extermínio dos múltiplos e diferentes modos de vida das/nas terras indígenas. Atendendo a interesses contrários aos preceitos constitucionais, violando direitos estabelecidos, as medidas governistas infligem duros golpes ao Estado democrático de direito. Os povos indígenas apelam, em suas reivindicações, para a responsabilidade das instâncias estatais na manutenção da política indigenista e na proteção jurídica dos direitos constituídos.

As ameaças advindas de um governo *fortemente entreguista, antinacional e predador* implicam num processo que se configura, ao mesmo tempo, de forma indissociável como *etnocídio, genocídio e ecocídio.* Constante ameaça na relação entre Estado e povos indígenas, o *etnocídio* é uma condição *a um passo do genocídio*, conforme alerta Palmquist (2018) sobre os perigos da separação entre os efeitos culturais e físicos da violência contra os indígenas sendo sua persistência uma das condições de como o *complexo genocida* opera através de *métodos indiretos de destruição* (ROSENBERG, 2012, 18).

O conjunto de reivindicações apresentadas no documento se pauta na prerrogativa do respeito à diferença com referências aos princípios e propósitos do *Bem Viver* dos coletivos ameríndios: a plurinacionalidade em termos de *politização da cultura*, questionando o modelo e a narrativa do Estado-nação; a *politização da natureza*, superando a perspectiva utilitarista e as dicotomias modernistas, em vista de um mundo relacional onde humanos e não humanos sejam reconhecidos como sujeitos políticos de direitos.

Em renovados tempos de catástrofe, o documento alerta para as consequências do extermínio das formas de vida existentes em suas repercussões e implicações ontológicas e cosmopolíticas da guerra entre mundos. Demarcar de fato todas as terras indígenas é condição da salvaguarda e reprodução das diversidades dos cosmos e das condições vitais de sua existência. A mensagem de alerta exige que ações emergenciais e estruturantes possam conter os constantes e sistemáticos ataques como *invasões, loteamentos, desmatamentos, arrendamentos, práticas ilegais e criminosas.*

As violências do esbulho e as demais violações dos direitos indígenas exigem ações imediatas e em várias frentes, restabelecendo as garantias institucionais e a proteção jurídica, retirando as condições de legitimação da política de extermínio governista. Com o controle dos setores ruralistas sobre a demarcação das terras indígenas e o licenciamento ambiental e a enxurrada de medidas jurídicas anti-indígenas que pretendem normatizar a tese do marco temporal, não há dúvida sobre o propósito de suprimir os direitos à diferença e ao usufruto exclusivo das terras tradicionalmente ocupadas.

Terras demarcadas, saúde e educação diferenciadas e qualificadas compõem os eixos principais das lutas dos movimentos indígenas junto ao Estado brasileiro assegurando juridicamente a autonomia e controle social dos coletivos ameríndios. O desmonte bolsonarista das políticas indigenistas retira suas prerrogativas *destinadas a atender os direitos e aspirações dos nossos povos e sua proteção.* O cerco aos coletivos indígenas em condições de profunda vulnerabilidade se agrava com as investidas de criminalização e discriminação com a conivência de agentes públicos. Os apelos dirigidos às instâncias responsáveis pela salvaguarda do Estado democrático de direito deixam explícito o risco da iminência de um genocídio: *assegurar a punição dos responsáveis, a reparação dos danos causados e o comprometimento das instâncias de governo na proteção das nossas vidas.*

O documento se encerra com uma mensagem sobre *as vidas em lutas* em todos os lugares onde possam ser acionadas as mobilizações indígenas que se irradiam, multiplicam e fortalecem, como no caso da anunciada Marcha das Mulheres Indígenas. Contra o terror institucionalizado de um governo que afunda o Estado na escuridão de um retrocesso democrático e da assustadora legitimação das violências, a ampliação e a diversificação dos espaços do protagonismo indígena com suas estratégias de resistências ostensivas se consolida com denúncias, mobilizações, articulações, alianças em rede e solidariedade na defesa dos coletivos mais vulneráveis, *atacados em seus direitos e formas de existência no Brasil e no mundo.*

As vidas em luta nos interpelam enquanto proposições ontológicas e cosmopolíticas de outros mundos possíveis, de um mundo onde caibam mais mundos, do múltiplo *versus* o único, da plurinacionalidade e pluriversalidade de uma política relacional dos cosmos e não somente dos "homens".

4.3. Das palavras – ação dos povos indígenas: de volta ao período pós-eleição presidencial

Num giro temporal não linear, o cenário que sucede o resultado eleitoral de outubro de 2018 se revela como um momento factual do "passe livre" aos ataques aos coletivos indígenas. A celebração da guerra de extermínio exige os festejos de violência e a morte anunciada que teatralizam de forma macabra o cerco de terror aos aldeamentos. Como mostra o quadro ilustrativo em anexo, ainda em outubro de 2018 são registrados ataques contra indígenas de forma concomitante em vários estados da federação, concretizando os discursos de ódio e intolerância da campanha eleitoral e trajetória política do presidenciável J. Bolsonaro incitando a violência contra indígenas.

Anunciada e praticada em desmedida, a violência "intimida os indígenas que temem que os ataques e a morte registrados nas comunidades possam legitimar o cenário de genocídio na próxima legislatura", numa escalada das agressões que ocorrem com um "aumento sistêmico e contínuo", conforme dados levantados pelo Cimi354. Logo após o resultado eleitoral, na aldeia de São Vicente, litoral paulista, Guarani são abordados por seguidores de Bolsonaro com xingamentos e ameaças. No Mato Grosso do Sul, ao término da semana eleitoral, quarenta caminhonetes circulam várias vezes em comboio em sinal de intimidação e ameaça aos Guarani Kaiowá das aldeias de Caarapó e Miranda. Em Pernambuco são registrados incêndios na escola e posto de saúde da aldeia Bem Querer de Baixo do povo Pankararu, e no Maranhão na Terra Indígena Governador ocorre o assassinato de Davi Ga-

[354] Ver: https://cimi.org.br/2018/10/conjuntura-politica-acentua-violencia-contra-os-povos-indigenas-no-brasil/. Acesso em: 15 ago. 2019.

vião, encomendado por madeireiros. No Paraná, onde são constantes a discriminação, as ameaças com arma de fogo e o sequestro de Guarani levados para o Paraguai, Donecildo Agueiro do Tekoha Tatury, sofre atentado a tiros; o cacique do Tekoha Y'Hovy identifica um grupo de fazendeiros que incita a violência contra os indígenas com a conivência da Polícia Civil local; comunidades Ava-Guarani são ameaçadas de despejos pelas ações de reintegração de posse impetradas pela Itaipu Binacional. O Paraná ganhava destaque na divulgação do Relatório "Violência contra os povos indígenas - Dados 2017" (CIMI, 2018) como o Estado onde vinte terras indígenas encontravam-se em situação de total omissão e desassistência.

No ano de 2019 cumprem-se as previsões da intensificação das violências contra indígenas. No Janeiro Vermelho, como foi designado com o lema "Sangue Indígena, Nenhuma Gota a Mais", organizações e coletivos realizam cerca de cinquenta manifestações em várias regiões do país para denunciar as crescentes ameaças em seus territórios incentivadas pelos discursos do presidente eleito de promoção da intrusão das TI para sua exploração desmedida: cinco TIs registram roubo de madeira, derrubada de floresta para pastagens, abertura de picadas e estabelecimento de lotes para ocupação ilegal. Conforme a APIB, dos quinze ataques registrados contra indígenas no mês de janeiro, oito ocorreram em TIs.

O 7 fevereiro de 2019, em homenagem a Sepé Tiaraju, herói guarani que lutou contra a dominação espanhola na defesa do território indígena, é declarado como o Dia Nacional da Luta dos Povos Indígenas, que, através da frase atribuída a Sepé "Esta terra tem dono!", estipula como principal pauta da mobilização, o direito à terra frente às investidas que avançam sem trégua e o congelamento das demarcações paralisando 238 processos, conforme dados da Funai355. Nos primeiros meses de 2019, seis terras indígenas são alvo de invasões e ameaças por parte de posseiros, fazendeiros, madeireiros, empreiteiros e demais agentes de extermínio, conforme noticia o *site* do Cimi enquanto o Repórter Brasil computa quatorze casos de invasões a terras indígenas.

No mês de abril, vários setores da sociedade civil organizada promovem campanhas de apoio para demarcação das terras indígenas com o lema "Demarcação já!", dando visibilidade às alianças no e entre mundos nos tempos de guerra, conforme se manifesta o xamã yanomami Davi Kopenawa[356]

> Nós, povos da floresta, somos uma comunidade global de pessoas e é muito importante estarmos juntos em aliança. Assim ficamos mais fortes para enfrentar os "brancos" que estão nos cercando.

A mobilização indígena como estado permanente de luta contra a *necrodiscursividade* bolsonarista desencadeia-se através de múltiplas formas de ações articuladas e em rede com aliados sempre mais estratégicos em tempos de guerra. Com a crescente repercussão nacional e internacional das notícias sobre as violências praticadas contra as pes-

---

[355] Em 1o de janeiro de 2019, através da Medida Provisória 870, o governo Bolsonaro transferia a competência para demarcação das terras indígenas para o Mapa do Ministério da Agricultura, esvaziando a Funai de suas atribuições para regularização fundiária entregue ao agronegócio.

[356] Um dos protagonistas da campanha lançada pelo Instituto Socioambiental (ISA) com o título #PovosDaFloresta. Disponível em: https://povosdafloresta.eco.br. Acesso em: 17 ago. 2019.

soas e coletivos indígenas, ganham sempre mais espaço e visibilidade as falas de organizações e lideranças, com o protagonismo emergente das mulheres indígenas

4.4. Precisamos dar um basta nisso

Algumas lideranças femininas se fazem mais presentes em Brasília e no confronto com os poderes Legislativo e Executivo. Joênia Wapichana, primeira indígena eleita para a Câmara dos Deputados, articula a criação da Frente Parlamentar Mista em Defesa dos Direitos dos Povos Indígenas. Sonia Guajajara, primeira candidata indígena a vice-presidente na chapa do Psol com Guilherme Boulos, representa a mais expressiva liderança da campanha eleitoral de 2018, quando houve uma significativa participação de indígenas nas candidaturas a cargos políticos[357]. Cabe destacar que muitas dessas lideranças emergentes são oriundas da implementação das políticas de formação acadêmica de intelectuais indígenas na construção do ativismo político.

Atual coordenadora-executiva da Apib, Sônia Guajajara exerce um papel central nas denúncias das práticas de violência e repúdio às ofensas dos discursos de Bolsonaro, tomando posições de combate e enfrentamento que exigem repensar a resistência como formas de ação direta e renovadas estratégias de luta.

> O governo pode ter a caneta na mão, mas não sabe ter resistência, jamais vão calar nossas vozes.
>
> Somente a resistência não está sendo suficiente para garantir os nossos direitos, evitar assassinatos.
>
> Precisamos dar um basta nisso[358].

---

[357] Chirley Pankará é eleita como primeira co-deputada estadual indígena em São Paulo, em mandato coletivo pela Bancada Ativista do Psol.

[358] Trechos da entrevista concedida ao observatório do agronegócio

Na guerra de extermínio, a conjuntura nacional configura-se como um cerco mortal aos povos indígenas com confrontos cotidianos estimulados pelos discursos de ódio e incentivo à violência de Bolsonaro e com investidas do agronegócio na intrusão e exploração das terras indígenas. As mobilizações indígenas direcionam-se para uma ampla campanha de divulgação da violação de direitos e para estratégias de lutas já experimentadas com êxito em períodos anteriores para que pressões internacionais forcem a discussão da pauta indígena no Brasil. Desde novembro de 2018, após a eleição presidencial, a Apib entrega aos membros da delegação da Comissão Interamericana de Direitos Humanos (CIDH) em visita ao Brasil[359] uma carta junto a um dossiê sobre as violações e privações de direitos dos povos indígenas no país[360].

As evidências dos riscos de etnocídio e genocídio com retrocesso das garantias constitucionais e retirada das condições de segurança, proteção e participação democrática, imprimem à carta da Apib tanto *o caráter de urgência* na garantia e proteção jurídica dos povos indígenas junto às instâncias responsáveis do Estado brasileiro quanto *de alerta* junto à Organização dos Estados Americanos (OEA), em vista de suas atribuições na defesa dos Direitos dos Povos Indígenas. Se o guia político da ATL investe em

---

De Olho nos Ruralistas, em junho de 2019, em ocasião do *Fórum* Tekoa Porã, realizado na Universidade de São Paulo (USP).

[359] Visita a locais de ocorrência de conflitos e violações de direitos dos povos indígenas no Brasil.

[360] Para acessar a carta: http://apib.info/2018/11/12/apib-denuncia-a-cidh-violacoes-a-direitos-humanos-dos-povos-indigenas-no-brasil/; para acessar o dossiê elaborado pelo assessor jurídico da APIB Luiz Henrique Eloy Terena: https://cimi.org.br/wp-content/uploads/2018/11/Pet-APIB-CIDH.pdf.

suas proposições nas *vidas em luta*, a carta *alerta* para as ameaças imediatas à vida, para as violências praticadas e as intenções de extermínio anunciadas e incentivadas pelo governo bolsonarista.

Como na trincheira do campo de batalha frente às insídias e ataques perpetrados pelo atual governo, cabe à coordenadora da Apib alertar os coletivos indígenas

> Ficar atentos e manter a articulação firme, porque esse governo não inspira confiança. A vigilância é permanente. Uma das armas que o governo está usando para tirar a força do movimento é cooptar algumas lideranças.
>
> É fácil ir contra o governo, mas é difícil ir contra os irmãos.

A luta do movimento indígena contra o projeto etnocida bolsonarista de aniquilação da diferença alimentada pela visão do índio genérico que, de um estado de selvageria e miséria, em áreas ricas improdutivas, se tornaria civilizado e integrado aos não indígenas, manifesta-se nos enunciados de repúdio de Sonia Guajajara como afronta à autodeterminação indígena, desrespeito aos seus modos de vida e extermínio das formas de existência na produção e geração de renda dos coletivos.

O estado de alerta e contra-ataque à investida bolsonarista, implica, conforme a líder indígena, na necessidade do fortalecimento e articulação do movimento indígena através de um trabalho intenso e capilar de organização política.

> Nós estamos fazendo um trabalho de prevenção, orientando e fomentando a realização de mais assembleias locais e regionais para alertar sobre essa estratégia do governo. Deixar as pessoas atentas para não caírem nesse discurso.

O protagonismo das mulheres indígenas ganha repercussão no anúncio da coordenadora da Apib da marcha a ser realizada em agosto de 2019 com o lema "Território: nosso corpo, nosso espírito". Alinhada com os procedimentos da ATL e situada no cenário mundial emergente, também a mobilização das mulheres comporta a realização de assembleias preparatórias em diferentes regiões do país e vai resultar num documento final unificado.

> O protagonismo feminino do movimento indígena vem crescendo e se consolidando como desdobramento de um movimento mundial: a luta política também é das mulheres.
>
> E nós, mulheres indígenas, não estamos paralisadas, inertes a tudo isso. Nós também estamos acompanhando essa necessidade de as mulheres estarem assumindo os papéis de liderança, os papéis de também ser protagonista.

Célia Xakriabá[361]atenta para os riscos de apagamento da voz como motor do fortalecimento da luta das mulheres em atos de resistências que fogem ao controle do Estado autoritário: desde as denúncias e reivindicações até a ocupação de espaços de uma luta política que incorpora múltiplas estratégias e linguagens em defesa da vida.

> O nosso maior medo é a morte da nossa voz, porque quando uma voz morre, morre uma voz ecoada coletivamente. É necessário ocupar o espaço para além do chão da aldeia.

[361] Professora ativista do povo Xakriabá e do movimento indígena com mestrado em Educação e doutoranda em Antropologia na UFMG, participara da 13ª Assembleia Terena, em maio de 2019, no Mato Grosso do Sul. A criação da Assembleia Terena remonta ao ano de 2012, com um grupo de mulheres Terena, Kadiwéu, Guarani e Kaiowá.

> Questionar é deslocar as estruturas. É importante trazer nossas pautas, mas também é importante trazer nossos corpos. Nossa luta tem sido não só para manter nossa vida, mas nosso modo de vida.

Questões em pauta na agenda da luta cosmopolítica das mulheres indígenas[362] dizem respeito à importância da transmissão e valorização dos saberes femininos para defesa dos modos de vida dos coletivos como Bem Viver, das medidas advindas da parceria com os homens e da relação integrada com os não humanos; da coragem no monitoramento e proteção das terras, para enfrentar os impactos das intervenções indiscriminadas no planeta, nos tempos-espaços do Antropoceno; da objetificação da natureza e monetarização genocida da saúde, contra o avanço da destruição, incentivada pela política bolsonarista de exploração indiscriminada dos recursos naturais, desmatamento, degradação ambiental e incêndios.

A cacique guarani Kerexu Yxapyry, ao reivindicar o direito à defesa contra uma investida da *desdemarcação* da TI Morro dos Cavalos (SC)[363], define o atual cenário político nos termos de uma "segunda invasão", uma história já conhecida de violência de longa duração contra os povos

---

[362] Documento final da Oficina "Mulheres indígenas e o impacto das mudanças climáticas", realizada em Carolina, MA, em junho de 2019, onde estiveram presentes representantes de povos do Maranhão (Krikati, Awá, Gavião, Ka'apor e Guajajara), Pará (Tembé), Tocantins (Krahô) e Roraima (Macuxi).

[363] A líder indígena, que teve sua casa alvejada por motoqueiros e foi ameaçada de morte por trinta homens que invadiram a aldeia, participava, em fevereiro de 2019, em Brasília, do julgamento de um recurso que visava colocar o coletivo guarani de Morro dos Cavalos como parte do processo de anulação da portaria declaratória da TI sob o argumento do marco temporal.

indígenas marcada pela dominação masculina que expropria e oculta o protagonismo da luta das mulheres

> Sabemos que o projeto do atual presidente é entregar nossos rios, nossas águas, nossas energias e nossos minérios. Mas já conhecemos essa história e não vamos deixar isso acontecer, não recuaremos um centímetro de nossas terras.
>
> Os homens tomaram os papéis das mulheres por longos anos ditados por um sistema medieval que a Igreja trouxe. Mas se puxarmos nossas origens vamos ver o quanto nossas antepassadas não foram reconhecidas como guerreiras.

A cacique Irê do povo Jenipapo-Kanindé, da Ti Lagoa da Encantada (CE)[364], e Cristiane Julião Pankararu, da Aldeia Brejo dos Padres (PE)[365], defendem a tradição do protagonismo político feminino, investindo na retomada e valorização das histórias locais de luta de mulheres, na construção de espaços de formação política numa conjuntura que exige, em consonância com as formas de vida que habitam, fortalecimento e união na mobilização para resistir às atitudes hediondas contra coletivos e mulheres indígenas incentivadas pelos discursos de Bolsonaro.

> Somos como água, crescemos quando nos juntamos. Então nós nos defendemos. Dissemos que somos nativas desse chão, que ele é nosso. As mulheres estão bem fortes na resistência contra Bolsonaro. Não conseguimos aceitar um governo que não me aceita como mulher, que menospreza, que diz que mulher só serve para isso, para

[364] Coordenadora da Articulação das Mulheres Indígenas do Ceará, que congrega quatorze povos.

[365] Representante de Pernambuco no programa Voz das Mulheres Indígenas, da ONU.

> aquilo. É como se toda uma conquista que tivéssemos alcançado fosse para o ralo (Cacique Irê).

> Temos muito claro que nossos direitos são originários e legítimos. Dentro do direito ao território se compreendem muitos outros, como o direito à educação, ao alimento, à segurança, à saúde. A luta pela terra é uma luta de todos (Cristiane Julião).

Os enunciados dessas lideranças[366] alertam para um cenário de agravamento da violação dos direitos indígenas estabelecidos, do retorno agressivo do preconceito "adormecido", de agressões e ameaças incentivadas pelo governo e respaldadas por poderosos grupos de interesse. Não há dúvida, conforme afirma Sonia Guajajara, que está declarada a *guerra* aos povos indígenas

> Por isso temos uma guerra, uma briga grande aí, e estamos na mira dos assassinatos, das ameaças, da criminalização porque estamos lutando com forças poderosas econômicas e políticas.

4.5. Repúdios

Frente a ofensas e demais formas de violência da política integracionista de Bolsonaro, crescem e se multiplicam as manifestações de repúdio de pessoas e coletivos indígenas. Os artistas Denílson Baniwa e Katu Mirim lançam a campanha para o Dia do Índio em defesa da autodeclaração contra a proliferação e legitimação dos estereótipos: "Não precisamos de outras pessoas para nos definirem."

Lideranças e associações dos povos Yanomami e Ye'kwana, entre eles o xamã Davi Kopenawa, divulgam

---

366 Ver: https://deolhonosruralistas.com.br/2019/02/07/lideres-indigenas-avaliam-protagonismo-feminino-na-resistencia-contra-bolsonaro/.

uma *carta de repudio*[367] às ofensas e manobras do presidente eleito no *campo de guerra* entre o regime autoritário atual e os povos indígenas. Como na *carta-alerta* anterior, a aniquilação dos indígenas pela privação de direitos e de condições vitais de existência, como *índios mortos*, ocorre também, como denuncia a *carta de repúdio,* pela sua identificação enquanto aliado do projeto nacional desenvolvimentista e de desmonte institucional do Estado Democrático de Direito, como *os nossos índios.* A performance do encontro gravado com os índios "brasileiros de verdade", sujeitos de interlocução e da recusa do encontro com o índio que "não representa o Brasil", identificado com o cacique kaiapó Raoni Metuktire, crítico das políticas indigenistas de Bolsonaro, é sintomática dessa polarização bélica em relação aos indígenas enquanto Outro-Inimigo.

As organizações indígenas que assinam a *carta de repúdio* com a autodeclaração cidadã de sujeitos de direitos na defesa do próprio regime político de escolha de seus representantes, atingem as manobras etnocidas de Bolsonaro que rebaixam os indígenas à condição de objetos de interesses alheios contrários aos valores patrióticos e à política de *desdemarcação* e exploração das terras indígenas, no caso específico da TI Raposa Serra do Sol, sinônimo da riqueza de muita terra por poucos índios e ineptos a valorizar suas riquezas.

Os termos em confronto que atingem os sentidos das relações entre aliados e inimigos se revertem nos enunciados indígenas na defesa e garantia dos direitos esta-

---

367 Ver: https://jornalggn.com.br/questao-indigena/yanomamis-respondem-ao-video-de-jair-bolsonaro/. No dia 17 de abril de 2019, em sua página oficial, o presidente Bolsonaro divulga um vídeo sobre seu encontro com representantes dos povos Yanomami e Ye'kwana.

belecidos e contra sua retirada e enfraquecimento das instâncias institucionais competentes. O repúdio alcança a firme recusa da atribuição da condição de pobre ou de uma subespécie deste, o que equivale à *definição antropológica e política do etnocídio* (VIVEIROS DE CASTRO, 2017) assim como da vontade de se tornar iguais aos não indígenas. Contra o compartilhamento de valores e sentidos como o da riqueza enquanto *vender a terra, tirar o ouro*, Yanomami e Ye'kwana retomam as proposições cosmopolíticas do Bem Viver do *guia político* da ATL e dos documentos das mobilizações das mulheres; ressignificam em seus próprios termos a riqueza e avançam na interpretação xamânica de Davi Kopenawa da relação cosmológica da extração intensiva do ouro com as epidemias que despovoam a floresta (ALBERT, 2002). A carta encerra-se reiterando a autodeterminação e autonomia dos povos originários de uma terra à qual pertencem, com seus regimes territoriais, continuando a se reproduzir e fortalecer em sua diferença, ainda que pareça que estejam *virando brancos*.

Em articulação com o documento anterior, o Conselho Indígena de Roraima (CIR)[368] divulga uma *carta de repúdio*[369]em resposta às declarações de Bolsonaro que desde a eleição presidencial tem como alvo a *desdemarcação* da TI Raposa Serra do Sol. Acostumado a defrontar-se com manobras políticas de cooptação e divisão do movimento indígena ao longo do histórico de conflitos e luta para regularização fundiária da TI, o CIR prepara-se para mais uma batalha contra a violação autoritária dos preceitos

[368] Organização que representa mais de 49 mil indígenas de 241 comunidades, 8 povos e 35 Terras Indígenas.

[369] Ver: https://cimi.org.br/2019/04/nao-negociaremos-um-milimetro-nossas-terras-afirma-cir/.

constitucionais amparada na desmedida mercantilização da terra indígena, no incentivo à intrusão e à impunidade da exploração, devastação, extermínio. Num estilo mais direto, a carta se dirige abertamente ao presidente e a seu principal aliado político estadual alvo de denúncias de corrupção para declarar a firme oposição e resistência do CIR contra as investidas das mineradoras, do agronegócio e de hidrelétricas.

O repúdio fortalece-se na defesa da inegociabilidade da terra à qual pertencem e da integridade da biosociodiversidade imprescindível para a proteção das vidas no mundo. No *campo de guerra*, investindo no confronto e na ação política, os povos de Roraima declaram-se prontos e preparados para enfrentar ameaças e ataques incluindo mentira e difamações, reiterando o repúdio à definição etnocida do indígena como subespécie de pobre. *Re-lembrando* as lutas passadas contra a escravização indígena nas ocupações, contaminações e perseguições dos invasores – fazendeiros e rizicultores – o CIR convoca os coletivos para mobilização na luta comum.

A potência política da memória e os contra-ataques às ameaças dos inimigos para a conquista da autonomia, preparam por mais uma batalha os povos e comunidades que o CIR representa e que, sem maiores detalhes, excluem os indígenas de Roraima dos aliados do presidente Bolsonaro.

1. Confrontar o etnocídio bolsonarista

Se os coletivos indígenas afirmam pertencer à terra, será em regimes autoritários que mais recrudesce e se legitima a inversão dessa afirmação, já que a terra e seus recursos lhes pertencem imperativamente. Nas anteriores e atuais versões no Brasil e em outros países deste e de outros continentes, os regimes autoritários mantêm-se fiéis a uma visão uniforme de mundo que, num monólogo triádico – mercantilista, modernista, nacionalista – não consegue entender e nem tolerar a diversidade das formas e modos de vida, com manifestações e práticas de repulsão e repressão cujo espectro parece sem limites. Os povos indígenas falam de si como parte do seu mundo e aos mundos, nos modos persistentes de resistência, diversificada nas estratégias e nos canais de comunicação. Determinados em existir em seus próprios termos, contrapõem aos discursos mortais da nação e da propriedade, as narrativas de propagação e sustentação da vida (das relações ontológicas entre pessoas, animais, plantas e espíritos).

De modo diferente da retórica política no interior de um regime democrático, onde o discurso situacionista visa à prestação de contas, e o de oposição busca mostrar que o fazer não foi executado ou foi danoso para o povo (FIORIN, 1988, p. 23), a fala intolerante de Bolsonaro situa-se como um discurso de oposição à própria democracia regida pela CF 1988. Se no discurso da ditadura os "comunistas" representam a ameaça externa à democracia, no discurso de Bolsonaro, a ONU, as ONGs e a imprensa internacional são os inimigos estrangeiros que devem ser combatidos.

No atual regime, em condições de profunda vulnerabilidade, os povos indígenas enfrentam uma árdua luta entre diferentes mundos que sugerimos identificar como modos de vida e modos de morte. Enquanto o discurso bolsonarista se referencia numa tríade de modos de morte: *genocida, etnocida e ecocida370*, nos enunciados indí-

[370] Em maio de 2019 o portal Carta Maior noticia sobre a "Carta de

genas emergem *as vidas em lutas*, nos modos diferentes de *resistir para existir* na luta em defesa das múltiplas formas de vida. A relação entre regime autoritário e morte do Outro-Diferente é imediata e constrói-se por negações de direitos, humanos e coletivos; em contrapartida, a relação nos regimes indígenas com o Outro é mediada pela vida e suas transformações. Se nas guerras dos brancos prevalece a perspectiva da aniquilação do outro, Clastres (1980, p. 193) coloca a questão da política da guerra ameríndia não como uma condição de morte, mas de vida dos coletivos envolvidos.

Na necrodiscursividade bolsonarista, a figurativização dos indígenas dá-se pela criação de um ator coletivo que perde as características próprias e passa a fazer parte de um todo homogêneo. *Eles* devem perder sua incompreensível distintividade linguística, cultural, terras e riquezas para assumirem a confortável identidade de "índios dos brasileiros", "brasileiros ex-indígenas" e mesmo de "índios mortos" (D3). Ao tematizar a demarcação de terras em discursos políticos por meio de *lives*, tuítes, declarações a jornalistas e pronunciamentos, os enunciados de Bolsonaro figurativizam a identidade indígena como aquela do inimigo, do manipulado, do animal, do possuído por outros e do morto-vivo.

Paris: ecocídio: um crime e muitos criminosos", de autoria do grupo socialista do senado francês que pretende transformar a destruição da natureza em crime "uma ação que tende à destruição ou degradação total ou parcial de um ecossistema, em tempos de paz ou de guerra, que prejudica de forma grave e durável o meio ambiente e as condições de existência de uma população". O neologismo "ecocida" vem sendo utilizado por jornalistas franceses para definir o capitão-presidente do Brasil. Disponível em: https://www.cartamaior.com.br/?/Editoria/Cartas-do-Mundo/Ecocidio-um-crime-e-muitos-criminosos/45/44042.

Os princípios de exclusão dos indesejáveis – índios/ estrangeiros inimigos –operam a partir de um contínuo de contraposição entre a "ordem democrática" (decadente) e a "ordem ditatorial" (ascendente). A exclusão é mais intensa durante o período de campanha, quando o anúncio da supressão das reservas é a aniquilação da alteridade pela morte do Outro. Os enunciados do presidente eleito e dos primeiros meses de mandato excluem da identidade indígena-patriótica aqueles que mantêm as TIs segundo seus usos e costumes, sem explorar as riquezas do solo, influenciando ações genocidas de fazendeiros, garimpeiros e militares, em consolidar a *desindianização* identificada pela CNV como um conjunto de práticas da ditadura militar que envolviam a remoção forçada, certidões negativas da presença de índios e os critérios de indianidade. A *desindianização* bolsonarista, no entanto, impõe a autonegação de direitos étnicos (terra, língua, saúde etc.), da própria identidade e da luta indígena visando à adesão ao ideário nacionalista do presidente eleito.

Pensando com Deleuze e Guattari (1980), a *desindianização* consolida-se como uma máquina de guerra retomada e reatualizada pelo bolsonarismo. Fundindo intenções políticas e econômicas, impõe a segmentação e a divisão dos coletivos indígenas por meio da cooptação, e consolida violações de direitos por meio da omissão em saúde, na retirada de recursos para educação, da impunidade de crimes contra pessoas indígenas, do uso das forças policiais, na invasão de TIs por garimpeiros, da desterritorialização por meio de liminares de reintegração de posse a fazendeiros, da negação a demarcações novas e anteriores com desdemarcações das TIs.

Considerações finais

Discurso e ações anti-indígenas bolsonaristas se vinculam e consolidam suas bases nos aparatos ideológicos e estratégias de violações de direitos da ditadura militar, o que revela o caráter sistêmico do etnocídio do Estado, numa continuidade que atravessa o período democrático. Tal continuidade é denunciada em sua longa duração pelo movimento indígena por meio do exercício do *re-lembrar* e da palavra de ordem *re-existência*, já que esses povos a enfrentam desde a invasão e o ataque colonial para o fim de seus mundos.

Nessa continuidade etnocida denunciada, o Estado assume muitas formas sendo também a democrática, modos de colonização. As lutas indígenas pela conquista de direitos humanos e coletivos estabelecidos perpetuam-se para que seja garantida sua efetivação, numa persistente condição de vulnerabilidade e ameaça estruturais no Estado-nação. O exemplo de Belo Monte é paradigmático nesse sentido. Bolsonarismo e ditadura consolidam práticas de apagamento, silenciamento, censura e aniquilação de fatos e pessoas cuja apresentação como eventos episódicos não consegue atenuar as violências e violações do discurso intolerante sistematicamente denunciado nos comunicados dos coletivos e movimento indígenas.

A CNV apresenta a imagem de um Estado que desde o Império respeitaria os povos indígenas, salvo no autoritarismo do longo período de exceção. Já o movimento indígena denuncia o etnocídio do Estado como sistêmico e contínuo, sendo o enfrentamento, a resistência ativa, a denúncia e a divulgação nos meios de comunicação, redes sociais e organismos nacionais e internacionais de direitos humanos, umas de suas modalidades de alerta e combate.

No campo de guerra, o movimento de *desindianização* é contraposto, pelo movimento indígena, ao fortalecimento da autoafirmação abrangente como povos originários em luta na imagem-força do ou da *guerreira indígena.* Os discursos que pautam a contraposição à ideologia anti-indígena são ainda rebatidos nas narrativas de rememoração das mobilizações de coletivos e lideranças, preparando e alimentando, com a potência política da memória, os contra-ataques às ameaças e às batalhas do porvir. A intensificação nas redes sociais de mensagens de autoria indígena com autodefinições e usos de palavras como re-existência, genocídio, ecocídio e similares perpassam o campo da luta dos *enunciados performativos* sinalizando a potência política gerada por essa contraposição.

Se os aparelhos de repressão como a Polícia Rural Indígena e a Funai regida pelo Estatuto de 1977 são extintos ou reestruturados, não pode se afirmar o mesmo com relação aos aparelhos ideológicos da ditadura. Vale lembra, a respeito, que as recomendações da CNV apontam a necessidade de ações de pesquisa, educação e difusão das informações sobre as práticas etnocidas do Estado para combater o racismo, o apagamento, a censura e a omissão. Como afirmam os indígenas em seus enunciados, é preciso *re-lembrar para não repetir.* Em Brasília, o Memorial dos Povos Indígenas (MPI) recebia em 25 de abril de 2019 a exposição "Respeito ou Repetição? – A história que não se quer reviver"[371] com acervo de informações do Relatório Figueiredo (1967) e de relatos obtidos pela CNV. À exposição das atrocidades cometidas contra populações

[371] Iniciativa da 6a Câmara de Populações Indígenas e Comunidades Tradicionais do MPF (6CCR), com curadoria de Marcelo Zeliç, pesquisador e coordenador do Armazém da Memória.

indígenas no século XX não corresponde o agenciamento da memória, colocando em prática as recomendações da CNV, silenciadas, apagadas e esquecidas pelo Estado na força de seu aparelho ideológico. À potência política da rememoração do movimento indígena, das vidas em lutas, contrapõe-se a matriz colonial etnocida enraizada na sociedade abrangente e difundida pela ação sistemática da ditadura, que faz ecoar o discurso bolsonarista, ignorando e/ou compactuando explicitamente e silenciosamente com ações diretas de intolerância e violência.

REFERÊNCIAS

ALBERT, Bruce. *O ouro canibal e a queda do céu*. Uma crítica xamânica da economia política da natureza (Yanomami). Pacificando o branco: cosmologias do contato norte-amazônico. São Paulo: Unesp, 2002, p. 239-270.

AUSTIN, John. *How to do things with words: the William James lectures delivered at Harvard University. 2. ed. URMSON, J.O.; SBISÀ, Marina; Oxford: Clarendon Press, 1975.*

CICCARONE, Celeste. *The Guarani Farm*: indigenous narratives about removal, reclusion and escapes during the military dictatorship in Brazil. *Vibrant, Virtual Braz. Anthr.* [online], 2018, v.15, n. 3.

CLASTRES, Pierre. *Arqueologia da violência*. São Paulo, Cosac Naify, 2004.

____. *Recherches d'anthropologie politique*. Paris: Le Seuil, 1980.

CORRÊA, J. G. Silveira. Política indigenista, tutela e deslocamento de populações: a trajetória histórica dos krenak sob a gestão do serviço de proteção aos índios. *Arquivos do Museu Nacional*, 61(2): 89-105; A proteção que faltava: o reformatório agrícola indígena krenak e a administração estatal dos índios. *Arquivos do Museu Nacional* , 2003, v. 61, n. 2, p. 129-146.

EQUIPE HUFFPOST. Bolsonaro associa indígenas em reservas a animais em zoológicos. *Huffpost*. Disponível em: https://www.huffpostbrasil.com/entry/bolsonaro-associa-indigenas-em-reservas-a-animais-em-zoologicos_br_5c338bb7e4b0f65f9273db6b. Acesso em: 30 nov. 2018.

BRASIL. *Relatório*: textos temáticos – Violações de Direitos Humanos dos Povos Indígenas / Comissão Nacional da Verdade, v. 2, Brasília, CNV, 2014.

DE CASTRO, Eduardo Viveiros. Sobre a noção de etnocídio, com especial atenção ao caso brasileiro, 2017.

DE LA CADENA, Marisol Indigenous cosmopolitics in the Andes: conceptual reflections beyond 'politics'. *Cultural Anthropology*, 2010, v. 25, n. 2, p. 334-370.

DELEUZE, Gilles e GUATTARI, Felix (1980) *Capitalisme et schizophrénie*. Paris: Editions de minuit, 434-527.

FIORIN, José L. *O regime de 1964*: discurso e ideologia. São Paulo: editora Atual, 1988.

LATOUR, Bruno. Whose Cosmos, Which Cosmopolitics? Comments on the Peace Terms of Ulrich Beck. *Common Knowledge*, 2004, v. 10, n. 3, p. 450-462.

MACEDO, Silvia Lopes da Silva. Xamanizando a escrita: aspectos comunicativos da escrita ameríndia. Mana, 2009, v. 15, n. 2, p. 509-528.

MAZUI, Guilherme. *Após transferir demarcações para Agricultura, Bolsonaro diz que vai 'integrar' índios e quilombolas*. G1, Brasília, 02 de janeiro de 2019. Disponível em : https://g1.globo.com/politica/noticia/2019/01/02/bolsonaro-diz-que-vai-integrar-indios-e-quilombolas.ghtml. Acesso em: 20 jan. 2020.

MBEMBE, Achille (2016). Necropolítica. Arte e Ensaios. *Revista do PPGAV/EBA/UFRJ*, n. 32, 2016, p. 123-151.

MIDIAMAX. Índio é pobre coitado e vivem em zoológicos milionários, diz Bolsonaro. 22 de abril de 2015. Disponível em: https://www.midiamax.com.br/politica/2015/indio-e-pobre-coitado-e-vive-em-zoologicos-milionarios-diz-bolsonaro Acesso em: 29 jan. 2020.

PALMQUIST, Helena. Questões sobre genocídio e etnocídio indígena: a persistência da destruição. Dissertação de Mestrado em Antropologia, PPGAS, UFPA, 2018,

Belém.

PESSOA DE BARROS, Diana. *A construção discursiva dos discursos intolerantes*. (no prelo)

ROSENBERG, Sheri. P. Genocide is a process, not an Event. In: *Genocide Studies and Prevention*: an International Journal, 2012, v. 7.

SCHAVELZON, Salvador. Cosmopolíticas e ontologias relacionais entre povos indígenas e populações tradicionais na América Latina. Apresentação. *Revista de Antropologia*, 2016, v. 59, v. 3, p. 7-17.

STENGERS, Isabelle. The Cosmopolitical Proposal. In: LATOUR, B. e WEIBEL, P. (orgs.). *Making Things Public*: Atmospheres of Democracy. Cambridge: mit Press, 2005.

SURVIVAL BRASIL. O que Jair Bolsonaro, presidente-eleito, disse sobre os povos indígenas do Brasil. Disponível em: https://www.survivalbrasil.org/artigos/3543-Bolsonaro. Acesso em: 29 jan. 2020.

Anexo:

Mês	Área - Povo	Município -Estado	Tipo de violência
out.-18	Aldeia Paranapuã Guarani Mbya	São Vicente – São Paulo	Xingamento e ameaças
	Reserva Dourados Guarani Kaiowa	Caarapó e Miranda - Mato Grosso do Sul	Intimidação e ameaças com armas e tiros, cerco as aldeias com camionetas, foguetes, tiros após resultado eleitoral
	Aldeia Bem Querer de Baixo – Serra Talhada Pankararu	Jatobá- Pernambuco	Incêndio de duas escolas, posto de saúde e igreja por posseiros e ruralistas
	Aldeia Rubiácea TI Governador Gavião	Maranhão	Assassinato à tiros
	Tekoha Tatury Ava- Guarani	Guaira- Paraná	Atentado à tiros
	25 tekoha Ava- Guarani	Guaira, Terra Roxa, Santa Helena e Itaipulândia- Paraná	Ameaças com ações de reintegração de posse
dez.-18			
	Reserva indígena do Rio Pardo Kawahiva	Mato Grosso, fronteira leste de Rondônia e a fronteira norte do Amazonas.	Invasão de terra por ladrões de terras, madeireiros ilegais, mineiros e pecuaristas
	TI Baía dos Guató Guató	Mato Grosso-Mato Grosso do Sul	Suspensão liminar demarcação- uso abusivo do critério marco temporal
jan.-19			
	Aldeia Laranjal Ti Arara Arara	Uruará e Medicilândia- Pará	Invasões de madeireiros e grileiros
	TI Arariboia	Maranhão	Invasões de madeireiros e grileiros
	TI Uru Eu-Wau-Wau	Jorge Teixeira- Rondônia	Invasão de terras indígenas
	Karipuna	Rondônia	Ocupação ilegal em terra indígena
	TI Awa Awá Guajá, Guajajara e Ka'apor	Maranhão	Ameaças de reinvasão de posseiros, madeireiros e fazendeiros
	TI Arariboia Guajajara	Maranhão	Ocupação ilegal em terra indígena
	TIs Marãiwatsédé- Xavante	Mato Grosso	ameaças de reinvasão de posseiros
	TI Yanomami	Roraima	Invasão de garimpeiros
	Area Ponta do Arado Guarani Mbya	Rio Grande do Sul	Ataque a tiros
	TI Caieiras Velhas Tupinikim e Guarani Mbya	Aracruz -ES	Ataque a tiros de posseiros
fev.-19			
	Aldeia Samauma – TICaiapucá Jaminawa	Acre-Amazonas	Invasão da aldeia, ameaças de morte de lideranças e a mulher com crianças
	Aldeia Serra do Padeiro TI Olivença Tupinambá	Bahia	Plano de assassinato de liderança e seus familiares Assassinato de filho de um dos filhos de liderança e desaparecimento do outro.
	Morro dos Cavalos Guarani Mbya	Santa Catarina	Processo para nulidade da portaria declaratória da TI Morro dos Cavalos, sob o argumento do Marco temporal
	Tukano	Manaus-Amazonia	Assassinato a tiros de cacique
mar.-19			

	TI Ituna/Itata e Koatinemo Assurini	Médio Xingu -Pará	Invasão de TI por agentes da mineração ilegal ameaças a povos isolados
abr.-19			
	TI Uru Eu Wau Wau	Rondônia	aumento de invasores e grileiros, ameaças, tiroteios perto de aldeias, devastação da floresta. Desmatamento de 225 hectares da TI
	TI Yanomami	Roraima	Aumento da Invasão de garimpeiros . Cerca de 7 mil
	Parque do Xingu Kaiabi	Mato Grosso	Morte de 3 crianças por falta de atendimento médico
mai.-19			
	TI Guyraroka Guarani Kaiowa	Caarapó- Mato Grosso do Sul	Intoxicação por agrotóxicos e calcário de quatro crianças e dois adolescentes, despejados por fazendeiros. ameaças, intimidações anulação da portaria declaratória da demarcação da TI
	TI Yanomami	Roraima	Aumento da invasão de garimpeiros na TI. Cerca de 10 mil
	Aldeia Nova Canaã Maraguá	Nova Olinda do Norte-Amazonas	Desmatamento e obstrução nas terras indígenas por parte de pecuarista
	TI Andirá-Marau Sateré-Mawé	Maués-Amazonas	Exploração ilegal de madeira em território indígena e ameaças
	Aldeias Xikrin e Kaiapó	Pará	Decisão do STF de paralisar processo em que a mineradora Onça Puma, subsidiária da Vale, foi obrigada a indenizar as aldeias- PRG recurso contra decisão
	TI Urubu Branco Tapirapé	Confresa- Mato Grosso	Desmatamento e associação criminosa
jun.-19			
	Aldeia Passo Piraju Guarani Kaiowa	Mato Grosso do Sul	Criminalização de indígenas acusados de homicídio e tentativa de homicídio durante ataque de policiais a paisana/julgamento
	Terras Kinja (Waimiri Atroari)	Manaus (AM) e Boa Vista (RR)	Violação da Convenção 169 OIT, falta de consulta previa para projeto de construção de um linhão de energia
	Manifestantes indigenas (e quilombolas)	Brasília (DF)	Violenta repressão policial da manifestação de reivindicação das pautas e demandas da ATL
	Aldeia Jarinal TI Vale do Povos Kanamary e Tsohom Djapa	Jutaí- Amazonia	Invasao de terras por parte de garimpeiros, ameaças e assédio às mulheres indigenas
	TI Karipuna	União Bandeirantes- Porto Velho (RO)	grilagem e roubo de madeira
	TI Maró Borarí e Arapiun	Santarem- Pará	Invasão de madeireiros
	TIs Sawre Bap'in (Apompu) e Sawre Jaybu Munduruku	Iaituba- Pará	Incitação ao crime do prefeito da cidade para inviabilizar estudos para criação TI
	Tariano, Wanano, Tukano , Baré, Pira-Tapuia	São Gabriel da Cachoeira - Amazonas	Homenagem da câmara municipal a condenado por crimes de exploração, abuso sexual e ameaça de morte a 12 meninas indígenas em setembro de 2018
	Aldeia mãe Tsõrepré Xavante	Serra do Rocador -Mato Grosso	Violação da Convenção 169 OIT, falta de consulta prévia para construção da BR-080 com impactos na aldeia mãe .

AS VIOLAÇÕES DE DIREITOS HUMANOS DAS POPULAÇÕES CAMPONESAS: ENTRE PASSADO, PRESENTE E FUTURO

Yamila Goldfarb[372]

Introdução

Este artigo busca trazer a discussão sobre o protagonismo histórico dos trabalhadores e trabalhadoras rurais, tanto como vítimas da ditadura civil militar como na luta contra ela. Protagonismo este que pouco se reconhece e que, a partir dos trabalhos da Comissão da Verdade, pôde começar a ser trazido a público. Existiu e existe um processo político e social de invisibilização, no que se refere à violência sofrida por essas populações e à resistência por elas realizadas, e também com relação aos processos de reparação em curso no Estado brasileiro.

Um dos fatores fundamentais para quebrar com essa invisibilidade política é a reconstrução da memória camponesa, e isso é necessário também e sobretudo para fortalecer a inserção dos próprios camponeses no debate público sobre a ditadura civil militar, inclusive como sujeitos da resistência. Nesse sentido, diversas iniciativas ocorreram quando da formação das Comissões da Verdade e muitas delas funcionaram de modo colaborativo. Vejamos um pouco como foi esse processo:

Em 2012, a Comissão Nacional da Verdade (CNV) criou o Grupo de Trabalho sobre Camponeses e Indígenas,

[372] É professora visitante na UFABC, pelo Bacharelado em Relações Internacionais, membro da Associação Brasileira de Reforma Agrária (Abra) e do Coletivo Vigência. *E-mail*: yamilageo79@gmail.com.

com a competência de "esclarecer fatos, circunstâncias e autorias de casos de graves violações de direitos humanos, como torturas, mortes, desaparecimentos forçados, ocultação de cadáveres, relacionados às populações do campo" (BRASIL, 2014, p. 92).

Também em 2012, formou-se a Comissão Camponesa da Verdade (CCV), fruto do Encontro Unitário dos Trabalhadores, Trabalhadoras e Povos do Campo, das Águas e das Florestas. Esse evento reuniu, em Brasília, em 2012, milhares de camponeses de mais de quarenta organizações e movimentos ligados à luta pela terra e por defesa dos seus territórios. Uma das tarefas da CCV passou a ser a de dar suporte à CNV, resgatando situações de violências cometidas pelo Estado e seus agentes contra camponeses entre 1946-1988. Além dessa tarefa, a CCV também focou na necessidade de se pensar na reparação das violações cometidas por parte do Estado.

Por sua vez, em todos os estados do país formaram-se grupos que buscaram sistematizar as violações cometidas no campo, cada um com suas particularidades institucionais e metodológicas. No estado de São Paulo, formou-se o Grupo de Trabalho sobre a Repressão no Campo da Comissão da Verdade do Estado de São Paulo "Rubens Paiva", ligada à Assembleia Legislativa do Estado de São Paulo estadual (Alesp). Esse grupo de trabalho foi formado por pesquisadores de universidades públicas e diversos integrantes da Associação Brasileira de Reforma Agrária (Abra), a convite do então deputado Adriano Diogo, do PT.

Parte das informações apresentadas pelo GT da Comissão da Verdade "Rubens Paiva" da Alesp foram resultado de diversas atividades elaboradas a partir de 2013, como audiências públicas e o resgate de registros e documentos sobre os mais diversos casos de violação aos direitos humanos no campo. Durante as audiências públicas, foi possível localizar e conhecer protagonistas, resgatar episódios e conhecer com maior profundidade o cenário político e social em que se deram os conflitos.

Pudemos contar no GT com a importante contribuição da professora Larissa Mies Bombardi, do Departamento de Geografia, da Universidade de São Paulo (USP) e do professor dr. Clifford Andrew Welch, docente do Departamento de História da Universidade Federal de São Paulo (Unifesp). Este coordenou o levantamento inicial fundamental que durou vários meses e juntou um grupo extenso de pesquisadores que vasculhou registros, livros e outros tipos de documentos com o objetivo de obter o perfil das vítimas, as principais violências políticas que foram cometidas pelo Estado e determinar as principais regiões rurais do estado em que essas violências ocorreram.

Além disso, buscamos uma diversidade de materiais, desde depoimentos filmados, relatos, reportagens de jornais e publicações organizadas por um grande número de organizações políticas e pesquisadores no Centro de Informação e Documentação Científica (Cedic), da Pontifícia Universidade Católica de São Paulo (PUC-SP). Nesse centro estão depositados os materiais e os documentos produzidos por movimentos sociais do campo de São Paulo durante a ditadura civil-militar.

Todo esse trabalho, somado às audiências públicas realizadas, gerou a oportunidade de estimular outras interpretações sobre a história política e social do campo paulista e perceber a dimensão que os anos de repressão tiveram na conformação da situação de injustiça, violência e concentração de terras que vigora no campo brasileiro até os dias atuais.

Os impactos da ditadura civil-militar no campo do Estado de São Paulo e no Brasil

Muita da violência perpetrada no campo ao longo dos anos de chumbo foi efetuada contra comunidades que simplesmente tratavam de manter seu modo de vida em seus respectivos territórios.

Projetos modernizadores de grandes propriedades, como, por exemplo, o incentivo para a transição das lavouras de café para as de cana-de-açúcar, bem como a mecanização da produção são dois exemplos de processos que foram acompanhados da expulsão da mão de obra agora dispensável, feitos, na maioria das vezes, sob grande violência. A expulsão era feita com a destruição de suas casas e lavouras. Não foi rara a ação de jagunços ameaçando, agredindo e inclusive matando camponeses que buscavam garantir seus direitos como receber pelas lavouras deixadas nas fazendas das quais tinham que partir. Também foram mortos camponeses que se levantavam contra a alta exploração nas lavouras, como o aumento do "foro" cobrado pelos proprietários.

Grandes obras de infraestrutura, como a construção de barragens, tais como as da região do Pontal do Paranapanema, região de Santa Fé do Sul, ou do Rio Paraná, também expulsaram comunidades inteiras, desrespeitando os direitos mais básicos, como o de justa indenização. Houve um caso emblemático no Estado de São Paulo, em que Aparecido Galdino Jacinto, liderança de um movimento contra a construção de uma barragem na região de Santa Fé do Sul foi preso e enquadrado na Lei de Segurança Nacional. Após julgamento, Galdino foi absolvido, mas o promotor apelou para a Justiça Militar, pois entendia que ele era subversivo. Foi transferido para São Paulo como preso político e aguardou a decisão da Justiça Militar. O então delegado Fleury aconselhou os juízes a declararem Galdino louco. Galdino foi então mandado para o Manicômio Judiciário. Em posterior declaração, Galdino contou ter reconhecido a fotografia de vários militantes de esquerda que haviam desaparecido como estando no manicômio junto com ele (COMISSÃO DA VERDADE DO ESTADO DE SÃO PAULO, 2014, p. 65).

Na mesma região houve outro caso que revela a brutalidade do período e a participação do governo nas ações:

> Neste conflito, 800 famílias de camponeses foram despejadas de seus lotes sem qualquer compensação. Anos de trabalho no preparo da terra, plantio de diversas culturas e construção de casas e armazéns foram totalmente destruídos com o apoio do então governador Carvalho Pinto. O conflito chamou a atenção nacional quando houve o atentado contra seu líder Jôfre Corrêa Netto (Idem, p. 9).

Caso semelhante ocorreu no Pontal do Paranapanema, região do estado também repleta de casos de violações aos direitos camponeses:

> No final dos anos 1960, o Pontal voltou a ser palco de um caso emblemático de despejo similar ao caso de Santa Fé do Sul. Desta vez, 400 famílias camponesas lutaram para resistir na Gleba Santa Rita, em Euclides da Cunha Paulista, com a ajuda do Sindicato dos Trabalhadores Rurais de Teodoro Sampaio. Além dos camponeses, estavam envolvidos o sindicato e os latifundiários, a polícia militar, interventores estaduais e o promotor. O conflito continuou esporadicamente até 1986, com a desistência

> de várias famílias e a integração de outras. Realizaram-se ocupações de terras, processos para documentar grilagem, negociações com políticos, até que a intervenção federal e da Comissão Pastoral da Terra finalmente pacificou os ânimos com o estabelecimento de um projeto de reforma agrária (Ibidem, p. 9).

O incentivo ao Proálcool na bacia da Mogiana em volta de Ribeirão Preto foi outro dos processos comandados pelo regime civil-militar e que teve um enorme impacto no campo.

> O decreto que estabeleceu o Proálcool é de 1975, e nos anos anteriores os fazendeiros e usineiros de São Paulo estavam já engajados no planejamento da política e construção de Complexos Agro-Industriais (CAIs), protagonizando assim uma onda de concentração de terras para garantir a produção adequada de cana-de-açúcar para suas destilarias de etanol. "Concentração" é praticamente um eufemismo para a expulsão brutal dos camponeses de suas posses (Ibdem, p. 6).

No Estado de São Paulo podemos também citar a luta pela terra provocada pela construção da estrada Rio-Santos, bem como a valorização imobiliária do litoral paulista que expulsou comunidades caiçaras e quilombolas, muitas delas já superexploradas nas fazendas da região. Era comum o desrespeito aos contratos (quando existentes) que as fazendas tinham com seus trabalhadores, o atraso de meses no pagamento dos salários (ocorrendo inclusive casos de assassinatos de trabalhadores no momento em que iam cobrar pelo pagamento atrasado). Ao longo do litoral paulista, assim como em todo o estado, a disputa por terras com grileiros que vinham reivindicar terras de posseiros ou comunidades quilombolas foi uma constante. E tanto a farsa burocrática da grilagem como a expulsão em si das comunidades foram feitas com a participação ou anuência dos militares e empresários a eles associados. Tal é o caso da comunidade quilombola dos Mandira, no sul do litoral paulista.

> Affonso Splendore, oriundo de uma família de médicos paulistanos, e Aluisio de Assis Buzaid, filho do então ministro da Justiça Alfredo Buzaid, através de duas empresas, a *Splendore e Associados Densenvolvimento Econômico S. C. Ltda.* e a *Trepco Desenvolvimento Agrário Ltda.*, buscavam consolidar a aquisição de terras na região do Vale do Ribeira. A euforia imobiliária da região oferecia aos empresários paulistanos uma grande expectativa de lucros com transações desse tipo.
>
> Diante da compra de parte das terras e da resistência de alguns mandiranos em abandonar seus territórios, Splendore e Buzaid, subta e arbitrariamente, demarcaram 56 alqueires paulistas, aleatoriamente distribuídos, e forçadamente reassentaram os moradores que se recusavam a sair de suas propriedades. Inúmeras irregularidades foram notadas neste e em etapas posteriores do procedimento cartorial [...] (Ibidem, p. 43).

Outro caso emblemático do litoral paulista foi a grilagem de terras e expulsão de uma comunidade palmiteira inteira:

> No litoral sul, no período de 1972 a 1976, uma associação composta por 360 famílias camponesas foi reprimida no contexto de um prolongado conflito com imobiliários, apoiado pela polícia militar. Produtores de palmito, os camponeses foram expulsos de uma área de mais que 3 mil hectares, destruindo seus pertences sem nenhuma indenização. Inclusive, sofreram espancamento e prisões nas mãos dos policiais (Ibidem, p. 9).

O que ocorreu no Estado de São Paulo foi apenas uma mostra do que ocorreu em todo o país. Os chamados projetos de colonização, tanto da Era Vargas como da ditadura civil militar distribuíram as terras do país entre fazendeiros agropecuaristas ou extrativistas, sob o falso pressuposto de que essas regiões eram vazios demográficos, ignorando a existência de nações indígenas, comunidades ribeirinhas, posseiros, quilombolas, entre tantos outros. A ditadura civil militar aprofundou os problemas já enfrentados no campo e permitiu maior violência e impunidade:

> Consequentemente, as políticas governamentais aprofundaram o problema fundiário, aumentando as desigualdades sociais decorrentes da concentração da propriedade da terra, e financiaram a destruição ambiental, para promover a expansão da fronteira agrícola com a conversão de floresta em pasto e lavouras, violando direitos de pessoas e comunidades especialmente na Amazônia e no Cerrado (COMISSÃO CAMPONESA DA VERDADE, 2014, p. 40).

Além do terror perpetrado nas zonas de expansão das fronteiras agrícolas, houve ainda o terror praticado contra populações que habitavam regiões em que as guerrilhas se escondiam, como na região do Araguaia, ou então no Vale do Ribeira, onde o Exército chegou a jogar bombas incendiárias na tentativa de capturar o Capitão Lamarca.

A questão é que todos esses processos brevemente relatados foram vividos com a impunidade imperando, porque eram feitos com a conivência do regime militar ou por ele mesmo perpetrado. Nesse sentido é importante destacar que tanto o Grupo de Trabalho como a CCV consideraram que o Estado violou os direitos não só quando seus agentes atuaram diretamente, mas também por meio de atos de omissão, conluio, acobertamento e privatização da ação do Estado.

Se sempre que há uma grande obra, ou uma mudança na matriz produtiva, as famílias têm que lutar para terem justa indenização ou serem reassentadas em locais coerentes com o que era seu modo de vida, podemos imaginar como se deram esses processos ao longo da ditadura.

Em se tratando da responsabilidade do Estado no período militar, devem ser considerados ainda os impactos das políticas públicas, historicamente implementadas em detrimento da vida da população, tais como:

> – Apoio com incentivos fiscais, subsídios, concessões a projetos de colonização, etc. que privatizaram a terra em benefício de poucos, a exemplo da privatização das terras públicas em detrimento dos camponeses e demais populações tradicionais;
>
> – Criação de Unidades de Conservação de uso restrito sem a participação das comunidades envolvidas, somadas à truculência da Polícia Florestal, o que levou comunidades tradicionais inteiras à situação de exclusão, cerceamento do seu modo de vida e desterritorialização (COMISSÃO CAMPONESA DA VERDADE, 2014, p. 40).

É importante salientar que houve resistência. Primeiramente, por meio de sindicatos e organizações de trabalhadores rurais que vinham crescendo desde os anos anteriores ao Golpe de 1964, com o advento do Estatuto do Trabalhador Rural e com o incentivo do Partido Comunista. Tal é o caso das Ligas Camponesas.

Mais tarde a resistência se deu por meio das igrejas cristãs, através das Comunidades Eclesiais de Base e das Pastorais Sociais que, apoiadas na Teologia da Libertação, protagonizaram o processo de conscientização e organização política em diversas regiões do Estado. Por último através dos movimentos sociais de luta pela terra, sendo o MST o mais importante, dada sua dimensão e extensão territorial.

Houve ainda a resistência isolada de comunidades que se viram ameaçadas por jagunços a mando de fazendeiros/grileiros. Sempre com a cumplicidade ou impunidade do regime. Os camponeses se organizaram chamaram em torno de si, mediadores para as suas lutas. O Partido Comunista, até as vésperas do golpe militar, a partir do golpe a Igreja mais tarde os movimentos sociais.

É interessante fazer uma observação porque houve um projeto de reforma agrária importantíssimo, elaborado logo no início da ditadura. A América Latina toda estava sendo alvo desses projetos impulsionados pelos Estados Unidos como forma de neutralizar a influência dos comunistas.

> [...] o Estado brasileiro, que reconhecia o direito à terra e a necessidade de distribuí-la para os milhões de camponeses pobres, foi o mesmo que reprimiu com violência inusitada todas as formas de organização criadas pelo homem do campo para defender esses mesmos direitos (BRASIL, 2014, p. 93).

Frente ao amplo impacto que a ditadura civil-militar trouxe ao campo brasilciro, tanto o GT da Comissão da Verdade "Rubens Paiva" como a CCV decidiram por utilizar a tipologia de violação aos direitos humanos elaborada pela ONU:

1) Violência contra a pessoa (ex. assassinato/ameaça de morte/ferimento/ intimidação/tortura/desaparecimento);

2) Violação do direito à liberdade (ex. cassação/suspensão de direitos políticos/trabalho escravo/deslocamento forçado ou perigoso/migração enganosa/ prisão);

3) Violação dos direitos trabalhistas (ex. associação livre para formar ou integrar em sindicato impedida/superexploração sistemática - dívidas injustas - não pagamento - transporte precário ou perigoso/a formação das famosas listas negras para a não contratação de lideranças de trabalhadores rurais);

4) Violação do direito a não interferência na vida privada, da sua família e no seu lar (Artigo XII - direito a habitação); a ser privado de seu bem-estar (Art. XIII - liberdade de movimento; Art. XXIII - direito ao emprego, direito a salário justo) e de sua propriedade (Art. XXV - ex. despejo/expulsão das terras/destruição das lavouras, pertences/incêndios).

Os casos do tipo três foram especialmente importantes para entender melhor a história social do campo no contexto da ditadura civil-militar, já que um dos temas mais presentes nos conflitos era justamente a situação trabalhista desses camponeses. Ou seja, as péssimas condições de trabalho (morte no transporte para o trabalho no corte da cana era algo recorrente, por exemplo), a situação de alta exploração e vulnerabilidade desses trabalhadores e trabalhadoras (meses de trabalho não pagos, ausência de dias de descanso), o constante desrespeito aos contratos ou acordos verbais, já que muitas vezes sequer existia qualquer tipo de formalização (expulsão das terras sem pagamento pelas lavouras ou trabalhos deixados), o constante desrespeito aos seus direitos trabalhistas bem como a ameaça à posse de suas terras foram uma constante.

Também as violações do tipo quatro ganham uma importância na nossa análise, haja vista que eram recorrentes as invasões de casas e destruição das posses dos camponeses, a derrubada de suas casas de forma truculenta, a destruição dos seus instrumentos de trabalho, a matança de seus animais e ainda a destruição de suas lavouras. Quando uma família camponesa tem a sua lavoura destruída pelo fogo criminoso ou seus animais mortos, ela perde a possibilidade de sua sobrevivência. Essa é a dimensão que precisa ser vista.

Não que as violações do tipo um não tenham ocorrido. Muito pelo contrário. Ocorreram casos de intimidação, prisão e tortura de trabalhadores que iam cobrar seu soldo, de lideranças comunitárias, de jovens ligados às Comunidades Eclesiais de Base onde se discutiam as condições de vida no campo. Também houve perseguição, intimidação, morte e desaparecimento de lideranças sindicais, como é o caso de Nestor Vera, no Estado de São Paulo. A CCV trabalha com o número de 1.196 camponeses mortos ou desaparecidos no Brasil ao longo do período analisado, mesmo sabendo que se trata de um número subestimado, já que a maioria dos conflitos no campo nunca foram judicializados ou sequer tiveram algum tipo de registro feito.

A reflexão proposta foi a seguinte: se elencássemos como *graves violações* apenas os casos de assassinatos, tortura e desaparecimento de corpos, o que também ocorreu, teríamos perdido a dimensão da violência para as comunidades do campo brasileiro. Trata-se de compreender que, no campo, ocorreu a somatória de um outro tipo de violência. Uma violência que não atinge apenas os sujeitos enquanto indivíduos, mas também enquanto comunidades inteiras.

Por isso afirmo que a violência da ditadura civil-militar no campo brasileiro ganha uma dimensão territorial.

A dimensão territorial da violência no campo e a necessidade de uma justa reparação

Voltando à questão territorial, o que gostaríamos de colocar é que historicamente quando se estudou o período militar, o êxodo para os grandes centros urbanos, ou então a migração campo-cidade, escondeu-se o real significado do que foram esses processos.

Esses processos foram feitos com muita violência. As pessoas do campo não optaram por mudar em busca de melhores condições de vida. Elas foram expulsas com fogo nas casas, com trator e boi passando por cima da roça, com bala zunindo nas orelhas, e muitas vezes acertando o alvo. Com capanga e jagunços ameaçando, com seu nome indo parar nas listas "negras". O processo foi de intimidação, de ameaça e de violência. Portanto, não se trata de uma violação leve aos direitos humanos.

A ditadura militar incentivou processos e o avanço de fronteiras agrícolas que destruíram comunidades inteiras.

> [...] se por um lado os governos militares investiram na modernização do país, a partir de grandes obras de infraestrutura e iniciativas de apoio à indústria nacional, por outro lado trabalharam com o objetivo evidente de impedir, com brutalidade quando necessário, a melhoria das relações de trabalho e a democratização das condições da posse da terra (BRASIL, 2014, p. 93).

Precisamos colocar o real nome nos processos que se deram. A chamada revolução verde não foi um processo de modernização do campo impulsionado em grande medida pelo governo militar. Tampouco foi apenas uma modernização conservadora. Conservadora porque não mudou a estrutura fundiária do país. Ela foi uma modernização, conservadora violenta. É importante colocar os adjetivos corretos e precisos nos processos que ocorreram no país.

É por isso que afirmamos: reconhecimento de terras indígenas, reconhecimento de terras quilombolas e reforma agrária não são puramente políticas sociais, são dívida social. Trata-se de dívida histórica, e é, portanto, reparação necessária. A violência contra a população camponesa teve também uma dimensão territorial. A **reparação tem, portanto, que ter também a sua dimensão territorial,** mesmo porque sem ela a violência no campo vai continuar existindo, como de fato existe até os dias de hoje.

É nesse sentido que a CCV propôs as seguintes iniciativas para serem implementadas pelo Executivo como mecanismos de reparação às violações de direitos humanos cometidas no campo brasileiro:

> 1. Propor mecanismos de reparação econômica, de caráter indenizatório, para os casos pertinentes;
>
> 2. Adotar medidas eficazes de políticas de memória e verdade com orçamento e com recursos financeiros e materiais para pesquisas voltados a recuperação, análise e registro de documentos e arquivos de organizações e instituições púbicas e privadas;
>
> 3. Auxiliar o resgate da memória através do acesso a documentos e provas que permitam a materialização das violações de direitos humanos contra camponeses e camponesas;
>
> 4. Instituir uma política de fomento à abertura de espaços (como museus, por exemplo), à construção de monumentos e de outras iniciativas para homenagear os camponeses violentados durante a ditadura civil-militar;

5. Implementar, através dos órgãos competentes, medidas de não repetição da violência contra as populações que foram perseguidas e vitimizadas durante a ditadura militar;

6. Ampliar as políticas públicas para garantir o acesso à terra e manter as culturas produtivas destas populações, bem como o direito à moradia, à educação (formal e não formal) e à alimentação adequada conforme o 3º Plano Nacional de Direitos Humanos;

7. Promover, através do Sistema de Justiça (Tribunais de Justiça, procuradorias e defensorias), a ampla e criteriosa investigação penal dos crimes cometidos contra camponeses(as) e suas organizações;

8. Assegurar a efetiva punição dos agentes públicos responsáveis pela prática de crimes contra a humanidade durante a ditadura civil-militar, ampliando as responsabilidades também para empresas, empresários e latifundiários que tenham se associado ou contribuído para violar os direitos e praticar a violência contra camponeses e camponesas;

9. Priorizar o reconhecimento, a titulação e a demarcação de territórios das comunidades quilombolas e demais populações tradicionais camponesas, vítimas da grilagem de suas terras em todo esse período;

10. Ampliar e consolidar uma política de combate à grilagem de terras públicas, reintegrando ao patrimônio público as terras devolutas e destinando-as ao uso por populações tradicionais e agricultores sem-terra conforme reza a Lei de Valorização das Terras Públicas do Estado de São Paulo;

11. Promover a requalificação dos profissionais da área da educação, também a edição de material didático a ser

distribuído para os alunos da rede pública, de sorte a dar amplo conhecimento sobre os resultados do trabalho levantado pela Comissão no sentido de consolidar a justiça e a democracia em nosso Estado e em nosso país;

12. Mobilizar os órgãos estaduais competentes para localizar a ossada dos mortos na ditadura militar, em especial a de Nestor Vera, membro das Ligas Camponesas do Pontal do Paranapanema.

A lamentável atualidade da discussão

Como é possível notar, as recomendações que a CCV propõe dizem respeito a, por um lado, investigar e punir os agentes e responsáveis pela violência amplamente perpetrada no campo bem como indenizar, sempre que possível, as vítimas diretas dessa violência e, por outro, promover ações que nos permitam reescrever a história do país com base no respeito aos direitos humanos.

No entanto, um outro grupo de recomendações diz respeito à resolução de questões que marcam ainda o campo brasileiro e que lhe impõem umas das piores concentrações fundiárias do planeta e a perpetuação da miséria. É por isso que esta discussão se faz tão atual.

No momento em que presenciamos o avanço dos assassinatos de ambientalistas, lideranças de movimentos sociais e lideranças indígenas, em que presenciamos o avanço da fronteira agrícola com base no desflorestamento e nas queimadas criminosas, no momento em que vivemos graves retrocessos nas políticas de acesso à terra, de regularização fundiária, no momento em que ocorre o desmonte de políticas de segurança alimentar que beneficiavam as populações do campo e da cidade, no momento em que se envenena o alimento, o solo e as águas, lembrar que todos esses processos são repetições históricas se faz imprescindível. Não para anular as especificidades conjunturais ou para estabelecer um caráter fatídico, mas justamente para que possamos olhar as raízes da nossa desigualdade e lembrarmos que não haverá projeto de nação possível em bases democráticas e justas sem que olhemos para o campo brasileiro, local em que nasce nossa história, em que se enraízam nossas estruturas oligárquicas e classistas. Mesmo os governos mais progressistas não enfrentaram essas questões.

Romper com essas estruturas é não apenas parte de uma reparação a toda violência já cometida aos povos do campo, das águas e da floresta, mas parte fundamental da construção de um país pleno de humanidade.

REFERÊNCIAS

BOMBARDI, L. M. *O bairro reforma agrária e o processo de territorialização camponesa.* São Paulo: Annablume, 2002.

BRASIL. Comissão Nacional da Verdade. *Relatório*: textos temáticos / Comissão Nacional da Verdade. – Brasília: CNV, 2014, p. 416 (Relatório da Comissão Nacional da Verdade; v. 2).

COMISSÃO CAMPONESA DA VERDADE. *Relatório Final.* Violações de direitos no campo 1946 a 1988. Brasília, 2014.

COMISSÃO da Verdade do Estado de São Paulo. Relatório - Tomo IV - Contribuições - Relatório de Atividades do Grupo de Trabalho Sobre a Repressão no Campo no Estado de São Paulo, 1946-1988. Alesp, 2014.

PEREIRA, D. ; SILVA, G. P. ; OALY JUNIOR, O. et al. O começo do caminho: breve relato dos trabalhos realizados pelo grupo de trabalho rural da comissão da verdade Rubens Paiva - Assembleia Legislativa do Estado de São Paulo. Retratos de Assentamentos, v. 17, p. 71-87, 2014.

WELCH, C. A. Contextualização geo-histórica das violações no campo no período 1946-1988, SP: Alesp: Comissão da Verdade "Rubens Paiva", 2014.

